《蘇婆呼童子請問經》三種譯本比對暨研究

（全彩版）

果濱 編撰

自序

本書題名為《《蘇婆呼童子請問經》三種譯本比對暨研究》，整本書計有 *22* 萬多字，是末學研究及教學《蘇婆呼童子請問經》多年之作。

《蘇婆呼童子請問經》是「密教經典」中非常重要的經典，也是所有修習「密咒、唐密、東密、藏密、密宗、真言宗」等人必讀的經典，本經主要是由執金剛(Vajra-pāni 金剛手)菩薩對蘇婆呼童子宣講「真言行者」一定要知道的「持咒法要」與「律儀」。

《蘇婆呼童子請問經》梵名作 Suvāhu(妙臂)-paripṛcchā(請問)，共三卷，由唐‧輸波迦羅(善無畏 Śubhakara-siṃha)譯。有時也稱呼為《蘇婆呼童子經》、《蘇婆呼請問經》、《蘇磨呼經》、《蘇磨呼律經》、《蘇磨呼童子請問經》，收於《大正藏》的第十八冊。目前藏經中所收的譯本有三種，分別是：

(1)唐‧善無畏(637〜735)譯《蘇婆呼童子請問經》。
(2)北宋‧法天(？〜1001。譯經年代為 976–997)譯《妙臂菩薩所問經》。
(3)日本承安三年(1173 年高山寺藏本)寫《蘇磨呼童子請問經》(仍署名為善無畏譯。沙門一行筆)。

其實只有善無畏《蘇婆呼童子請問經》與法天《妙臂菩薩所問經》這二種譯本而已，因為署名為善無畏譯、沙門一行筆的《蘇磨呼童子請問經》只是「抄錄」前面二部經典的「內文」而已，而且「錯字、通俗字」極多，例如：

拔「折」羅作➜拔「析」羅。
不得搖身及睡「眠」➜不得動搖身及「眉眼」。
「雨」灑作➜「兩」灑。
「本」坐作➜「大」座。
四「時」作➜四「肘」。
闊「幅」作➜闊「福」。
「搵」ㄨㄣˋ(用手按)柴作➜「榲」柴。

風「揩」（擦）樹木作➜風「楷」樹木。
攝「閇」人口作➜攝「門」人口。

　　《蘇磨呼童子請問經》內容除了「抄錄」二部經外，還有故意被「顛倒順序」，同俗人所玩的「大風吹」遊戲一般，但筆者已將所有「大風吹」的內容全部「歸位」，所以在本書中已重命名為《蘇磨呼童子請問經》(還原版)。目前只有二處經文稍為怪怪的，如卷一的：

但奉不共住。
與
真言欲畢，俱時應牌。

　　其餘的經文都已「順利」歸位了。

　　《蘇婆呼童子請問經》的重要思想，經筆者整理後，有十大非常重要內容：

(一)持咒若無「靈驗」者，皆為「宿業」造成，應加讀誦「大乘經典」及懺悔禮拜，並應有智慧修行之「助伴」作互相提攜，方能速獲成就；不是只有「純誦咒」而已。

(二)若「不依法則、不如法供養、真言字句有加減、聲相不正、不如法觀想」是誦咒不能成就的原因。

(三)應以「持戒」為本，精進、忍辱、發菩提心，持誦真言，常不懈退。若得「戒德清淨」之阿闍黎灌頂，並精進修持，嚴持戒律，則密咒法門可速獲靈驗。

(四)強調「正見智慧」的重要性。若具「邪見」而執持佛之「真言咒語」，將來亦當自招其害，亦即「邪人行正法，正法悉皆邪。正人行邪法，邪法悉皆正」的思想。

(五)誦真言者可能會感召出「善夢」與「惡夢」的詳細解析。此處也應該參看《楞嚴經》的「五十陰魔」經文內容。

(六)一切誦咒修行之「善法」悉皆迴向「無上菩提」，與發願「成佛」之大心，常不離於口，則一切「世間福樂」將不求而自至。

(七)應遠離「外道、我慢人家」，應拒食「五辛、酒肉、祭祀鬼神之殘食」。

(八)修法前後均應如法供養「金剛杵」；若不執持「金剛杵」而誦咒，鬼神可能不懼，善神亦無法加被，則難得成驗。若無金剛杵者，則應作「手印」。

(九)「毘那夜迦」惡魔專與持咒人作種種障難，令人心迷醉及生怪病。「頻那夜迦」有時也會變化成「本尊主人」而接受你的供養，而大乘菩薩有時也會「變身」為你所持誦之「真言本尊」，進而救濟眾生，令脫苦難。

(十)修行過程若遭種種「苦難折磨」，亦不應轉而「心外求法」去禮拜供養「外道天神」。若見「外道天神」修法，勿誦彼真言及讚歎彼德，應保持「不瞋怒、不喜樂、不隨喜」之「中道」心。

除此外，**《蘇婆呼童子請問經》**還有多處經文出現「心法、中觀緣起、如來藏心性本淨」的思想。

如強調「心法」的經文：

一切諸法，以「心」為本，由心「清淨」，**獲得人天殊勝快樂**。由心「雜染」，**便墮地獄，乃至「傍生」貧窮之苦**。

如強調「中觀緣起」的經文：

諸法皆從「心」生，非「自然」現，亦不由時(或作「自他」)，復非「自在天」作耶。(亦)非「無因緣」(而生)，**亦不從「我能生諸法」，但由「無明」(而)流轉生死**。

如強調「五蘊皆空」的經文：

四大和合，假名為色。色非是「我」，我非是「色」。色非「我所」，我非「色所」(或作「我所非色」)。**如是四蘊，應知是空。色是「無常」，由(古同「猶」)如聚沫。受如「浮泡」。想如「陽焰」。行如「芭蕉」。識如「幻化」**。

如強調「如來藏心性本淨」的經文：

念誦人(誦真言者)若起一念「貪瞋癡」等一切煩惱，與「心」相合者，名為「生死

煩惱」。若除此心，即得清淨，諸佛常讚是法，名為「解脫」。

譬如淨水，必無垢穢，以塵坌 (聚集) 故，令水渾 濁。性本元淨，以客塵煩惱(而)渾(亂)心令濁，「真性」不現。若欲令不亂濁者，當取「數珠」，(此能令)念誦人(誦真言者)守心(於)一境(之上)。

而在北宋‧法天譯《妙臂菩薩所問經》中則明確的提到，若是遭「魔所附」的魔羅剎，或是在修「護摩火供」出現十種「不吉祥相」時，都可持受與「穢跡金剛」同系列的「穢跡忿怒明王真言」除遣之，如經云：

若是「障魔」來(降)下(而偽冒是蘇私那天神)者……當知是「魔羅剎」，及龍(族類的)潛行「鬼類」(降下)，既審知(是魔羅剎)已，(應)速須作法「除遣」。持誦行人(誦真言者)即於「壇所」：讀誦「吉祥伽陀」……及(誦)「穢跡忿怒明王真言」(同屬「穢跡金剛咒」之法)……而「發遣」(派發遣送)之。

(在修護摩火供時，有 10 種不吉祥之相現)行人(誦真言者)若是得此相狀，(則可)了知「不吉」，所求「悉地」，定不(會)成就。行人(誦真言者)便須再以「稻花、白芥子、酥蜜」相和，即(應)誦：「赤身大力明王真言」，及(誦)「穢跡忿怒明王真言」等，(而)作「護摩」(homa，火祭、焚燒，投供物於火中之火祭祀法)。

以上是《蘇婆呼童子請問經》的所有重點介紹。本書後面還附上一部是失譯的《佛説毘奈耶經》，在藏經中註記為：

日本淨嚴題記。【原】縮刷大藏經。【甲】黃檗版淨嚴等校訂加筆本。塚本賢曉氏藏。

在經文末又註為：

靈雲校本末云：右奉騰寫祕密藏《毘奈耶經》一卷。

《佛説毘奈耶經》的緣起是佛在王舍城的靈鷲山與無量「菩薩、持呪諸仙、

大賢梵王、堅牢地神」等共俱而說有關「持咒」之「法要」。

　　經文的內容也同樣是由執金剛(Vajra-pāni金剛手)菩薩於佛前為眾宣說有關「持咒法要」與「律儀」，內容非常豐富，與《蘇婆呼童子請問經》是完全「相應」的經典。這兩部經都提到修持真言的「要領、祕訣、方式……」等。筆者試著整理這二部經「相同」的思想，如下表格所示：

思想重點	唐·善無畏譯《蘇婆呼童子請問經》	失譯《佛說毘奈耶經》
提倡誦真言者，務必加誦「大乘經典」，而不是只有「純誦咒」而已	✠為持誦人(於)「二時」(而都)不讀經耶？(只誦咒而從不讀誦大乘經、不聽聞大乘經者) ✠(真言)念誦人，若生(起)疲倦(懈怠心)，應(加)讀(誦)「大乘經典」。 ✠重發妙「菩提心」，興廣大「慈悲願」，為一切眾生常溺(於生老病死)四趣(者)，令得出故。又應讀： ❶「大乘明經」。 ❷或「吉祥偈」。 ❸或「法輪經」。 ❹或「如來祕密經」。 ❺或「大燈經」。 於中任隨讀一部。 ✠若(魔羅刹仍)不肯(離)去者，即應便誦：「妙吉祥偈」。或誦「不淨忿怒金剛真言」。或讀「大集陀羅尼經」。	✠(無論)前夜、(或)後夜，(皆應)精進「思惟」，(並)讀誦「大乘微妙經典」，(及)受持「咒壇」(諸)「法則」，令不「廢忘」。 ✠咒師皆應(具足底下10條的正道之行)：❶斷除諸惡事業……❽及轉讀「大乘甚深微妙經典」。
強調「不依法則、不如法供	✠持誦真言(者)：	✠若咒師等(眾)，(在)誦咒

養、真言字句有加減、聲相不正」是不成就的原因	❶不依「法則」。 ❷及不(如法)「供養」。 ❸(自己)已(以)不清淨故。 ❹真言字句,或有「加、減」。 ❺(咒語發音的)聲相「不正」。 (如上五種情形則)不獲廣大諸妙「悉地」(成就),亦復如是。 ✕復次蘇婆呼童子!念誦之人:不應「太緩」,不應「太急」……(於真言之某)名、(真言之)某字體,不應「訛錯」。 ✕(所持誦的)真言「文字」,勿令「脫錯、加減」,(咒語發音的)「聲相」(需)圓滿分明(清楚),所(有欲)成就(之)法,皆悉具足。	之時: ❶(咒語聲相經常)「言音」不正。 (屬於非常離譜型的發音,相差太遠的發音) ❷(咒語的)「字體」遺漏……當爾之時,即(可能會)被「毘那夜迦」(所)得(其)便,(甚至)諸天「善神」(將)不為「衛護」(保衛護祐),或復(可能會)遇(上)大「患疾、災難」,(令法不得)成驗(成就靈驗)。 ✕(所有)誦咒「文句」,(其)「字音」(與)「體相」,(應)皆令「分明」(清楚)。
強調「戒德」清淨,「持戒」第一	✕持誦人先須「持戒」,譬如芽種(子),皆依(止)地(而)生,(再)由勤溉灌,(始能)令「芽」生長。(例如)世尊所說「別解脫法」清淨「尸羅」(śīla 戒行),具應修行。 ✕行人(誦真言者)具行「戒律」,正勤精進,於他(人之)「利養」,不起貪嫉;於(自)身(之)「命、財」,常無「戀著」……(誦真言者)以「念誦」(之)火,(加上)用「淨戒」(之)風,以(精)勤(的)相揩_丸	✕若欲遣除(此毘那夜迦),須造俱胝(koṭi 億)「塔像」,(並)於尊師(處而)跽跪,(然後)重受「禁約」要期(在一定的「必要之期」內而重受「禁戒約法」),亦須入「蓮花壇」內(重)得「灌頂」,以其(被毘那夜迦)所執者,方可「除滅」,(如此)所求(之)學問(及)誦持(諸)法,(方得)易成就。 ✕(於)空腹(時)持齋,并受「淨戒」,誦(之)前(的)「佛頂呪」,不限「遍數」,以「五

	(擦)，(即可)盡燒罪草(罪業之草)，亦復如是。 復如寒霜，(因)日曜即消，以用「戒日」(淨戒之日)，(加上)「念誦」之光曜，(則能)消「罪霜」，亦復如是。 念誦之人，(以)「持戒」為本，(發)「精進、忍辱」，(更應)於諸佛所，深心「恭敬」，發「菩提心」，勿使「退轉」，恒須念誦，莫有懈怠。	色縷」結其「呪索」，更呪七遍，用繫(於)左臂。
強調「正見」的重要性。若具「邪見」而執持真言，將來亦當自招其害	口雖念誦(真言)，(但)「心意」不善，常行「邪見」，以「邪見」故，(則三業所修之善業將)變為「不善」，(會招)得「雜染果」……假使行善(指就算他三業清淨，持戒精嚴)，終不獲果，是故應當遠離「邪見」，恒依「正見」而不動搖，修行「十善」，增長甚深微妙之法。 我今為念誦人，說「八聖道法」，為：①正見。②正分別。③正語。④正業。⑤正命。⑥正勤。⑦正定。⑧正念。 此是諸佛所行之道，念誦(真言)之人，(若能)行此(八正)道者，「真言」乃(得)成(就)。	此善男子等，必欲愛樂ㄧㄠˋ受持(呪法而欲獲得)成驗者：(底下有17條軌則)勤加「精進」，不得「散亂」，莫生「疲怠」(疲倦懈怠)之心……恒求「智慧」。
一切諸法以「心」為本，若觀「五蘊皆空」是名「正見」	一切諸法，以「心」為本，由心「清淨」，獲得人天殊勝快樂。由心「雜染」，便墮地獄，乃至「傍生」貧窮	心樂「修學」，至心「觀照」(所)誦呪(之)「文字」，令「心眼」(皆能)見「無常、苦、空」。(諸法皆)無有「堅實」，不隨

	之苦。	「五欲」境界(而生執著)。
	✼諸法皆從「心」生，非「自然」現，亦不由時(或作「自他」)，復非「自在天」作耶。(亦)非「無因緣」(而生)，亦不從「我能生諸法」，但由「無明」(而)流轉生死。 四大和合，假名為色。 色非是「我」，我非是「色」。 色非「我所」，我非「色所」(或作「我所非色」)。 如是四蘊，應知是空。 色是「無常」，由(古同「猶」)如聚沫。受如「浮泡」。想如「陽焰」。行如「芭蕉」。識如「幻化」。 念誦人(誦真言者)若起一念「貪瞋癡」等一切煩惱，與「心」相合者，名為「生死煩惱」。若除此心，即得清淨，諸佛常讚是法，名為「解脫」。	✼若(真)欲眠(睡)，(則以)右脅而臥，(並)觀身「無常、無我」，終是「苦、空」，(此身)「不淨」，皮骨(皆)假合(所聚而)成就，(並)誦念此呪，而入「睡眠」，呪曰……
強調「心性本淨」的「如來藏」思想	✼譬如淨水，必無垢穢，以塵坌(聚集)故，令水渾濁。性本元淨，以客塵煩惱(而)渾(亂)心令濁，「真性」不現。若欲令不亂濁者，當取「數珠」，(此能令)念誦人(誦真言者)守心(於)一境(之上)。	✼爾時堅牢地神，從「地」涌出，頂禮佛足，而白佛言：世尊！呪師云何「護淨」身心？外(在的環境)既清淨，內(心亦)亦(要)「貞明」(堅貞清明)。(若有)思「貪欲」(之)意，深須捨離。 於諸「瞋恚」(之境)，(應)翻習(翻轉而修習)「慈忍」(慈悲與忍辱)，一切煩惱，皆令降伏。

		�復有「毘那夜迦」，名金剛栓(古同「橛」)，(將)令人失(去道)心，迷亂「本性」(本來清淨之心性)……(於)曾(經)往(昔)所作(之諸)相(反而)現(在)於前，狀似(被)「鬼魅」之所執持，而無「識性」(心識之靈性)，(無論)誦呪多少(遍)，則(生)起「異想」(不同相異之妄想)。
誦真言者所感召的「善夢」解析	✯若持真言者，(其)念誦「數足」(遍數足夠)，即知自身，欲近「悉地」。何以得知？當於眠臥之時，(於)夢中(則)合有(67條)好相。 ❶或(夢)見自身登高「樓閣」。 ❷或(夢)昇「大樹」。 ❸或(夢)騎「師子」…… 復次蘇婆呼童子！凡持(誦)真言者，(待)功行(功德諸行)欲畢(欲畢竟)，(或得)見如是等(67條)「殊特夢」已，應知(誦真言者將於)一月、及半月，當獲「大悉地」。	✯作此(發)願已，至心念誦所(欲)成(就的呪)法中，或(誦)「根本呪」或(誦)心(呪)等，(一)百八遍，即於座上，便取「眠寐ㄇㄟˋ」(睡眠夢寐)。 (底下有12種的夢中善境) ①(於)夢中若供養「佛、法、師僧(人師之僧；眾僧之敬稱)、善友、父母」。 ②或(夢)見身著「淨白衣」莊飾「身首」。 ③或(夢)見「河海、大山、樓閣、殿堂」…… 若見如此(12種的夢中善境)事相等事，當知我今能成(就)此(呪)法。 ✯佛告(堅牢)地神言：若呪師等，愛樂「受持」(及)誦念「呪法」，日夜(皆)「精進」，無「懈退心」，其人若「眠寐」(睡眠夢寐)，其於夢中(底下有7種夢中善境)： ①若(夢)見「童男、童女」，(皆)「裝飾」嚴好(端嚴相好)。

		或(夢)見「父母、兄弟、姊妹」形容(形相容貌皆非常端嚴相好)。當知(此是)「呪神」(將)「迴視」(迴顧慰視)於我…… (若)見此(7種夢中善)相已,(此是)大法(即將成)驗。(堅牢)地神當知!(此)呪師等輩,(應)善知(此7種夢中善境之)「名相」如是。
誦真言者所感召的「惡夢」解析	※設若得睡,(底下有10種惡夢) ❶夢見(被)「大蟲、師子、虎、狼、猪、狗」所趁(追逐;追趕)。 ❷(及夢見)「駝、驢、猫兒」及「鬼、野干(狐狼)、鷲鳥、鸞鸞鳥」,及「鶹(或作「鵂」)胡」(獱狐,怪鳥也,形如土臬,晝伏夜出,好食)…… 當見如是(夢中10種)「惡相」,即知(皆是)彼等「毘那夜迦」,令作(之)障難。	※(底下有13種的夢中惡境) ❶或於夢中,若見「彩畫尊容」(之)諸神形像,(突然都)「凋落」(彫亡衰落)毀壞。 ❷或(夢)見父母(現出)「憂愁、悲泣」(狀)…… 若見如是(13種的夢中惡境)事相,當知彼人於此呪法(將)有「大障難」,難可得成(就)。 ※若於夢(中)見(底下有12種夢中惡境): ❶屠兒。 ❷魁膾(劊子手)…… (以上有12種的夢中「惡境」)當知有「毘那夜迦」等,名金剛瞋怒,(將對誦真言者)作其「障難」。
一切誦咒修行之「善法」悉皆迴向「無上菩提」,則一切「世間福樂」不求自至。於諸功德應生「隨喜」心,一切功德必定要迴向「無	※如上精勤「念誦」(真言咒語),(及)所修(的一切)功德,皆應迴向「無上菩提」。譬如眾流,歸趣大海,入彼海已,便為「一味」。(將所修	※每日「三時」,(可)入於(佛)塔中,或(至)於「空野」(可作法(修行)之處。(首先應)發露「懺悔」,於諸功德,發生「隨喜」,(必定要)迴向「無

上正等菩提」，發願「成佛」之大心，常不離於口	（的功德都）「迴向菩提」，亦復如是，一切功德合集，共（應）成「佛果」……	上正等菩提」，願「成佛」心，常不離（於）口。
	※行者（誦眞言者）欲獲「菩提種子」功德，不為（追求）世樂、（但）求「無上菩提」以喻其（子）實。諸餘世樂（世俗五欲樂），況喻（爲）「草幹」（則）不求自獲……	
	※（爲）求（得）他（人之）供養以為「活命」（的事），（乃）違背「真言密教」，而受「邪命」。佛無此教（法），（故）我終不順（從）。	
	※是有一人，不欲「下、中」生處，直擬出於「三界」，欲得永離諸苦……（若）如是（所具之）辯才（者），（此乃）欲紹（繼）菩薩（果）位故……有如是等（第三種成就之）「上上人」，能勤苦念誦（眞言），精進不懈，獲真言「悉地」成就。 ①以「菩提心」，光照「無明」闇，「慧珠」便出。 ②「四辯」俱發，證得「三明」。 ③「三毒」永滅，「八苦」俱無，得「八聖道」。 ④「九惱」休息，得「九次第定」。	

	⑤「十惡」屏除，得「十一切入」。 ⑥諸力具足，如金剛菩薩，神通自在，無有障礙，當獲金剛不壞之身。 是名(第三種)「得火光」悉地者是，(亦)是名「成就」之法。	
「觀想」的修行法則	✖念誦之人，心若攀緣「雜染」之境，或起「懈怠」，或生「欲想」，應速「迴心」(迴轉妄心)。 ①觀真言「字句」。 ②或觀「本尊」。 ③或觀「手印」。 譬如「觀行」之人，置心(於)眉間，令不散亂，後時對(外)境，心即不動，彼人即名(為)「觀行成就」，念誦之人亦復如是。所緣「心處」若(能)不搖動(動搖)，即得持誦「真言」成就。	✖時執金剛(菩薩)復作是言：我今欲説供(養)「本呪神王」等法，其「持呪人」：先須「依法」(而)「浴身」。不得「散亂」，(應專注)思念(與觀想)「本呪神」等。
「毘那夜迦」專與持咒人作種種障難，令人心迷醉及生怪病	✖總而言之，(頻那夜迦)都有四部，何等為四？ 一者：「摧壞」部。 二者：「野干(狐狼)」部。 三者：「一牙」部。 四者：「龍象」部。 從此四部，流出無量「毘那夜迦」(vināyaka 頻那➜豬頭使者。夜迦➜象鼻使者)眷屬，如後具列。	✖(於)其所(修行的)「呪壇」法則，皆須明解(由)「毘那夜迦」(所生)起(的種種)障難相，(以及)辟除方法。 毘那夜迦名金剛奮迅……同須……利吒橫羅……能障……金剛瞋怒……勤勇者頂……金剛栓(古同「橛」)

以上是《佛説毘奈耶經》與《蘇婆呼童子請問經》具有相同的「法義」觀

點的總整理。

　　本書已將《蘇婆呼童子請問經》三種譯本作一個完整的分類歸納整理，尤其是《蘇磨呼童子請問經》(還原版)，花了最多的「時間」去作「經文歸位」的動作。除了保留原有的「卷名、品名」外，另自行給每一段再細分出「小標題」。您只要看到「小標題」就可知道經文的「大綱」內容，再加上「**底下約有？條**」的字眼，方便讀者知道到底說了多少條的「法義」？所有「難字」的「注音」及「解釋」都盡量補充進去了。為了符合現代人閱讀的方便，已在每個人名、地名、法號、字號下皆劃上「底線」。

　　最後祈望所有研究《蘇婆呼童子請問經》的佛教四眾弟子、教授學者們，能從這本書中獲得更方便及快速的「理解」，能因本書的問世與貢獻，帶給更多後人來研究本經、講解本經。末學在教學繁忙之餘，匆匆撰寫，錯誤之處，在所難免，猶望諸位大德教授，不吝指正，爰聊綴數語，以為之序。

公元 2020 年 8 月 20 日　果濱序於土城楞嚴齋

《蘇婆呼童子請問經》三種譯本比對暨研究

（全彩版）

果濱・編撰

自序

　　本書題名為《《蘇婆呼童子請問經》三種譯本比對暨研究》，整本書計有 *22 萬多字*，是末學研究及教學《蘇婆呼童子請問經》多年之作。

———目錄及頁碼———

一、同本異譯的三部經典

一、《蘇婆呼童子請問經》

(1)本經的原梵名為：Suvāhu(妙臂)-pariprcchā(請問)，分成三卷十二品，最早是唐・輸波迦羅(善無畏 Śubhakara-siṃha 637～735)所譯的經文。本經有時也略稱為《蘇婆呼童子經》、《蘇婆呼請問經》、《蘇磨呼經》、《蘇磨呼律經》。收於《大正藏》第十八冊。

(2)本經記載執金剛(Vajra-pāṇi 或 Vajra-dhara)菩薩大藥叉將對蘇婆呼(妙臂)童子說：有關「真言行者」應受持之「律儀」。

(3)本經分為「十二品」，即：

❶「律」分品。

❷分別「處所」分品。

❸「除障」分品。

❹分別「金剛杵」及「藥證驗」分品。

❺分別「成就相」分品。

❻念誦真言軌則、觀「像、印」等、「夢證」分品。

❼「悉地相」分品。

❽下「鉢私那」分品。

❾分別「遮難」品。

❿分別「道」分品。

⓫分別「諸部」分品。

⓬分別「八法」分品。

二、《妙臂菩薩所問經》

(1)此是輸波迦羅《蘇婆呼童子經》之第二版的「異譯本」，為北宋・法天(？～1001，譯經年代 976–997)所譯，略稱《妙臂所問經》，亦分成「十二品」，收於《大正藏》第十八冊。

(2)在「十二品」經文中，《妙臂菩薩所問經》多出「説成就分第七」一品，此為輸波迦羅《蘇婆呼童子經》所無，其內容只要是在講怎麼成就「吠多拏」(vetāḍa 起屍鬼)起屍的一種祕法，雖然《蘇婆呼童子經》譯本無此內容，但在其餘密教經典中仍然可見「吠多拏」(vetāḍa 起屍鬼)相關的修法。除此外，其餘「十一品」內容與輸波迦羅《蘇婆呼童子經》內容是大同小異的，唯「名稱」略異。

三、《蘇磨呼童子請問經》

(1)本經題名稱為：唐・善無畏譯。沙門一行筆《蘇磨呼童子請問經》。經題下面小註為：

⑩承曆二年(公元1078年，為中國北宋時期)寫，仁和寺藏本。

⑭承安三年(公元1173年，為中國南宋時期)寫，高山寺藏本。

此本與『麗本』(指輸波迦羅所譯之《蘇婆呼童子請問經》)**異同甚繁，故別載。**

(2)本經在末後註為：**唐・善無畏譯，沙門一行筆。承曆三年**(公元1079年，為中國北宋時期)**三月一日於大谷阿闍梨御 房奉受了。**

(3)本經內容與《蘇婆呼童子請問經》、《妙臂菩薩所問經》皆有「大同小異」之處。雖然仍署名為善無畏譯、沙門一行，但《蘇磨呼童子請問經》內容只是「抄錄」前面二部經典的「內文」而已，而且「錯字、通俗字」極多。

(4)有個可疑的是，原經題下寫著「**此本與『麗本』**(指輸波迦羅所譯之《蘇婆呼童子請問經》)**異同甚繁，故別載**」。但根據筆者之研究，發現其內容確為「後人」故意「顛倒順序」，同俗人所玩的「大風吹」遊戲一般，但筆者已將所有「大風吹」的內容全部「歸位」，可參閱筆者所整理的--**《蘇婆呼童子請問經》三種譯本比對暨研究**--一書便知。

《蘇婆呼童子請問經》三種譯本的「品名」比對表

唐・善無畏譯《蘇婆呼童子請問經》	北宋・法天譯《妙臂菩薩所問經》	日本承安三年(1173年高山寺藏本)寫《蘇磨呼童子請問經》(還原版)
第一卷	第一卷	第一卷
律分品第一	得勝師助伴速獲悉地分第一	伴侶分第一卷上
分別處所分品第二	選求勝處分第二	蘇磨呼請問分別處所分第二
除障分品第三	分別數珠持心離障分第三	蘇磨呼請問法相分第三
分別金剛杵及藥證驗分品第四	說金剛杵頻那夜迦分第四	蘇磨呼請問分別金剛杵分第四
第二卷	第二卷	第二卷
分別成就相分品第五	分別悉地相分第五	蘇磨呼請問分別成就相分第五
念誦真言軌則觀像印等夢證分品第六	分別悉地相分第五(延續內容)	蘇磨呼漸近悉地持誦相分第六卷下
悉地相分品第七	知近悉地分第六	蘇磨呼漸近悉地持誦相分第六卷下(延續內容)
--無此分內容--	說成就分第七	--無此分內容--
下鉢私那分品第八	召請鉢天說事分第八	蘇磨呼請問下鉢私那分第八

第三卷	第三卷	第三卷
分別遮難分品第九	說諸遮難分第九	蘇磨呼童子請問經分別遮難分第九
分別道分品第十	說勝道分第十	蘇磨呼童子請問分別聖道分第十一 蘇磨呼分別護摩分第十
分別諸部分品第十一	分別諸部分第十一	蘇磨呼童子諸問分別諸部分第十二
分別八法分品第十二	說八法分第十二	蘇磨呼童子請問分別八法分第十三

二、本經摘要

據明・藕益大師《閱藏知津・卷十四》所整理的「摘要」內容如下：
(詳《閱藏知津(第6卷-第44卷)》卷14。參 CBETA, J32, no. B271, p. 43, b)

(一)得「勝師、助伴」，速獲「悉地」分第一：

①妙臂菩薩以「持誦真言」者，得「成就、不成就」義，問金剛手菩薩。
金剛手答言：修真言行，求成就者，當須：
❶離諸「煩惱」。
❷起於「深信」。
❸發「菩提心」。
❹重「佛、法、僧」。
❺信重於「我」(佛三寶)。
❻歸命「大金剛族」。
❼遠離「十不善業」。
❽常離「愚迷邪見」。
②當須入彼「三昧耶」大曼拏羅，承彼聖力加護，仍須：
❶發勇猛心，發菩提心。
❷唯信於「佛」，不信「外道、天魔」等。
❸先須求依「戒德清淨」、福德最勝「阿闍梨」。譬如種田，須依「好地」。
❹若有「宿業」，須取「勝地」，作塔「安像」，供養、讚歎、懺悔、持誦，又須具「助伴」，如車「二輪」。

(二)選求「勝處」分第二：

(三)分別「數珠」，持心「離障」分第三：

①菩提子、金剛子、蓮華子、木患子，及「硨磲」諸寶等為珠。
②凡持誦時，真言、印契，收攝其心。「貪、瞋、癡」等若盛，應作「不淨、慈悲、緣起」等觀。
③一切「善法」，皆悉迴向「無上菩提」，如眾流皆歸於「海」，又不應為「小」妨「大」。
④又應遠離「八法」，又不得喫供養「殘食」，及鬼神「殘食」。

㈣金剛杵「頻那夜迦」分第四：

①先分別「跋折羅」法，次明作障「頻那夜迦」，有其四部，唯「大明真言」能退之。
②又「持誦、供養、護摩」等時，若不依「法」，及闕「儀則」。
③或復「誦真言者」心有「疑惑」，或復談說「世俗」間事，彼「作障」者，即得其便。
④次說「護身」之法，令不得便。

㈤分別「悉地相」分第五：

①不應於真言「曼拏羅」加減傳授，亦不得以「此法、彼法」而相「迴換」，當具二法，「悉地」乃成。
　一者、「誦真言者」具足「戒德」，正勤精進，不貪嫉，不吝惜。
　二者、真言「文句」滿足，「聲相」分明。
②復次持誦不得「大急」，亦勿「遲緩」，使聲「和暢」，勿「高」、勿「默」。
③又不得心緣「異境」，及與人「雜語」，令誦間斷。

㈥知近「悉地」分第六：

欲起首(起頭首先)「悉地」，先須具持「八戒」，四日、或三日、或二晝夜，仍須「斷食」，方求「悉地」。

㈦說「成就」分第七：

㈧召請「缽天」說事分第八：

㈨說諸「遮難」分第九：

㈩說「勝道」分第十：即「八正道」。

㈠分別「諸部」分第十一：

㈡說「八法」分第十二：

成就共有「八法」，上三、中三、下二。不應求「下品」也。此密宗要典。

《蘇婆呼童子經》(三卷)，唐・中印度沙門輸迦波羅初譯，與上經同，而較詳，但

文稍不及，亦宜參看。

《蘇婆呼童子請問經》三卷的大綱內容

卷數	唐‧善無畏譯《蘇婆呼童子請問經》	大綱內容
卷一	**律分品第一** **分別處所分品第二** **除障分品第三** **分別金剛杵及藥證驗分品第四**	(1)蘇婆呼童子(妙臂菩薩)向執金剛菩薩(金剛手菩薩)請法。 (2)祈請金剛手菩薩為眾生解說「持真言咒語者」之「不成就」因緣，計有 78 個問題。 (3)妙臂菩薩向金剛手菩薩請問法義，終不為己，乃為利益眾生故。 (4)修持真言的八大要領。若具「正見」而執持真言者，則「天魔羅刹」皆不能害。 (5)欲令天魔等不能為障，需數數而入「大三昧耶曼茶羅」，及發勇猛心、慈悲心、菩提心，唯信於佛。 (6)若得「戒德清淨」之阿闍黎灌頂，並精進修持，嚴持戒律，則密咒法門可速獲靈驗。 (7)持咒無「靈驗」者，皆為「宿業」造成，應加讀誦「大乘經典」及懺悔禮拜，並應有智慧修行之「助伴」作互相提攜，方能速獲成就。 (8)念誦真言者，可依止於諸佛菩薩賢聖昔所居處之「勝地」而修持，亦當清淨身心，律儀具足。 (9)持咒人應遠離「外道、我慢人家」，拒食「五辛、酒肉」。 (10)修行者於喫食時但為除飢，不過量、不極少。調伏六根，勿令放逸。寧以熱鐵，燒刺兩目，不以「亂心」貪視「女色」。 (11)若欲令心不亂者，可取「數珠」而修，能助「守心」於一境。持誦咒語的十大重要法則。 (12)若發生「疲倦、惛沈、眠睡、心悶」時，應起「經行」，冷水灑面。 (13)持咒人應須作「怨親平等觀」，僅與修道之「助伴」同事共語。 (14)一切誦咒修行之「善法」悉皆迴向「無上菩提」，則一切「世間福樂」不求自至。不為貪求「小利供養」以求活命。 (15)持咒人應遠離世間「八風」，乃至不生一念「惡心」。勤苦精進，令善法增長。 (16)持誦真言者，於「四威儀」常須「作意、攝心」，不食「酒肉、五辛、供養之殘食、祭祀鬼神之殘食」。 (17)當須晝夜精勤，如法持誦，欲睡時要作「慈悲喜捨」之觀。

		(18)修法前後均應如法供養「金剛杵」。若不執杵而誦咒，鬼神不懼，善神不加被，難得成驗。若無杵者，則應作「手印」。
		(19)成就真言法有十七種「法藥」及物。
		(20)「頻那夜迦」專與持咒人為障難，令人心迷醉及生病。有「摧壞、野干、一牙、龍象」四大魔部及二大眷屬。
		(21)「頻那夜迦」或時變化成「本尊主人」而受汝供養。佛之「大明真言」能破此障難，復應更作成就諸事之妙「曼荼羅」法。
		(22)若不依止「佛之法教」及「師訓」，或多語無義，言談世俗，則易遭「毘那夜迦」附身，作種種修行之障礙。
		(23)「水行、食香、燈頂、笑香、嚴髻」等五大「毘那夜迦」附身於持咒者的種種「症狀」解析。
		(24)「毘那夜迦」附身後的 9 種「情境」與 10 種「惡夢」。行者可用「軍荼利忿怒明王真言辟魔印」等而作護身，可請清淨有威德之「阿闍梨」作法解除魔障。
卷二	分別成就相分品第五 念誦真言軌則觀像印等夢證分品第六 悉地相分品第七 下鉢私那分品第八	(1)「毘那夜迦」魔障需除，所持真言方得成就。「不依法則、不如法供養、真言字句有加減、聲相不正」是不成就的原因。
		(2)持誦者若有闕犯，或間斷，或授予「非同道、非根器」者，就算誦滿遍數，仍無法成就，則應需如法作「護摩」供養。
		(3)行者持誦之本尊真言，若與「其餘部王」產生「相剋」障礙時，應當持誦「橛金剛真言」而助解脫。
		(4)行者但更加精進，本尊將在夢中說汝「不能成就之障因」。誦真言者必須「戒德無缺、不貪財色名利、咒句滿足、聲相分明」。
		(5)念誦真言的「六大法要」。心若攀緣雜染，應速迴轉妄心，觀「真言字句、本尊、手印」。
		(6)行者欲求悉地，當須攝心「一境」。一切諸法以「心」為本，若觀「五蘊皆空」是名「正見」。
		(7)所持真言遍數，若得「數足」，於睡時可獲 67 條「善夢」，應須更加「策勤精進」，必獲大成就。
		(8)修持真言已接近「成就」時有 6 大感應及 11 種功德。
		(9)專心誦持「護摩」至一千遍，若出現「熱相、煙相、焰相」三瑞相，即名成就。
		(10)若欲得「內心」悉地之成就者，約有 16 種不同的「相」示現，此時更應一心供養、誦唸本尊真言。
		(11)召請「鉢私那天神」的主要修持方法介紹。
		(12)若是真實之「鉢私那天神」於「童子」身降下者，童子之眼目歡悅，視物「不瞬」，亦無「出入」息。
		(13)所請「鉢私那天神」的真假辯析。若是「魔附」，當持「橛

		跡金剛咒」除遣之。
卷三	**分別遮難分品第九** **分別道分品第十** **分別諸部分品第十一** **分別八法分品第十二**	(1)因曾犯「五逆」罪重，故今世修持真言，終不成就。「懺悔謝罪」為持咒成就之法。有罪之人先求懺悔，復尋「明白」佛理之師，請求入「三昧耶」法及「真言法則」。 (2)懺悔罪畢，更不歸依「邪魔外道、天神」，唯禮拜「佛三寶」所。 (3)若犯此 13 種過失，則所念誦的真言終不得成就，亦不名為「智人」。 (4)修行者若遭苦難，亦不禮拜供養「外道天神」。若見「外道天神」修法，勿誦彼真言及讚歎彼德。應「不瞋怒、不喜樂、不隨喜」。 (5)行者必須修此「八正道」，真言乃成，諸佛亦由此而成道。 (6)修「護摩」及置「爐」之法。 (7)應觀種種「火色」，可得知「呼摩」法是否有成就。計有 19 種「大成就」之瑞相現，與 10 種「不成就」之相現。 (8)行人持咒，勿除「三處毛」。若不依「法則」、不持戒、不清淨，終將遭本尊之「侍從眷屬」損害。 (9)「阿閦毘也、廣大金剛、半支迦、摩尼(寶部)」等五部尊者及真言介紹。 (10)若有邪見而謗「大乘真言教」者，此等愚人就算執持真言，亦當自招其害。 (11)真言咒語成就之法分為「八法」及「上、中、下」悉地。若備受貧苦者，應求「中品」，不應求「下品」 (12)菩薩有時也會「變身」為彼所持之「真言主形」，救濟眾生，令脫苦難。 (13)行人誦咒及修「護摩」後，仍不成就。應取淨砂，印成十萬「塔」，於塔前誦咒，至誠「懺悔」，定獲現世果報。 (14)念誦之人以「持戒」為本，精進、忍辱、發菩提心，持誦真言，常不懈退。 (15)如來平等利益諸有情，故亦證許「天龍八部」諸大鬼類所說的咒語，其咒語的成就分成「上、中、下」三品。 (16)佛說諸世間蛇及眾蟲之「有毒、無毒」種類。若有能持「佛之大威真言」者，則能攝受其毒而不遭害。 (17)由 13 種「鬼魅」所引起的 14 種「怪笑病」，應以「金剛鉤、甘露忿怒金剛」等「佛法密咒」療治，或以 11 種「天神」真言去治療鬼病。 (18)以「香粉末」拌水為泥製成「小佛塔」，塔內置「法身偈」，若有禮拜者，將獲福無量。諸天龍八部等或見「誦真言者」

		現出 11 種瑞相。 (19)「天龍八部」及其眷屬將護衛修道人，令諸惡魔「毘那夜迦」藥叉等類，皆不得其便。 (20)<u>執金剛</u>菩薩只需稍「右顧左視」，即令魔眷屬獲 37 種苦惱，故亦能護衛「持真言人」。

三、本經譯者介紹

善無畏

(1)善無畏梵名 Śubhakara-siṃha(637～735)。音譯作戍婆揭羅僧訶、輸波迦羅。意譯作淨師子。又稱無畏三藏，為「密教祖師」之一。

密教最初三祖是：

1 善無畏。*2* 金剛智。*3* 不空。此三人並稱為「開元三大士」。

(2)善無畏為東印度烏荼國人，屬「剎帝利」種姓，為佛陀季父甘露飯王之「後裔」。善無畏於十三歲即嗣王位，後因「內亂」而「讓位」，捨王位而出家，至南方海濱，遇殊勝招提大師，得悟「法華三昧」。

(3)善無畏復至中印度那爛陀寺，投達摩鞠多(Dharmagupta)之座下，學「瑜伽三密」之法，盡得其傳，受灌頂為「天人師」。

(4)唐代開元四年（716），善無畏以八十歲的高齡奉達摩鞠多師命，經中亞至長安，唐玄宗禮為「國師」，遂詔善無畏住興福寺南塔院，後移西明寺。

(5)翌年，善無畏奉詔譯經於菩提寺，譯出《虛空藏菩薩能滿諸願最勝心陀羅尼求聞持法》一卷，沙門悉達擔任譯語，無著綴文筆受。此後即致力譯經。

(6)善無畏為將「密教」傳至中國之先河，與金剛智共同奠定「密教」之基礎。密教之根本聖典《大日經》（《大毘盧遮那成佛神變加持經》），即由善無畏口述，唐・一行記錄而成。後由一行編纂，並加以註釋，稱《大日經疏》，凡二十卷。

(7)此外，善無畏譯有《蘇婆呼童子請問經》（三卷）、《蘇悉地羯羅經》（三卷）等密教重要經典，並介紹「灌頂」之修行方法。

(8)善無畏將《大日經》內之「密咒」，皆寫出「梵字」，並逐字以「漢音」對譯。此係因密教重視文字，為追求「念誦、觀想」能更精確，故創此先例。

(9)可知善無畏大師於當時已廣授「密教」，亦同時教授「梵文拼法」，開始講求「悉曇」之學，此為中國佛教史上非常重要之大事。

(10)善無畏師亦擅長「工巧、藝術」，相傳其自製「模型」，鑄造金銅「靈塔」，備極莊嚴；其所畫的「曼荼羅」尤為精妙。

(11)善無畏師於開元二十年表請「歸國」，未得准許。後於唐玄宗開元 23 年 11 月 7 日示寂於「禪室」，世壽九十九，法臘高達八十。玄宗甚表哀悼，追贈「鴻臚卿」，葬於龍門西山之廣紀寺。付法弟子有寶思、一行、玄超、義林、智嚴、喜無畏、不可思議（新羅僧）、道慈（日僧）等。

法天

(1)法天(？～1001)，為中印度人。原為摩揭陀國那爛陀寺僧。法天譯經的時期為：北宋太宗在位時期(976–997 年)。自太平興國七年至咸平三年十一月，法天師所譯之經共有四十六部七十一卷。

由於法天擔任「官職」的變化，所以在不同時期的法天就有四種「題名開頭」。

①西天中印度摩伽陀國那爛陀寺・傳教大師・三藏・賜紫沙門・臣法天。

②西天譯經三藏・朝散大夫(散官)・試鴻臚少卿(本官)・傳教大師・臣法天。

③西天譯經三藏・朝散大夫(散官)・試鴻臚卿(本官)・傳教大師・臣法天。

④西天譯經三藏・朝奉大夫(散官)・試鴻臚卿(本官)・傳教大師・臣法天。

(2)法天於北宋開寶六年(公元 973)來中國，初住瀧州蒲津，譯出《大乘無量壽決定光明王如來陀羅尼經》、《七佛讚》等，由河中府梵學沙門法進執筆綴文。

(3)至太宗 太平興國五年(公元 980)，由「州府官」上表進之，帝覽大悅，召法天入京師，敕賜「紫衣」，因而敕造「譯經院」。

(4)太平 興國七年，法天與從印度來的天息災、施護等二位法師，蒙皇帝之召，居於「譯經院」，各譯所攜之梵本。至七月，法天譯出《大乘聖吉祥持世陀羅尼經》，皇帝便賜法天號為傳教大師，而天息災則號為明教大師，施護則號為顯教大師之尊號。

(5)另據《佛祖統紀・卷四十三》云：「**法天改名法賢，並月給酥酪錢有差，新譯經論並刊板印行**」。法天改名法賢應是《佛祖統紀》的誤記，因為自公元 987 年時，天息災就改名為法賢了，而且天息災的譯經中都題名為法賢，而在那時期，法天與法賢二個名號是同時存在的。所以正確應採用《大中祥符法寶錄(第 3 卷-第 12 卷)》卷 6 中的記載：「是年又詔天息災改名法賢。」才是正確的，後來天息災所譯的經文都題名為法賢，例如 **《佛說大乘無量壽莊嚴經》**(曹魏・康僧鎧《無量壽經》的同本異譯) 即是法賢(天息災)的譯作。

(6)公元 989 年十月，法天與施護的「本官」職，升遷至「試鴻臚卿」。法賢(天息災)則升遷至「試光祿卿」。爾後的十年裡，法天、天息災、施護三人譯經有「數百部」，多以「密教經典」為主。公元 997 年十一月，法天、法賢(天息災)、施護三人的「散官」職，升遷到「朝奉大夫」。

(7)公元 1000 年八月，法賢(天息災)示寂，宋真宗御賜法賢諡號為慧辯。法天當時與施護一起去拜別法賢(天息災)的骨塔。如《大中祥符法寶錄・卷十一》云：

號慧辯大師……是年(咸平三年)秋，八月四日，三藏沙門法賢(天息災)順化(順從老病死之自然變化)。臨終召其門人謂曰：佛言諸行無常，是生滅法，汝等觀念無常，各勤精進，言訖而逝。法賢(天息災)初被疾(最初被疾病染上)，(皇)上遣中使(皇宮中派出的使者。多指宦官)，護國醫霍炳等三人診視，及以「不起」(指疾病已無法再獲救起)……十月十六日，葬于京師祥符縣鄭當里，建塔葬畢，法天、施護同詣。

(8)公元 1001 年五月十八日，法天在法賢(天息災)示寂後才九個月，亦示寂離世，世壽不詳。北宋真宗御賜諡號法天為玄覺。如《大中祥符法寶錄・卷十二》云：

是年夏，五月十八日，三藏沙門法天順化(順從老病死之自然變化)，法天初被疾(最初被疾病染上)，上遣「中使」(皇宮中派出的使者。多指宦官)，護國醫霍炳等二人診視，及以「不起」(指疾病已無法再獲救起)。聞深嗟悼之……賜諡曰玄覺……七月十六日，葬于京師祥符縣鄭當里，建塔葬畢，施護、惟淨同詣。

(9)三位共同譯經的大師中，法賢(天息災)、法天相繼離世，唯餘施護一直筆耕不輟地譯經，施護直到 1017 年(天禧元年)十二月方「示寂」。

開元三大士

指唐玄宗時東來之印度密宗三大師。即善無畏、金剛智及不空。開元四年 (716)，善無畏奉其師之命，經中亞至長安，唐玄宗禮為國師。開元八年，金剛智率不空至京師，奉敕居於慈恩寺，傳揚龍樹菩薩之「密教」，並築「密壇」度眾。時人稱：
1 善無畏、*2* 金剛智及 *3* 不空為「開元三大士」。

2 金剛智

(1)金剛智(671?～741)梵名 vajra-prajñā，音譯為跋日羅菩提。為密教「付法八祖」中的「第五祖」，為中國密教之「初祖」。金剛智出身南印度的婆羅門(另說為金剛智為中印度王子)。金剛智十歲出家於那爛陀寺。二十歲受具足戒，廣習大小乘經律論。在三十一歲時，便從南印度的龍智大師學習「密教」。

(2)金剛智乃繼善無畏之後三年而來中國，於唐開元七年 (719)，金剛智攜弟子不空由海路，經錫蘭、蘇門答臘至廣州，建立「大曼荼羅灌頂道場」，化度四眾。開元八年，金剛智入洛陽、長安，從事「密教經典」之翻譯，並傳授「灌頂」之祕法。

(3)金剛智譯有《金剛頂經》、《瑜伽念誦法》、《觀自在瑜伽法》八部十一卷。金剛智與善無畏、不空並稱為「開元三大士」。

(4)金剛智本擬歸返印度，然因病，便「示寂」於洛陽廣福寺，世壽七十一(一說七十，或謂年壽不詳)。諡號「大弘教三藏」。門弟子另有一行、慧超、義福、圓照等。

3 不空

(1)不空(705～774)梵名 Amoghavajra。又作不空金剛。為唐代譯經家，為密教「付法八祖」中的「第六祖」。不空為南印度師子國人。天資聰明，幼從叔父遊南海諸國，其

後出家，<u>不空</u>於 14 歲時便從<u>金剛智</u>三藏學「悉曇」章，誦持「梵經」。後來尋渡南海，於<u>唐玄宗</u>開元八年（720）抵洛陽，<u>不空</u>時年十六歲而已。

(2)一說<u>不空</u>係<u>北天竺</u>婆羅門之子，少孤，隨叔父而至<u>武威</u>、<u>太原</u>，後<u>不空</u>便師事於<u>金剛智</u>大師，<u>不空</u>在 20 歲（<u>開元</u>十二年）於洛陽<u>廣福寺</u>受「具足戒」。

(3)<u>不空</u>師聰敏過人，深獲<u>金剛智</u>三藏器重，<u>不空</u>盡得「五部、三密」之法。及<u>金剛智</u>示寂時，師遵遺命，<u>不空</u>又往<u>印度</u>求法，偕同<u>含光</u>、<u>慧辯</u>等浮海西遊，經廣府、訶陵而達<u>錫蘭</u>。<u>不空</u>又從<u>普賢</u>阿闍梨（一說<u>龍智</u>阿闍梨）受十八會金剛頂瑜伽及大<u>毘盧遮那</u>「大悲胎藏」各「十萬頌」、五部灌頂、真言祕典、經論梵夾五百餘部，並蒙指授諸尊「密印」、文義性相等。

(4)<u>不空</u>又遍遊五<u>印度</u>，於天寶五年（746）還京師，還為<u>唐玄宗</u>灌頂，後住<u>淨影寺</u>。<u>不空</u>曾以「祈雨」靈驗，佛帝賜號<u>智藏</u>，並賜「紫袈裟」等。

(5)<u>唐</u>安史之亂起時，時<u>不空</u>住於<u>長安</u><u>大興善寺</u>，便行「禳災」之法。及<u>長安</u>淪陷，<u>唐</u>・<u>玄宗</u>於<u>成都</u>蒙塵，<u>肅宗</u>即位於<u>靈武</u>，其時<u>不空</u>師雖陷身於「亂軍」之中，仍屢次祕密「遣使」，致書<u>肅宗</u>，傳達「日常起居」與「竭誠效忠」之意，<u>肅宗</u>亦遣使「密求大法」。至<u>唐</u>・<u>代宗</u>時，制授<u>不空</u>為「特進試鴻臚卿」，加號為<u>大廣智三藏</u>，<u>不空</u>曾於太原五臺山造「密教」道場，展開宣教活動。

(6)於<u>唐</u>・<u>大曆</u>六年（771），<u>不空</u>表進<u>開元</u>以來所譯經七十七部一〇一卷及目錄一卷，並請入藏。於<u>大曆</u>九年六月中，<u>不空</u>師預知「時至」，上表「辭別」，獻「五鈷」金剛鈴杵等，倚臥而「入寂」，享年七十。追贈<u>司空</u>，諡號<u>大辯正</u>，於<u>大興善寺</u>造塔安置舍利。

(7)<u>不空</u>與<u>鳩摩羅什</u>、<u>真諦</u>、<u>玄奘</u>等並稱「四大翻譯家」，對確立梵語與漢字間嚴密的音韻對照組織之功甚鉅。又與<u>善無畏</u>、<u>金剛智</u>並稱「開元三大士」。付法弟子有<u>含光</u>、<u>慧超</u>、<u>惠果</u>、<u>慧朗</u>、<u>元皎</u>、<u>覺超</u>等，而以嫡傳之<u>惠果</u>大師則為真言宗「付法八祖」的第七祖。

「**付法八祖**」是指以「密教」法義「次第相承、流傳」之八位祖師，此八位祖師以「法法」相續而傳。

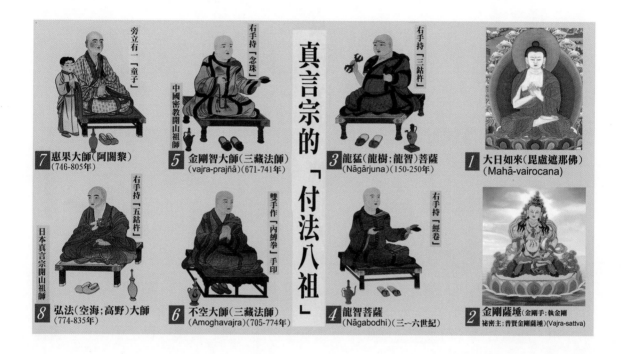

真言宗的「付法八祖」

1 大日如來（毘盧遮那佛）（Mahā-vairocana）

2 金剛薩埵（金剛手；執金剛；祕密主；普賢金剛薩埵）(Vajra-sattva)

3 龍猛（龍樹；龍智）菩薩（Nāgārjuna）(150-250年) 右手持「三鈷杵」

4 龍智菩薩（Nāgabodhi）(三～六世紀) 右手持「經卷」

5 金剛智大師（三藏法師）(vajra-prajñā)(671-741年) 右手持「念珠」 中國密教開山祖師

6 不空大師（三藏法師）(Amoghavajra)(705-774年) 雙手作「內縛拳」手印

7 惠果大師（阿闍黎）(746-805年) 旁立右一「童子」

8 弘法（空海；高野）大師（774-835年） 右手持「五鈷杵」 日本真言宗開山祖師

「**傳持八祖**」則是指具有「真言密教」的「師、徒」傳承法脈。

真言宗的「傳持八祖」

7 惠果大師(阿闍黎)(746-805年)　旁立有一「童子」
5 善無畏大師(三藏法師)(śubhakara-siṃha)(637-735年)　右手立「頭指」
3 金剛智大師(三藏法師)(vajra-prajñā)(671-741年)　右手持「念珠」　中國密教開山祖師
1 龍猛(龍樹;龍智)菩薩(Nāgārjuna)(150-250年)　右手持「三鈷杵」
8 弘法(空海;高野)大師(774-835年)　右手持「五鈷杵」　日本真言宗開山祖師
6 一行大師(禪師)(683-727年)　兩手於袖內作「內縛拳」手印
4 不空大師(三藏法師)(Amoghavajra)(705-774年)　雙手作「內縛拳」手印
2 龍智菩薩(Nāgabodhi)(三~六世紀)　右手持「經卷」

第一祖：龍猛菩薩。自金剛薩埵手中接受真言密法，將之普傳於世之第一人。畫像多手持「三鈷杵」。
第二祖：龍智菩薩。為龍猛菩薩之弟子，畫像多手持「經卷」。
第三祖：金剛智三藏。印度人，從龍智菩薩學習密教之後，進入大唐傳法、成為國師，也是中國密教第一位開山祖師，以《金剛頂經》為主體，
第四祖：不空三藏。西域人，隨叔父入唐後，進入金剛智三藏門下，亦為大唐國師，翻譯《金剛頂經》並設置「灌頂道場」。
第五祖：善無畏三藏。印度人，八十歲高齡入唐，成為國師，傳持《大日經》。
第六祖：一行禪師。唐朝人，為善無畏三藏之弟子，曾學天台、禪法等，以數學及天文學等著名，著有《大日經疏》。
第七祖：惠果阿闍黎。唐朝人，受學於不空三藏及善無畏大師，合併「金剛界」與「胎藏界」傳承，成為「金胎不二」。
第八祖：弘法(空海)大師。日本人，惠果阿闍黎之徒，將「真言密教」完整傳承至日本，開創「真言宗」諸流派。

四、「密咒、明、總持、真言」簡介

(1)通常梵語的「mantra 漫怛囉」均譯作「咒」。如現存之梵文《般若波羅蜜多心經》，及梵文《入楞伽經・卷八・陀羅尼品》之中，皆有使用相當於漢譯「咒」字之「mantra」一字。

(2)西藏文的《孔雀咒王經》之梵名為 Mahāmayūrī-vidyā-rājñī。如此「vidyā」也譯為「咒」。

(3)《善見律毘婆沙・卷十一》將巴利語 vijjāmayā 譯作「咒」。

(4)《法華經・卷七・陀羅尼品》等，將梵語「dhāraṇī 陀羅尼」也譯作「咒」。

(5)由上記可知，從諸「梵、巴語」得知漢譯所譯的「咒」字有多種原始語辭。如：

  ❶梵語 vidya（巴利語作 vijjā）原本有「明、術」之意。

  ❷dhāraṇī 原本譯作「總持」之意。

  ❸mantra 原本譯作「真言」。

  各種翻譯，其義雖然有別，而長久以來「陀羅尼、咒語、真言」多已混用。

(6)亦有將諸「語詞」作明顯區分者，如：《翻譯名義大集》(Mahāvyutpatti 此書西藏名為《Lo-paṇ maṅ-pos mdsad-paḥi bye-6rag-tu rtogs-par byed-pa chen-po》，指「字源解釋大集」之意。該書以「梵、藏、漢、蒙」等四種語言對照，採錄佛教教典中常用之「術語」與「專有名詞」，分類列舉並加以解說)中的「密咒本續」與「外道書契」中，述及「密咒」之名時，則將：

  ❶vidyā 譯作「明咒」。

  ❷dhārāṇī 譯作「總持咒」。

  ❸mantra 譯作「密咒」。

(7)《大佛頂如來密因修證了義諸菩薩萬行首楞嚴經・卷七、楞嚴咒》，咒文中有加附註云：

  毘地也(vidyā)，旁邊加註為「明呪藏」。

(8)唐・義淨撰《大唐西域求法高僧傳・卷二》

  夫「明呪」者，梵云「毘睇陀羅必得家」。

  「毘睇」(vidyā)譯為「明呪」。

  「陀羅」(dhārāṇī)是「持」。

  「必得家」(piṭaka)是「藏」。

  應云「持明呪藏」。

五、真言密咒行者應知的修學正見

唐・善無畏共沙門一行譯《大毘盧遮那成佛神變加持經・卷一》

（即《大日經》，與《金剛頂經》爲密教最主要、最重要的經典）

(1)祕密主！若（於）「真言」門（中而）修「菩薩行」（之）諸菩薩，（應）深修觀察「十緣生句」（十種緣生緣滅比喻之句義），**當於「真言行」**（中而）**通達作證**（此十緣生句）。云何為十？謂：

　①如幻。
　②陽焰。
　③夢。
　④影。
　⑤乾闥婆城。
　⑥響。
　⑦水月。
　⑧浮泡。
　⑨虛空華。
　⑩旋火輪。

(2)祕密主！彼真言門，修「菩薩行」（之）諸菩薩，當如是觀察。

　　云何為「①幻」？

　　謂如咒術、藥力，（雖有生起）「能造、所造」種種色像，（因迷）惑自眼（自己的眼睛），故見（種種）希有（諸）事，（遂有）展轉相生（諸色像），（進而認爲有真實）往來十方（之事）。然彼（實）非「去」、非「不去」。何以故？（諸法）本性「淨」故。如是真言（雖如）「幻」，（但若）持誦成就，（亦）能生一切（諸法）。

　　（當知一切真言雖「如幻而空性」，雖爲「離一切相」，但亦能成就「一切諸相」，就如鏡面看似「空性而無物」，但鏡面卻能發生「照鑑」萬法諸物的功能）

(3)復次祕密主！「②陽焰」性空。彼依世人（之）「妄想」，（故）成立有所「談議」（言談論議），如是真言（如幻）「想」，（亦）唯是「假名」。

(4)復次祕密主！如「③夢」中所見，畫日「牟呼栗多」（三十臘縛＝一牟呼栗多 muhūrta，須臾），（如）刹那（之）歲時等住，（如是）種種「異類」（眾生），（雖）受諸「苦、樂」，（一旦）覺（悟）已，（實）都無所見。如是「夢」（幻），真言行（者）應知亦爾。（當知一切真言亦如「刹那夢幻」，故不應執著）

(5)復次祕密主！以「④影」喻。解了真言，能發「悉地」（成就），（此喻）如（以）「面」（而）緣於「鏡」，而（顯）現（出）面（之）「像」。彼真言（之）「悉地」（成就），當如是知。（當知一切真言所發生的「成就諸相」，亦如「鏡影」般，故不應執著）

(6)復次祕密主！以「⑤乾闥婆城」譬，解了成就「悉地宮」（指「悉地」之國土宮殿，此乃真言行者

在「觀心」上所現之境。共有三品：❶上品，即「密嚴」佛國，此佛國出於三界之外，而非「聲聞、緣覺」等二乘之見聞所能得。❷中品，即「十方淨土」。❸下品，即諸「天、修羅宮」。又修持真言之行者若能成就此三品之「持明仙」，則可安住於如上「三品」之「悉地宮」中)。

(7)復次祕密主！以「⑥響」喻。解了「真言」(之)聲(相)，如緣「聲」(而)有響。彼真言(行)者，當如是解。(當知一切真言之「聲響諸音」，亦如「空中迴響」般，故不應執著)

(8)復次祕密主！如因「⑦月」出故。(月若)照於「淨水」，而現(出)「月影像」。如是「真言」(皆如)「水月」(之)喻，彼持明(咒)者，當如是説。

(9)復次祕密主！如天降雨生「⑧泡」。彼真言(之)「悉地」(成就)，(當然會有)種種變化，當知亦爾。(當知一切真言所發生的「成就諸相」，亦如「泡影」般，故不應執著)

(10)復次祕密主！如「⑨空」中。(諸法皆)無「眾生」、無「壽命」，彼「作者」不可得。以(凡夫)心「迷亂」故，而生如是種種(之)「妄見」。

(11)復次祕密主！譬如「⑩火燼」。若人執持(火輪)在手，而以旋轉(於)空中，(故)有「輪像」(之)生。

(12)祕密主！應如是了知(如上十種緣生緣滅之)「大乘句、心句、無等等句、必定句、正等覺句、漸次大乘生句(十種緣生緣滅比喻之句義)」。當得具足「法財」，(便能)出生種種「工巧大智」，(能)如實「遍知」(周遍了知)一切「心想」(相)……

(13)爾時執金剛祕密主白佛言：希有世尊！説此諸佛「自證」(之)三菩提，不思議法界，超越心地，以種種方便道，為眾生類，如本性信解，而演説法。

(14)惟願世尊「次説」修「真言行」，「大悲、胎藏」，生大「漫荼羅」王。為滿足彼諸未來世，無量眾生，為救護安樂故……

宋・法天譯《佛心經品亦通大隨求陀羅尼》

(1)爾時如來告諸菩薩諸善男子，今當宣説，「證修佛地」有「十種(執)持」，必定成就。何等為十？

第一、❶持心。

　　❷於法「無礙」。

　　❸於佛生「信」。

　　❹於心「平等」。

　　❺於眾生生「慈」。

　　❻於色「無著」。

第二、❶持戒不闕。

　　❷常攝在「定」。

❸修「不妄語」。

❹好(布)施眾生。

❺斷除「憍慢」。

第三、❶莫行惡。

❷修不殺戒。

❸勿食「惡食」。

（「惡食」指「粗劣或敗壞之食」。《菩薩地持經・卷七》云：若食惡食，令身不安。《大智度論・卷十八》則云：譬如「美食、惡食」，俱有雜毒：食「惡食」即時不悅；食「美食」即時甘悅，久後俱奪命，故二不應食！善、惡諸行，亦復如是）。

❹慎莫「自讚」(自我讚揚)。

❺莫見「他過」(他人過失)。

第四、❶於諸(來)求法(之事或人)，(皆)莫生「譏嫌」。

❷於諸佛教，遮護(遮擋保護)過惡(過失罪惡)。

❸於「師僧」(人師之僧；眾僧之敬稱)中，如父母想。

第五、❶若行(發)願教，慎莫遺失。

❷於諸貧富，(平)等心觀察。

❸須懷「世諦」(世俗之諦)，而(隨)順諸人。

第六、❶於佛(之)「句偈」，常須(引以為)警察(警惕省察)。

❷所修諸法，必須遍持(周遍圓滿的持誦)。

❸(若見)有所乞求，應(隨)心即(布)施。

❹慎莫(於人)觀察「上、中、下」根(而生出種種分別之心)。

第七、所持「契印」：

❶莫(於)不淨(之處而)行。

❷莫(於)「非時」(而)結(契印)。

❸莫為「名聞、利養」而用。

❹有所行(契印之)法，亦不得(施)捨(於)「非(人)眾生」。

第八、❶於一切所有(諸物)，莫生「偷竊」。

❷斷(除)非理(之)惡，莫行諂佞(花言巧語；阿諛逢迎)。

❸於佛「法要」，(應)護如己命。

❹乃至「良、賤」，莫存「二心」(之分別與執著)。

第九、❶所(欲)救(之)諸「苦際」，(若)不(生)「至誠」者，實莫「退(道)心」。

❷莫自「輕(賤)法」，(亦)莫使「他輕」(他人輕賤佛法)。

❸須斷「己謗」(自己對他人的毀謗心)，莫使「他謗」(他人生起毀謗)。

❹(心地)必須「質直」，常行耎(軟)語。

❺勸存「善道」，起大慈悲。

第十、❶斷除「邪行」，莫損(自性之清淨)「虛空」。

❷志信(須)「堅固」，不辭「疲苦」(疲倦固苦)。

❸常勸不(棄)捨，(仰)慕「善知識」。

❹或於林泉清淨之處，發「廣弘」(之大)願，慎莫「怯弱」。

❺念念(心)存(收)攝(妄念)，勿令(生)「邪見」。

❻常住「大乘」(法義)。

❼(見)有善知識，(應)承迎「禮拜」。

(2)如是十事，能斷除(諸惡)者，是(為)「持法證」，決定(能)直至「無上菩提」，更不退轉，欲修菩薩及「金剛身」(皆能圓)滿(具)足不難。

(3)爾時諸菩薩聞說此已，白佛言：世尊！如此願行，我今修學，唯願如來起大悲心，說此「神妙章句」，大眾欣仰，今欲受持。

(4)佛告諸善男子：樂說便說，諦聽！諦聽！爾時如來復以「菩提心」，契護於大眾，令心不動，即說咒曰：

(5)一切佛心中心大陀羅尼

唵‧ 跋囉‧ 跋囉‧ 糁跋囉‧ 糁跋囉‧ 印地嚟耶‧ 微輸達禰‧
oṃ ‧ bhara--bhara ‧ saṃbhara--saṃbhara ‧ indriya ‧ viśodhani ‧

哈哈 ‧嚕嚕‧ 遮嘰‧ 迦嚕‧遮嘰‧莎囀訶‧
ha--ha ‧ ruru-- cale ‧ karu--cale ‧ svāhā ‧

附：無能勝妃大心眞言 (出自《大正藏》第二十冊頁622下)

oṃ‧bhara--bhara‧saṃ-bhara--saṃ-bhara‧indriya‧viśodhani‧hūṃ--hūṃ‧ruru-cale‧svāhā‧

《不空羂索陀羅尼自在王咒經‧卷中》

持咒之人：

❶不應「放逸」，常修精進，不應懈怠。

❷於(應)尊重(之)處(如三寶處)，常勤「供養」。

❸恆不忘失(發心成佛的)「菩提」之心。

❹於「(布)施、(持)戒、忍(辱)、精進、(禪)定、(智)慧」，應常修習。

❺遠離「慳吝、污戒、塵垢」。

❻於生死(輪迴)中，(應)常生「怖畏」(之心)。

❼深懷「慚愧」(心)。

❽心常(憶)「正念」。

❾(心)不得「散亂」。

❿(時常以)「智慧」觀察(一切諸法萬事)。

若如是作,即能成辦一切「咒業」(咒語事業)。

《陀羅尼集經 • 卷三》

其持「明」(咒)人,應當具足堅持「七法」。何等為七?

一者:(修)持戒。

二者:(修)忍辱。

三者:離「口過」(口舌是非之過)。

四者:於佛法中,生「決定信」。

五者:發無上(成佛之)菩提(大)心。

六者:常誦「真言、法印」,(但仍要保持)心生「慚愧」。

七者:於(行住坐臥)「四威儀」,身、心(皆)「無倦」。猶如(轉)輪(聖)王,(能)具足「七寶」,(故)
　　　得(以)紹(繼)正位,王(統一)四天下,「咒師」亦爾(相同)。

(若能)具(足)前「七法」,(則持咒能)速得證驗,隨所「施為」(施行作為),悉得「稱意」。

《千手千眼觀世音菩薩廣大圓滿無礙大悲心陀羅尼經》

(1)爾時大梵天王從座而起,整理衣服合掌恭敬,白觀世音菩薩言:善哉大士!我從
　　昔來經無量佛會,聞種種法,種種陀羅尼,未曾聞說如此「無礙大悲心大悲陀羅尼」
　　神妙章句。唯願大士為我,說此陀羅尼「形貌狀相」,我等大眾願樂欲聞。

(2)觀世音菩薩告梵王言:汝為方便利益一切眾生故,作如是問。汝今善聽!吾為汝
　　等略說少耳,觀世音菩薩言:

❶「大慈悲心」是。

❷「平等心」是。

❸「無為心」是。

❹「無染著心」是。

❺「空觀心」是。

❻「恭敬心」是。

❼「卑下心」是。

❽「無雜亂心」是。

❾「無見取心」是。

❿「無上菩提心」是。

(3)當知如是等心，即是陀羅尼相貌，汝當依此而修行之。大梵王言：我等大眾今始識此陀羅尼「相貌」，從今受持不敢忘失。

六、勸誦咒語之經論略集

龍樹菩薩《大智度論》

(1)問曰：「聲聞法」中何以無是「陀羅尼」名，但「大乘」中有。

(2)答曰：「小法」中無「大」，汝不應致問；(若)「大法」中無「小」者，則可問。如「小家」 (窮苦人家本)無「金銀」，(故)不應問也。(窮貧者，家中本無金銀珠寶，故不應問，亦不必問，若刻意問之，已 成爲一種嘲諷)

(3)復次「聲聞」，(本來就)不大殷懃(的去)「集諸功德」，(聲聞人)但以「智慧」(追)求(自己能解)脫 「老病死苦」，以是故「聲聞人」不用「陀羅尼」(來)持諸功德(的)。

(4)譬如人渴，得「一掬水」則(便滿)足，(更)不須(另帶著)「瓶器」(來)持水。若(要)供「大眾 人民」(喝水)，則須(帶)「瓶甕」持水。

(5)菩薩為(度)一切眾生故，須(以)「陀羅尼」(來)持諸功德……(菩薩爲諸)善根諸功德故，須 (持)「陀羅尼」，(故)「陀羅尼」(乃)世世常隨(逐於)「菩薩」。

龍樹菩薩《大智度論》

(1)復次(若有)得「陀羅尼」(之)菩薩，(則)一切所聞(之)法，以「念力」故，(皆)能持(而)不失。

(2)復次是「陀羅尼」法，(乃)常(隨)逐「菩薩」。譬如(每隔)間日(就會發作的一種)「瘧病」(永遠跟 隨著主人)，是「陀羅尼」(永)不離菩薩……

(3)復次是「陀羅尼」(能護)持菩薩，(永)不令墮「二地」(聲聞、緣覺之二地)坑。譬如「慈父」(此 喻陀羅尼咒語)愛子，子欲「墮坑」，(慈父將護)持(愛子而)令(永)不墮(落)。

(4)復次菩薩(若)得「陀羅尼」力故，(則)一切「魔王、魔民、魔人」，(皆)無能動、無能破、 無能勝，譬如須彌山，(若有)凡人口吹(須彌山則)不能令(之搖)動。

《蘇悉地羯羅經》

復次，我今演說持誦「真言」，(能)速獲「成就」修行(諸多之)法相。

(底下有三十種持咒速獲成就之法)

❶(能獲)三業清淨。

❷(能令)心不散亂。

❸(能令)曾無間斷。

❹(能令)常修智慧。

❺能(只)行「一法」，(而亦獲得)成就「眾事」(之報)。

❻(令遠)離慳悋^勿。

❼(能令其)所出「言辭」，無有(任何的)「滯礙」。

❽(能令)處眾(而獲心)「無畏」。

❾(能令)所作(皆獲得)「速辦」。

❿(能令)當行忍辱。

⓫(能常遠)離諸諂^彳佞^公(諂諛巧佞)。

⓬(能令)無諸「疹^力病」(瘡疹疾病)。

⓭(能令)常行「實語」。

⓮(能)善解「法事」。

⓯(能令常保持)年歲(之)少壯。

⓰(能令)諸(六)根身分(身體)，皆悉「圓滿」。

⓱(能)於三寶處，常(生)起信心。

⓲(令能)修習「大乘微妙經典」。

⓳(於)諸善功德，(皆)無懷「退心」。如此之人，(能)速得成就。

⓴(能)於諸菩薩，及以「真言」，常起「恭敬」。

㉑(能)於諸「有情」(眾生)，(生)起「大慈悲」。如此之人，(能)速得成就。

㉒(能獲)常樂「寂靜」，(而)不欲「眾鬧」。

㉓(能)恒行「實語」，「作意」護淨。如此之人，(易)速得成就。

㉔若(有)聞「執金剛菩薩」(之)威力自在。聞已(即)諦信，心生「歡喜」。如此之人，(能)速得成就。

㉕若人「少欲」，及以「知足」，(並能精進)誦持真言，念「所求事」，日夜不絕。如此之人，(能)速得成就。

㉖若人初聞「真言法」，則(感)「身毛皆豎」，(並)心懷踊躍、歡喜。如此之人，(堪能)成就(大法之)「法器」。

㉗若人(於)夢中，(能獲得)自見「悉地」(成就的瑞相)。

㉘如經所說，心樂(於)「寂靜」，不與眾(而)居。如此之人，(能)速得成就。

㉙若人復有於「阿闍梨」所，敬重(彼阿闍梨)如「佛」(一般)。如此之人，(能)速得成就。

㉚若人持誦「真言」，久(雖)無「效驗」，亦不「棄捨」，(復)倍增「廣願」(廣大願力)，轉加(更)「精進」，以成(就)為限(定)。如此之人，(能)速得成就。

唐·般若譯《大乘理趣六波羅蜜多經》

(1)「八萬四千」諸妙法蘊……攝為五分：

　一、「素呾纜」。(sutra 經藏)

二、「毘奈耶」。(vinaya 律藏)

三、「阿毘達磨」。(abhidharma 論藏)

四、「般若波羅蜜多」。(prajñā-pāramitā 般若藏)

五、「陀羅尼門」。(dhāraṇī 祕藏;陀羅尼咒語)

(2)此五種藏,(為)教化有情(眾生),隨所應度而為說之。

❶若彼有情(眾生),(有)樂處「山林」,常居「閑寂」,修「靜慮」者,而(如來)為彼說「素呾纜藏」(經藏)。

❷若彼有情(眾生),(有)樂習「威儀」,護持「正法」,一味「和合」,令得久住,而(如來)為彼說「毘奈耶藏」(律藏)。

❸若彼有情(眾生),(有)樂說「正法」,分別性相,循環研覈,究竟甚深,而(如來)為彼說「阿毘達磨藏」(論藏)。

❹若彼有情(眾生),(有)樂習「大乘真實智慧」,離於「我、法」執著分別,而(如來)為彼說「般若波羅蜜多藏」(般若藏)。

❺若彼有情(眾生),不能受持「契經」(經藏)、調伏(律藏)、對法(論藏)、般若」。或復有情(眾生),(有廣)造諸「惡業」,「四重、八重、五無間罪、謗方等經、一闡提」等種種重罪;(設欲)使得(諸惡業)銷滅,速疾解脫,頓悟「涅槃」,(故)而(如來)為彼說諸「陀羅尼藏」(陀羅尼咒語)。

(3)此「五法藏」,譬如「乳、酪、生酥、熟酥」,及「妙醍醐」。

❶「契經」(經藏)如「乳」。

❷「調伏」(律藏)如「酪」。

❸「對法教」(論藏)者如彼「生酥」。

❹「大乘般若」(般若藏)猶如「熟酥」。

❺「總持門」(祕藏;陀羅尼咒語)者,譬如「醍醐」。

(4)「醍醐」之味(指「總持陀羅門」),(為)「乳、酪、酥」中,微妙第一,(陀羅尼咒語門)能除諸病,令諸有情「身心安樂」。

(5)「總持門」(陀羅尼咒語門)者,(於諸)「契經」(經藏)等中,最為第一,能除重罪,(能)令諸眾生解脫生死,速證「涅槃」,安樂「法身」。

經典是指如果有人不能受持「經、律、論、智慧」門的人,加上自己「罪業」又很重,只好持誦「咒語」來「消業」與「培福德」。

但若反之,如果真能受持「經、律、論、智慧」門的人,罪業已消了大半,又何需「非咒語」不可?

罪業很重的人，大多無「福」可修學「般若空性」，所以只能「持咒語」來「消業」與「培福德」而已。如果罪業很少、福報又很大，當然都是修學「般若空性」與「三輪體空」為主，此人就算沒有「持咒語」，亦已「無礙」了。

例如六祖慧能大師，他以修「般若空性」為主，故大師也不必特別再加「持咒」一法，因為大師已是「無罪業＆開悟」之大聖人！

《陀羅尼集經・卷三》

(1)(若能)日日誦不動佛陀羅尼、無量壽佛陀羅尼等，(則能)滅除身中「五逆、四重」等一切罪障。

(2)若欲得生無量壽佛國，日日作此供養，誦「陀羅尼」法，常作此法，一切「事業」皆得成就，死已，生無量壽佛國。

(3)若日日供養(諸佛)，功德甚大，不可具說。「念佛」(之)功德非是(誦咒功德可)「校量」，其誦「真言」(之)功德力，狀如「日月之光」，(而)「念佛」(之)功德(僅)同「夜燈之光」，不得其比(較)。

(4)若(能)日日(作)供養(諸佛)，(及)誦明(咒)、兼「念佛」功德，(則功德將大)如「須彌」之高，「大海」之深。

(5)若空「念佛」(而)不兼誦明(咒)，(其)功德如「香山」之小，如「阿耨達池」之「細」，不可校量。

(6)若(能)日日供養諸佛(及)誦明(咒)，(則)滅罪如火燒「草木」，罪滅亦爾。

(7)若能(於)日(各)別「三時」供養(諸佛)，(加上)念佛、誦明(咒)，(如此)比空(僅有)「念佛」(一法者皆)不可比校，口(亦)不能宣(盡)，(其)功德利益，(乃)不可思議。

✱從經文可得知，如果只修「純一、單一」的一種法門，例如只修「一句佛號」者，此人若與「念佛、誦經、持咒、日日供養三寶」者相比；或者與加上「修念佛、念法、念僧、廣修六度萬行、八萬四千種法門……」等相比的話，這種「八萬四千法」皆行的人，其功德比「只有一句佛號」當然更是「不可思議」的啊！
切勿誤解「廣修六度、誦經、持咒、禮拜、觀想……」者是「雜修」。
人心如果是「一念清淨、無妄想念、無分別染念」，就算同時「廣修六度、誦經、持咒、禮拜、觀想……」，仍是「專修」。
一念心清淨，同修八萬四千法門，仍是「專修」。
人心如果是「多念夾雜、妄想染念、分別執著念」，就算只修「一門」，仍是「雜修」。
一念心雜染，只修一法門，仍是「雜修」。

是人心在「雜」，並非是「法」在「雜」。
「法」不誤人，是人「心」自誤。
「經」本無誤，一切皆是人「心」自誤。

唐末五代・永明 延壽大師。淨土宗第六代祖師

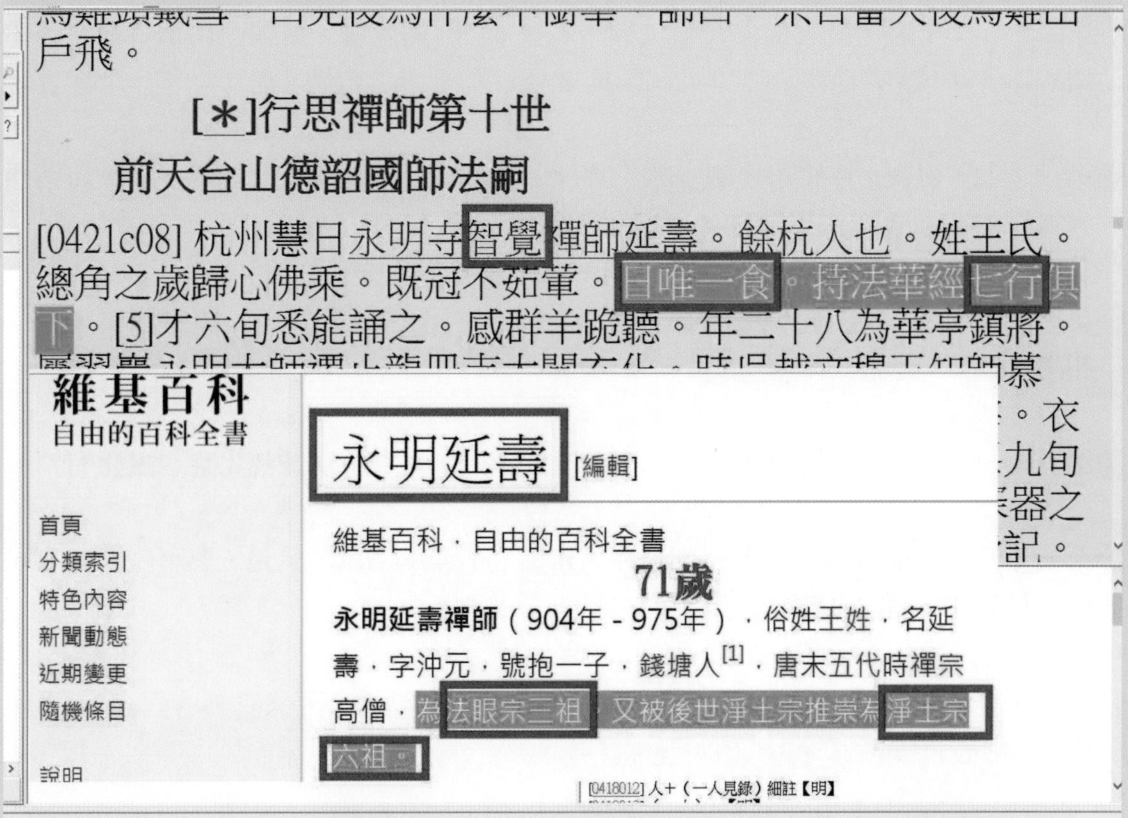
戶飛。

[*]行思禪師第十世

前天台山德韶國師法嗣

[0421c08] 杭州慧日永明寺智覺禪師延壽。餘杭人也。姓王氏。總角之歲歸心佛乘。既冠不茹葷。日唯一食。持法華經七行俱下。[5]才六旬悉能誦之。感群羊跪聽。年二十八為華亭鎮將。

維基百科
自由的百科全書

首頁
分類索引
特色內容
新聞動態
近期變更
隨機條目
說明

永明延壽 [編輯]

維基百科，自由的百科全書

71歲

永明延壽禪師（904年 - 975年），俗姓王姓，名延壽，字沖元，號抱一子，錢塘人[1]，唐末五代時禪宗高僧，為法眼宗三祖，又被後世淨土宗推崇為淨土宗六祖。

《智覺禪師自行錄》

每日「晝夜」中間，總行「108」件佛事。(每日持誦咒語達 *27* 種)。

108 種「佛事」中，其中確定與「西方淨土」有關的就高達 ***15*** 個願。
例如：

第三：常修安養(西方極樂淨土)**淨業。所有「毫善」，悉皆念念普為一切法界有情，同「回向往生」**(西方極樂淨土)**。**

☒第十五：晨朝，禮《妙法蓮華經》真淨妙法，普願一切法界眾生，同證「法華三昧」，咸生彌陀「淨方」(西方極樂淨土)。

☒第十七：晨朝，普為一切法界眾生，頂戴阿彌陀佛行道，承廣大之「願力」，慕「極樂」(西方極樂淨土)之「圓修」(圓滿功德之修行)。

☒第二十一：午時，禮皈依主安樂世界(西方極樂淨土)阿彌陀佛，普願一切法界眾生，頓悟「自心」，成「妙淨土」。

☒第三十七：初夜，禮慈悲導師安樂世界(西方極樂淨土)大勢至菩薩摩訶薩，及一切清淨大海眾。普願一切法界眾生，引導利濟眾生，同了「唯心淨土」。

☒第四十：初夜，普為一切法界眾生，旋繞念大勢至菩薩摩訶薩。願攝諸根，淨念相繼，託質「蓮臺」(西方極樂淨土蓮華之臺)。

☒第五十三：後夜，普為一切法界眾生，旋繞念阿彌陀佛，願成無上慧，攝化有情。

☒第五十八：晝夜六時……願一切眾生，永離「貧窮」，「法財」具足，念阿彌陀如來。願一切眾生，離「惡趣形」，神棲「淨土」(西方極樂淨土)。

☒第六十九：黃昏時，普為盡十方面眾生，擎爐焚香，念「阿彌陀佛心真言」，悉願證悟「佛心」，同生安養(同生西方極樂淨土)。

☒第七十七：晝夜六時，同與法界一切眾生「回向」……一念「善根」，盡用普施一切法界眾生，回向無上菩提，同生「西方淨土」(西方極樂淨土)。

☒第七十八：晝夜六時，同與一切法界眾生「發願」……臨命終時，「神識」不亂，「濁業」消滅，「正念」現前，隨願「往生西方淨土」(極樂淨土)，皈命彌陀佛，成就「大忍心」，遍入「法界」中。

☒第九十一：受持「回向真言」……「回施」法界一切眾生「同生淨土」(西方極樂淨土)。

☒第九十二：受持「往生真言」，願臨終命時，與一切法界眾生「同生淨土」(西方極樂淨土)。

※第九十七：常勸一切人念阿彌陀佛，因修「淨業」及修「福智」二嚴(二種莊嚴的佛事)。

※第一百七：每受粥飯之時，恒發願先供養法界一體三寶……大作佛事……修「西方」淨業(西方極樂世界淨土之業)，成無上菩提，故受此食。

在這 108 個「佛事」大願的內容中，還有一些較「特殊」的內容。
例如：
※第七十三：晝夜六時，普為一切法界眾生，受持「金剛鈴、金剛杵、跋折羅(金剛)」等。

※第八十六：每夜常與「九品鬼神」(及)法界眾生，(傳)受「三皈依」法。

※第八十七：每夜常施一切「鬼神」(及)六道冥官(傳授)「三昧耶戒」。

※第八十八：每夜常為一切「鬼神」(及)法界眾生，(演)說「三乘法」。

※第八十九：受持「穢跡陀羅尼」(穢跡金剛咒)，普願一切法界眾生，所向之處，身心內外境界，悉皆「清淨」。

※第一百二：常帶持「大佛頂」(大佛頂首楞嚴神咒)，普願一切法界眾生，永袪 「魔障」。

※第一百三：常帶持「大隨求」(大隨求咒語)等「一百道」不可思議神呪，普願一切法界眾生「所求如意」。

永明 延壽大師的「著作」。共達 ***61*** 種。

解行合一，絕世無有，前無古人，後無來者。

1. 《宗鏡錄》一部百卷
2. 《萬善同歸集》三卷
3. 《明宗論》一卷
4. 《華嚴寶印頌》三卷
5. 《論真心體訣》一卷
6. 《唯明訣》一卷

7. 《正因果論》一卷

8. 《坐禪六妙門》一卷

9. 《靈珠讚》一卷

10. 《坐禪儀軌》一卷

11. 《華嚴論要略》一卷

12. 《布金歌》一卷

13. 《警睡眠法》一卷

14. 《住心要箋》一卷

15. 《唯心頌》一卷

16. 《華嚴十玄門》一卷

17. 《華嚴六相義》一卷

18. 《無常偈》一卷

19. 《出家功德偈》一卷

20. 《定慧相資歌》一卷

21. 《施食文》一卷

22. 《文殊靈異記》一卷

23. 《大悲智願文》一卷

24. 《放生文》一卷

25. 《文殊禮讚文》一卷

26. 《羅漢禮讚文》一卷

27. 《華嚴禮讚文》一卷

28. 《警世文》一卷

29. 《發二百善心斷二百惡心文》一卷

30. 《觀音禮讚文》一卷

31. 《法華禮讚文》一卷

32. 《大悲禮讚文》一卷

33. 《佛頂禮讚文》一卷

34. 《般若禮讚文》一卷

35. 《西方禮讚文》一卷

36. 《普賢禮讚文》一卷

37. 《十大願文》一卷

38. 《高僧讚三卷》一千首

39. 《上堂語錄》五卷

40. 《加持文》一卷

41. 《雜頌》一卷
42. 《詩讚》一卷
43. 《山居詩》一卷
44. 《愁賦》一卷
45. 《物外集》十卷五百首
46. 《吳越唱和詩》一卷
47. 《雜牋牋表》一卷
48. 《光明會應瑞詩》一卷
49. 《華嚴感通賦》一道
50. 《供養石橋羅漢一十會祥瑞詩》一卷
51. 《觀音靈驗賦》一道
52. 《示眾警策》一卷
53. 《神栖 安養賦》一道
54. 《心賦一道》七千五百字
55. 《觀心玄樞》三卷
56. 《金剛證驗賦》一道
57. 《法華靈瑞賦》一道
58. 《雜歌》一卷
59. 《勸受菩薩戒文》一卷
60. 《受菩薩戒儀》一卷
61. 《自行錄》一卷

淨土宗共有十三位祖師，這是大部份的共識。但目前網路的「維基百科」則是採「淨土宗十五祖」方式計，如：
❶慧遠、❷曇鸞、❸道綽 ❹善導、❺承遠、❻法照、❼烏龍 少康、❽永明 延壽、❾省常、❿蓮池 袾宏、⓫蕅益 智旭、⓬行策 截流、⓭省庵 實賢、⓮際醒 徹悟、⓯印光等十五位大師。

請諸位佛友查一下「淨土宗十五祖」大師每個人的「行門修法」如何？是否一生一世都只以「一句佛號」為其「行門」的呢？沒有別的「六度」的「行門」了嗎？

《合部金光明經・卷三》

(1)善男子！菩薩摩訶薩於此「初地」依「功德力」，名「陀羅尼」得生。爾時，世尊而說咒曰：怛姪他……善男子！是「陀羅尼」名過一恒河沙數諸佛為救護，「初地」菩薩誦持此陀羅尼咒，得度脫一切怖畏、一切惡獸、一切惡鬼，人非人等災橫、諸惱，解脫五障，不忘念「初地」。

(2)善男子！諸菩薩摩訶薩於此「二地」善「安樂」住，名「陀羅尼」得生。怛姪他……善男子！是「陀羅尼」名過二恒河沙數諸佛為救護，「二地」菩薩誦持此陀羅尼咒，得度脫一切怖畏、一切惡獸、一切惡鬼，人非人等怨賊、災橫、諸惱，解脫五障，不忘念「二地」。

(3)善男子！菩薩摩訶薩於此「三地」難勝大力，名「陀羅尼」得生。怛姪他……善男子！是陀羅尼名過三恒河沙諸佛為救護。「三地」菩薩誦持陀羅尼咒，得度脫一切怖畏、一切惡獸虎狼師子、一切惡鬼，人非人等怨賊、災橫、諸有惱害，解脫五障，不忘念「三地」。

(4)善男子！菩薩摩訶薩於此「四地」大利益難壞，名「陀羅尼」得生。怛姪他……善男子！是陀羅尼名過四恒河沙諸佛為救護。「四地」菩薩誦持陀羅尼，得度一切怖畏、一切惡獸虎狼師子、一切惡鬼，人非人等怨賊、災橫及諸毒害，解脫「五障」，不忘念「四地」。

(5)善男子！菩薩摩訶薩於此「五地」種種功德莊嚴，名「陀羅尼」得生。怛姪他……善男子！是陀羅尼名過五恒河沙諸佛為救護。「五地」菩薩誦持陀羅尼，得度一切怖畏、一切毒害、虎狼師子、一切惡鬼，人非人等怨賊、災橫、諸有惱害，解脫五障，不忘念「五地」。

(6)善男子！是菩薩摩訶薩於此「六地」圓智等，名「陀羅尼」得生。怛姪他……善男子！是陀羅尼名過六恒河沙諸佛為救護。「六地」菩薩誦持陀羅尼，得度一切怖畏、一切毒害、虎狼師子、一切惡鬼，人非人等怨賊、災橫、諸有惱害，解脫五障，不忘念「六地」。

(7)善男子！菩薩摩訶薩於此「七地」法勝行，名「陀羅尼」得生。怛姪他……善男子！是陀羅尼名過七恒河沙諸佛為救護。「七地」菩薩誦持陀羅尼咒，得度一切怖畏、一切惡獸虎狼師子、一切惡鬼，人非人等怨賊、毒害、災橫，解脫五障，不忘念「七地」。

(8)善男子！菩薩摩訶薩於此「八地」無盡藏，名「陀羅尼」得生。怛姪他……善男子！是陀羅尼名過八恒河沙諸佛為救護。「八地」菩薩誦持陀羅尼，得度一切怖畏、一切惡獸虎狼師子、一切惡鬼，人非人等怨賊、毒害、災橫，解脫五障，不忘念八地。

(9)善男子！菩薩摩訶薩於此「九地」無量門，名「陀羅尼」得生。怛姪他……善男子！是陀羅尼名過九恒河沙諸佛為救護。「九地」菩薩誦持陀羅尼，得度一切怖畏、一

切惡獸虎狼師子、一切惡鬼，人非人等怨賊、毒害、災橫，解脫五障，不忘念「九地」。

(10)善男子！菩薩摩訶薩於此「十地」破壞堅固金剛山，名「陀羅尼」得生。怛姪他……善男子！是陀羅尼灌頂吉祥句名過十恒河沙諸佛為救護。「十地」菩薩誦持陀羅尼呪，得度一切怖畏、一切惡獸虎狼師子、一切惡鬼，人非人等怨賊、毒害、災橫，解脫五障，不忘念「十地」。

《大方廣佛華嚴經》卷 23~27

(1)諸佛子！是名略説菩薩入「歡喜地」(初地菩薩，《華嚴經》講十地菩薩，從初地至十地，地地皆不離「念佛」)，廣説則有無量百千萬億阿僧祇事。菩薩住「歡喜地」，多作「閻浮提王」，豪貴自在常護正法，能以大施攝取眾生，善除眾生慳貪之垢，常行大施而無窮盡，所作善業、布施、愛語、利益、同事；是諸福德皆不離「念佛」、不離念法、不離念諸同行菩薩、不離念菩薩所行道、不離念諸波羅蜜、不離念十地、不離念諸力無畏不共法、乃至不離念具足一切種智……

(2)佛子！是名菩薩摩訶薩「第二離垢地」(二地菩薩)。菩薩住是地，多作「轉輪聖王」……是諸福德，皆不離「念佛」，不離念法，乃至不離念具足一切種智……

(3)諸佛子！是名略説菩薩「第三明地」(三地菩薩)。菩薩住是地中，多作「釋提桓因」……皆不離「念佛」，不離念法，乃至不離念具足一切種智……

(4)諸佛子！是名略説菩薩「第四焰地」(四地菩薩)。菩薩住是地中，多作「須夜摩天王」……皆不離「念佛」，不離念法，乃至不離念具足一切種智……

(5)佛子！是名略説菩薩「難勝地」(五地菩薩)。菩薩住是地中，多作「兜率陀天王」……皆不離「念佛」，不離念法，乃至不離念具足一切種智……

(6)諸佛子！是名略説菩薩「現前地」(六地菩薩)。菩薩住是地，多作「善化自在天王」……皆不離「念佛」，不離念法，乃至不離念具足一切種智……

(7)諸佛子！是名略説菩薩摩訶薩「遠行地」(七地菩薩)。菩薩住是地，多作「他化自在天王」……皆不離「念佛」，不離念法，乃至不離念具足一切種智……

(8)諸佛子！是名略説菩薩「不動地」(八地菩薩)。若廣説者，無量億劫所不能盡。菩薩住是地，多作「大梵天王」……皆不離「念佛」，不離念法，乃至不離念一切種智……

(9)諸佛子！是名略説菩薩「善慧地」(九地菩薩)。若廣説者，則無量無邊劫，不可得盡。菩薩住是地，多作「大梵王」……皆不離「念佛」，不離念法，乃至不離念一切種智……

(10)佛子！是名菩薩摩訶薩「第十法雲地」(十地菩薩)。菩薩住是地，多作「摩醯首羅天王」……皆不離「念佛」，不離念法，乃至不離念具足一切種智。

隋・天台智顗《五方便念佛門》

(1)所以者何？一切賢聖皆從「念佛」而生，一切智慧皆從「念佛」而有。假如「十信」菩薩，及「三賢」菩薩，皆不離「念佛、念法、念僧」，乃至不離念「一切種智」。

(2)「初地」菩薩，乃至「八、九、十地」菩薩，亦不離「念佛、念法、念僧」，乃至不離「念一切種智」。

從《合部金光明經》與《大方廣佛華嚴經》的經文來看，可得知，所有的初地到十地的菩薩，每一地都修「念佛、念法、念僧、念一切種智、誦持陀羅尼咒得度一切怖畏、廣修六度萬行、八萬四千種法門……」的，菩薩絕不可能只修「純一、單一」的一種法門而已。

唐・澄觀撰《華嚴經行願品疏鈔》卷3

普賢即十地菩薩。

《大方廣佛華嚴經・卷四十・入不思議解脱境界普賢行願品》

(1)爾時普賢菩薩(十地菩薩)摩訶薩稱歎如來勝功德已，告諸菩薩及善財言：善男子！如來功德，假使十方一切諸佛，經不可説、不可説佛剎極微塵數劫，相續演説，不可窮盡。

(2)若欲成就此功德門，應修「十種」廣大行願。何等為十？
一者、禮敬諸佛。
二者、稱讚如來。
三者、廣修供養。
四者、懺悔業障。
五者、隨喜功德。
六者、請轉法輪。
七者、請佛住世。
八者、常隨佛學。
九者、恒順眾生。
十者、普皆迴向……

(3)復次，善男子！言「普皆迴向」者：從初「禮拜」乃至「隨順」，所有功德皆悉「迴向」盡法界、虛空界一切眾生。願令眾生常得安樂，無諸病苦；欲行惡法皆悉不成，

所修善業皆速成就。關閉一切諸惡趣門，開示人天涅槃正路。

(4)若諸眾生，因其積集「諸惡業」故，所感一切「極重苦果」，我皆代受；令彼眾生悉得「解脫」，究竟成就「無上菩提」。

(5)菩薩如是所修「迴向」，虛空界盡、眾生界盡、眾生業盡、眾生煩惱盡，我此「迴向」無有窮盡，念念相續，無有間斷，身、語、意業，無有疲厭……

(6)又復，是人「臨命終」時，最後刹那，一切「諸根」，悉皆散壞。一切「親屬」，悉皆捨離。一切威勢，悉皆退失。輔相、大臣、宮城內外，象馬車乘，珍寶伏藏，如是一切無復相隨。

(7)唯此「願王」不相捨離，於一切時，引導其前。「一刹那」中，即得往生「極樂世界」，到已，即見阿彌陀佛、文殊師利菩薩、普賢菩薩、觀自在菩薩、彌勒菩薩等。

(8)此諸菩薩，色相端嚴，功德具足，所共圍遶。其人自見生「蓮華」中，蒙佛授記；得授記已，經於無數百千萬億「那由他」劫，普於十方不可說、不可說世界，以「智慧力」隨眾生心，而為利益。

(9)不久當坐「菩提道場」，降伏魔軍，成等「正覺」，轉妙法輪。能令佛剎極微塵數世界眾生發「菩提心」，隨其根性，教化成熟。乃至盡於未來劫海，廣能利益一切眾生。

(10)善男子！彼諸眾生若聞、若信此「大願王」，受持讀誦，廣為人說，所有功德，除佛世尊，餘無知者。

(11)是故汝等聞此「願王」，莫生「疑念」，應當諦受，受已能讀，讀已能誦，誦已能持，乃至書寫，廣為人說。

(12)是諸人等，於「一念」中，所有「行願」皆得成就，所獲「福聚」無量無邊。能於「煩惱大苦海」中拔濟眾生，令其出離，皆得往生阿彌陀佛「極樂世界」。

《大乘莊嚴寶王經・卷四》

(1)是時無量壽如來應正等覺，以「迦陵頻伽」音聲，告觀自在菩薩摩訶薩言：(觀世音菩薩)善男子！汝見是蓮華上如來應正等覺，為此「六字大明陀羅尼」故，遍歷無數百千萬俱胝「那庾多」世界(意指蓮華上如來仍然願意為度化廣大眾生而尋求某部「咒語」)。

(2)(觀世音菩薩)善男子！汝應(施)與是「六字大明」，此(蓮華上)如來為是故(而)來於此……是時蓮華上如來應正等覺，告觀自在菩薩言：(觀世音菩薩)善男子！與我說是「六字大明王陀羅尼」？我為無數百千萬俱胝「那庾多」有情，令離輪迴苦惱，速疾證得「阿耨多羅三藐三菩提」故。

(3)是時觀自在菩薩摩訶薩，(便)與蓮華上如來應正等覺，說是「六字大明陀羅尼」曰：唵(引)・麼抳・鉢訥銘(二合)・吽(引)・

oṃ・　maṇi・　padme・　　hūṃ・

嗡・　嘛呢・　叭(德)咩・　吽・

隋・天台智者大師得宿命通，廣示持咒軌儀。開示云：

當誦「大乘」方等諸經(之)「治魔咒」，(可)「默念」誦之，(心)存念「三寶」。若出「禪定」(之時)，亦當「誦咒」……若是「鬼病」，當用彊ㄑㄧㄤˊ (古同「強」)心加咒(強大的意志力加持誦念咒語)以助治之。

隋・天台智顗《釋禪波羅蜜次第法門・卷四》

三、咒術治病者：萬法悉有「對治」，以相厭攘ㄖㄤˊ，善知其「法術」用之，無不即愈。咒法出諸「修多羅」及「禪經」中，「術法」諸師，祕之，多不妄傳。

隋・天台智顗《法界次第初門・卷下之下》

「陀羅尼」是西土之言，此土翻云「能持」……「陀羅尼」者，略說則有「五百」，廣明則有「八萬四千」，乃至無量，悉是「菩薩、諸佛」所得法門，名義皆不與「二乘」人共也。

唐・道宣《廣弘明集・卷二十八》

「陀羅尼」門，亦有九十二億，處處宣說種種名稱，功德無量，威神不可測。至如婆藪之拔地獄，波旬之發菩提，花聚之獲神通，雷音之脫掩蔽，莫不因斯「章句」、承茲「業力」。亦有四部弟子十方眾生，聞「一句」而發心，聽「一說」而悟道，故知一切諸法無非「真妙」。

唐・道世律師《法苑珠林・卷六十》

夫神咒之為(妙)用也，(能)拔矇昧(矇蔽愚昧)之信心，(開)啟正真之明慧(聰明智慧)，(摧)裂重空(重重執著空相)之巨障(巨大障礙)，(消)滅積劫之深痾ㄜ (深重疾病)……咒是三世諸佛所說，若能至心受持，無不靈驗。

�唐末永明 延壽大師持誦真言達 27 種，《佛頂尊勝陀羅尼》、《大悲咒》，六時常誦。

—詳於《智覺禪師自行錄》，詳於《卍續藏》第一一一冊頁 157 上—165 上。

✠明・蓮池 袾宏大師，除了廣引經咒外，更是《水陸法會》及《燄口施食》諸密壇儀軌的闡釋者。—《水陸儀軌》及《修設瑜伽集要施食壇儀》二書皆見《蓮池大師全集》第五冊。

✠明・蕅益 智旭大師嘗持《地藏菩薩滅定業真言》達數千萬遍、《準提咒》百萬、《大悲咒》、《藥師咒》、《往生咒》各逾 **10** 萬……等等。—詳於《靈峰宗論》一書內，如「持咒先白文」、「持準提咒願文」、「起咒文」、「楞嚴壇起咒及回向二偈」、「結壇持大悲咒偈」、「結壇持往生咒偈」、「持咒文」、「滅定業咒壇懺願文」……等等。

✠民國・印光大師

「持咒」以不知「義理」，但止「至誠懇切」持去，「竭誠」之極，自能「業消、智朗」，障盡「福崇」(福報崇達)，其利益有「非思議」(不可思議)所能及者。—詳《印光法師文鈔・上冊》頁 241。復張雲雷居士書二。

印光對於「密宗持咒」之法，竊以借此可以「消除罪業」，切不可妄求「神通」，務望大家留意。—《印光法師文鈔三編下・卷四》頁 881。世界佛教居士林釋尊聖誕日開示法語。

《普門品》謂若有眾生，多於淫欲瞋恚愚癡，常念恭敬觀世音菩薩，便得離之。念佛亦然。但當盡心竭力，無或疑貳，則無求不得。然觀音於娑婆有大因緣。於念佛外，兼持「觀音」名號亦可。或兼持「楞嚴、大悲」等咒，亦無不可。
—《印光法師文抄・上冊・復永嘉某居士書五》

又「持咒」一法，與看話頭相似。看話頭以無義路，故能息分別之凡情，證本具之真智。持咒以不知義理，但止至誠懇切持去。竭誠之極，自能業消智朗，障盡福崇。其利益有非思議所能及者。
—《印光法師文抄・上冊・復張雲雷居士書二》

閉關，專修「淨業」，當以「念佛」為正行。早課仍照常念「楞嚴、大悲」十小咒。如「楞嚴咒」不熟，不妨日日「看本子」念。及至熟極，再「背念」。晚課《彌陀經》、「大懺悔」、「蒙山」，亦須日日常念。此外念佛宜從朝至暮，行住坐臥常念。
—《印光法師文抄・續編・上冊・復明心師書》

佛說「經咒」甚多，誰能一一徧持。古人擇其要者，列為日課。早則「楞嚴、大悲」十小咒，《心經》，念畢，則念佛若干聲，回向淨土。晚則《彌陀經》、「大懺悔」、「蒙山」，念佛，回向。今叢林皆圖「省工夫」，早則只念「楞嚴、心經」。晚則單日念《彌陀經》、「蒙山」。雙日念「大懺悔」、「蒙山」。

汝言《禪門日誦》，經咒甚夥者，不知乃「朝暮課誦」外之「附錄」者。「在家居士」功課，亦可照《禪門朝暮》功課做，亦可「隨自意立」。如早晚專念《彌陀經》、「往生咒」、「念佛」。或早則專念「大悲咒、念佛」。晚念《彌陀經》、「往生咒、念佛」。或有持《金剛經》者，亦可。然無論誦何經，持何咒。皆須「念佛」若干聲「回向」，方合「修淨業」之宗旨。

——《印光法師文抄·三編·上冊·復周智茂居士書四》

修行人降魔的方法

印光法師鑒定，王博謙居士輯述《學佛淺說》(民國 18 年初版)

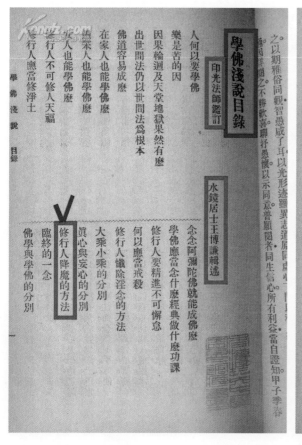

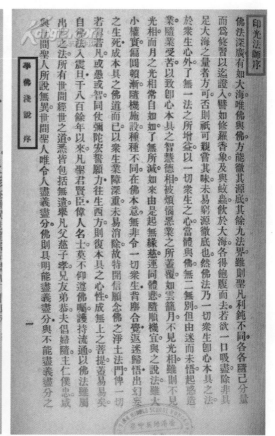

�֍道高一尺，魔高一丈，是一定的。修行到功夫深了，難免沒有魔來。魔有「內魔」，有「外魔」；「外魔」易退，「內魔」難降。如不能降，必要「著魔」；不但修功走失，亦且危險甚虞。若論降魔，約有四種方法。

一、要識「魔相」：

凡「著魔」的人，大都遇「著魔」來的時候，不知道他是「魔」？以致「著魔」。倘能「識」得「魔相」，即「不著魔」而魔「自退」。怎樣是「魔相」？大凡「可愛、可貪、可畏、可憎」的「人物」、或「境界」當前，無不是「魔」。至五陰「內魔」，尤為屬害。《楞嚴經》說「五十種陰魔」至為詳盡，極須仔細參窮，免得臨時上當。

二、「捨身」無畏：

人必先有「捨卻身命」之心，然後可以學佛；人必先有「看破生死」之勇，然後可以「降魔」。魔化「夜叉、羅剎」來搏噬我，魔化「猛虎、毒蛇」來啖食我，都是「幻想」，何「懼」之有？即使真被「吞食」，亦是「夙業」所招，況脫去「皮囊」，往生極

樂，正當「感謝」於他，為我早日解脫。所以修行之人，「雷霆」起於側而「不驚」，「泰山」崩於前而「不動」，「魔力」雖大，其奈我何？否則「貪生、畏死」，恐怖愴惶，不待魔來，方寸已亂，欲不著魔，其可得乎？

三、不取不捨：

魔之為物，「取」固不可，「捨」亦非宜。遇「著魔」來時候，必須「鎮定」我心，既不可「貪戀」他，又不可「厭惡」他。要作幾種思想。

一想「魔」即是「佛」，「佛」即是「魔」；「覺」即「成佛」，「迷」即是「魔」。「魔」如「佛」如，並無二理。又想「眷屬」即「魔」，「魔」即「眷屬」。「眷屬」同居，人之常情。「魔」在我旁，於我何害？

又想「魔」亦是眾生之一，一切眾生，我都要勸他「發心念佛」，「魔」既亦是「眾生」，我也要勸他「發心念佛」，伴我修行，轉成「法侶」。總之，「魔」來「不拒」，「魔」去「不留」，如此則「魔術」俱窮，無論「外魔、內魔」，一齊退去。

四、「持咒」卻魔：

初修行時，小小「魔關」，容易打破；等到「道力」漸深，藏在「八識」裡面的多生根本「習氣」，被「功夫」逼迫出來。或「欲念」橫飛，或「妄心」亂起，力量甚大，非比尋常。修行人惟此「末後一關」，最難逃過。全仗「自力」，誠恐「把握」不住，必須仗著「佛力」幫忙，惟有攝住「心神」，持誦「神咒」。無論何種惡魔，遇著即摧成粉碎。

「諸咒」降魔之力，以「楞嚴」為最勝；當日阿難證「須陀洹」初果地位，尚且仗此脫離「淫席」。次則「大悲心咒」，為觀世音菩薩所說；觀世音具「十四種無畏功德」，故「降魔」之力亦宏。

但「持咒」功夫，必須平日持得「爛熟」，否則魔到「臨頭」，恐「字句」都記憶不起，何能通利？何能相應？所以平日功課中，「楞嚴、大悲」兩咒，是每日必須要念，不可間斷的。

七、誦咒若具「信心」則決定成就

《蘇悉地羯囉經・分別持誦真言相品第四》

若人持誦真言，久無「效驗」，亦「不棄捨」，(應更)倍增「廣願」(廣大願力)，轉加「精進」，以成(就)為限。如此之人，(將)速得成就。

《蘇悉地羯囉經・分別持誦真言相品第四》

若人初聞「真言法」，則身毛皆「豎」，心懷「踊躍、歡喜」。如此之人，(將)成就「法器」。

《蘇悉地羯囉經・分別持誦真言相品第四》

(1)念誦於「阿闍梨」邊所受「真言」，終不「捨棄」。

(2)(若)於其「夢」中，或於「虛空」，又「聲」告(汝)言：汝不應持是真言！

如是「頻聞」，亦不(應)「捨棄」(持誦真言)，復不「瞋」彼。何以故？並是「魔」故

(3)唯須精進，不應退止，心不「惡思」、攀緣「諸境」，「縱放」諸根，恆常「護淨」，而「念誦」之。

《大智度論》

佛法大海，(以)信(心)為能入，(以)智(慧)為能度，如是義者即是「信」。若人心中有「信清淨」，是人能「入佛法」，若「無信」，是人不能「入佛法」。

《千手千眼觀世音菩薩廣大圓滿無礙大悲心陀羅尼經》

唯除「不善」，唯除「不至誠」。

《蘇悉地羯囉經・分別成就法品第十六》

(1)「佛部真言」為「上悉地」(最上等的成就)。

「蓮花部真言」為「中悉地」(中等的成就)。

「金剛部」為「下悉地」(下等的成就)。

(2)若欲以「上」真言(最上等的佛部真言)欲求「下」(最下等成就)者，(則亦可)得❶「下成就」。

　　或以「下」真言(最下等的金剛部真言)欲求「上」(最上等成就)者，(則亦可)得❷「上成就」。

　　或以用「中」真言(中等的蓮花部真言)成❸「上」(或)❹「下」者亦等(同此理)。

　　真言之中具此「四德」，當知真言(雖有)「上、中、下」分，(但皆)能成大果報……

(3)若於「上品真言」之中，心懷猶豫，(於)念持供養，復不精誠。雖(所念誦)是「上品真言」，由彼念誦心「輕」，(遂只)感招「下品」成就。

(4)故知持誦皆由「心意」，且如「諸天」之中亦有「貧」者，諸「鬼部」內亦有「富強」。

　　此彼如然，真言亦爾。

(5)一一真言皆具「三悉地」，謂「上、中、下」，(但若能)「誠心」念誦，皆獲「悉地」(成就)。

八、明・憨山 德清大師論持咒(三則)

(一)

(摘自《憨山老人夢遊集・卷第二》——答鄭崑岩中丞)

至若「藏識」(阿賴耶識)中「習氣」(的)「愛根」(愛慾之根)種子,(因)堅固深潛(於心),(以參)「話頭」用力(仍)不得處、(以)「觀心」照(仍)不及處、(以從)自己(自心)下手(處仍)不得,(則應)須「禮佛、誦經、懺悔」,又要密持「咒心」,(仰)仗佛(之)「密印」以消除之。

以諸「密咒」,皆佛之「金剛心印」,吾人用之,如執「金剛寶杵」,(故能)摧碎一切物,(所有諸)物遇(金剛寶杵即)如「微塵」(般的粉碎),(故)從上「佛祖」(之)心印秘訣,皆不出(於)此。故(《楞嚴經》中的楞嚴咒功德經文)曰:「十方如來,持此咒心,得成無上正等正覺。」

然佛則(已)明言(咒語功效),(但)祖師門下(有時擔心眾生)恐落(於)常情(之執著相),故(對咒語功德皆)「秘」而不言,(並)非「不用」也。(誦咒語者)此須日有「定課」,久久「純熟」,(方能)得力甚多,但不可希求「神應」(神通應變)耳。

(二)

(摘自《憨山老人夢遊集・卷第七》——示顏仲先持准提咒)

在家居士,(因)「五欲」濃厚,煩惱根深,日逐「現行」,交錯於前。如沸湯滾滾,安得一念(之)「清涼」?縱「發心」修行,(亦)難「下手」做「工夫」。

有(自負)聰明(者)看「教」(佛典經教),不過(只)學些(皮毛)「知見」資(長)談柄(談話語柄),絕無「實用」。(還有將)「念佛」(一門)又把(它當)作「尋常」(一般的)看,(終究)不肯下「死心」(的修行)。縱肯(修行)亦「不得力」,以但在「浮想」(浮塵妄想)上念(佛而已),其實「藏識」(阿賴耶識)中「習氣」(之)潛流(潛伏流逸),全不看見,故「念佛」(者)從來不見(自己)「一念」(之)下落(即口誦佛號,但不知自己是誰在念佛?是誰的心在念佛?應觀察「能念佛者是誰」)。若「念佛」(真獲)得力(的話),豈可(會再)別求(他法之)「玄妙」耶?

今有一等(修行人),(因)好高慕「異」,聞參禪(能)「頓悟」,就以(自己是)「上根」(而)自負,不要(其餘的)「修行」,(唯)恐(自己)落(於)「漸次」(的根器上)。(於是便)在古德(禪話的)「機緣」上,記(上)幾則「合頭語」,(便)稱口亂談,只圖「快便」(貪快方便)為「機鋒」,此等(為)最「可憐愍」者。

看來若是「真實」(的)「發心」,(真)怕生死(輪迴)的(人),不若「持咒」入門,以先用「一片」

(的)「肯切心」(去持咒)，故(容)易(獲)得耳。

顏(顏仲先)生「福持」(福報加持)，問「在家修行」之要，故示之以此。觀者切莫作沒「道理」會。以「道理」誤人太多，故此(持咒)法門尤勝參「柏樹子、干屎橛」也。

（三）

(摘自《憨山老人夢遊集‧卷第四》——示玄機參禪人)

禪人以持「明」(真言明咒)為「專行」，從事者(已)三十年，(但)心地未有「發明」(開發闡明)，乞(憨山)老人指示。

(憨山)老人因示之曰：佛說修行之路，方便(有)多門，歸源無二(路)。即「參禪」提「話頭」，(此)與「唸佛、持明(咒)」，皆無(有分別之)「二法」。

第(若)不善「用心」者，不知藉以磨煉「習氣」，破除「妄想」；反以「執著」之心，資助(長自己的)「無明」。故「用力」多而(反而)「收功」少耳。此事(就)如(同)用「瓦子」(去)敲門，只是要(達偌)「門開」，不必(去)計(較)手中(之)「瓦子」何如也。(只要能獲得智慧、解脫，不必太計較修行過程中的「法門」)

以吾人無量劫來，積集「貪、瞋、痴」愛襍(古同「雜」)染種子，潛於「藏識」(阿賴耶識)之中，深固幽遠，無人能破(除)。聖人「權設」方便，教人提一則「公案」為話頭，重下「疑情」，把斷「妄想」關頭，絲毫不放。久久得力，如逼狗跳牆，忽然「藏識」(阿賴耶識)迸裂，(即可)露出「本來面目」，謂之「悟道」。若是單單逼拶「妄想」不行，(又)何必(去參)「話頭」？即(如同老)婆子數「炭團」，(只要)專心不二，亦能「發悟」。況唸佛(與)持咒，有「二法」(之分別)哉？

禪人持「明」(咒)三十年，不見效者，不是咒無「靈驗」，只是持咒之「心」未曾「得力」(重點在「心」不在持咒三十年)，尋常如推(著)「空車」下坡相似(既是「空車」，當然無重量，只要順著下坡即可，指應修無我無所，無持咒之我，無所持之咒，又何來靈驗不靈驗之執著)，只管(往前)滾(滾)將去，何曾「著力」來？(經本無誤，人心自誤。法本無誤，人心自誤。咒本無誤，人心自誤)

(若以)如此(的方式)用心(在修)，不獨今生(將)無(靈)驗，即(使)「窮劫」(的修)亦只(有)如此。及至「陰境」(指五十陰魔之境)現前，「生死」到來，依然(會是)「眼花撩亂」，卻怪修行無(所)「下落」，(此)豈非(是)「自誤自錯」耶？

禪人從今不必「改轉」(改變轉換持咒法門)，就將「持咒的心」(當)作「話頭」，字字心心，「著力」挨磨。如推「重車」上坡相似，渾身氣力使盡，不敢「放鬆」絲毫。寸寸步步，腳跟「不空」(不要踩空、不要停下來)。

(若)如此「用力」時，只逼得(自己原本的)「妄想」流注，塞斷(它的)「命根」，更不(讓這些妄想)放行。到此之時，就在「正著力處」。重下「疑情」，深深「覷看」！

審問：只這「用力持咒」的，畢竟是個甚麼？

覷(覷看;覷探;覷覰;覷問)來覷去，疑來疑去，如老鼠入「牛角」，直到轉身「吐氣」不得處。如此正是「得力」時節，切不可作「休息」想，亦不得以此為難，(而)生「退息」想。

(將此話題)及逼到一念(之)「開豁」處，乃是「電光三昧」。(此時)切不可作「玄妙歡喜」想。從此更著「精彩」，(再)拚命(的)做去。不到忽然(的)「藏識(阿賴耶識)迸㱾 裂、虛空粉碎」時，決不放手！

若能如此(的)「持咒」，(則)與「參禪」豈有(不同之)「二法」耶？所以道：

俱胝(koṭi 億)只念「三行咒」，便得名「超一切人」。

便可證明，即「親見佛祖」，(此)亦「不易」(無易;無有改易)「老人」(憨山大師本人)之說也。

九、《不空羂索神變真言》的「十地真言品」咒語功德與妙用

唐・菩提流志譯《不空羂㝹索神變真言經卷・第十八・十地真言品第三十一》(不空王蓮華頂祕密心曼拏羅廣大陀羅尼真言三昧耶・十字真言)

一字真言曰：

唵(喉中攖聲引呼此字上下同音)

oṃ•

如是真言，大悲心觀(之)**觀世音**！(應)如法受持。應「善修行」(底下)十種「勝業」，何等為十？

一者：以「無所得」(而)為方便，修「淨勝意業」。謂以應一切「不空智(之)智心」，修集一切「善根」，勝意業事，不可得故。

二者：以「無所得」(而)為方便，修一切有情「平等心業」。謂以應一切「不空智(之)智心」，引發「慈悲喜捨」四無量心。一切有情(皆)不可得故。

三者：以「無所得」(而)為方便，修「布施業」。謂以應一切「不空智(之)智心」，於一切有情無所「分別」，而行布施。「施者」、「受者」并「所施物」，(三者皆)不可得故。

四者：以「無所得」(而)為方便，修「親近善友業」。謂見諸「善友」，導化(開導教化)有情，令其修習一切「不空智(之)智心」。應便親近恭敬，尊重讚歎。諮受正法，承事無惓。(所有)「善友、惡友」(皆)無二相故。

五者：以「無所得」(而)為方便，修「求法業」。謂以應一切「不空智(之)智心」，勤求如來無上「正法」，不墮(二乘之)「聲聞地、獨覺地」，(彼)諸所求法，(皆)不可得故。

六者：以「無所得」(而)為方便，修「常出家業」。謂(於)一切「生處」，(應)恆厭「居家」，(居家乃爲)牢獄、誼雜(之處)。(應)常欣「佛法清淨」，「出家」無能為礙(出家沒有像在家那樣有障礙)。所棄捨(居)家，(此乃)不可得故。

七者：以「無所得」(而)為方便，修「愛佛身業」。謂(若)暫一覩「佛形像」已，乃至(能)獲得「無上菩提」，終不捨於「念佛、作意」，(佛之)諸相隨好，(亦)不可得故。

八者：以「無所得」(而)為方便，修「闡法教業」。謂(佛陀説法分爲十二種類，即十二部經)❶契經。❷應頌。❸記別。❹諷頌。❺自説。❻緣起。❼譬喻。❽本事。❾本生。❿方廣。⓫希法。⓬論義。如來在世，及涅槃後，為諸有情「開闡」法教，「初、中、後」善，文義巧妙。純一圓滿，清白「梵行」。(種種)所分別法，(皆)不可得故。

九者：以「無所得」(而)為方便，修「破憍慢業」。謂常懷「謙敬」，伏「憍慢心」，由此不生「下姓、卑族」，諸興盛法，(皆)不可得故。

十者：以「無所得」(而)為方便，修「恆諦語業」。謂稱知説(須)「言行」相符，一切「語

性」(皆)不可得故。

如是修治此「真言」者，能(破)害過(去)現(在)諸惡重罪，一切「垢障」，盡皆消滅，當得一切「諸佛、菩薩、天仙、龍神」，悉皆歡喜。(有)觀世音菩薩摩訶薩(將)與(汝)諸(多的)「證願」，當(汝此生)捨命後，(將)往(生)於西方極樂國土，住「極喜地」(第一地菩薩)，(於)「蓮華」(中)化生。

二字真言曰：
唵(一)　步(引二)
oṃ・　　bhūḥ・

如是真言，大悲心觀(之)觀世音！(應)如法受持，思惟「八法」，圓滿修習，何等為八？
一者：圓滿清淨「禁戒」，謂不起「聲聞、獨覺」作意，及餘「破戒」，「障菩提」故。
二者：知恩「報恩」，謂得「小恩」尚不忘報，況「大恩惠」而當不酬(報)？
三者：住安「忍(辱)力」，謂設諸有情，來見「侵毀」(侵擾毀謗)，而於彼所，(亦)無(生)「恚害」心。
四者：受(殊)勝(之)歡喜，謂所(度)化(之)「有情」，既得「成熟」，身心適悅，受(殊)勝(之)歡喜。
五者：不捨「有情」，謂(能)「拔濟」有情，心恒不捨。
六者：恒起「大悲」，謂(應)作是念：我為「饒益」一切有情，假使各如無量無數殑伽沙劫，處「大地獄」，受諸劇苦，或燒、或煮、或斫斷 、或截，若刺、若懸，若磨、若擣，受如是等無量「苦事」，乃至令彼(眾生皆能)乘於「佛乘」而「般涅槃」，如是一切「有情」(眾生)界盡，而(我之)「大悲心」曾無厭倦。
七者：於諸「師長」，以「敬信心」，「諸承」供養，如「事佛」(事奉諸佛之)想，謂求「無上正等菩提」，(應)恭順「師長」，都無所顧(忌)。
八者：勤求修習「法」波羅蜜，謂於諸「法」波羅蜜多，專心修學，遠離餘事。

如是修治此真言者，能(破)害「過、現」(所有的)「無間」罪障，種種諸病，盡皆消滅，一切鬼神，不橫「嬈惱」，(有)「摩尼跋陀神、毘沙門神」(為您)守持「財寶」，而常擁護。(有)阿彌陀佛現(身)為證明，當(此生)「捨命」已，(將轉)生補陀落山 觀世音菩薩寶宮殿中，住「離垢地」(第二地菩薩)，得「不空羂 索心王陀羅尼真言」悉地，而自現前。

三字真言曰：
唵(一)　鉢(二)頭(二合)米(三)

oṃ・　　　　padme・

如是真言大悲心觀(之)<u>觀世音</u>，如法受持，住修五法，何等為五？

一者：勤求「多聞」，曾無厭足，於所聞法，「不著」文字，謂發勤「精進」，作是念言：若茲佛土、若十方界，諸佛世尊所説「正法」，我皆「聽習、讀誦、受持」，而於其中，「不著」文字。

二者：以「無染心」，常行「法施」，雖廣「開化」(開導教化)，而不「自高」(自我貢高)，為諸「有情」(眾生)，宣説「正法」。尚不自為(自己為自己)，(願)持此善根，迴向「菩提」，況求「餘事」，雖多化導(教化引導眾生)，而不自恃(自我急恃)。

三者：為(莊)嚴「淨土」，植諸「善根」，雖用「迴向」，而不自舉(自慢高舉)，謂勇猛「精進」，修諸善根，為欲莊嚴諸佛「淨國」，及為清淨「自、他」心土，雖為是事，而不自高(自我貢高)。

四者：為(度)化有情，雖不厭倦無邊「生死」，而不自高(自我貢高)，為欲成熟一切有情(眾生)，植諸善根，(莊)嚴(清)淨「佛土」，乃至未滿「一切智智」，雖受無邊「生死」(之)勤苦，而不「厭倦」，而(亦)不自高(自我貢高)。

五者：雖住「慚愧」，而無所(執)著，謂專求「無上正等菩提」，於諸「聲聞、獨覺」(之所有)作意，(皆)具慚愧故，終不暫(生)起(二乘之心)，而於其中，亦無所著。

如是修治此真言者，(有)<u>觀世音菩薩</u>(即)作「童子」形而(顯)現其前，加祐眾(人之)願，(令)得見「最勝蓮華頂曼拏羅諸大蓮華真言壇印三昧耶」、(及)「一切如來祕密真言壇印三昧耶」。當(此生)「捨命」已，(將轉)往生「淨刹」，住「發光地」(第三地菩薩)。

四字真言曰：
唵(一) 鉢(二)頭(二合)麼(三)　紇(二合)唎(四)
oṃ・　　　　padma・　　　　hrīḥ・

如是真言，大悲心觀(之)<u>觀世音</u>！(應)如法受持，應住「十法」，常行不捨，何等為十？

一者：(於)住「阿練若」(而)常不捨離，謂求「無上正等菩提」，超(越)諸「聲聞、獨覺」等地，故常不捨「阿練若」處。

二者：(於世間法)住於「少欲」，尚不自為(自己為自己)，(只專)求「大菩提」，況(希)欲(去追求)「世間、利譽」等事。

三者：住於「喜足」，(只)專為證得一切「不空智」(之)智心，故於「餘事」，(皆)無著(無任何執著)喜足(喜好滿還)。

四者：常不捨離「如來功德」，常於「深法」，起「諦察語」。

五者：於諸「學處」，未曾棄捨，於所「學戒」，堅守不移，而於其中，又不「取相」。

六者：於諸「欲樂」，深生「厭離」，於「妙欲樂」(皆)不(生)起「欲尋」。

七者：常能發起「寂滅」俱心，謂(通)達「諸法」，曾無「起、作」。

八者：捨「諸所有」，於「內外法」，曾「無所取」。

九者：心不「滯沒」(滯礙沒溺)，於「諸識」，住未嘗(生)起(之)心。

十者：於「諸所有」，(皆)無所「顧戀」(顧執貪戀)，謂於「諸法」(皆)無所(分別妄想之)「思惟」。

如是修治此真言者，(所有)「出世」事業，速皆成就。(有)阿閦如來(將顯)現身，(爲你)摩頂(並)誥ǔ(汝)言：汝今已得「清淨業身」，滅諸「蓋障」，(未來)當(往)生我(阿閦佛)國，證「宿命智」，(永)不受「胎生」，住「焰慧地」(第四地菩薩)。

五字真言曰：

唵(一)　鉢(二)頭(二合)麼(三)　　步(四)闍²(人兮反五)

oṃ・　　　padma・　　　bhuje(手臂)・

如是真言，大悲心觀(之)觀世音！(應)如法受持，應離「十法」，何等為十？

一：(修行人)應遠離「居家」(在家)，謂於志性(應)好游(於)一切「諸佛國土」，(應)隨所生(之)處(而)常樂(於)「出家」，剃除「鬚髮」，執持「應器」，被「三法服」，現作「沙門」。

二：(比丘)應遠離諸「苾芻尼」，謂常應遠離諸「苾芻尼」，(比丘)不與(比丘女)「共居」如「彈指」頃，亦復於彼(比丘女)不(生)起「異心」。

三：應遠離(對施主)家(所產生的)慳(嫉心)，謂(應)作是思：我應長夜(爲)利益安樂一切有情(眾生)，今此有情(眾生因爲)自由(之)福力，感(召)得如是(殊)勝(之)「施主勝家」，故我於(此殊勝之施主家)中不應(有)「慳嫉」(心)。

四：應遠離「眾會」(之)「忿諍」(忿怨相諍)，謂(應)作是思：若處(於具有忿諍之)「眾會」，其中或有「聲聞、獨覺」，或(宣)說彼(二)乘(之種種)「相應」法要，(進而)令我退失「大菩提心」。是故定應遠離(如此二乘之)「眾會」，復(應)作是念：諸「忿諍」(之眾會)者，能使有情(眾生)發起「瞋害」，造作種種「惡不善」業，(此)尚遠(背)「善趣」，(更何)況(是)大菩提？是故定應遠離(眾會之)「忿諍」(忿怨相諍)。

五：應遠離「自讚、毀他」，謂於「內、外」法，都無所見，故應遠離「自讚、毀他」。

六：應遠離「十不善業」道，謂(應)作是思：此「十惡法」，尚礙「善趣」，(更何)況(是)大菩提？故應「遠離」(十不善業道)。

七：應遠離「增上慢」(之)傲，謂不見有法可(生)起(任何的)「慢傲」。

八：應遠離「顛倒」，謂(應)觀(種種)「顛倒事」(都無實性可得)，都「不可得」。

九：應遠離「猶豫」，謂(應)觀(種種)「猶豫事」(都無實性可得)，都「不可得」。

十：應遠離「貪、瞋、癡」業，謂都不見有（真實可得之）「貪、瞋、癡」事。

如是修治此真言者，（能破）害諸「漏障」，得「身無畏」，得「法無畏」，（有）大蓮華上如來應正等覺（顯）現身（而）告（汝）言：善哉！善哉！善男子！汝大積集「不空王蓮華頂陀羅尼真言壇印三昧耶」，（所有）大「福德」蘊、「菩提」善根，皆得成熟。（待）汝命終後，當得供養九十二「殑伽沙」俱胝「那庾多」百千如來應正等覺，種熟「善根」，乃（將轉生）來我（大蓮華上如來佛）國（剎土），（於）蓮（華）中「化生」，住「極難勝地」（第五地菩薩）。

六字真言曰：

唵（一）　鉢（二）頭（二合）麼（三）　皤（四）路（五）迦（斤邏反六）

oṃ・　　　padma・　　　　　bāluka(bāluka=vāluka 沙;殑伽沙數)・

如是真言，大悲心觀（之）觀世音！（應）如法受持，應修「六法」，何等為六？

一：應圓滿「布施」波羅蜜多、「淨戒」（持戒）波羅蜜多、「安忍」（忍辱）波羅蜜多、「精進」波羅蜜多、「靜慮」（禪定）波羅蜜多、「般若」（智慧）波羅蜜多。謂（六度波羅蜜乃）超「聲聞、獨覺」等地。（若能）住此「六波羅蜜多」，（就能如）佛（一樣而）不住（於）「二乘」，（便）能（越）度「過去」（之）所知海岸、「現在」（之）所知海岸、「未來」（之）所知海岸、「無為」（之）所知海岸、「不可說」（之）所知海岸。

二：應遠離「聲聞、獨覺」心，謂（應）作是言：諸「聲聞心」，非（能）證（得）「無上大菩提道」，故應遠離（聲聞心）。復作是言：諸「獨覺心」，定不能得一切「不空智智」，故應「遠離」（獨覺心）。

三：應遠離「熱惱心」（具焦熱煩惱之心），謂（應）作是言：怖畏「生死熱惱」之心，非證「無上正等覺」道，故應遠離（焦熱煩惱之心）。

四：見（有）「乞者」來，心不「厭慼」（厭離&憂慼煩惱），謂（應）作是念：此「厭慼心」（厭離&憂慼煩惱心），於「大菩提」（並）非能「證道」，故定遠離（此厭慼心）。

五：（施）捨所有物，無（任何的）「憂悔」（憂嘆後悔;憂惱反悔）心，謂（應）作是念：此「憂悔」心，於證「無上正等菩提」，定為「障礙」，故我捨離（憂嘆後悔心;憂惱反悔心）。

六：於「來（索）求」者，（對彼人）終不「矯誑」（矯詐虛誑），謂（應）作是念：此「矯誑」（矯詐虛誑）心，定非「阿耨多羅三藐三菩提」道，何以故？菩薩摩訶薩（於）初發「無上菩提心」時，（應）作是誓言：凡我所有（布）施（於）「來（索）求者」，隨（其所）欲（而）不（令）空（過），如何今時而（竟）「矯誑」（於）彼（呢）！

如是修治此真言者，度過「五海」（五蘊之海），（而）證「蓮華頂祕密心真言」成就，覩見一切「天龍八部」宮殿門「開」，（所有）「出世、世法」皆得成就。十方一切如來應正等覺，

放大光明，照觸其(汝)身。(有)三千大千世界微塵數等一切「如來」，一時現身，(並)觀察安慰(於汝)。(有)蓮華冠幢如來應正等覺現(身)前(而對汝)詰慰：汝所修業，皆得成就，(將來)當(往)生我(蓮華冠幢如來佛剎)土，住「現前地」(第六地菩薩)，直至「無上正等菩提」。

七字真言曰：

唵(一) 鉢(二)頭(二合)麼(三)　入縛(四)攞(五)　斛(六)　姪(亭一反二合)力(七)

oṃ·　　　　padma·　　　　jvala·　　hūṃ·　　　śrī(吉祥;福德;殊勝;妙德)·

如是真言，大悲心觀(之)觀世音！(應)如法受持，應當遠離二十種法，何等二十？

一：應遠離「我執、有情執、命者執、生者執、養者執、士夫執、數取趣執、意生執(manuja，譯作「人、人生」。即妄計「人由人而生」)、儒童執(mānava，譯作「勝我」。即妄計我於身中最爲勝妙，此爲毘紐天外道之部類)、知者執、見者執」，謂觀「我有情」，乃至「知者、見者」，畢竟「不可得」故。

二：應遠離「斷執」，謂觀諸法「畢竟不生」，無「斷」義故。

三：應遠離「常執」，謂觀一切法(皆)無「常」性故。

四：應遠離「相想」，謂觀「雜染性」，(都)「不可得」故。

五：應遠離「因等見執」，謂都不見有諸「見性」(可得)故。

六：應遠離「名色執」，謂觀「名色」性，都「不可得」。

七：應遠離「蘊執」，謂觀「五蘊」性，都「不可得」。

八：應遠離「處執」，謂觀「十二處」性，都「不可得」。

九：應遠離「界執」，謂觀「十八界」性，都「不可得」。

十：應遠離「諦執」，謂觀「諸諦性」，都「不可得」。

十一：應遠離「緣起執」，謂觀「諸緣起性」，都「不可得」。

十二：應遠離「住著三界執」，謂觀「三(界之)果性」，都「不可得」。

十三：應遠離「一切法執」，謂觀諸「法性」，皆如「虛空」，都「不可得」。

十四：應遠離於一切法「如理、不如理執」，謂觀諸「法性」，都「不可得」，無有「如理、不如理」性。

十五：應遠離「依佛見(之)執」，謂知「依佛見(之)執」，(皆)不得「見佛」故。

十六：應遠離「依法見(之)執」，謂達「真法性」，(皆)「不可見」故。

十七：應遠離「依僧見(之)執」，謂知「和合眾」，(皆)「無相、無爲、不可見」故。

十八：應遠離「依戒見(之)執」，謂知「罪、福」性，俱「非有」故。

十九：應遠離「怖畏空法」，謂觀諸「空法」皆「無自性」，所「怖畏」(之)事，畢竟「非有」。

二十：應遠離「違背空性」，謂觀一切法「自性」皆「空」，「非空」與「空」(是)有(互相)違背故。

復應圓滿二十種法，何等二十？

一：應圓滿通達「空」，謂達一切法「自相皆空」。

二：應圓滿證「無相定」，謂「不思惟」一切諸相。

三：應圓滿知無「願、住」，謂於三界法「心無所住」。

四：應圓滿「三輪清淨」，謂具足清淨「十善業道」(及)「三輪清淨」。

五：應圓滿「悲愍有情」，謂已得「大悲」及「嚴淨土」，圓滿悲愍「有情」(眾生)，及於「有情」(應)「無所執著」。

六：應圓滿一切法「平等見」，謂於一切法「不增、不減」(而)無所「執著」。

七：應圓滿一切有情「平等見」，謂於一切有情(眾生應)「不增不減、無取無住」。

八：應圓滿通達「真實理趣」，謂於一切法「真實理趣」，雖實「通達」(而亦)無所「通達」，(達到)無取無住(的境界)。

九：應圓滿「無生忍智」，謂「忍」一切法，無生無滅，無所造作，及知「名色」，畢竟「無生」。

十：應圓滿「說一切法」(皆為)「一相」(之)理趣，謂於「一切法」行「不二相」。

十一：應圓滿「滅除分別」，謂於一切法不起「分別」(想)。

十二：應圓滿遠離「諸想」，謂於遠離一切「小、大」無量想。

十三：應圓滿遠離「諸見」，謂於遠離一切「聲聞、獨覺」等見。

十四：應圓滿遠離「煩惱」，謂於棄捨一切有漏「煩惱、習氣」相續。

十五：應圓滿「奢摩他(śamatha 止;定)、毘鉢舍那(vipaśyanā 觀;慧)」地，謂(應)修一切「不空道智、三昧耶智」。

十六：應圓滿「調伏心性」，謂於「三界法」(應)「不樂、不動」。

十七：應圓滿「寂靜心性」，謂於善攝「六根」(而達)寂靜心性。

十八：應圓滿「無礙智性」，謂(應)修得「佛眼」(之)「無礙智性」。

十九：應圓滿「無所愛染」，謂於「外六處」能善「棄捨」。

二十：應圓滿「隨心所欲」，往諸(佛)佛土，於佛眾會自「現」其身，謂修勝「神通」，從「一佛國」趣「一佛國」，供養恭敬、尊重讚歎諸佛世尊，請「轉法輪」(並)饒益一切(眾生)。

如是修治此真言者，一切圓滿、離垢、無畏，(能)得「蓮華離障清淨三摩地」，身出眾光，遍照三千大千「佛剎」。一切宮殿，(凡)光所至(之)處，(皆)化現眾寶「光華」海雲，供養一切如來應正等覺。(有)<u>蓮華光</u>如來應正等覺，現身「摩頂」詰(汝)言：善哉！善哉！善男子！汝所修者，是諸如來「最祕密心」供養之法，亦是<u>觀世音</u>菩薩摩訶薩「真實祕密堅固心大蓮華頂曼拏羅三昧耶」！汝今已得「旃暮伽(amogha 不空)王蓮華頂神

「通圓滿」成就，當(往)生(至)我(蓮華光如來剎)土，住「遠行地」(第七地菩薩)，作大佛事。

八字真言曰：

唵(一)　旆(二)暮(三)伽(上四)　麼(五)抳(六)　鉢(七)頭(二合)米(八)
oṃ・　　amogha・　　maṇi・　　padme・

如是真言，大悲心觀(之)觀世音！(應)如法受持，應滿四法，何等為四？

一：應圓滿悟入一切「有情」(之)心行，謂以「不空」一心智慧，「如實」遍知一切有情心(之)「心所法」。

二：應圓滿游戲一切「神通」，謂(能)「游戲」(於)種種自在「神通」，為見佛故，(能)從一「佛國」(游)趣(於)一「佛國」，亦復不生(起有)「游佛國」(之)想。

三：應圓滿見諸「佛土」，如其所見而自「嚴淨」種種「佛土」，謂(雖)住一「佛土」(卻)能見「十方」無邊佛土，亦能「示現」(諸佛土)，而曾(乃至)不生(起有)「佛國土」(之)相。復為成熟諸有情(眾生)故，(能)現處(於)「三千大千世界」(之)「轉輪王位」而自「莊嚴」，復能棄捨(轉輪王位)而無所「執」。

四：應圓滿供養承事諸佛世尊，於如來身「如實」觀察，謂欲饒益諸有情(眾生)故，於「法義」趣(向)「如實」分別，以「法供養」承事諸佛，又諦觀察諸佛「法身」。

如是修治此真言者，(能)得身「圓淨」，如「頗胝」(sphaṭika 水晶)寶，(有)觀世音菩薩現前「摩頂」誥(汝)言：善哉！善哉！善男子！今得最上「菩提定心」，當隨我往世間光明王如來「淨土」，住「不動地」(第八地菩薩)，廣興佛事，得「不空王蓮華頂壇印」悉地，(獲)「出世、世間」最勝之法。

九字真言曰：

唵(一)　鉢(二)頭(二合)麼(三)　路(四)者(五)禰(奴禮反六)　虎(七)嚕(八)　斛(九)
oṃ・　　padma・　　locani(眼睛)・　　huru(速疾)・　　hūṃ・

如是真言，大悲心觀(之)觀世音！(應)如法受持，應滿四法，何等為四？

一：應圓滿知諸有情(眾生)根(器之)「勝、劣」智，謂住佛「十力」，「如實」了知一切有情諸根(器之)「勝、劣」。

二：應圓滿「嚴淨」佛土，謂以「無所得」而為方便，「嚴淨」一切有情「心行」。

三：應圓滿「如幻」等持(samādhi，三摩地；三昧)，數入「諸定」，謂住此「等持」(samādhi，三摩地；三昧)，雖能成辦一切「事業」而(令)「心不動」，(待)修治「等持」(samādhi，三摩地；三昧)極成熟故，(可)不作「加行」，(而令)數數現前。

四：應圓滿隨諸有情「善根」應熟，故入「諸有」(三界二十五有)自現「化生」，謂欲成熟諸
　　有情類殊勝「善根」，隨其所宜故，(能)入「諸有」(三界二十五有)而現「受生」。

如是修治此真言者，得授記名(為)<u>觀世音</u>(之)子。(有)殑伽沙俱胝「那庾多」百千「如來」
應正等覺，作諸神通，一時現前，伸手「摩頂」誥(汝)言：善哉！善哉！善男子！汝所
修習此真言經，(獲)「出世、世法」皆得成辦，(將來)捨命來(往)生我(佛)國土中，往「善
慧地」(第九地菩薩)。

十字真言曰：
唵(一)鉢(二)頭(二合)暮(三)　瑟(二合)抳(四)灑(五)　弭(六)麼(七)黎(八)　斛(九)怖(十)
oṃ‧　　padma‧　　　　uṣṇīṣa(佛頂)‧　　　vimale(清淨)‧　　hūṃ‧　phaṭ‧

如是真言，大悲心觀(之)<u>觀世音</u>！(應)如法受持，應當圓滿十二種法，何等十二？
一：應圓滿攝受無邊處所一切「大願」，隨有所願，皆令圓滿，為已具修「六波羅蜜多」
　　極圓滿故，或為「嚴淨」諸佛國土，或為成熟諸「有情」類，隨心所願，皆得圓滿。
二：應圓滿隨諸「天龍、藥叉、羅刹、乾闥婆、阿素洛、藥嚕茶、緊那羅、摩呼羅伽、
　　人、非人」等異類音智，謂為修習殊勝(之)「詞無礙解」，(能)善知有情(眾生種種)「言
　　音」差別。
三：應圓滿「無礙辯智」，謂為修習殊勝(之)「辯無礙解」，為諸有情能(作)「無盡」說(解)。
四：應圓滿「入胎」具足，謂雖(處)一切「生處」實恒「化生」，(乃)為(利)益有情(而)現「入
　　胎藏」，於(胎藏)中具足種種(殊)勝事。
五：應圓滿「出生」具足，謂於「出胎」時「示現」種種希有(殊)勝事，令諸有情見者(生)
　　歡喜(心)，獲大安樂。
六：應圓滿「家族」具足，謂(能)生(於)「刹帝利」大族姓家，或生(於)「婆羅門」大族姓
　　家，所稟(承之)「父母」(皆)無可「譏嫌」。
七：應圓滿「種姓」具足，謂常預(參與／參加)「過去」諸大菩薩「種姓」中生。
八：應圓滿「眷屬」具足，謂純以無量無數「菩薩」而為「眷屬」，非(以)諸「雜類」(而為眷
　　屬)。
九：應圓滿「生身」具足，謂「初生」時，其身具足一切「相好」，放大光明，遍照無邊
　　諸佛世界，亦令彼界「六種變動」，(若有)有情(眾生)遇者，無不蒙益。
十：應圓滿「出家」具足，謂「出家」時，(有)無量無數「天、龍、藥叉、羅刹、乾闥婆、
　　阿素洛、藥嚕茶、緊那羅、摩呼羅伽、人、非人」等之所「翼從」。(能)往詣道場，
　　剃除「鬚髮」，服「三法衣」，受持「應器」，引導無量數無有情，令乘「三乘」而趣
　　「圓寂」。

十一：應圓滿莊嚴「菩提樹」具足，謂於殊勝「善根」廣大願力，感得如是「妙菩提樹」，「紺瑠璃寶」以為其「幹」，「真金剛寶」而為其「根」，上妙七寶以為「枝葉」種種華果。其樹高廣遍覆三千大千佛土，光明照耀周遍十方「殑伽沙」等諸佛世界。

十二：應圓滿一切功德「成辦」具足，謂於滿足殊勝「福慧」一切資糧，成熟有情「嚴淨」佛土。

如是一一具足，修治此真言者，(能)得十方無量「殑伽沙」俱胝「那庾多」剎土，(有)一切「如來」應正等覺，作種種神通，一時現前詰(汝)言：

善哉！善哉！善男子！(汝)常為一切「天仙、龍神、八部、世間人民」，置敬無量，得此「蓮華頂真言」明仙，乃至「無上正等菩提」，住「法雲地」(第十地菩薩)，隨所方化，增建佛事。

祕密主！汝問修行是「陀羅尼真言」，一一能成最上「悉地」，此「不空羂索心王陀羅尼真言三昧耶」，(所有)「上法、中法、下法」，我皆演說。

如是讀誦，受持之者，常淨洗浴，以香塗身，著淨衣服。於諸有情起「大悲心」，說「真實語」，深信三寶，敬事供養「和上、闍梨、父母、善友」，備持「律儀」，受持斯法。

(若能)如是發行，(則)名(為)「真受持真言之人」，當必決定得證「無上正等菩提」。

爾時執金剛祕密主菩薩摩訶薩，聞說是法，歡喜微笑，掌輪(所)旋(之)「杵」，從座而起，曲躬合掌，白言聖者：此等「真言三昧耶」，總名「不空王蓮華頂祕密心曼拏羅廣大陀羅尼真言三昧耶」，是等「陀羅尼真言」，但當「讀誦」，受持之者，皆得成就作大佛事。

若有依法作「大供養」，每月依時(於)「一日一夜」，斷語、不食，或單「食果」，或空「服乳」，或復常食「三白」飲食(三種白食；三種白淨食；三淨食。即乳、酪、米飯等三種白淨之食，乃密教修法時，行者所食用者)，晝夜精勤，讀誦受持。如是之人獲何「功德」？成何善根？住何「剎土」？授何法門？

爾時觀世音菩薩摩訶薩，告執金剛祕密主菩薩摩訶薩言，如是總名「不空王蓮華頂陀羅尼真言三昧耶」。

祕密主！諦聽諦聽，苾芻、苾芻尼、族姓男、族姓女，(於)「白月」一日，承事供養，寂斷諸語，食「三白」食(三種白食；三種白淨食；三淨食。即乳、酪、米飯等三種白淨之食，乃密教修法時，行者所食用者)，讀誦受持「蓮華頂陀羅尼真言」：

一觀一一字，(皆)如日光鬘。

二觀字光(顯)現觀世音。

三觀字光(顯)現佛世尊。

四觀字光(具)「自性神力清淨法界三昧」，流出種種神通「三摩地」門。

(若有人於)晝夜不絕，乃至「八日」，(或於)一日一夜「斷食」(而)持(誦此咒)者，此人則得除滅應受(之)「阿毘」地獄，(及應受之)「五無間罪」一劫之苦。(將來)當捨命已，(能往)生於西方極樂國土，蓮華化生，具「宿住智」，福命壽等八十千劫，受諸極樂。生生生處更不墜墮「三惡道」中。

《蘇婆呼經童子請問經》三種譯本對照
第一卷

一-1 蘇婆呼童子（**妙臂菩薩**）向**執金剛菩薩**（**金剛手菩薩**）請法

唐・善無畏譯 《蘇婆呼童子請問經》 麗本 平安時代寫。仁和寺藏本 （637～735）	北宋・法天譯 《妙臂菩薩所問經》 （？～1001） 譯經年代(976–997)	唐・善無畏譯。沙門一行筆 《蘇磨呼童子請問經》 承曆二年(公元 1078 年)寫。仁和寺藏本 承安三年(公元 1173 年)寫。高山寺藏本 此本與「麗本」異同甚繁故別載 承曆三年(公元 1079 年)三月一日 於大谷阿闍梨御　房奉受了
〈律分品第一〉	〈得勝師助伴速獲悉地分第一〉	〈伴侶分第一卷上〉
㊀爾時執金剛(Vajra-pāṇi)菩薩大藥叉將，威力難思(難可思議)，光(明)超(越)千日，一心而住。	㊀爾時藥叉主金剛手(Vajra-pāṇi)菩薩，有大慈悲，愍於後世，放千光明，端心而住。	㊀爾時執金剛(Vajra-pāṇi)菩薩大藥叉將，威勝(威力殊勝能超越)千日，一心而住。
㊁於大會中，有一童子，名曰蘇婆呼(Suvāhu 妙臂)，大悲淳厚(淳善敦厚)，即從座起，虔誠頂禮執金剛(菩薩)足已，曲躬(曲體躬身)合掌白言：大威尊者，我今抱疑日久，欲有少問，唯見聽許。	㊁於是妙臂(Suvāhu)菩薩，以持誦者，於一切「真言明」(真言明咒)，(能獲)得「成就義」(或導致)「不成就義」，一心敬禮彼藥叉主金剛手菩薩。	㊁時大悲者蘇磨呼(Suvāhu)童子從坐而起，虔誠頂禮執金剛菩薩足已，欲問諸「明主」(明咒主尊)及「真言」等成就法故。
㊂爾時執金剛大藥叉將言：汝所疑者，今恣汝問，我為汝(來作)決(斷)，(令汝之)疑情(能)斷除。		

一－2 祈請金剛手菩薩，為眾生解說「持真言咒語者」之「不成就」因緣，計有 78 個問題

唐·善無畏譯《蘇婆呼童子請問經》	北宋·法天譯《妙臂菩薩所問經》	日本承安三年(1173 年高山寺藏本)寫《蘇磨呼童子請問經》(還原版)
🫱蘇婆呼童子曰：我今恣問，(今乃由金剛手菩薩)尊威(至尊威嚴)聽許(聽准允許)。我久疑者，遍觀一切世間「出家、在家善男女」等，為求出離生死海(法海)故，求覓「陀羅尼」速成就法，節食(節制飲食；清淡寡欲)、持誦(真言)，專心勤苦。(雖)如是修行，(卻)仍不成就？	🫱(妙臂菩薩)而發問言：(金剛手)菩薩！我見世間有持誦(咒語)人，齋潔(八關齋戒的虔潔)清淨、精勤(的)修行，(但)於「真言」(Mantra 陀羅尼、咒)明(vidyā)而(仍)不成就？	🫱(蘇磨呼菩薩)作如是言：我見世間求「真言」者，節食(節制飲食；清淡寡欲)、持誦(真言)，專心勤苦。(雖)如是修行，(卻)仍不成就？
🅑①唯願(金剛手菩薩)尊者分別解說「不成就」因緣及「成就」法。②(金剛手菩薩)尊威(至尊威嚴)悲光，能除眾生極重「苦源」，(其)所演(之)「真言」，復能破障(破除障礙)。(金剛手)菩薩(之)修因，行其「六度」，至(最)極(最)等(之)妙，「行願」(皆)不虛，所施(之)「言教」，(金剛手菩薩)皆為眾生，(能)進趣「菩提」。	🅑②(金剛手)菩薩如日舒光，無所不照。③唯願(金剛手菩薩)哀愍，說彼因緣，云何彼持誦人，雖復「精勤」最上第一，於諸「真言」(有)上、中、下法：(仍)由不能成(就)？云何修因(修持之因)而(仍)不得(獲)果？莫是「罪障」(太重)而未滅除？①惟願(金剛手)菩薩說彼修	🅑①唯願(金剛手菩薩)尊者，分別解說「不成就」因緣。②(金剛手菩薩)尊者威德如盛日光，所演(之)「真言」能破諸闇，復能衛護(保衛護祐)及滅諸罪。

	持，得「成就義」及「不成就義」諸障難事。	
③何因衆生，持誦「真言」(而仍)不復獲果？(謗)尋師所求(得)「真言」悉地(有)「上、中、下」法，(眾生)從日至月，(從)月至經年，從年極至一形(盡形之壽)，(都一直)具修「苦行」，晝夜不闕，亦(仍)無効驗。		③云何修因(修持之因)？(而仍)不復獲果？所求真言(有)「上、中、下」品，種種「悉地」，假使「具修」，亦(仍)不(得)成就。
④若以依法作(而仍)不成(就)者，(則)此「真言」句(即)不可依(止)也；若(仍)須依(止此真言)者，(請金剛手菩薩)先以行說，(為何)一無證効(驗證靈效)？		④若以依法(而仍)不成就者，
(參)世尊(所)設(的諸咒法)教，若能持誦真言，即(可)得「智慧」、得(以遠)離「無明」；(待)「無明」斷故，即(可獲)「寂滅解脫」。若如此者，何故(修行者而仍)不得「悉地」(siddhi 成就)果願？(若真不得悉地果願的話)，(那麼就)應(放)棄「真言」，當順(從)「無明」(之業力)，何須(再)勤苦持誦「真言」(而)求於「悉地」(siddhi 成就)？	(參)(金剛手)菩薩！如佛所言(若能持誦真言即得)智慧之明，能滅「癡暗」(無明)。(若持誦真言後)，「癡暗」(仍)不滅，(則)明慧(智慧之明)可棄，云何能使諸持誦人，於諸修行而無疑惑？	(參)(那麼)便棄「真言」而順(從)「無明」(之業力)。佛說(持誦真言即能)以(智)惠(而)獲得「寂滅」。(眾生)以「癡」覆(智)惠(而)不可療治，若說「真言」(一定)不獲成就，亦(喻)如(以癡)覆(智)惠(而)無可(救)治者。
(肆)一切聖人(之)教(誨)，(皆能滿眾生願而)不「妄施」(虛妄	(肆)(金剛手)菩薩！(吾人)云何「誦持」及(作)「護摩」等	(肆)唯願(金剛手菩薩)尊者，以「大悲」故，敷演「真言」，

之施)。(若)眾生興心動念，舉意求者，菩薩(已)得「他心智」，(應)滿眾生願，(皆能)與(眾生之)「第一樂」。何故眾生(修修咒語有)求(而)不(令)滿願？(眾生受)苦者(而)不(令)獲「樂果」？(反)令無量眾生墮(在)「疑謗」(懷疑與毀謗)中！	所作事業，(乃至持誦)諸「真言王」，及(而)諸「賢聖」(竟)不(給)與成就？惟願(金剛手)菩薩以「大悲心」，一一顯說，令(眾生能)無「疑惑」。	救脫眾生，彼(眾生)若「念誦」兼作「護吽摩」(homa，火祭、焚燒，投供物於火中之火祭祀法)。
(伍)我聞一切聖人皆不妄語，所施(予之)言教，眾生(只要見)聞者，依法修行，即(可)見「正道」，(並)獲(果)報無邊(無量)。	(伍)	(伍)
(底下為蘇婆呼童子向金剛手菩薩請問的78個問題)	(金剛手)菩薩！	
❶云何「作業」而得果耶？	①為是法力「無能」耶？	(一)云何明主(明咒主尊)不(給)與成就？
❷為法「不具」耶？	②為所作「非時」耶？	(二)為法「不具」？
❸為不依「時節」耶？	③為種性「非性」耶？	(三)為「無力」耶？
❹為不得「日」耶？	④為真言字句「闕、剩」耶？	(四)為不由「時節」？
❺為不得「月」耶？	⑤為修持「輕慢」耶？	(五)為「有罪」耶？
❻為不得「星」耶？	⑥為供養「不具」耶？	(六)為真言有「加、減」耶？
❼為不得「處所」耶？		(七)為「供養法」不具足耶？
❽為處所「不淨」耶？		
❾為供養「不具足」耶？		
❿為不得「同伴」耶？		
⓫為「不專心」耶？		
⓬為「放逸」耶？		
⓭為「坐多」耶？		
⓮為「惛沈」耶？		
⓯為「思想多」耶？		

⑯為「身不淨」耶？		
⑰為「衣不淨」耶？		
⑱為「然燈」不是耶？		
⑲為「食器」不如法耶？		
⑳為「花」不如法耶？		
㉑為「安食」不如法耶？		
㉒為「酥酪乳」不如法耶？		
㉓為請佛菩薩金剛天等鬼神等「不如法」耶？		
㉔為持誦人「犯觸食」耶？		
㉕為持誦人經過「穢處」耶？		
㉖為持誦人共婦人「同床坐臥」耶？		
㉗為持誦人犯食「五辛」耶？		
㉘為持誦人盜「佛法僧物」耶？		
㉙為持誦人「劫奪」一切眾生，幷欺「孤窮人」耶？		
㉚為不行「六度」耶？		
㉛為不供養「佛法僧」耶？		
㉜為不供養一切「善知識」及一切眾生耶？		
㉝為「輕賤」一切眾生耶？		
㉞為「呼摩」(homa，火祭、焚燒，投供物於火中之火祭祀法)不如法耶？		
㉟為真言「字句」有「加、減」耶？		
㊱為「藥味」不周備耶？		
㊲為(修行根)器不如法耶？		
㊳為下「香水」不如法耶？		
㊴為「不浴」(沒有浴洗)尊像		

(本尊聖像)耶？ ❹為「不經行」耶？ ❹為「不坐禪」耶？ ❹為洗手脚「不淨」耶？ ❹為不嚼「楊枝」耶？ ❹為「漱口」不淨耶？ ❹為「洗淨」不如法耶？ ❹為「採花」不如法耶？ ❹為「弟子」不如法耶？ ❹為「弟子」(與)「師主」心有「異」(不一樣)耶？ ❹為弟子不如法「辦食」耶？ ❺為持誦人觸手污(而去摩觸到)「淨食」耶？ ❺為「呼摩」(homa，火祭、焚燒，投供物於火中之火祭祀法)時(用)「口」吹火耶？ ❺為(呼摩使用之)「柴」不如法耶？ ❺為將「殘食」(去)供養佛耶？ ❺為持誦人為喫「殘食」耶？ ❺為持誦人(於)「二時」(而都)不讀經耶？(只誦咒而從不讀誦大乘經、不聽聞大乘經者) ❺為違背「師僧」耶？ ❺為反逆「父母」耶？ ❺為不受「師主」(之)教勅耶？(教導誨勅) ❺為持誦人多談「世事」耶？ ❻為求「名利」耶？		

61為求「名聞」耶？ 62為(一直沉迷陶醉)熾然(於)「世法」(而)作業耶？		
63為「白月」(指初一到初十五)作法「不如法」耶？ 64為「黑月」(指農曆的第「初十六日」起，到下個月的「初一」之前)作法「不如法」耶？ 65為「五星」(五執。即①歲星：即木曜，爲五行中木之精，乃東方蒼帝之子。②熒惑星：即火曜，爲火之精，乃南方赤帝之子。③鎮星：即土曜，爲土之精，乃中央黃帝之子。④太白星：即金曜，爲金之精，乃西方白帝之子。⑤辰星：即水曜，爲水之精，乃北方黑帝之子。此五星行一周天之遲速不同，太白星與辰星各須時一年，熒惑星二年，歲星十二年，鎮星二十九年半，人每至其命星，可能會發生吉凶不等諸事)失度(失去軌度)，(而)不作法耶？ 66為「日、月」薄(或作「博」)食(或作「蝕」，此指日食或月食，互相掩食)不作法耶？ 67為「結界」不如法耶？ 68為「護身」不如法耶？ 69為「坐起」不如法耶？ 70為「出入」不如法耶？ 71為「喫食」不如法耶？ 72為「正食」時不想「五部尊神主」耶？ 73為不想「本部尊主」(或作「王」)耶？		

⑭為(作)「大供養」時,(在)結護一切諸「食器」,及「飲食」等「不如法」,(導致)為魔(所)得(其)便耶? ⑮為入「精舍」不作「開門法」耶? ⑯為欲念誦(之)時,為逢「黃門」(paṇḍaka 閹人;不男;男生殖器損壞者)共語耶? ⑰為是共(與)「處女、寡女」(共同)語耶? ⑱為當「不擇地」(而)坐耶? ㊕如是等(共有78條)「污觸犯事」,我今都不覺知,何況未來眾生,曉悟此事,唯願(金剛手菩薩)尊者興「大悲心」,救護眾生,指授(指導教授修真言之)「儀則」(儀軌法則)與「念誦法門」,兼作「呼摩」(homa,火祭、焚燒,投供物於火中之火祭祀法)三種「悉地」,(能)速證効驗,(亦)令未來眾生,一一依此行,咸昇(而得)「解脫」。	㊕惟願(金剛手)菩薩,於種種(共有78條)事及彼「障難」,一一開說,使諸行人(誦真言者)皆得曉了。	㊕願為眾生分別解說。

一一3 妙臂菩薩向金剛手菩薩請問法義,終不為己,乃為利益眾生故

唐・善無畏譯 《蘇婆呼童子請問經》	北宋・法天譯 《妙臂菩薩所問經》	日本承安三年(1173年高山寺藏本)寫 《蘇磨呼童子請問經》(還原版)
⑤爾時執金剛菩薩大	⑤爾時金剛手菩薩,聞	⑤時執金剛菩薩大藥

藥叉將，當聞蘇婆呼童子如是問已，須臾自言：	妙臂菩薩發如是「正心」(之)利益言已，乃「須臾」間瞑(目而靜心)，(以)光明(火)焰(之)「蓮花眼」，思惟觀察已，告妙臂菩薩言：	叉將，當聞妙膊如是問已，須臾「閉目」而「思惟」，即轉手執妙「拔折羅」(vajra金剛杵)，悅目(愉悅眼目)告視(妙臂菩薩)，作如是言：
㈡善哉！善哉！(蘇婆呼)童子愍念諸眾生，慈悲遍覆，由(猶)如月光普照世間，緣汝此心，(具)極「大悲」故，已超「大切」(廣大一切)諸大菩薩。(菩薩之)「菩提心」，(其)莊嚴法門，(皆)不求「己樂」，(但願能)利益有情(眾生)，(故)能忍「大苦」。	㈡妙臂！汝大慈悲，利益眾生，此心清淨，如夜滿月，光明皎潔，復無「雲翳」，使諸行人(誦真言者)不失「正道」，(能)入「佛境界」，到於「彼岸」。(所謂的)菩薩所作，(皆)非求「己樂」，(但願能)於他「有情」(眾生)，故無「嫌害」(嫌棄破害)。	㈡奇哉！(蘇婆呼童子)愍念諸眾生類，由(古同「猶」)如月光，普照世間，緣汝此心，(具)極「清淨」故，已超(越)「一切」諸大菩薩。(所謂的)「菩提薩埵」(bodhisattva菩薩)不求「己樂」，(但願能)利(益)有情(眾生)故，能忍「大苦」。
㈢是故菩薩，(若)見眾生苦，菩薩亦苦；(菩薩若)見眾生樂，菩薩亦樂。	㈢(菩薩)見他「苦惱」，如自苦惱(一樣)；(菩薩若)見他「快樂」，(如)自亦快樂(一樣)。	㈢是故菩薩，見眾生苦，菩薩亦苦；(菩薩若)見眾生樂，菩薩亦樂。
㈣(金剛手菩薩)我觀汝(蘇婆呼童子)心，終不為己，(能)利眾生故，發如是問。	㈣妙臂！我觀汝意為於有情(眾生)，由(猶)若(無知的)「赤子」(嬰兒)問於此義。	㈣我知(蘇婆呼童子)汝心，終不為己，(為)利眾生故，發如是問。
㈤(蘇婆呼童子)汝今一心思惟，諦受我法，(金剛手菩薩)吾當為汝分別解說。	㈤(妙臂)汝可諦聽，為汝解說。妙臂！(金剛手菩薩)我今所說依於佛言。	㈤是故(蘇婆呼童子汝今)須臾(應)一心「思惟」，(金剛手菩薩)吾當為汝分別解說「妙真言法」，汝當諦聽。

一—4修持真言的八大要領。若具「正見」而執持真言者，則「天魔羅剎」皆不能害

唐・善無畏譯 《蘇婆呼童子請問經》	北宋・法天譯 《妙臂菩薩所問經》	日本承安三年(1173年高山寺藏本)寫 《蘇磨呼童子請問經》(還原版)
壹(金剛手菩薩云:)若有持誦一切「真言法」(者):	壹(金剛手菩薩云:)若有修行「最上事業」、修「真言行」,(欲)求成就者:	壹(金剛手菩薩云:)若有持誦我「真言法」(者),應如是作:
❶先於諸佛深起「敬心」。 ❷次發無上「菩提之心」。 ❸為度眾生「廣發大願」。 ❹遠離「貪、癡、憍慢」等業。	❹當須離諸「煩惱」。 ❶起於「深信」。 ❷發「菩提心」。	❶先於諸佛,深起「恭敬」。 ❷次發無上「大菩提心」。 ❹遠離「貪、瞋、癡、憍慢」等。
❺復於三寶,深生「珍重」。	❺重「佛、法、眾」,信重於我(佛三寶)。	❺復於「三寶」,兢懷(兢持心懷)珍重。
❻亦應虔誠遵崇「大金剛部」。	❻及復歸命「大金剛族」。	❻亦應虔誠深恭敬我,及以遵崇「大金剛部」。
❼當須遠離「殺、盜、邪婬、妄言、綺語、惡口、兩舌」,亦「不飲酒」,及以「食肉」。	❼又復遠離「十不善業」。於「身、口、意」凡所興起。	❼當須遠離「殺、盜、邪婬、妄言、綺語、惡口、兩舌」,亦不「飲酒」,及以「食肉」。
❽口雖念誦(真言),(但)「心意」不善,常行「邪見」,以「邪見」故,(則三業所修之善業將)變為「不善」,(會招)得「雜染果」。	❽常離愚迷「邪見」等行。若(欲)求(真實之)「果報」,須有「智慧」。	❽若有眾生行「邪見」者,以「身、口、意」,雖作善業(指就算他三業清淨,持戒精嚴),(但)以「邪見」故,(三業所修之善業將)變為「不善」,(會招)得「雜染果」。
貳譬如營田(經營田務),(雖)依時節(而)作,(但)「種子」若燋(古同「焦」),(則)終不生「芽」,(修行人若具)愚癡「邪見」,亦復如是。	貳譬如農夫,務其「稼穡」(莊稼農穡),(就算)於肥壤昰地而(種)下「焦種」(焦敗的種子),雖(種植的)「功夫」以時(節),(加上)雨澤(雨水潤澤)霶霈(澔霶豐霈),(但)以「種子」(乃)焦(敗)故,(亦)無由得	貳譬如營田(經營田務),(雖)依時節(而)作,(但)「種子」若燋(古同「焦」),(則)終不生「芽」,(修行人若具)愚癡「邪見」,亦復如是。

	生，(修行人若具)愚癡「邪見」，亦復如是。	
(參)假使行善(指就算他三業清淨，持戒精嚴)，終不獲果，是故應當遠離「邪見」，恒依「正見」而不動搖，修行「十善」，增長甚深微妙之法。	(參)凡諸行人(誦真言者)所修事業，先須自心離彼「邪見」愚癡等事，(依止「正見」而)不動、不搖，行「十善法」，乃至恒行一切善法。	(參)假使行善(指就算他三業清淨，持戒精嚴)，終不獲果，是故應當遠離「邪見」，恒依「正見」而不動搖，常須修行「十善法」者，增長甚深微妙之法。
(肆)若有「天龍、阿修羅」等，及食血肉諸「惡鬼類」，遊行世間，損害有情(眾生)，惱(害)持誦人，令心散亂。	(肆)若有「天魔、阿修羅」等，乃至「羅剎」種種鬼神之類，食血肉者；以惡毒心，行三界中，惱害眾生，於修行人，使令散亂。	(肆)若有「天龍、阿修羅」等，及「食血肉」諸鬼等類，遊行世間，損害有情(眾生)，惱(害)持誦者，令心散亂。
(伍)(彼等)見正持(具有「正見」而執持)我妙「真言法」時，彼等(指天魔及食血肉諸羅剎鬼神)即生恐怖。(乃因)此(正)法與彼(天魔羅剎鬼)極「相違」故，(彼邪法將損害修行人，故)使「念誦人」令退「菩提」。	(伍)若有行人(誦真言)樂於我(正)法，(並)修持誦習「真言」行者，彼等(指天魔及食血肉諸羅剎鬼神)若見，(將)自然(生起)恐怖，不能侵惱(此具「正見」持咒之行者)。	(伍)(若有)見修行我(法之)妙「真言」者，彼等(指天魔及食血肉諸羅剎鬼神)自懷恐怖之心。(乃因)此(正)法與彼(天魔羅剎鬼)極相違故，(彼邪法將)惱(害)修行者，令使退心。

一－5 欲令天魔等不能為障，需數數而入「大三昧耶曼荼羅」，及發勇猛心、慈悲心、菩提心，唯信於佛

唐·善無畏譯《蘇婆呼童子請問經》	北宋·法天譯《妙臂菩薩所問經》	日本承安三年(1173年高山寺藏本)寫《蘇磨呼童子請問經》(還原版)
(壹)欲令彼(天魔等)等不損傷者，應須(數數而)入此「大三昧耶曼荼羅(maṇḍala)」，以諸大聖眾及與諸天所	(壹)若欲令彼種種「大力天魔」，及諸「宿曜」(星宿列曜為天魔等所住之星宿。星宿分為七曜、九執、十二宮、二十八宿[或二十	(壹)欲令彼等不令損者，應須(數數而)入此「大三昧耶漫荼羅法(maṇḍala)」，諸大聖眾及與諸天所居住

居住處,是故名為「大曼荼羅」。	七宿]等。宿曜為神之住處或神之自體,可反映人界、天界一切現象,由此現吉凶相,又依其運行可預測人界命運),乃至種種鬼神,不能為障而降伏者;當須入彼「三昧耶大曼拏羅」,以其入彼諸天大力聖眾所安住處,是故名為「大曼拏羅」。	處,是故名為「大漫荼羅」。
㈡又復須(數數而)入作諸事法妙「曼荼羅」,又能使諸天神及魔宮等,令調伏者,是故重更須(數數而)入「最勝明王大曼荼羅」。又入「諸真言大曼荼羅」,如上所說妙「三昧耶」者,令持誦人得滅罪故,是以應須數入(數數而入)。	㈡亦復須(數數而)入「大明王大真言等最勝曼拏羅」,以其數入(數數而入)種種「曼拏羅」故,是為入彼「諸佛菩薩大金剛族大明王」等福聚之所。	㈡亦復須(數數而)入作諸事法妙「漫荼羅」,猶摧伏諸為障者,使令調伏,是故慇懃如法入之,亦應須入「最勝明主大漫荼羅」,亦應須(數數而)入「諸真言主大漫荼羅」,不應間斷。如上所說妙「三昧耶」,令滅罪故,應數須入(數數而必須進入)。
㈢又入諸使者等妙「曼荼羅」,及餘無量「明王、(明)妃」等如是,普入福聚諸明(王)所居住處(之)「曼荼羅」已。一切「諸魔」遙見彼人(時),(便)心懷「大怖」,(將)各自馳散(奔馳潰散),(誦真言者)由(於)數入(數數而入)諸「曼荼羅」故,(即可)為「聖眾」(之)加被故。	㈢是為承事「諸佛菩薩」及「明王」等,(誦真言者)便得如是佛菩薩等(形)影之「覆護」,(覆佑保護)使彼作障(之)「天魔」及「阿修羅、藥叉」,并諸「龍鬼」等無(所)能「侵惱」,(甚至只能遙)望「持誦人」所居之「地」,(而)不敢侵近,(諸鬼神將)自然「退散」,不為障難(彼誦真言者)。	㈢亦應須(數數而)入諸「使者」等妙「漫荼羅」,及餘無量「明主妃」等,如是普入「福聚」(之)諸「明主」(明咒主尊)所居住處(之)「漫荼羅」已。一切「諸魔」遙見彼人(時),(便)心懷「恐怖」,(將)各自馳散(奔馳潰散),(誦真言者)由(於)數入(數數而入)彼諸「漫荼羅」,(即可獲)「聖眾」威力加護是人。
㈣諸魔見此「念誦人」,由(猶)如「金剛自在奮迅」	㈣(此誦真言者其)所修「上、中、下」品成就之法,(或所	㈣諸魔見彼(誦真言者之)身若「金剛」,復見(其)「住

所居(之)住處，由(猶)如「火聚」，(諸魔)並皆馳散(奔馳潰散)，不能(對此人)為害。(此誦真言者對於)「世間」所說及「出世間」(所說的)諸「明真言」，(皆能)速得成就。	修的「世間、出世間」(等)一切真言等，而易成就；蓋(此誦真言者)以數＊ 數＊ 入彼諸「曼拏羅」及「三昧耶」等，(能)承彼「聖力」而「加護故」，(諸魔)一切「惡心」自然破壞。	處「如「大火聚」，(諸魔)並皆馳散(奔馳潰散)，不能(對此人)為害。(此誦真言者對於)「世間」所說及「出世間」(所說的)諸「明主真言」，(皆能)速得成就。
㈤(此誦真言者)若不入此「大曼荼羅」者，(若)不具「慈悲」及「菩提心」，(若)不敬諸佛(而)歸(依)外(道)餘天(魔)，(若)念持佛法真言者，即當自害(自受其害而不會有所成就)。	㈤(此誦真言者)既能入彼「三昧耶大曼拏羅」，仍須發勇猛心，發菩提心，唯信於佛，不信「外道、天魔」等，若(違)背此心(而)持誦我法者，當得自壞(自受其害而不會有所成就)。	㈤(此誦真言者)若不入此「大漫荼羅」，(若)不具「慈悲」及「菩提心」，(若)不敬諸佛，(而)歸(依)外(道)餘天(魔)，(若)念持「我法」(我佛如來之密法)即自害(自受其害而不會有所成就)。

宋・施護譯《佛說一切如來真實攝大乘現證三昧大教王經・卷五》

(1)然令弟子於「大曼拏羅」中次第「觀視」，弟子於「曼拏羅」中纔「觀視」時，即得一切如來威力加持。「金剛薩埵」安住自心，即見「曼拏羅」中，有其種種光明輪等諸神通事。入一切如來妙加持性，或見具德大持金剛者為現本身，或見如來等。

(2)從是已後，所有一切義利，一切意願，隨欲所作，皆得成就。乃至得成持金剛尊，及成一切如來，如是大曼拏羅。

唐・不空譯《大悲心陀羅尼修行念誦略儀》

(1)入「曼拏羅」者，受得三世「無障礙」三種律儀，由入「曼拏羅」，身心備「十微塵剎世界」微塵數「三摩耶」無作「禁戒」。或因屈身俯仰，發言吐氣，起心動念，廢忘菩提之心，退失善根。

(2)以此「印契」密言，殊勝方便，誦持作意，能除違犯愆咎，「三摩耶」如故，倍加光顯……

唐・不空譯《甘露軍荼利菩薩供養念誦成就儀軌》

次應結「金剛輪菩薩印、誦密言」。以入「曼荼羅」者，受得三世無障礙、三種菩薩律儀。由入「曼荼羅」，身心備十微塵剎世界微塵數「三麼耶」無作禁戒。

宋・施護譯《佛說祕密三昧大教王經・卷三》

如上所說，設有「未成就」者，但能入此「曼拏羅」中，及持誦本部「大明」一遍，亦得一切成就，一切富樂了知，一切法能作一切事。

宋・法賢譯《佛說瑜伽大教王經・卷一》

佛告金剛手菩薩：若復有人見此「曼拏羅」中五色粉，彼人得恭敬，供養一切如來。若復有人入此「曼拏羅」中，彼人如入諸佛剎中，得一切如來授成佛記。

宋・法賢譯《佛說最上根本大樂金剛不空三昧大教王經・卷三》

若「阿闍梨」以此「閼ㆍ伽」(argha 功德;香花)香水，灌「自頂」者，即得清淨一切苦。若用「灑淨」或「飲用者」，即得增長一切快樂。設復有人未成就「阿闍梨」法者，得入此「曼拏羅」已，自然獲具「金剛阿闍梨」法。

宋・法賢譯《佛說最上根本大樂金剛不空三昧大教王經・卷五》

入此「曼拏羅」，大祕密中者，成「金剛阿闍梨」，諸所欲願樂。

一－6若得「戒德清淨」之阿闍黎灌頂，並精進修持，嚴持戒律，則密咒法門可速獲靈驗

唐・善無畏譯《蘇婆呼童子請問經》	北宋・法天譯《妙臂菩薩所問經》	日本承安三年(1173 年高山寺藏本)寫《蘇磨呼童子請問經》(還原版)
㊀若念誦人，不辨(不能完成;不能圓滿)遍入諸「曼荼羅」者，(應)於中隨(分修)辨(古同「辦」)一「三昧耶」，(並)深心	㊀又復持誦行人(誦真言者)，(欲)求成就者，(應)先須求依「阿闍梨」(ācārya)，(其)戒德清淨，無諸缺犯，(及)	㊀若念誦人不辨(不能完成;不能圓滿)遍入諸「漫荼羅」，(應)於中隨(分修)辨(古同「辦」)一「三昧耶」，(並)深心

恭敬禮拜「灌頂師主」，請乞（阿闍梨）「灌頂」。

（貳）（待）得「灌頂」已，隨其部（如「佛部、金剛部」…等）中，任作（其中）一業（一種法門修學之業），（如此便）能使一切「藥叉、龍王」，及諸惡魔「毘那夜迦」（vināyaka 亦有分成二尊，一頻那，即豬頭使者。二夜迦，即象鼻使者。毘那夜迦或說即是大聖歡喜天）猛害天（兇猛作害的天魔）等，不能惱亂。

（參）持誦人先須「持戒」，譬如芽種（子），皆依（止）地（而）生，（再）由勤溉灌，（始能）令「芽」生長。（例如）世尊所說「別解脫法」（prātimokṣa-saṃvara 指七眾所持受之戒，共八類，比丘比丘尼具足戒、沙彌沙彌尼十戒、式叉摩那六法、優婆塞優婆夷五戒、鄔波婆沙八齋戒）清淨「尸羅」（śīla 戒行），具應修行。

（肆）若是「俗流」（俗人居士），唯除（僧人所著的）「僧服」，自餘「律儀」（除僧人所應持的律儀之

福德最（殊）勝者。若（能）獲此等「阿闍梨」（之灌頂），（並）稟受（承稟蒙受）持誦，復自決志（決定心志），勇猛精進，於所修持，易得成就，速獲靈驗。

（參）譬如種田，須（先）依（止）「好地」，（待）地既「肥壤」，（則其）子實（種子結實）易得，（所以）若得「勝師」（殊勝清淨的阿闍梨），亦復如是。

恭敬，亦應當須（深）入（一門來修學）。

（貳）（如此便能令）「藥叉」類，及「地居神、龍王、魍魎」及諸惡「毘那夜迦」（vināyaka 亦有分成二尊，一頻那，即豬頭使者。二夜迦，即象鼻使者。毘那夜迦或說即是大聖歡喜天）猛害天等（兇猛作害的天魔），不能惱亂。

（參）（修持真言的）持戒之人，（就）譬如芽種（子），雖依「地」生，由勤溉灌，乃得滋茂，勝法（殊勝的法門）依戒（必依止於戒律），亦復如是，以茲溉灌，令善芽生。（例如）世尊所說「別解脫法」（prātimokṣa-saṃvara 指七眾所持受之戒，共八類，比丘比丘尼具足戒、沙彌沙彌尼十戒、式叉摩那六法、優婆塞優婆夷五戒、鄔波婆沙八齋戒）清淨「尸羅」（śīla 戒行），具應修行。

（肆）若是「俗流」（俗人居士），俱除（僧人所著的）「僧服」，自餘「律儀」（除僧人所應持的律儀之

外)，(於五戒、八戒、菩薩戒)悉皆無差(缺減)。必須遠離諸「雜染法」，具(實)行「善逝」(sugata 佛十號之一)敷演(種種的)教門，(所有的)「真言」法則，亦復如是。		外)，(於五戒、八戒、菩薩戒)悉皆應行。如是遠離「染法」，具足善根，敷演(種種佛的)教門。

唐·一行大師記《大毘盧遮那成佛經疏·卷十八》

(《大正藏》第三十九冊頁 766 下)

(1)爾時毘盧遮那世尊，觀察諸大集會，說「不空」教……以「美妙言」告大力金剛手言：勤勇士！一心諦聽，諸「真言、真言導師」……

(2)上來雖說「真言」種種方便，然猶未具(未完全備具)，故更說之。所以更觀(察)大會，照(耀)彼(眾生)心(之根)機，皆(於)此眾中，(一切)普是「真實」，(需)堪為「法器」，乃復為說也……

(3)佛出「妙音」，告金剛手：我說此法，汝(金剛手為)大力勇士，(應)一心諦聽也。

(4)前說「真言品」(之時)，即(應)合(而)說之，何故(當時)不說；(而留)至「此方說」耶？(是)為迷(惑)彼尋(找)經文(之)人也。佛(乃)具大悲，何不(直接)「顯說」而(故意)「迷惑」眾生耶？

(5)答曰：非(佛)有悋(吝嗇)也，但謂(於)世間，有諸「論師」，自以(為是)「利根」(之)分別者，(自己能以種種)智力(去)說諸法相，(且能)通達文字，(但)以「慢心」，故不(再)依(止)於「師」。

(6)(此種「自以為是」的論師)輒(往往)爾尋經(尋找「真言法教」的經咒)，即欲「自行」(自己修行)。然此(真言)法(乃)微妙(微奧深妙)，若不依(止)於「明導師」(明白佛理之導師)，(則)終不能成(就)，又恐(無人指導而)妄行(妄自修行)，(將招)自損、損他。

(7)若(佛於「真言法教」中採)隱互(相互隱匿)其(經)文，令彼自(自己)以「智力」(仍)不得「達解」(通達解脫)，即(可)捨(彼之)高慢(心)而依(止)於師，(亦能)以此因緣，(而令彼人)不生「破法」(之)因緣，故(佛於「真言法教」中必)須如此(的將經文作「隱互」)也。

《胎藏三密抄·卷第一》

(《大正藏》第七十五冊頁 561 上-561 中)

(此中先出自所受軌記，次為對此遂要引諸文，然多引秘密要文，不可輒示初學人)

夫學「三密教」者，先當知五事：

一者：**必隨明師**。如【義釋】云：欲入「正法」者，須依「師」而學。末代學人，不務(求去親)**近善知識**。**師心**(以自心爲師)**直爾**(竟然直接)**披文**(披閱眞言法教的經文)，由此(自學而恐招)**無効**，(或將)招「破法」之緣，(或)成「無間」之業。(例如)**勿妄**(任意)**操**(作銳)**利**(之)**器**(具)，(將導致)**自傷其手也**(喻妄於「眞言法教」中自以爲師)。**又佛說此**(眞言教)**法**(時)，(於)**經文**(刻意作)「**隱互**」(相互隱匿)，(故導致其)**義不**(甚)**明了**。

【義釋】云：佛具大悲(心)，何不即(直接)說；(故意)迷惑眾生耶？
答：非(佛)有悋(吝嗇)也。(因有)世間(之)「論師」，自以(爲是)「利根」(者)，(但)以「慢心」故，不依(止)于師，輒(往往)爾尋經(尋找「眞言法教」的經咒)，即欲自行(自己修行)。然此(眞言)法(乃)微妙(微奧深妙)，(若)不依(止於)「明導」(明白佛理之導師)，(則)終不能成(就)，又恐(無人指導而)妄行(妄自修行)，(將招)自損、損他故。(佛於「眞言法教」中採)隱互(相互隱匿)其(經)文，今彼自力(自己能力)不解(不能通解)，即(可)捨(彼之)「高慢」(心)而依(止)於師，(亦能)以此因緣，(而令彼人)不生(破)法(之)因緣(已上)

二者：(手印應於)**內外相應**。又【義釋】云：三藏云：西方尤秘「印法」(手印祕法)，作(手印)時，又(應)極恭敬，要在「尊室」(尊勝靜室)之中，及「空靜清潔」之處。當澡浴、嚴身，若不能一一浴者，必須「洗淨、嗽鹽」，(再)以「塗香」塗手，方得作(手印祕法)也。又作(手印)時，須正「威儀」，跏趺等座；不爾(若不能這樣的話)，(恐易)得罪，又令(此手印祕)法不得「速成」耳。

三者：(手印爲)**甚深秘密**。【義釋】意云：西方作(手)「印」，甚以秘之，不令人「見」，(甚至)**密誦真言**，(亦)**不令人聽**(云云)。《准提軌》云：結(印)「契」時，(應)以「衣」覆手(印)，勿令人見(云云)。今世行者，全不知之，哀哉！此法將滅不久。

四者：(身口意)**三密相應**。又【義釋】云：凡誦「真言、作印」，喻如「耕牛」，二牛同進，不得前後(已上)，「身、口」(亦應)如是，(其)「意」亦然也。

五者：**祈請聖加**(諸佛大聖加被)。《青龍軌》云：欲結「契」者，(須先禮)敬白「十方三世諸佛」，我等下輩、愚鈍凡夫，雖掌此「印」，由如「蚊蟻」掌「須彌山」，恐無「勢力」，唯願諸佛「加護」我等，令我得成「無上正覺」。結持此「印」，(能)同佛(所具之大)「勢力」。發是語已，至誠禮拜。

《蘇悉地羯囉經・分別阿闍梨相品第三》

(《大正藏》第十八冊頁604下－605上)

我今當説「阿闍梨」相，一切「真言」由彼而得(灌頂與傳授)，**故知「闍梨」最為相本**(諸相之本)，**其**(阿闍梨之)**「相」者何？**

(1)謂「支分」(「支分」一詞所用之範圍極廣。原指手、足等四肢五體。若於密教修法灌頂時所需之「支具、印明」等，亦稱爲「支分」。又「護摩」所需之「乳木、香、藥」等，則稱爲「護摩支分」；又若「印明、結誦」之誤謬缺漏，則稱爲「闕支分」)**圓滿、福德莊嚴，善須知解「世、出」世法。恒依「法」住，不行「非法」。**

(2)具「大慈悲」，怜愍眾生。貴族生長，性調柔軟。隨所共住，皆獲安樂。

(3)聰明智慧，「辯才」無礙。能懷「忍辱」，亦無「我慢」。

(4)常樂「大乘」，及解妙義，深信「祕密之門」。

(5)縱有小罪，猶懷「大怖」。身口意業，善須調柔。

(6)常樂轉讀「大乘經典」，復依「法教」勤誦「真言」而不「間斷」，所作「悉地」皆悉成者。

(7)復須善解(繪)畫「曼荼羅」，常具「四攝」(❶布施攝❷愛語攝❸利行攝❹同事攝)，為求「大」故，不樂「小緣」，永離「慳吝」。

(8)(欲成爲阿闍梨者，須)曾入大「曼荼羅」而受「灌頂」，復為「先師」(先前之師尊)而「歎德」者：汝從今往，堪授「灌頂」為「阿闍梨」！獲斯「印可」。

(9)方合(乎)自手造「曼荼羅」，須依「次第」，亦合(乎)授與「弟子」真言。

(10)若依此者，所受真言，速得成就，不可懷疑……

北宋·天息災譯《一切如來大祕密王未曾有最上微妙大曼拏羅經·卷二》

(1)又金剛手白言：若「阿闍梨」受行「世法」，恆取快樂，恆食「酒、肉、葷辛」之味。彼「阿闍梨」云何度弟子入「曼拏羅」？

    云何度弟子免「輪迴之難」？

    云何可得「真言悉地」？我今疑惑其事，云何？

(2)佛言：金剛手！無有「阿闍梨」受行「世法」恆取快樂，樂食「酒、肉、葷辛」之味者……

金剛手！汝聽「菩薩之行」，我今説之。

菩薩行者，奉持「戒法」，行「菩薩道」……不行「妄語、殺生、飲酒、戲樂、我、人見」等。如是奉「戒」，無有過失，此為「阿闍梨」所行「菩薩之行」。

按：從這部「密教經典」來看，佛很清楚的回答説：眞正修行的「阿闍梨」，絕對沒有貪樂「殺生、酒、肉、葷辛」的事，都一定是奉持「戒法」、行「菩薩道」的清淨持戒者。

唐・善無畏譯《蘇悉地羯囉經・分別阿闍梨相品第三》

(《大正藏》第十八冊頁 605 上)

(1)弟子之法，(應)視「阿闍梨」，猶如「三寶」及「菩薩」等，(阿闍梨)為能授與「歸依」之處。

(2)(阿闍梨)於諸「善事」，而為(諸)因(之)首，(能令)現世(獲)「安樂」，當來「獲果」。為依「阿闍梨」故，不久而(能)得「無上勝事」，所謂「菩提」。

(3)以是義故，(將阿闍梨)比之如「佛」，以為弟子，(於)承事「闍梨」(時)，(能)無有懈怠，勤持不關。

唐・善無畏譯《蘇悉地羯囉經・分別阿闍梨相品第三》

(《大正藏》第十八冊頁 605 上)

我今當説「阿闍梨」(之)相，一切「真言」(乃)由彼而得(灌頂與傳授)，故知「闍梨」最為相本(諸相之本)……(若)不於「和上、阿闍梨」處(獲灌頂與傳授)，(自己)擅(自持)誦「真言」，(則)徒用「功勞」，終(將)不獲果。

唐・善無畏譯《蘇悉地羯囉經・分別持誦真言相品第四》

(《大正藏》第十八冊頁 605 上)

若人復有於「阿闍梨」所，敬重如佛。如此之人，速得成就。

一一 7 持咒無靈驗者，皆為宿業造成，應加讀「大乘經典」及懺悔禮拜，並應有智慧修行之「助伴」作互相提攜，方能獲成就

唐・善無畏譯《蘇婆呼童子請問經》	北宋・法天譯《妙臂菩薩所問經》	日本承安三年(1173 年高山寺藏本)寫《蘇磨呼童子請問經》(還原版)
(壹)(真言)念誦人，若生(起)疲倦(懈怠心)，應(加)讀(誦)「大乘經典」。	(壹)(真言持誦人)若或(仍然)「靈驗」難得，是(人必)有「宿業」(未消者)。	(壹)持誦真言(者)，若生(起)疲倦(懈怠心)，應(加)讀(誦)微妙「大乘經典」。
(貳)又欲作「滅罪」者，(應)	(貳)應須隨取勝地(殊勝清	(貳)復(若)為(欲)「滅罪」，

向於「空閑」及「清淨」處，或以「香泥」，或用「妙砂」，印塔以滿十萬，唯(愈)多最甚(善)，內安(置)「緣起法身偈」(《大智度論·卷十一》云：「諸法因緣生，是法說因緣；是法因緣盡，大師如是說」。若以此偈頌安置於佛塔或佛像內，稱爲「法身舍利偈、法身偈、緣起法頌、緣起偈」)。	淨之地)，或印「沙」為塔、或積「土」等為(佛)塔，(再)於中安(置)「像」及藏「舍利」。	(應)常於「空閑」及「清淨」處，或以「香泥」，或復印「砂」，造立「制多」(caitya佛塔)，內安「緣起法身之偈」(《大智度論·卷十一》云：「諸法因緣生，是法說因緣；是法因緣盡，大師如是說」。若以此偈頌安置於佛塔或佛像內，稱爲「法身舍利偈、法身偈、緣起法頌、緣起偈」)。
㊂或於「舍利塔」及「尊像」前，用「塗香、散花、燒香、然燈」，懸幢、幡蓋，及以(種種)「妙音」，讚歎供養諸佛，恒不斷絕。	㊂當以種種「香花、燈塗、妙幢、幡蓋」，及以「妓樂」而為供養。復伸「讚歎」，專注虔誠，而作「懺悔」。(待)懺悔畢已，(再)依前持誦(咒語)，專注不間(斷)，定獲「靈驗」。	㊂或(於)「舍利」及「尊像」前，以「花鬘、燒香、塗香、花燈、幢幡蓋」等，及妙「讚歎」，(作種種)虔心供養。
㊃(修真言者)先須得「好同伴」(此指同修咒語之善知識良伴)，若無「同伴」(而能)得成就者，無有是處。譬如車乘，(若)闕其一輪，假令能「善御」(善於駕御)者，亦不能進。(真言)念誦(者若)「無伴」(此喻鼓勵「共修」的力量)，亦復如是，縱使勤苦(修咒)作業，終亦不成(不易成就)。	㊃如是修行(真言者)，須具「助伴」(此指同修咒語之善知識良伴)，若無「助伴」，(則真言之)修持是(爲)闕(乏)。譬如車行，須全「二輪」，若闕一者，(則)無由進趣，(真言)修行(者若無)「助伴」，亦復如是。	㊃譬如「車乘」，若闕輪輞，假令「善御」(善於駕御)，終不能進。戒(持戒與修真言是)無勝法(無上殊勝的法門)，亦復如是。縱使懃行(修咒)，終不增長。(者欲)求成就者，又須「勝伴」(此指同修咒語之殊勝善知識良伴)。
㊄然彼「伴侶」(此指同修咒語之善知識良伴)： ❶須具智慧淨潔。 ❷端嚴(之)「族姓」生者。(印度「婆羅門」大族之子弟，於諸姓中	㊄若求「助伴」(此指同修咒語之善知識良伴)者： ❶當求「種族」尊勝，形貌「端嚴」，諸根不缺。	㊄然彼「伴侶」(此指同修咒語之善知識良伴)： ❶須具(智)惠。 ❷淨潔端嚴「族姓」家生，

為最尊勝，故亦稱為「族姓子」)	❺心性調柔，好修善法。	
	❶智慧明利。	
❸勇健無怖。	❸精勤勇猛。	❸依法勇健。
❹能調(伏)諸(六)根，樂捨力(施捨己力，樂於布施)者。	❹有大悲心，恒樂布施。	❹調伏諸(六)根，(具)愛語(依眾生根性而以親愛之善言慰喻眾生)、樂捨(施捨布施)。
❺		❺具大慈悲。
❻能忍飢、渴、寒、暑，(於)苦惱(仍)不生退(心)者。		❻能忍飢、渴，及諸「苦惱」。
		❾不歸(歸依信仰)餘天，并及供養(外道與天魔)。
❼樂供養和上(尚)、(阿)闍梨，常懷恩義(恩情道義)。	❼信重三寶，承事供養。	❼聰明善巧，常懷恩義(而供養和上、阿闍梨)。
❽於三寶處，深心恭敬。		❽於三寶處，深心恭敬。
	❾不歸信(歸依信奉)於諸餘「外道」及「天魔」等。	
如是等行人(誦真言者)，甚難值遇。	此為住賢劫中，具足功德修行(之)「助伴」。	如是德行具「莊嚴」者，於此之時，甚難值遇。
㊅若具如是等(助)「伴」，或一、二、三、四、五，唯(更)多更甚(妙)，持「真言」者，(欲)畢獲(畢竟獲得)成福(成就福田)，當須(尋)覓如是等(助)伴。	㊅諸持誦人，於諸修行，速獲成就，如此應知。	㊅若具「善根」有「德行」者，應求如是(助)「伴」。

一－8 念誦真言者，可依止於諸佛菩薩賢聖昔所居處之「勝地」而修持，亦當清淨身心，律儀具足

唐・善無畏譯《蘇婆呼童子請問經》	北宋・法天譯《妙臂菩薩所問經》	日本承安三年(1173年高山寺藏本)寫《蘇磨呼童子請問經》(還原版)

〈分別處所分品第二〉	〈選求勝處分第二〉	〈蘇磨呼請問分別處所分第二〉
㊀復次蘇婆呼童子！念誦人若求速成就者，應覓諸佛曾經所「住處」，或菩薩「住處」，或緣覺、聲聞「所住之處」。如是等地，(常為)諸「天龍」等常為供養，及以衛護(保衛護祐)。	㊀復次持誦行人(誦眞言者)，若欲修「真言」行，求成就者，先求諸佛所說，佛及「菩薩、辟支、聲聞」(之)昔所「住處」，是為「勝地」(殊勝之地)。如是等處，常有「天龍、阿修羅」等，而為守護，供養恭敬，何以故？以有(因爲有)「天上、人間」，最聖(的)「丈夫」曾所居止(之處)。	㊀復次行者(誦眞言者)，若欲持誦「真言」(而欲)速成(就)者，應居諸佛曾所「住處」，或於「菩薩、緣覺、聲聞」所住之處。如是住處，(有)諸「天龍」等常為供養，及以衛護(保衛護祐)。
㊁是故念誦人(誦眞言者)，(應)先洗「身心」，當具「律儀」，常應居住(於)如是「勝處」(殊勝之處)。	㊁(若)得此地已，持誦行人(誦眞言者)，亦要清淨「身心」，「律儀」具足，常(於)此居止。	㊁是故行者(誦眞言者)，欲淨身心，(應)常具「戒儀」，常應居住如是「勝處」(殊勝之處)。
㊂若也不遇如是「福地」，亦應居止於「大河邊」，或近「小河」及「陂ㄆㄛ沼」(池塘沼澤)。(凡)有「名花」滋茂之地亦得。當離「鬧闤ㄏㄨㄢ」，勿與雜居。(若)其水清流，充滿盈溢，無諸水族「惡毒蟲」者(之處)。	㊂若無此「福地」，秖(古同「只」)得「大河岸邊」或「小河邊」或「泉池側」，乃至「陂ㄆㄛ樂」(同「泊」)，有「清流」瀰滿，無諸「水族」毒惡之類，(於)其側亦得。其處但有「蓮華、烏鉢羅花」，及諸「名花、異果」，「軟草」遍布(之處)。	㊂若不遇如是「福地」，亦應居止於「大河邊」，或近「小河」，或住「陂泊」。(凡有)「名花」滋茂，及(遠)離「鬧闤ㄏㄨㄢ」，其水清流，充滿盈溢，無諸水族「惡毒蟲」者(之處)。
㊃或居山間「閑淨」之處，地生軟草，豐足花果，或住「山腹」及「巖窟」中，無諸猛畏毒獸之類。	㊃或是(於)山中「巖窟」之所，是處清淨，無諸「師子」猛獸可畏之類。	㊃或居山間「閑靜」之處，(有)軟草布地，豐足「花果」。或住「山腹」及「巖窟」中，無諸猛畏「毒獸」之類。

㈤如是等處(指山腹、巖窟)，皆應深掘，取一肘量，淨除所有「荊棘、瓦礫、糠骨、毛髮、灰炭、鹹^鹵鹵」及諸「蟲窟」。乃至深掘，如不(能)盡者，應當(放)棄之，更求(其)餘(之)處，得已修治，一如前法。	㈤得是處已，仍須墾掘，深一肘量，除去「荊棘、瓦礫、灰炭、鹹^{同「鹼」}鹵、糠骨、毛髮、蟲窟」之類。乃至掘深，(如)不能盡者，(則)亦可棄之，更求(其餘)別處。	㈤如是等處，皆應墾掘，深一肘量，淨除所有「荊棘、瓦礫、糠骨、毛髮、灰炭、鹹」及諸「蟲窟」。乃至深窟，如不盡者，應當棄之，更求(其)餘處。

一一 *9* 所建立之精舍，南面不應置門。佛像彩繪者應「蔬食」且日日執持「八戒」

唐・善無畏譯《蘇婆呼童子請問經》	北宋・法天譯《妙臂菩薩所問經》	日本承安三年(1173年高山寺藏本)寫《蘇磨呼童子請問經》(還原版)
壹(其)所掘之處，填以「淨土」，於其地上建立「精舍」，極須牢固，勿使有「暴風」入室；泥飾(以稀泥裝飾)壁孔，勿令有「蚤、蟻」停住，舍上好蓋，莫令漏水。	壹如前墾掘「一肘」之量，別填「淨土」於上，立舍，用淨土作埿(同「泥」)，內外埿飾(以稀泥裝飾)。復以「衢摩夷(gomaya 牛糞)」塗地，於中坐臥，常在地上，不用「床榻」之類。	壹所掘之處，填以「淨土」，於其地上，建立「精室」(精舍之室)，極須堅牢。勿使「竇^夊風」(窾竇風口)，(導致產生)疎漏孔穴。
貳四壁安窻(同「窗」)，極令明淨，其室安門，東西南北方，唯除「南面」不應置門。(南面表尊貴之方向，故一般佛殿、法堂等多「面南而築」。另如佛祖像、德高望重之法師等，其座位亦設於「南面」。此一風習或襲自中國古代王者「南面稱王」之作法，「南面」需安置佛像，故不再另置「門」)	貳其室開門，唯得向東、向西或向於北，不得向南。	貳其室安門，東西北方，唯除「南面」，不應置之。
參營造成已，用「牛糞」	參如是造立舍已，隨彼	參營造成已，用「牛糞」

塗其室中，隨彼法事相應之方，安置「尊像」。其尊容「彩畫」，或刻成以「銅、金、銀」，任力所辦，皆得供養。	相應所作事業，於彼方所，安置「尊像」。安尊像處，先用種種「妙香」而塗飾之。其所尊像，或以「彫刻」，或是「鑄」成，或是「彩畫」。	塗於其室中，隨彼法事相應之方，安置「尊像」。其所尊容，綵畫瑪 剋 ，或以鑄 成。
㊃其所畫物，應用白氈 （白毛布），細軟密緻，匠者織成，兩頭存縷，勿令割截，（應保持）闊幅無（毛）髮，未曾經（使）用。	㊃若是「彩畫」，先求淨縷，揀去毛髮，織成其幅，量其大小，長短相稱，存兩頭縷，不得截棄。既織成已，（應）用「香水」漬渡，復展令端正。	㊃其所畫楨，應用白氈 （白毛布），細柔密緻，匠者織成，兩頭存縷，勿令割截，（應保持）闊福（疑作「幅」）元（最元始的狀態），未曾經（使）用。
㊄	㊄	㊄
❶先須淨洗，復「香水」灑，所畫彩色，不應和「膠」，置於新器，（以）「牛毛」為筆。	❷然令「畫人」（應）蔬食澡浴，復受「八戒」，內外清淨，運心（運用其淨心而）起手（畫佛像）。	❶先須淨洗，復香水灑，所畫綵色，不應和「膠」，置於新器，（以）「牛毛」為筆。
❷其畫像（之）人，（應）澡浴清淨，應受「八戒」，日日如是為受「八戒」。	❶凡所用彩色，須求最上第一好者，無用「皮膠」，用諸「香膠」，調和彩色。	❷其綵畫（之）人，（應）澡浴清淨，應受「八戒」。
❸如法畫像成已，應用「塗香、燒香、花鬘、飲食、燈明」，安置像前，讚歎禮拜。廣供養已，然後作法，所求速得，如意成就。	❸畫像成已，隨應方面，安置定已。用種種「飲食、香花、燈塗」作大供養。如無力廣辦，隨有供養，但要專注虔誠，信重讚歎，禮拜供養。如是作已，於此像前，所作所求，速得成就。	❸如法畫之，其像成已，應用「塗香、燒香、花縵、飲食、燈明」，讚歎禮拜，廣供養已，然後所求，速得成就。

塗香

1 梵語為vilepana，又作「塗身香、塗妙香」。乃以「香」塗身，而消除「臭氣」或「惱熱」。
2 印度自古暑熱甚烈，人體易生「臭氣」，其地風俗遂以「旃檀」等香，搗成「粉末」，和水調之，用塗其身。
3 於佛制戒中，規定比丘及沙彌等，不得「塗香」或戴著「香花鬘」。諸經亦謂，出家之人應以「戒」

及「禪定」淨除其心之垢，以替代「世俗人」所用之「塗香」。

4 但若以「塗香」供養諸佛、菩薩，則能獲甚大功德，故密教中以之與「關ẓ 伽、華鬘、燒香、飲食、燈明」等並稱為「六種供養」；然須依「佛部、蓮華部、金剛部……」各部之別；而供養以不同之塗香。

5 供養時，應結「塗香印」，口誦真言，而以各符其類之塗香供養之。

一一10 俗人白衣持咒，應「理髮、著淨衣」。飯若欲食時，應作「五分觀」及「不淨觀」，需加誦《大般若波羅蜜多經》

唐・善無畏譯《蘇婆呼童子請問經》	北宋・法天譯《妙臂菩薩所問經》	日本承安三年(1173年高山寺藏本)寫《蘇磨呼童子請問經》(還原版)
⑤復次蘇婆呼童子！念誦(真言)人若是「俗人」(居士)，亦應「剃頭」，唯留(一些)「頂髮」，所著衣服，皆須「赤色」，或著「白衣」及以「草衣」，或著「樹皮衣、芻摩布衣(kṣuma 為麻布衣之一)」。	⑤其持誦行人(誦真言者)，將欲起首(起頭首先)持誦，必先「剃頭、澡浴」，著新淨衣，其衣非(使)用「蠶絲」、亦不得(使用蠶絲布料)，「白色」(衣)可用，(或用)「布」及「樹皮、草木」之類，(但)仍(需)用「赤土」(去)染壞其(原本所具之)色。	⑤復次行者(誦真言者)，若是「俗人」(居士)，亦(應)剃頭，唯留(一些)「頂髮」，所著衣服，(應以)「赤土」染之，或著「白色」，及以「草衣」，或著「樹皮、芻摩布衣(kṣuma 為麻布衣之一)」。
⑥(若是法師僧眾則)須持四種「應器」(pātra)，「娑羅木、(銅)鐵、瓦(器)、匏(瓠)」等鉢，極須團圓，細密無缺，勿使破漏。應持此器，次第「家家」乞食。得食足已，近於清泉之所，以水淨洮 (盥洗)。	⑥(若是法師僧眾則)亦須受持乞食「應器」(pātra)，其器可用「娑羅木」及於「瓦器」，乃至「銅、鐵」及「匏 瓠」等。事持端正，滑淨光潔，不得疏漏及以缺壞，執此「應器」(pātra)，巡行(而)「乞食」。	⑥(若是法師僧眾則)亦應受持四種「應器」(pātra)，所謂「木、鐵、瓦」等鉢，極須端圓，細密無缺，并不破漏，應持此器，巡行「乞食」。
⑦其飯若欲食時，先出鉢中飯，分為五分。		
❶一分：准擬(准備預擬布施於)路行(之)飢人、(或任何有)「來者」即是。		

❷一分：施「水中」衆生。 ❸一分：施「陸地」衆生。 ❹一分：施「七世父母」及「餓鬼」衆生。 ❺第五分：(在布施後，無論所剩的食物是)足(夠)與不足(夠)，(乃可)自食。 ㈣正欲食時，觀此鉢中飯，作「不淨觀」，然後食之，但療飢病，勿貪美味。 ㈤食訖了已，即向河池泉，清淨澡浴，漱口以「柳木」揩弄(擦:抹)齒。 ㈥出水著衣，入其精室，禮佛三拜，發願畢，即出淨室，便即經行「三、五、十」迴，然後讀《大般若波羅蜜多經》。 ㈦(其)所居之處，去(離開)「村邑」不遠，不(靠)近「衆多人」處，(亦)無外道(之處)，及(須)豐足飲食(之處)，(與)常樂「惠施」(之處)，(及)歸信三寶(之)處安居。		
	㈦凡乞食(之)所，可於「聚落」(之處)、(或)不近(亦)不遠(於)多「首陀(śūdra 最下位之奴隸階級)」處，(或於)信重三寶(之處)，(或於)多有「飲食」之處，(但必定是)兼無「外道、婆羅門」處。	㈦(其)所居之處，(離)去其「村邑」不遠，不(靠)近「衆多人」居(之處)，無諸「外道」(之處)，及(須)豐(富)飲食(之處)，(及於)常樂「惠施」(之處)，(及)歸信三寶(之處)。

五觀(食時五觀;沙門受食五觀)

修行人於「進食之前」所應作之「五種觀法」，即：

❶計功多少，量彼來處：謂此食物需經「墾植、收穫、舂磨、淘汰、炊煮」，所費「功夫」甚多，所謂「佛觀一粒米，大如須彌山」，懂得「一粥一飯，當思來處不易」，就能以感恩心受食，進而激發道心。故於受食時，應作此觀。

❷忖ㄘㄨㄣ 己德行，全缺應供：謂若不「坐禪、誦經」、不營「三寶」事、或不「持戒」修「戒定慧」。若受人之施則墮，故不宜受食；唯有「德行」若全，則可應供受食。所謂「三心未了水難消，五觀若明金易化」。

❸防心離過，貪等為宗：謂須「防心」而離於「三過」，於「上味之食」不起「貪」，於「中味之食」不起「癡」，於「下味之食」不起「瞋」。否則若不知「慚愧」，將墮三惡道，故受食時，當作此觀。

❹正事良藥，為療形枯：謂「飢渴」為主病，故須以「食」為藥，不起貪著。

❺為成道業，應受此食：謂「不食」則「飢渴病」生，難成「道業」，然而「多食」亦遭致「病患」，「少食」則又易「氣衰」，故必食得「適量」，以「資身」修道。

由觀想此五事之故，又「齋堂」又稱為「五觀堂」。

西晉・法炬《佛說灌洗佛形像經》卷1

(1)佛言：我累功積德，行善至誠，持戒、忍辱、精進、一心、智慧，乃自致得「作佛」。

(2)今日賢者「某甲」(自己法名)，皆為「慈心」好意，信向「佛道」，欲求度脫，持種種「香花」浴佛形像，皆：

❶為「七世父母、五種親屬、兄弟、妻子」在厄難中故(者)。

❷為「十方五道」中勤苦(之眾生)故(者)。

❸為(諸)佛(之)人民(有)「愚癡」不信「佛道」故(者)。

(3)(以上三項眾生，皆欲)令其後世(能得以)生為「人」，端好潔白(圓)滿，(能為)眾人所敬，(所有)塵垢不著身。在(在之)所從生，(皆能)常與「佛」會；在(在之)所從生，(皆能)常與「法」會；在(在之)所從生，(皆能)常與「比丘僧」會。

(4)(亦能)令「某甲」(自己法名)「明經」，「智慧」曉了，(能修習)佛「十二部經、四阿含、安般守意、三十七品、四意止、四意斷、四神足、五根、五力、七覺、八直行道」。

(5)若能至心求「佛道」者，(皆能)疾得「阿惟越致」。

唐・金剛智譯《五大虛空藏菩薩速疾大神驗祕密式經》卷1〈成就悉地品2〉

若人欲得拔濟「七世父母、六親」，并一切「眾生」地獄苦(眾生)，(獲得)極樂(世界)往生者。以「西方菩薩」加「梵天」，(並)祈之。

唐・不空《金剛頂瑜伽最勝祕密成佛隨求即得神變加持成就陀羅尼儀軌》

薩嚩・薩怛嚩(二合)難(上引)左(一切眾生過去父母令成佛)・三(去)滿跢(引)・薩嚩怛囉(二合)(一切眾生七世父母令成佛)・薩嚩・播跛・尾戍(引)馱顊(一切眾生父母永斷生死苦)・護嚕護嚕(一切眾生父母長壽)・諾乞察(二合)怛囉(二合)(一切眾生無病患)・麼(上引)囉(二合)・

馱(引)哩抳

《陀羅尼雜集》卷6

(1)佛言：「檀越」某甲，哀愍群萌(眾生)，(與)「七世父母」，及與內外「男女」親屬，沒(泥於)「生死海」而無(人)救濟，不能自拔(者)，沒於「三塗」。

(2)是故減割「身口」之分，以作「法衣」，敬心奉上「尊者比丘」，以求無極最勝之福，無上尊人，威神擁護。

(3)當令「某甲」成「三十二相」，莊挍其身。功德殊特，得大名聞。以清淨施，廣度眾生，願令十方「天龍、鬼神、人」與「非人」，普蒙覆蓋歸留。

(4)(普令)「七世父母、五種親屬、怨家債主」皆令解脫，已離憂苦。當令「檀越」得「無盡慈」，入深法門，成最正覺。行如菩薩，得道如佛，廣度一切。

一－11 持咒人應遠離「外道、我慢人家」，拒食「五辛、酒肉」

唐·善無畏譯 《蘇婆呼童子請問經》	北宋·法天譯 《妙臂菩薩所問經》	日本承安三年(1173年高山寺藏本)寫 《蘇磨呼童子請問經》(還原版)
壹勿與「外道、我慢人家」住止，(彼等)倚恃豪族，(皆)「無智」人中，劫剝(劫掠剝奪)僧利(如《佛說諸法勇王經》云：云何名為僧善利也？所謂四沙門果。何等為四？須陀洹果、斯陀含果、阿那含果、阿羅漢果。是名僧利)，無慈無悲。(彼等外道)口(雖)道「行善」，(但)心懷毒蛇，(雖然)依傍着(依附傍靠在)「佛僧」，(卻)專求名利。如是等人，慎勿親近，深敬遠離此等一分(一部分)眾生。	壹緣彼「婆羅門」執性(秉性)無慚(愧)，(為)「我慢」所覆。	壹然破外道，(為)「我慢」所覆，倚恃「豪族」，復無慈悲。
貳(外道)或見念誦人(在)尊崇「釋教法」時，此類眾生(指外道)心常「懷毒」，瞋恚、罵詈，(然後自己宣稱)末	貳又復「外道」，若見行人(誦真言者)執持「應器」巡行「乞食」，(及)修於佛法，(見有)誦念「真言」者，便生	貳(這些外道)或見「行者」(在)念誦「釋教(真言咒)法」已，(可能)心(生)瞋恚而「惱亂」之。

「得」謂「得」，未「證」謂「證」，(且)多求人過(失)，常伺覓便(尋覓方便下手之處)，興(起)惱亂之心，冀(希望修行人)不(能獲)得(與道)「伴合」(相伴和合)。

(參)(修行人)甚是「善哉」，能分別善惡，只可時時(於)相見(彼外道時)，方便(度)化彼(外道)人，令生「道芽」(佛道之芽)；「末見」(不要凡是見到人)即(為)說「深妙」義味；(若)為善根未(成)熟故，且為說(比較)「淺近」之義，令(漸)漸修行，方得入大(乘)。

(肆)
❶念誦(真言)人：若是(為)「婆羅門」(brāhmaṇa 僧侶及學者之司祭階級)種，彼(外道將會)致此難(問)：

汝是「婆羅門」種，云何持誦「釋教真言」？汝應自學，及以教他，自受、施他，自祭「天神」，亦為「他祭」，如斯六法，是汝本宗(婆羅門有六法：①學習吠陀②教授吠陀③為自己祭祀④為他人祭祀⑤布施⑥受施)。復應事「火」，及以是(古通「事」)「王」，亦須「取妻、生男續種」。汝(若)行此

「瞋恚」而欲「障難」(修行人)。

(肆)
❶(外道或)謂行人(誦真言者)言：

汝若本族「婆羅門」(brāhmaṇa 僧侶及學者之司祭階級)者，可修「婆羅門」法，奉行「六法」(婆羅門有六法：①學習吠陀②教授吠陀③為自己祭祀④為他人祭祀⑤布施⑥受施)，多聞、淨行，信重諸「天」，為臣、事王，亦須「娶妻、生男繼種」。(汝)若行此者，是汝(方能獲得)解脫，云何誦持「釋

(肆)
❶行者(誦真言者)若是「婆羅門」(brāhmaṇa 僧侶及學者之司祭階級)種，彼(外道將)致此難(問)：

汝是「淨行婆羅門」種，云何如我持誦「釋教真言」？汝應自學，及以教他，自受、施(他)，自祭「天神」，常為「他祭」，如斯六法，是汝本宗(婆羅門有六法：①學習吠陀②教授吠陀③為自己祭祀④為他人祭祀⑤布施⑥受施)。復應事「火」及以事「王」，亦須「娶妻、生男繼種」。汝(若)行

法,方(能)得解脫,云何持誦「釋教真言」?	教真言」,信行佛法?	此法,方(能)得解脫,云何持誦「釋教真言」?
❷念誦(真言)人:若是(為)「剎利」(kṣatriya 王族及士族)族種,彼(外道)致此難:	❷行人(誦真言者)若是(為)「剎帝利」(kṣatriya 王族及士族)種。(外道可能)而作是言:	❷行者(誦真言者)若是「剎利族」(kṣatriya 王族及士族)種,彼(外道將)致此難(問):
汝是族姓「剎利」之種,應須「祭祀、捨施、自學」,如斯三法,是汝本宗(外道剎帝利有四法:①自作天祠而不作天祠之祭師②從他人受吠陀而不授他人吠陀③布施而不受施④守護人民)。復須紹繼(紹承繼續剎帝利本宗),摧伏怨敵(怨惡仇敵)。汝(應)行此(外道)法,方(能)得解脫,如是(釋迦)真言,汝不應學!	汝「剎帝利」種,應可奉行「王法」,紹繼(紹承繼續)王位。云何誦持「佛教真言」,背自本宗,而求解脫?	汝是族姓「剎利」之種,應須「祭祀、捨施、自學」。如斯三法,是汝本宗(外道剎帝利有四法:①自作天祠而不作天祠之祭師②從他人受吠陀而不授他人吠陀③布施而不受施④守護人民)。復須紹繼(紹承繼續剎帝利本宗),摧伏怨敵(怨惡仇敵)。汝(應)行此(外道)法,方(能)得解脫,如是(釋迦)真言,汝不應學!
❸念誦(真言)人:若是(為)「毘舍」(vaiśya 農、工、商等平民階級)之種,彼(外道)致此難:	❸(修咒之人)乃至(為)「毘舍」(vaiśya 農、工、商等平民階級)、「首陀」(śūdra 最下位之奴隸階級)之類。	❸行者(誦真言者)若是「毘舍」(vaiśya 農、工、商等平民階級)之種,彼(外道將)致此難(問):
汝是「毘舍」之種,及「雜業下賤」之類,興易(興販貿易)求利,廣貪他財,返貴求賤,翻弄(翻攪播弄)斗秤,(以)「妄語」為業,是汝本宗(吠舍有三法:自作天祀而不作祭祀之師、自讀吠陀而不教他人、自布施而不受施);云何求得持誦真言?汝不		汝是「毘舍」下賤之種,應作「農田」,及「雜產(雜務生產)、興易(興販貿易)」等務(吠舍有三法:自作天祀而不作祭祀之師、自讀吠陀而不教他人、自布施而不受施)。汝終不合(不應相合)持誦(釋迦)真言。

應學「釋教真言」！		
❹念誦(真言)人：若是(為)「輸達囉」(sūdra 最下位之奴隸階級)之種，彼(外道)致此難：		❹行者(誦真言者)若是「首陀」(sūdra 最下位之奴隸階級)之種，彼(外道將)致此難(問)：
汝是「輸達囉」最下之種，應作「農田」，常應供養淨行「婆羅門」(首陀羅有一法：需供給以上三種姓之人)。		汝是「首陀」最下之種，常應供養淨(行)「婆羅門」(首陀羅有一法：需供給以上三種姓之人)，如是(汝修釋教真言)之法，在汝何關？
㊄如是等種種諸難，(外道)惱亂行者(誦真言者)，欲令(誦真言者)「退心」者。彼等外道惡人，非直(不旦；不謹)「損他」，亦及「自損」。	㊄(外道)皆說(只需依止)「本宗、本事」而(即可)得解脫，(所以)不合(不應相合)持誦「佛教真言」以求解脫。(外道)以瞋火燒心，(做)種種「綺語」，多作方便而為障難，(外道)惱亂行人(誦真言者)，使令退心。	㊄(外道皆)以如是等種種諸難(問)，(而)惱亂行者(誦真言者)，(欲)令(誦真言者)退信心。彼等外道，非直(不旦；不謹)「損他」，亦乃「自損」。
㊅外道之法，(待)過午時(之後仍然進)食，修「聖道」行者(誦真言者)與彼(外道)不同，是故不應往過「外道家」而行之「乞食」。	㊅修「正道」者，(應)依時乞食，(佛法乃)不同外道(之)「過午」(之後)而(再)食。(故)凡(誦真言者)乞食處，勿往「外道之家」，及多「外道」之處。	㊅外道之法，(待)過午時(之後仍然進)食，修(佛之)聖道者，與彼(外道)不同，是故不應往「外道家」而行「乞食」。
㊆若有「五辛、酒肉」家，(凡是)修行「真言」者，假使一劫受飢餓苦，亦不(應)合於此而食(因為有五辛酒肉)，何以故？(此如同)與「旃陀羅」		

(caṇḍāla 最下級之種族)居共(而)無異故。 ⑧亦不應過往(旃陀羅之)門首，共彼人語，何況食耶？若食(同)彼(旃陀羅之)食，(即)共彼人(有)何異？(此)不名「淨行」，(因為你已)亦同(於)「旃陀羅」。 ⑨(誦真言者)當須善分別，知(於)「行、坐、住、止」，甚須「作意觀察」，然後方往來去(乞食)。 ⑩若論「善惡因果」之法，(無論)有智、無智，(或是)「剎利、婆羅門、毘舍、輸達囉」等，(皆)無差別，良由世間(之)「妄分別」故，(而)假立「名字」。若能修善，當(來能)證「涅槃」。若不說「因果」(善惡業報的話)，莫論「四姓」(種族)，(凡有)一切造罪者，皆(將)入「惡道」受苦，非但(只有)四姓(種族會遭業報而已)。	⑩若論「善惡因果」之法，能造善法，當(來能)證「涅盤」(槃)；若作惡業，終墮苦(惡)趣。善惡之果，非由「種族」(不同而有差別)，(種族的不同)但(只)為世間(人)「妄分別」故。	⑩若論「善惡因果」之法，(無論)有智、無智，(或是)「婆羅門種、毘舍、首陀」，(皆)等無差別，良由世間(之)「妄分別」，(而)假立「毘舍」及「婆羅門、首陀」(之名)。若能修善，當(來能)證「涅槃」，(就算是)「剎利」(種族)造罪，不免惡道(不可能免除墮惡道之業)。

《大般涅槃經‧卷四十》

(1)「山神、樹神、河神、海神、舍宅」等神，聞是持名，無不恭敬受持之者。

(2)是「陀羅尼」，十恒河沙諸佛世尊所共宣說。能轉女身，自識宿命。

　若受五事。

　　一者：「梵行」(全戒婬行)。

二者：「斷肉」。

三者：「斷酒」。

四者：「斷辛」。

五者：「樂在寂靜」。

(3)受五事已，至心信受、讀誦、書寫是「陀羅尼」，當知是人即得超越「七十七億」弊惡之身。爾時世尊，即便説之。

佛教徒真的可以吃香菜？

下面文章節錄自 2014 年 8 月 28 日星期四，慧超法師寫於眉縣太白山蒿坪寺雲水寮。轉載自--淨律學苑公眾平臺

--詳細文章「全文」可上網查閱，此處只節錄最後的「結語」一段，如下所示：

四、結語

綜上所述，通過辨別《敦煌遺書》之《破昏殆法》與《諸經要略文》之真偽，依據「經律論典」記載和「祖師」的言教開示，可以明確地得出結論：

「香菜」或「油菜」根本就不是「五辛」之一，只是外道以此為「葷菜」而已。尤其在《十誦律》中，「香菜」與「菠菜」等還是佛陀開許比丘食用的五種「副食」(果蔬類)之一。

但是，對於專門修「密法」與「持誦密咒」者；特別是在經過具有一切「險難」之處所時，抑或「結界」作「火供」時，為了防止其「咒術失驗」，建議此時不要食用「香菜」或「油菜」等。

如果從「醫學角度」來說，「香菜」會損人「精神」，多食會令人記憶力「多忘」，根發「痼疾」。但「香菜」又有「驅風、透疹、健胃」及「祛痰、降血壓」的功效。

因此，佛教徒可否食用「香菜」，取決於個人的「體質」及所修的「法門」為妥。

一－12修行者於喫食時但為除飢，不過量、不極少。調伏六根，勿令放逸。寧以熱鐵，燒刺兩目，不以「亂心」貪視「女色」

唐・善無畏譯《蘇婆呼童子請問經》	北宋・法天譯《妙臂菩薩所問經》	日本承安三年(1173年高山寺藏本)寫《蘇磨呼童子請問經》(還原版)
⑤復次蘇婆呼童子！眾生無始已來 (已染)垢穢	⑤復次眾生無始以來，(已染)垢穢之身，不由食淨	⑤復次眾生無始已來，(已染)垢穢之身，不由食淨

之身，不由食淨（不是說食物吃的清淨），（就會造成）以「身心」淨故。（必須）斷除「惡業」，（而）修諸「善法」，方可獲得「身心」清淨。	（不是說食物吃的清淨），（就會獲）得身心（清）淨。（必須）諸惡遠離，（而）常修「善法」，以此方（可獲）得「身心」清淨。	（不是說食物吃的清淨），（就會獲）身心得淨。（必須）斷除「惡業」，修諸「善法」，方可獲得「身心」清淨。
貳譬如有人，身患瘡癬，但念（只要能）除差（瘡癬→病癒），以「藥」塗之。行人（修真言者）喫食，亦復如是，但（只爲了）除（去）飢渴，（並）不（享）樂（於食物的）滋悅。	貳譬如有人，身患瘡故，求「藥」塗瘡，唯望除差（瘡癬→病癒），不望餘故。行人（誦真言者）喫食，但爲除飢，不爲「適悅」（安適喜悅）。	貳譬如有人，身患瘡癬，但念除差（瘡癬→病癒），以藥塗（之）。又行者（誦真言者）喫食，亦復如是，但除飢渴，（並）不（享）樂（於食物的）滋悅。
參又譬喻云：如有人父子，入大砂磧ㄑㄧˋ，路遙迢ㄊㄧㄠˊ遞（遙遠更遞），（爲）飢渴所逼，其人當食「子肉」（來充肌）。行者（誦真言者）喫食，亦復如是，但除飢病，勿（執）著其（食物）味。觀前施主，持飯來時，心（應生起恐）懼慚愧，施物（施主之物）難消（難以淨化解消），當食此餐，如「食子肉想」（般的慚愧心）。	參又如有人，陷於難處，（爲）飢餓所逼，（故）殺子而食。（修真言者）爲除飢苦，非貪（食物）滋味，行人（誦真言者）喫食，亦復如是。	參譬如有人，入於深磧ㄑㄧˋ，（爲）飢渴所逼，當食兒肉（爲來充肌）。行者（誦真言者）喫食，亦復如是，但除飢病，勿（貪）著其（食）味。
肆喻如秤物，隨重頭下，其物若輕少，便即頭高，物若均平，其秤亦平。念誦人亦復如是，（對於喫食之法）不得「過量」，不應「極少」。	肆喫食之法，由（猶）如秤物，物非輕重，秤自平正，行人（誦真言者）喫食，亦復如是，不得「過量」，亦勿「減少」，但可支持（身體），勿傷（過）飢、（過）飽。	肆喻如秤物，隨重頭下，其物若輕，便即頭高，物若均平，其秤亦平，行者（誦真言者）喫食，亦復如是，不得「過量」，不應「極少」。
伍 ①譬如「朽舍」，將欲崩倒，	伍 ①又如「朽舍」，（欲）換「柱」	伍 ①譬如「朽舍」，時欲崩倒，

不(欲)令壞故，(則)以「柱」支持。行人(誦眞言者)喫食，亦復如是。但為存身(存活色身)，求覓「實果」，不貪世間「久住身」故，而悕(求於)「食味」。	(時)，(柱)所免崩摧(崩潰摧滅亡)。	不令壞故，(則)以「柱」支持。行者(誦眞言者)喫食，亦復如是，但(只)為存身(存活色身)，勿貪其味。
②譬如車行，當以「油」塗，為(欲)增善故，應須「食」耶。	②以「油膏」轄(車軸兩頭的金屬鍵，用以擋住車輪，不使脫落)，貴在前進，行人(誦眞言者)喫食，亦復如是，但為支持(身體)，非為(享受)滋味。	②復如車行，當以「油」塗，為(欲)增善故，應須「喫食」。
㊚是故世尊，說如是法：欲界有情(眾生)，依「食」而住，行者(誦眞言者)常須觀察，己身由(猶)如「芭蕉」，所喫飲食，勿貪其味，於四種鉢(娑羅木、銅鐵、瓦器、匏瓠)，隨取其一，觀前「四時」(指觀如食子肉、秤物、朽舍、車行等這四種譬喻)，次第乞食。	㊚是故佛言：欲界有情(眾生)，依「食」而住，又復行人(誦眞言者)，雖喫食飲，支持於身，恒觀此身由(古同「猶」)如「芭蕉」，無有堅實。常此「制心」，不住「貪愛」，凡乞食時，持鉢巡行，次第而乞。	㊚是故世尊說如斯法，欲界有情(眾生)，依「食」而住，行者(誦眞言者)觀身，猶若「芭蕉」，所喫飲食，勿貪其味。於四種鉢(娑羅木、銅鐵、瓦器、匏瓠)，隨取其一，前觀四肘(可能是「時」之錯字)，巡行乞食。
㊛世尊所說： ❶智慧方便，調伏六根，勿令放逸。女人令色(詔令姿色；和悅的姿容)，巧笑(妍巧倩笑)嬌言(嬌柔細言)，性愛(天性愛好)矜粧(矜容豔粧)，行步(行止舉步)妖艷(妖妙艷茂)，姿態(惑)動男子，(令)心迷惑亂。	㊛常須思念世尊所說： ❶以智慧方便，調伏「六根」，勿令散亂，所覩「妙色」及諸塵境，(彼皆)是魔境界，欲惑人心。	㊛世尊所說： ❶(誦眞言者應以)智慧方便，調伏「六根」，勿令放逸。女人「令色」(詔令姿色；和悅的姿容)，巧笑(妍巧倩笑)嬌言(嬌柔細言)，性愛(天性愛好)矜莊(矜容靚莊)，行步(行止舉步)艷(茂)，姿態(惑)動男(人)，(令)心迷惑醉亂。

❷持真言者，寧以「火星」流入眼中，(令)失於雙目，(亦令)盲(而)無所見，(絕)不以「亂心」觀視「女色」，(與)分別種種相好美艷。(此將)令念誦(真言)者，使無「威力」。(誦真言者應)隨緣「乞食」，勿生「住著」，(應)以「正思惟」，調伏其心。	❷凡修行(真言)人，而起方便，寧以「熱鐵」，燒刺兩目，不以「亂心」貪視「妙色」，乃至(貪視)「殊常」(特殊異常)種種「塵境」。(誦真言者應)隨緣「乞食」，而不「住著」，常作比觀，調伏其心。	❷由(古同「猶」)如(從)自性(自我心性去修行)，(欲)成就真言(者)，寧以猛火、燒鐵、(箭)籌、(竹)杖，刺捶雙目，令無所見：(絕)不以「亂心」觀視「女人」(與)種種相貌美艷。(誦真言者應)隨緣「乞食」，莫生「住著」，(應)以「正思惟」，調伏其心。
❸以「牟尼行」(mauneya 寂默：牟尼位；牟尼性)而入他舍，不擇「上、中、貧賤」之家。	❸「默然」(mauneya 寂默：牟尼位；牟尼性；牟尼行)乞食，巡行他舍，無「上、中、下」，遠離取捨。	❸以「牟尼行」(mauneya 寂默：牟尼位、牟尼性)而入他舍，不擇「上、中、下貧賤」之家。
❹又不應入「新產婦家」。	❹然不往「新產」之家(新生子之婦女家)。	❹又不應入「新產」生處。
❺(凡有)「牛、馬、驢、駝、豬、犬、羊」(之新)產(處)，皆不應往。		
❻及眾多人「飲酒」之處。	❻及多人「飲酒」之處。	❻及眾多人「飲酒」之處。
❼「婬男、婬女」伴合(相伴和合)放逸之處，不應往。	❼男女迷醉「愛染」之處。	❼「婬男、婬女」放逸之處。
❽眾多「小兒戲翫」之處，亦不觀視。	❽眾多「小兒戲樂」之處。	❽眾多「小兒戲劇」之處。
❾於俗家「婚禮」處。	❾諸「男女眾聚會」之處。 ⓫「戲伎男女」作音樂處。	❾於「婚禮」處。
❿有「惡狗」家。	❿乃至有「惡犬」處。	❿有「惡狗」處。
⓫及以「技兒」作「音樂」處。		⓫眾多人論「聚會」之處，及以「戲兒」作「音樂」處。
(捌) (1)若久諳(長久諳熟的)「朋類」		

（朋黨同類），（竟）有（僞）詐稱（自己）好心（云）：我（有）持「真言章句」。（此類之人）未曾稟承「明師」，（卻）強道「我（已）解真言祕藏」，（此人）好生論端（爭論的端由）。 ⑵（此）無智人中，（竟詐稱：）我曾聞解（祕藏），（然後）堪與汝為師。（此類癡狂人）若逢「智人」所問，（則）如似啞羊，（欺）誑他「實心」（之）好人。（此類癡狂人）受「財物」（之供養），（然後竟拿去）養活妻兒，心中（具）三毒煩惱、癡、恚，「我慢」高於「有頂」（指無色界天），「道心」（卻）無一分。 ⑶（此類癡狂人）詐稱：「我（能）解佛法」，欺慢（欺狂悔慢）三尊（佛法僧），亦欺一切「長幼、士道（有道之士）」類。如此等人，過愆無邊（無量），略而言之。		
㊆（如上等處，皆不得往而行（而）「乞食」，餘處（皆可）任往。	㊆如是等處，皆不應往（行而乞食）。	㊆如上之處，皆不應往（行而乞食）。

一－13 修行者需澡浴、香泥揩手，行住坐立，心無間斷誦咒

唐・善無畏譯 《蘇婆呼童子請問經》	北宋・法天譯 《妙臂菩薩所問經》	日本承安三年(1173年高山寺藏本)寫 《蘇磨呼童子請問經》(還原版)

壹(誦眞言者)乞得食已，即還本處，以水洗足。 一依前件(之)「分食法」： (1)供養「本尊」。 (2)一：「通」(或作「施」)無礙。 (3)一分：自食。 (4)餘者(即施食予)水陸(眾生)、過去「七代父母」及餓鬼，於前已釋，更不具名。 依時而食，勿犯「過中」(過午)。	壹(誦眞言者)乞得食已，持還本處，洗足敷座，然後可喫。其食未喫(之前)，先(應)分「三分」： (1)一分：奉於「本尊」而為供養。 (2)一：施無礙。 (3)一：(都布施完後，最後)乃自食。 依時而食。食畢盥漱，使令清淨。	壹(誦眞言者)乞得食已，即還本處，以水洗足，分食為「三分」： (1)一分：供養「本尊」。 (2)一分：「通」(或作「施」)無礙。 (3)一分：自食。 依時而食。
貳 ❶日三「澡浴」，知時及節，獻花塗香供養，以「香泥」揩[丂万](擦；抹)手，而以「讚歎」，莫闕「三時」。所供養物，莫令污觸，夜「三時」唯燒香供養，以「香泥」揩[丂万](擦；抹)手，勿以觸手而結「手印」。	貳 ❶又須日三「澡浴」，先自清淨，然以「香花」燈塗，種種供養，讚歎禮拜。所獻「尊像」(之)一切食飲，切須潔淨，離諸「葷穢」。	貳 日三「澡浴」，復獻「花香、塗」香讚嘆，莫闕「三時」，所供養食，不應雜穢。
❷念誦之時，應坐「茅草」，若不辦(無法辦理)諸雜供養者，(僅)以奉「花、水」亦得。「花香」者，一切水生及野澤山間，種種雜花香者，皆充供養。	❷每持誦時，坐「吉祥草」，凡所供養，如不辦(無法辦理)廣大，但隨力分，奉於「香花」，所謂「零陵香(tagara)、閼ゃ哩迦(二合)(argha 香花；功德)、吉祥果、沒哩(二合)賀帝(bṛhate 廣大高長)、吉祥草」，仍及「蓮花」和合供養，	❷念誦之時，應坐「茅草」，若心不辦(無法辦理)諸供養物，但(隨力供)奉不共住，亦「妙花」亦得，所為(古同「謂」)「青蓮、紅蓮花」等，及諸「意樂」種種雜花。

❸(誦眞言者於)行住坐立，通許念誦，唯除「臥時」，不許持誦。	使得適意。 ❸行人(誦眞言者)持誦，或行、或坐，得通思念，唯除「臥時」，不許持念。	❸(誦眞言者於)「行、住、坐立」，通許念誦，唯除「臥時」，不許誦持。
❹(誦眞言者於)念誦已訖，恒思「六念」(❶念佛❷念法❸念僧❹念戒❺念施❻念天)，觀察彼等種種功德，勿令散亂。	❹(誦眞言者於)念誦訖已，恒於「六時」，思念功德，心無間斷，祈於圓滿。	❹(誦眞言者於)念誦已訖，恒思「六念」(❶念佛❷念法❸念僧❹念戒❺念施❻念天)，觀察彼等種種功德。

閼伽

1 梵語argha，自語根「arh」(有價值)轉變而來，意謂「有價值之物」，後其意轉爲「供奉神祇」或「貴人」之物，復轉爲「供養水」之意。

2 又作「阿伽、遏伽、遏迦、遏囉伽」。意譯作「功德、功德水、水」。亦稱「閼ど伽水、閼伽香水、香花水」。指專供於佛前之功德水、香水，或指盛裝「功德水」之容器。

3 《大日經疏・卷十一》所載「閼伽水」，即「香花之水」。

4、✠《一切經音義・卷十》

「閼伽」➜梵語也，即是「香水器」也，或用「金銀器」也，或用「螺盃」盛「香水」也。

✠《一切經音義・卷四十》

「遏伽」➜上「安葛反」，亦作「閼」，盛水器也。

✠《續一切經音義・卷五》

「閼伽」➜上「安葛反」，或作「遏」字，梵語也。即「盛香水杯器」之總名也。

5 「閼伽花」指置於「閼伽」中之花。一般使用應時之鮮花或欝金葉。後引申爲供佛之花。

一－14 若欲令心不亂者，可取「數珠」而修，能助「守心」於一境。持誦咒語的十大重要法則

唐・善無畏譯 《蘇婆呼童子請問經》	北宋・法天譯 《妙臂菩薩所問經》	日本承安三年(1173年高山寺藏本)寫 《蘇磨呼童子請問經》(還原版)
〈除障分品第三〉	〈分別數珠持心離障分第三〉	〈蘇磨呼請問法相分第三〉

第一欄

㊀復次蘇婆呼童子！念誦人(誦真言者)若起一念「貪瞋癡」等一切煩惱，與「心」相合者，名為「生死煩惱」。若除此心，即得清淨，諸佛常讚是法，名為「解脫」。

㊁譬如淨水，必無垢穢，以塵坌㫬(聚集)故，令水渾㫬濁。性本元淨，以客塵煩惱(而)渾(亂)心令濁，「真性」不現。若欲令不亂濁者，當取「數珠」，(此能令)念誦人(誦真言者)「守心」(於)一境(之上)。

㊂「數珠」有多種，謂：「活兒子(即菩提子)、蓮華子、阿嚧陀囉(Rudrākṣa 鳴嚕捺囉叉；烏嚧陀囉佉叉，金剛子)阿叉子(akṣa珠)、水精、赤銅、錫、木槵、琉璃、金銀、鑌㫬鐵(精鐵)、商佉㫬(śaṅkha 螺；貝)」，任取一色，以為「數珠」。

㊃
❿虔心執持「數珠」已。
❻❼念誦或用右手或左手。
❽應念「真言」，專心誦持，勿令錯亂。
❸繫心於「本尊」。

第二欄

㊀復次「欲」(貪瞋癡)等煩惱，與「心」合故，說為「輪迴」。「根本煩惱」若除，由(古同「猶」)如清淨「玻胝迦寶」(sphaṭika 水玉；白珠；水精)，若離輪迴，乃名「解脫」。

㊁又如水本清淨，於一剎那間，塵能渾㫬濁，亦如有情(眾生)，心源本淨，於剎那頃，被諸煩惱而為染污。

㊂復次說於「數珠」，乃有多種，所謂：「菩提子、金剛子、蓮花子、木槵子」，及與「璬珮」諸寶、錫、鑌銅等，隨取一物為珠，數一百八。如是得已，持誦行人(誦真言者)，常保重之。

㊃
❶凡持誦時，於「本尊」前，依法「安坐」。
❷調伏諸(六)根，端身自在，不得隈㫬倚(偎依或緊靠在一起，或靠在壁上)。
❸繫念(於)「本尊」。

第三欄

㊀復次「貪」等一切煩惱，與「心」相應，名為「生死」。「煩惱」若除，心得清淨，諸佛說彼名為「解脫」。

㊁譬如淨水，必無垢穢，以塵坌㫬(聚集)故，令水渾㫬濁，「心性淨清」亦復如是，以「客塵煩惱」，(以)渾㫬心(而)「令濁」。

㊂復次數珠有其多種為緣：活兒子、蓮子、路陀羅[二合]乞沙[二合](Rudrākṣa 鳴嚕捺囉叉；烏嚧陀囉佉叉，金剛子)、水精、銅錫、木槵子、瑠璃、金銀、鐵具」，其數過百，隨取一類，以為數珠。

㊃
❿虔心執持，如法念誦。
❻❼以左(或)右手執其珠。
❽剋(限定；攻克)誦，或用右手，或左手應用。
真言欲畢，俱時應揀。
❽專心誦持，勿謬錯亂。

④或思「真言」,幷「手印」等。 ⑤由(古同「猶」)如入定,心勿散亂。 ②調伏諸(六)根。 ①端坐(於本)尊(之)前。	④及(繫念)「真言、印契」。 ⑤收攝其心,勿令散亂。 ⑥然取「數珠」,右手執持,左手仰承(若是左撇子者,則改換左手執持,右手仰承)。 ⑦每誦真言一遍,乃撥一珠。 ⑧所持「遍數」,恒須「剋定」(限定;攻克),勿令少剩(減少或剩餘)。	③繫心於(本)尊。 ④或(繫心)於「真言」,及以「手印」。 ②調伏諸(六)根。 ①端坐(於本)尊(之)前。 ⑤心不散亂。
⑨觀想成已,「微動」兩脣,念持真言。	⑨持念之法,令脣「微動」,勿使有聲,亦不露「齒」。 ⑩一心專注,勿令散動。	⑨微動兩脣,念持真言。

《一切經音義・卷三十五》

「嗚嚕捺囉叉 Rudrākṣa」➜西方樹木……大小如櫻桃顆,或如小彈子,有顆,紫色,此名「金剛子」,堪作「數珠」。「金剛部」念誦人即用此珠,甚堅硬。

《金剛頂瑜伽中略出念誦經・卷四》

(1)應持四種數珠,作四種念誦。作四種者,所謂:

(一)、「音聲」念誦(此為有出聲動口的念誦方式)。

二、「金剛」念誦(合口動舌,默誦是也)。(若採微開口、微動舌、微出聲,亦屬於「默誦」的一種)

三、「三摩地」念誦。「心念」(合口閉舌的完全心念方式)是也。

四、「真實」念誦。如「字義」修行是也(指修咒語能以「音聲、金剛、三摩地」的方式外,再追加去了解「咒語字句」所具無量的「實相義理」,此即為「真實念誦」法)。

(2)由此「四種念誦」力故(指這四種中任何一種皆可、諸法皆平等),(皆)能滅一切「罪障苦厄」,(能)成就一切功德。

(3)四種數珠者:

❶(若修)如來部(的咒語),(則應儘量使)用「菩提子」(材料的念珠)。

❷(若修)金剛部(的咒語),(則應儘量使)用「金剛子」(材料的念珠)。

❸(若修)寶部(的咒語),(則應儘量使)用「寶珠」(材料的念珠)。

❹(若修)蓮花部(的咒語),(則應儘量使)用「蓮子」(材料的念珠)。

❺(若修)羯磨部(的咒語),(則應儘量使)用「雜寶」間錯(材料的念珠)為之。

(4)行者若能隨順「瑜伽」,修行「三摩地念誦」(合口閉舌的完全心念方式)者,則無有「時分、限數」。(能)於「一切時」,(永)無間(斷的)作之(指修行誦咒)。

五部即：

(一)佛部，又作「如來部」。表「理智具足、覺道圓滿」，但此「理智」在凡位未顯，入「果位」後，則「理智」才會顯現。佛部以大日如來為部主，為白色，現「寂靜」相，師子座，種子字為（vaṃ，鑁），「三摩耶」形為「塔」，印處為身，數珠為「菩提子」，以右手拇指、食指持念珠。

(二)金剛部，表「智」，即眾生「自心之理」所，又有「本有之智」，在生死之泥中經無數劫，不朽不壞，能破煩惱，如金剛之久沒泥中仍不朽不壞。金剛部以阿閦佛為部主，青色，現「瞋怒相」，象座，種子字為（hūṃ，吽），「三摩耶」形為「五鈷」，印處為心，數珠為「金剛子」，以右手拇指、中指持念珠。

(三)寶部，表「福」，即佛之「萬德圓滿」中，福德無邊。寶生佛為部主，金色，現歡喜相，馬座，種子（trāḥ，多羅），「三摩耶」形為「寶珠」，印處為額，數珠為諸寶，以右手拇指、無名指持念珠。

(四)蓮華部，表「理」，即眾生心中本有「淨菩提心」清淨之理，在六道生死之泥中「不染不垢」，猶如「蓮花」之由「泥」中出生，不染不垢。阿彌陀佛為部主，紅色，現清涼相，孔雀座，種子字為（hrīḥ，奚哩），「三摩耶」形為「蓮花」，印處為口，數珠為蓮花子，以拇指、無名指、小指持念珠。

(五)羯磨部，表「化他業用」之德，即佛為眾生而垂悲愍，成辦一切之事業。以不空成就佛為部主，雜色，現種種相，迦樓羅（金翅鳥）座，種子字為（aḥ，惡），「三摩耶」形為「羯磨」，印處為頂，數珠為雜寶，用以上四種方法皆可持念。詳細內容如表所示。

五部	五佛	五方	密教五智	身業	口業	意業
佛部	大日如來	中央	法界體性智	毘盧遮那佛	普賢菩薩	不動金剛
金剛部	阿閦如來	東方	金剛智	阿閦佛	文殊師利菩薩	降三世金剛
寶部	寶生如來	南方	灌頂智	寶生佛	虛空藏菩薩	軍荼利金剛
華蓮部	阿彌陀佛	西方	蓮華智轉法輪智	阿彌陀佛	觀自在菩薩	六足金剛
羯磨部	不空成就佛	北方	羯磨智	釋迦牟尼佛不空成就佛	金剛業菩薩	摩訶藥叉金剛

一－15若「疲倦、惛沈、眠睡、心悶」時，應起「經行」，冷水灑面。須作「怨親平等觀」。僅與修道之「助伴」同事共語

唐・善無畏譯《蘇婆呼童子請問經》	北宋・法天譯《妙臂菩薩所問經》	日本承安三年(1173年高山寺藏本)寫《蘇磨呼童子請問經》(還原版)
⑴人心逸盪(放逸邪盪)，由(猶)如「風、電」，(或心如)獼猴(被拋)擲(於)樹(上)，(亦如)海波潮浪，諂曲(逢諂曲意)自在，耽著(於)諸境。是故(人心)應須「攝心」不動。	⑴有情(眾生)之界，居凡夫位，心如「猿猴」，貪著(於)諸境，樂而不捨。又如大海，被風所激，生起「波濤」，不能自息，凡夫覩境，亦復如是。(人心)常須「收攝」，不令散動，勿令心源(心性根源)，而有波浪。	⑴此(人)心由(古同「猶」)若「風、電、獼猴」，復如「海波、湖浪」(之)搖動，諂曲(逢諂曲意)自在，耽著(於)諸境。是故(人心)應須「攝心」不散。
⑵持誦真言，若心(生起)「疲倦、惛沈、眠睡、心悶迷錯」者。應(改)起「經行」，或觀(察)「四方」，或(以)水「灑面」，令得醒悟。	⑵持誦行人(誦真言者)，若是(心生)「疲倦」，將欲「昏睡」，恐其失念。即(改)起「經行」，或觀(察)「四方」，以(合)適神思，或用「冷水」洗其面目，既得醒爽(醒悟健爽)，復座(後再)持誦。	⑵持誦真言(者)，若(心)生「疲倦、惛沈、睡眠」，令心散亂，應起「經行」，或觀(察)「四方」，或(以)水滲灑(顏面)，令得醒悟。
⑶或「經行」之次，無故(無緣無故)憶(念起)本(舊時之)「師僧」(人師之僧；眾僧之敬稱→指師徒之情)，或憶(念起)舊亡父母(→指父母子女之情)，或憶(念起故亡之)同學(→指同參道友之情)。或想「婬」，心即動不定(起心動念而不定)。念誦之人即(應)責(備)身心：	⑶行人(誦真言者)若是怖於「勞苦」，心有移動(起心動念而不定)，(須)便作是念：	⑶行者(誦真言者)若生移動之心(起心動念而不定)，即應便作如是對治：
⑷是(吾人之色)身無主，由業(力)流轉(於)一切諸趣，	⑷此身無主，因業(力)所受，無依、無定，隨業(力	⑷是身無主，由業流轉一切諸趣，無所依止，捨

無所依止。捨此身後，復受餘形(其餘轉世之形)，善惡業因，由斯不絕。(例如)「生老病死、憂悲苦惱、愛別離苦、求不得苦、怨憎會苦、五盛陰苦」，隨所至方，終不得免。	而)流轉(於生死)，輪迴「八苦」(生苦、老苦、病苦、死苦、愛別離苦、怨憎會苦、求不得苦、五陰盛苦)，何處得免？	此身後，復受餘形(其餘轉世之形)，其惡之業，因斯不絕。(例如)「生老病死、憂悲愁苦、愛別離苦、求不得苦、怨憎會苦、五盛蘊苦」，隨所至方，終不得免。
(伍)(還有將遭)「蚊虻ン、蚤虱、蛇蠍、辟宮，寒熱、飢渴」，如是等苦，處處皆有。諸天共同(受此業力)，無逃避路，(造成)心欲退轉，(故)擬向餘方(其餘方法)者，以斯(此)觀門，將為對治。	(伍)至於「寒暑、飢渴、蚤虱、蚊虻」，如是苦惱，處處皆有。	(伍)(還有將遭)「蚊虻ン、寒熱」及以「飢渴」，如是等苦，處處皆有，(造成)心欲(退)轉(而尋求解決之)方，以斯(此)對治。
(陸) ❶若「貪、恚」盛者，(須)修「白骨觀」及「膖孒(古同「胮」→腫滿)脹爛壞」諸「不淨觀」。 ❷若「瞋火」盛，(須)作「慈悲觀」。 ❸若「無明」盛，(須)作「緣生觀」。	(陸) ❶又復「貪欲」若盛，(須)作「白骨」及「爛壞不淨」之觀。 ❷「瞋恚」若盛，(須)作「慈悲觀」。 ❸「無明」若盛，(須)作「緣起觀」。	(陸) ❶貪若欲盛，(須)修「白骨觀」，若及「爛壞」諸「不淨觀」。 ❷「瞋火」若盛，作「慈悲觀」。 ❸「無明」若盛，作「緣起觀」。
(柒)有時(遇)「怨家」，(應作觀如)翻(轉)為「善友」。有時(遇)「親友」，(亦應作觀如)翻(轉)為「怨家」，(應皆)以「平等心」(而作觀)。若欲往者(指前往親友處)，(皆應持)「平等」(之心，否則親友亦)復變以為「怨家」。	(柒)又復，若遇「冤家」，(須)觀如「親友、知識」。或復「親友、知識」，忽作「冤家」(之觀)。(所謂的怨、親，都不是永恒的，都是無常的。所以一時的怨家，不一定將成為永恒之怨家，也可能轉成親家；一時之親家，不一定將成為永恒之怨家，也可能轉成怨家)	(柒)有時(遇)「怨家」，(應作觀如)翻(轉)為「親友」。有時(遇)「親友」，(亦應作觀如)翻(轉)為「怨家」。復變以為「怨、親」(平)等者，復(經)歷(成為)「變異」(之)家。(應作怨、親平等之觀，因為怨與親都不會是永恒的，都是無常的。親友亦有可能變異成為

怨家，怨家亦有可能變異成爲親友)

捌(應)觀此親友皆(爲)「不定相」，智者不應妄起戀者(貪戀執著)，(應安住於)中間心(中道平等之心)。(若)欲往親友(處之)時，(則)以斯法門(指「平等、不定、無著」法門)，應須對治。

玖欲念誦時，及(於)「行、住、坐、臥」(皆專心持誦)。畢(指出道場後)，不得與「外道、婆羅門(brāhmaṇa 僧侶及學者之司祭階級)、剎利(kṣatriya 王族及士族)、毘舍(vaiśya 農、工、商等平民階級)、首陀(śūdra 最下位之奴隸階級)」，并「黃門(paṇḍaka 閹人;不男;男生殖器損壞者)、童男、童女、處女、寡婦」等共相談論。

拾(待)法事畢已，若欲(言)語時，然後共(修道之)「伴侶」談論「善法」。若(其)餘(之)「雜語」者，皆是「魔」之得便，非是「正論」。

捌行者(誦眞言者)若是遇此「冤、親」(之)境時，莫起分別「憎、愛」之心，當住「平等、無著」(之)正念。

玖又「出道場」時，不得與「婆羅門、吠舍、首陀」等語，又復不應與「不男之人(paṇḍaka 閹人;不男;男生殖器損壞者)、女人」等語，何以故？蓋(上述此類之人皆)非樂法之(伴)侶。

拾(僅僅)可與(修道之)「助伴」同事等(共)語。

捌(應觀)知此親友皆(爲)「不定相」，智者不應妄起變著(面對怨親之無常變異，不要生起執著)，(應安住於)中間心(中道平等之心)。(若)欲往親友(處之)時，(則)以斯法門(指「平等、不定、無著」法門)，應須對治。

玖欲念誦(眞言)時，及持誦(眞言)後，常不應與「外道、婆羅門、剎利、毘舍、首陀」，及與「黃門(paṇḍaka 閹人;不男;男生殖器損壞者)、童男、童女」等共相談論。

拾(待)法事而畢已，若欲(言)語時，應共(修道之)「伴侶」論談「善法」。

《佛說須摩提菩薩經》卷1

佛言：菩薩(修行)有四事法，人見之皆(生)歡喜(心)。何等為四？

一者、(所有)瞋恚(皆)不(生)起，(能)視「冤家」如「善知識」。

二者、常有「慈心」，向於一切(眾生)。

三者、常行求索「無上(修行成佛之)要法」。

四者、(常)作「佛形像」(自己供養或布施於他人)。

是為四法。菩薩用是四事故,人見之,(即)常(生)歡喜(心)。

《大寶積經》卷 82

(1)復次長者!「在家」菩薩於「自子」(自己子女)所,不應(生出)「極愛」(之心)。

(2)長者!若於「子所」(自己子女處所),生於「極愛」(之心),(那麼於)非(自己子女的)他人所,則
為(生出)自毀(謗之心)。應以「三法」而自呵責。何等三?

❶菩提道是「平等」之心,非「不平等」(之)心。

❷菩提道是「正行」(之)所得,非是「邪行」(之所得)。

❸菩提道是「無異行」(之所)得,非「雜行」(之所)得。

(3)復應呵己心,於「自子」(自己子女)所,(也可)生(出)「怨家」想、(生出)「惡知識」想、(生出)
「非善知識」想,(此等吾人之子女乃)違逆「佛智」平等之「慈」,(乃殘)害我(之)善根。

(4)彼應隨處(而)自調(自我調伏)於「心」,(就像)如愛(護)其子(自己的子女一樣),一切(眾生之子女皆)
亦然,(亦)如愛(護)「自身」(一樣),一切(皆)亦然。

(5)應修(如)是(之)觀:

我(乃從)「異處」(而)來、子(女亦從)「異處」(而)來。何以故?一切「眾生」(皆)曾為我(之)
子(女),我亦是彼諸「眾生」(之)子(女)。(故我)終不生念:我子彼非(這才是我的子女,那個不是
我的子女)。何以故?

(6)(一切眾生皆輪迴而)去至「六趣」,而復為「怨」(家)、或復為(自己的)子(女),我其當作「等親」
(平等之親人)非親(而不是「非親」人)。我以何故,(而)於其「所親」(之人而)倍生(更多的)「愛與」?
於(其)「非親」(之)所(而生)一切「不與」?

(7)我若生於「愛」(與)「不愛心」,(故)不(應)於「非親」(之)所(而生)一切「不與」。

(8)我若生於「愛」(與)「不愛心」(之分別),(則)不能「趣法」(趣向佛法之真理)。何以故?
(由於)不(平)等之行,(將)至不(平)等(之)處,(唯有)行「平等」行(乃能)至於「等」(平等;正等)
處。

(9)我不應行(如)是不(平)等(之)行,我(應)學(平)等心(於)一切眾生,(如此能)疾至(獲得)「一切
智」。

《修行道地經》卷 2〈慈品 6〉

其修道者,當行「等慈」(平等慈悲),(對於)父母、妻子、兄弟、朋友,及與「怨家」,(皆能)
無「遠」、無「近」,(平)等無「憎、愛」,及於十方無量世界,普以「慈」向,未曾「增、
減」。有如此行,乃應為「慈」。

《大乘本生心地觀經》卷 6〈厭身品 7〉

「出家」菩薩，又(應)觀(察)「自身」(自我色身之脆弱)，譬如(明明是)「怨家」，(而卻)詐作(是)「親友」(之相)，(待)伺求其(能下手之方)便(處)，而將「毒藥」(而)斷彼「命根」。

《大般若波羅蜜多經(第201卷-第400卷)》卷332〈善學品 53〉

(1)是時「惡魔」，為擾亂故，或矯現作「出家」形像，或矯現作「在家」形像，或矯現作(汝)「父母」形像，或矯現作(汝)「兄弟」形像，或矯現作(汝)「姊妹」形像，或矯現作(汝)「親友」形像。

(2)或矯現作「梵志」形像，或矯現作「師範」形像，或矯現作「天、龍、藥叉、人非人」等種種形像。

《正法念處經》卷62〈觀天品 6〉

猶如「怨賊」，(卻)詐為(自己的)「親友」。

《寶星陀羅尼經》卷6〈陀羅尼品 6〉

實作「怨家」，(卻)詐為(自己的)「親友」。

一－16 一切誦咒修行之「善法」悉皆迴向「無上菩提」，則一切「世間福樂」不求自至。不為貪求「小利供養」以求活命

唐・善無畏譯《蘇婆呼童子請問經》	北宋・法天譯《妙臂菩薩所問經》	日本承安三年(1173年高山寺藏本)寫《蘇磨呼童子請問經》(還原版)
壹若唏唾時，當須遠棄，棄已，便應(以)「澡豆」漱其口。若(有)大小便易，並(應)須「澡浴」。	壹或是入(接)觸(大小)「便利」等事，便須入水澡浴，使其「潔淨」。	壹(凡是)棄涕涶已，便應澡灑，若(有大小)便易已，並須「滲浴」。
貳所獻「香花」，然燈供養，禮拜佛，日夜六時，讚歎三寶。常生謙下，一切眾生興發「悲意」，作救苦之心。	貳或獻「香花、燈塗、讚歎、供養」，乃至「持戒、精進、持誦、修行(等所有的功德)。	貳所獻「香花、燃燈、讚歎、持戒、精勤」，及以「念誦」所生(的所有)功德，
參如上精勤「念誦」(真言咒語)，(及)所修(的一切)功德，	參一切(所修的)「善法」皆(應)悉迴向「阿耨多羅三藐	參(所修的真言咒語功德都)皆應迴向「無上菩提」，譬如

皆應迴向「無上菩提」。譬如眾流，歸趣大海，入彼海已，便為「一味」。(將所修的功德都)「迴向菩提」，亦復如是，一切功德合集，共(應)成「佛果」。	三菩提」，譬如眾流，皆歸於海，既入海已，咸成「一味」。(應)集諸(所有的)善因，總趣「佛果」，(則)無量「福聚」，自然相隨。	眾流，(終)歸趣「大海」，入彼海已，便為「一味」。(將所修的功德都)迴向「菩提」，亦復如是，一切合集，(應)共成「佛果」。
㉕譬如有人，耕田種稻，唯求(種)子實(此喻修行持咒唯求菩提種子成熟而獲佛果之實)，不望藁(同「稿」)幹(此喻世間法)。(若)子實(種子結實)成熟，收獲子(喻菩提種子)已，(則)藁幹(此喻世間法)不求而自然得。	㉕譬如有人，耕田種穀，唯望(種)子實(此喻修行持咒唯求菩提種子成熟而獲佛果之實)，不為藁幹(振槁[擊落枯葉，喻事極易完成]樹幹)。既(只要)豐子實(種子結實)，其於藁幹(此喻世間法)自然而有。	㉕譬如有人，耕種稻穀，唯求(種)子實(此喻修行持咒唯求菩提種子成熟而獲佛果之實)，不望藁幹(振槁[擊落枯葉，喻事極易完成]樹幹)。(若)子實(種子結實)成熟，收獲苅-(取)已，(則)藁幹(此喻世間法)不求而自然得。
㉖行者(誦真言者)欲獲「菩提種子」功德，不為(追求)世樂、(但)求「無上菩提」以喻其(子)實。諸餘世樂(世俗五欲樂)，況喻(為)「草幹」(則)不求自獲。世樂者，(如)天上人中或二十八天王，或人間作「轉輪王」(而)王(統一)四天下。	㉖求趣佛果，亦復如是，(如此)一切(世間之)「福樂」(將)不求自至。	㉖如是行者(誦真言者)，欲獲「菩提種」功德子，不為(追求)世樂，(但求)「無上菩提」，以喻其(子)實，諸餘世樂(世俗五欲樂)將比(喻為)「草幹」，(則)不求自獲。
㉗若復有人，為(貪)求「小利」，(於是)請詐(騙)往彼(之處)，(誦真言者)不應為(彼)前人一切(之言語而)退(失你修行的)本願。	㉗又持誦人不應為「小(利)」而妨(障)於大(的修行)。	㉗若復有人，(只)為(貪)求(得)「小利」，請(求)於「行人」(誦真言者)，(你)不應為彼(人)而退(失你修行的)「本願」。
彼前人(若)宣如是(種種小利之)語，而(你便可)答於彼(人	或若有人來，有來(求)請(於你)，(你)便(可)應答(彼人)言：	(你可)作如是言，而答於彼(人)：

云）：		
待我獲（證）果（及）長壽之身，及獲種種諸餘「資具」（之後）。（我將）以「無厭心」（無有滿足之心），當利（益）眾生，滿足（眾生）所求種種願已，然後（我再）往彼（之處）。	待我自得「長壽」，及其一切（所）樂（皆）具（足），（待我）此心滿足，然後（我便）能滿一切有情（眾生）之願。	持（古通「待」）我獲得「長壽」之身，及獲種種諸餘「資具」（之後），（我將）以「無厭心」（無有滿足之心），當利（益）眾生，滿足（眾生）所求種種之願。
（故你）不須「珍重」請我往彼（人之處），以我（現在仍是）薄福（人）；而（對彼人）說（種種）「諂辭」（諂諛奉承之言辭）。		
（此種屬於為）求（得）他（人之）供養以為「活命」（的事），（乃）違背「真言密教」，而受「邪命」。佛無此教（法），（故）我終不順（從此人的要求）。		

一－17 持咒人應遠離世間「八風」，乃至不生一念「惡心」。勤苦精進，令善法增長

唐・善無畏譯 《蘇婆呼童子請問經》	北宋・法天譯 《妙臂菩薩所問經》	日本承安三年(1173年高山寺藏本)寫 《蘇磨呼童子請問經》（還原版）
⑤復次蘇婆呼童子！凡持真言者，當須遠離世間八法：	⑤又復行人（誦真言者）當要遠離世之八法，所謂：	⑤復次，（修真言者應）遠離世間八法，所為（古同「謂」）：
❶以「善翻」。	❶善稱（屬於善的、好的「稱呼、名聲」）。	❶善稱。
❷稱「惡名」。	❷惡稱（屬於惡的、不好的「稱呼、名聲」）。	❷惡名。
❸及以「苦」、	❸得利。	❸及以苦、

❹樂。 ❺得利。 ❻失利。 ❼毀謗。 ❽讚譽。 此世八法，能生一切「不善法」故。	❹失利。 ❺讚歎。 ❻毀謗。 ❼苦。 ❽樂等事。 如是之法，不得在心。	❹樂。 ❺得利。 ❻失利。 ❼毀謗。 ❽讚譽。 此世八法，當應遠離，能生一切「不善法」故。
㈡譬如大海，不宿「死屍」，(死屍)乃至剎那，終不住(於大)海。念誦人若起「不善思惟」，速應遠離，乃至「一念」(惡心)勿使在心。	㈡還如大海，不宿「死屍」，(死屍)乃至剎那，亦不同(大海之共)處。	㈡譬如大海，不宿「死屍」，(死屍)及(至)剎那(皆)終(不住於)折羅(sāgara 應作「娑竭海」→海)。行者(誦眞言者)若(生起)「不善」思惟，速應遠離，亦復如是，乃至「一念」(惡心)勿使在心。
㈢譬如(於)室內然燈燭者，只為「防風」，(因)以(室內)無風故，燈焰轉(更)明(亮)。持誦真言(者)，(若)復加「勤苦」，勇猛精進，(則能)令「善法」增長，亦復如是。	㈢又如(於)室中然(燃)燈，(只)為防風故，(當隨風)飄(流)鼓(蕩)若免(除之時，則燈之)光明即(更熾)盛。如持誦人，(於)持誦「真言」(時)，亦(應)須「勤勇」，「加行」若立，(令)「善法」增長，亦復如是。	㈢譬如(於)室內燃已，燈燭(只)為「防風」故，(因為室內無風所以)燈焰轉(更)明(亮)。持誦真言(者)，(若)復加「勤勇」，(則令)「善法」增長，亦復如是。

《大乘理趣六波羅蜜多經·卷六》

復次，慈氏！云何名為「安忍」波羅蜜多？

①若人「惡罵」，當觀此聲，猶如「谷響」。

②若被「打時」，當觀此身，猶如「鏡像」。

③若被「瞋時」，當觀此心，猶如「幻化」。

④若見「忿怒」，當觀此心，性無「誼動」。

❶若「得利養」，當觀此心，自性調伏，不生「歡喜」。

❷若「失利養」，當觀此心，善妙寂靜，不生「瞋恚」。

❸若遭「毀謗」，當觀此身，猶如虛空，不應「加報」。

❹若遇「讚譽」，當觀自身，性無我慢，而不「高舉」。

❺若得「稱歎」，當觀心性，本來空寂，不生「忻慰」。

❻若「被譏嫌」，當觀本心，性離怖畏，不生「憂感」。

❼若「遇苦」時，當觀法性，本無逼迫，不見「苦相」。

❽若「受樂」時，當觀實性，常住不變，無「苦樂相」。

菩薩摩訶薩住「安忍」時，如是「八風」不能動轉。何以故？

以「菩提心」住「真實相」，離於「彼我」，見「法身」故。

復次，有「不安事」皆忍受之，為欲降伏諸魔怨故。當行一切「難行苦行」，為調外道諸邪見故。

<u>慈氏</u>！當知我今略説安忍波羅蜜多。

《大乘理趣六波羅蜜多經・卷九》

不與世間「八風」相應，所謂：

❶利。(利乃利益，謂凡有益於我，或指「名聲遠聞」皆稱爲利)

❷養。(養大多指以財而養，謂凡有奉養於我，皆稱爲養)

❸稱讚。(稱即「稱道」，謂因推重其人，凡於眾中必稱道其善)

❹譏毀。(譏即「譏誹」，謂因惡其人，本無其事，竟妄爲實有。毀即毀謗，謂因惡其人，構合異語，而訕謗之)

❺苦。(苦即「逼迫」之意，若遇「惡緣、惡境」，身心受其逼迫)

❻樂。(樂即「歡悦」之意，若遇「好緣、好境」，身心皆得歡悦)

❼衰。(衰即「衰減」，謂凡有減損於我，皆稱爲衰)

❽損。(損即「損害」，謂凡有損害於我，皆稱爲損)

等事而為相應。

一－18 持誦真言者，於「四威儀」常須「作意、攝心」，不食「酒肉、五辛、供養之殘食、祭祀鬼神之殘食」

唐・善無畏譯《蘇婆呼童子請問經》	北宋・法天譯《妙臂菩薩所問經》	日本承安三年(1173年高山寺藏本)寫《蘇磨呼童子請問經》(還原版)
圎復次蘇婆呼童子！持誦之者， ❶於「四威儀」(行、住、坐、臥)常須「作意」(將心投注於某處以引起活動之精神作用)，勿使	圎又持誦人： ❶要在「攝心」。	圎復次行者(誦真言者)， ❶當具(行、住、坐、臥)威儀。

身心「調戲、躁動」，失其「志節」。 ❷不得「拍手、音樂、歌舞、婚禮、博戲」，及(前)往觀看。 ❸亦不毀謗「在家」。 ❺及行「諂曲」(違諂曲意)言辭，說人「長短」。 ❻(不得於)非時(而)「睡眠」。 ❼(不得)無義(之)談話。 ❽(不得)尋學(巧飾浮華)文章及諸「邪法」。 ❾(所有)瞋恚、忿恨、慳貪、憍慢、放逸、懈怠。 皆須遠離。	❷不得「歌舞、戲樂」。 ❹(不得)我、人、憍慢。 ❺(不得)邪見、邪染。 ❻(不得)嫉妬、懈怠、懶惰、(及於非時而)睡眠。 ❷(不)及入「喜會」。 ❼(不得)迷醉、邪論及「無義論」(言不及義之談論)。 ❾(所有)以至「瞋怒、惡口、兩舌」。 如是等事，皆須遠離。	❷不得「拍手、音樂、歌舞、婚禮、博戲」，及(不)往觀看。 ❸亦不毀謗「在家、出家」。 ❹(亦不)及(我)慢、過慢，相叉、相剋。 ❺(不)及以「諂曲」(違諂曲意)。 ❻(不得於)非時(而)「睡眠」。 ❼(不得)無義(之)談論。 ❽(不得)尋學(巧飾浮華)文章，及諸「邪法」。 ❾(所有的)「瞋恚、忿恨、慳貪、憍慢、放逸、懈怠」。 皆須遠離。
貳亦「不飲酒」及以「食肉」，「葱、蒜、韭菜、韭苗(同薤苗)、胡麻、蘿蔔，并「步底那」(此云「驢駒蹄」)、「胡麻油」等，並不應食。		貳亦「不飲酒」及以「食肉」，「葱、蒜、韭菜、薤苗、胡麻、蘿蔔」及「野蒜」、「步底那」(唐云「驢駒蹄」)、「胡麻油滓」等，並不應食。
參亦不喫一切「殘食」，祭祀鬼神(之)食，并(已)供養(之)食。	參又復不得喫「供養殘食」及「鬼神殘食」。	參亦不得喫一切「殘食」，(及)祭鬼神食(之食)，并(其餘之)「供養食」。
肆如上之「殘食」，皆不應食，若食此等食(物之)者，不名「持真言人」，念		肆如上之「殘食」，皆不應食。

誦(眞言)無驗。		

密教對飲食之供養有特殊之規制，如《陀羅尼集經・卷三、般若心經軌》載，壇上所供之「飲食、餅、果」等須每日更換，而所撤下之「供養殘食」，「咒師」及「病人」等皆不得食用。若違規而食之，其「咒力」即失效；反之，若能以「殘食」布施「貧窮者」，是爲第一功德。故《蘇婆呼童子經》即謂：勿食用「供養」或「祭祀鬼神」後之飲食。

「殘食」的原意是指自己或他人所食用以後「殘餘的食物」，如「飯、菜、茶、水、果、餅」等。但密教經典中則又常將「供養過佛菩薩、祭拜過鬼神」的「食物」皆統一稱爲「殘食」。

結論是：
供養過「佛菩薩」的食物，可以吃。但所食用以後「殘餘的食物」千萬不能供養「佛菩薩」及「僧伽」～
拜過「鬼神」的食物，千萬不要吃、不能吃。如拜過媽祖、玉皇大帝、土地公、玄天上帝、掃墓、祭祖、拜好兄弟……等等的「食物」，則不要吃～

顯教經典認爲供養過「佛菩薩」的「殘食」是可以吃的。如下面經典所舉：

《佛說如來不思議祕密大乘經》卷7〈7 如來身密不思議品〉：

若有眾生於佛法中所應「化度」，宿種「善根」，業障盡者，雖復在在所生，不得「飲食」，饑渴羸劣。以其「宿善」力故，彼等眾生得佛如來「殘食」而食。食已飽滿，心得輕安，身肢潤益，深心清淨，即發「阿耨多羅三藐三菩提心」。

《佛說長者女菴提遮師子吼了義經》

時婆羅門，即承佛教起設供養，大眾及其長者，眷屬中食已訖，唯有此女，未及得食。時「如來鉢」中故留「殘食」，遣一「化女」將此餘食，與彼室內女菴提遮。

《在家菩薩戒本・殘食施四眾戒第十四》

若「優婆塞、優婆夷」受持戒已，若以「殘食」施於「比丘、比丘尼、優婆塞、優婆夷」，是優婆塞、優婆夷得「失意罪」，不起、墮落、不淨、有作。

《四分律·卷十四》

佛告阿難：自今已去，聽(允許)「瞻病者」食病人(之)「殘食」，食病人(之)「殘食」，無(沒有別的)餘食法。

密教經典認為供養過「佛菩薩」的「殘食」及修法「壇城」上供養過的「殘食」是不可以吃的。如下面經典所舉：

《陀羅尼集經》卷 1〈1 釋迦佛頂三昧陀羅尼品〉

(1)不得食我「世尊」(之)殘食。
(2)不得食一切「賢聖」(之)殘食。
(3)不得食一切「鬼神」(之)殘食。
(4)不得食「師僧、父母」(之)殘食。
(5)不得食一切「眾人」(之)殘食。
(6)又不得食「國王、官人」(之)殘食。
(7)不共眾人「傳器」而食。
(8)亦不得食「毘那夜迦鬼魔」之食。
「毘那夜迦」食者，若麵裏物，餗(古同「烝」)煮燒熟，歡喜團等，皆不得食。
若食此(殘)食，於「三昧力」不得成就。

《陀羅尼集經》卷 3〈佛説跋折囉功能法相品〉

(1)其「壇」(城)所用「飲食、餅果」，日別替換，更作新者。(已)供養(後之)「殘食」，「呪師」及「病人」皆不得喫，(若呪師)喫(殘食)者(將導致)「呪力」無驗。
(2)若作此法者，(則)一切「羅剎」諸「鬼神」等(將生)歡喜，(能釋)放病人(而令病人)差(瘥-ㄔㄞ→病癒)。
(3)(若能把)其所餘(之)「殘食」，將與「貧窮者」，(則)最為第一。

《蘇婆呼童子請問經》

復次行者(誦眞言者)，當具威儀……亦不飲酒，及以「食肉」……亦不得喫一切「殘食」。(不吃)「祭鬼神」(後之)食，并「供養」(後之)食。如上之「殘食」，皆不應食。

> 《妙臂菩薩所問經》
>
> 又復不得喫「供養」(過後之一切)「殘食」及(祭)「鬼神」(後之)「殘食」。

《大方便佛報恩經・卷六》

(1)不得作五業……四者，不得「壓油」，多殺蟲故。

(2)天竺法爾，罽賓(西域國名)以來，麻中一切若「無蟲處」，壓油，(則)無過(失)。

《大乘大集地藏十輪經・卷四》

(1)善男子！譬如有人，「壓油」為業，一一「麻粒」皆有「蟲」生。以輪壓之，油便流出。

(2)汝當觀此「壓麻油人」，於日夜中殺幾「生命」……汝觀此人殺幾生命？所獲罪業寧為多不？

(3)地藏菩薩摩訶薩言：甚多！世尊！甚多！大德！此人所殺無量無邊，所獲罪業，不可稱計。

明・智旭《楞伽經義疏・卷四》

西土「麻油」，先淹令出蟲，然後壓之，故不可食。

宋・寶臣《注大乘入楞伽經・卷九》

言當離「麻油」者，外國風俗，擣麻使生「虫」，合壓之，規多汁益肥，如何可食？及孔隙諸床，多有虫聚，皆不可坐臥。

明・德清《觀楞伽經記・卷八》

不食「麻油」，不驚「細蟲」，況食「血肉」耶？

宋・法雲《翻譯名義集・卷三》：

(1)興渠，訛也。應法師：此云「少」，正云「興宜」，出烏茶婆他那國，彼人常所食也。

(2)此方相傳，為「芸薹」者，非也。此是「樹汁」，似「桃膠」，西國取之，以置食中，今「阿魏」是也。

(3)慈愍三藏云：根如「蘿蔔」，出土辛臭，慈愍冬到彼土，不見其苗。

(4)《蒼頡篇》：「葷辛菜」也，凡物「辛臭」者，皆曰「葷」。

唐・善無畏譯《阿吒薄俱元帥大將上佛陀羅尼經修行儀軌・卷上》

(1)世尊！欲「結界」之時。清淨香湯沐浴，即著上妙衣服。不食「五辛、酒、肉」之屬，

「芸薹、胡荽、蘿蔔」及「椿 蔥」不經口，結齋清淨。

(2)世尊！此咒奇特無比，威猛自在，如我之身金剛不壞。

唐·輸波迦羅(善無畏)譯《蘇悉地羯羅經·請問品第一》
持真言人……又不應喫「蔥、蒜(同「蒜」)、蘿菔」……皆不應食。

唐·慧琳《一切經音義·卷二十六》
蘿蔔➜上羅音，下蒲北反，似「菘根」，味「辛」，紫花者也，作「蘆菔」同。

唐·慧琳《一切經音義·卷六十二》
蘿菔➜上音羅，下鵬北反。《考聲》云：「蘿菔」，菜名也。《說文》「蘆菔」也，似「蕪菁」(植物名。又名「蔓菁」。塊根肉質，花黃色。「塊根」可做蔬菜，俗稱「大頭菜」)也。

唐·慧琳《一切經音義·卷七十六》
蘆菔➜上魯胡反，下扶福反，方言「菘菜紫華」者，謂之「蘆菔根菜」也，俗謂之「蘿蔔」，郭注曰：今江東名「溫菘」(蘿蔔的別名)，實如小豆也，《說文》：似「蕪菁」也，並從草「盧」、「服」，「皆」聲。

宋·希麟《續一切經音義·卷五》
蘿菔➜上音羅，下蒲北反，《爾雅》曰「葖蘆」，「菔」郭注云：「紫花大根」，俗呼「霤葖 夂」，葖音「他忽反」。《本草》「蘿菔」性冷，利五藏，除五藏中「惡氣」，服之，令人「白淨肌細」，從「草」，「服」聲，經文作「蔔」，乃「葡蔔」字。

一－19 當須晝夜精勤，如法持誦，欲睡時要作「慈悲喜捨」之觀

唐·善無畏譯《蘇婆呼童子請問經》	北宋·法天譯《妙臂菩薩所問經》	日本承安三年(1173年高山寺藏本)寫《蘇磨呼童子請問經》(還原版)
ⓐ ❶復次蘇婆呼童子！以勤念誦，晝夜不間，呼召、發遣(派發遣送)，皆須如法。若欲念誦時，敷以「茅草」於上坐臥。	ⓑ 行人(誦真言者)唯得食「三白」，及「樹果、菜根、乳酪、漿」等，及「大麥、麵餅、油麻滓」，及種種「糜粥」等。	ⓐ ❶復次行者(誦真言者)，以勤「持誦」，應度晝夜。念誦畢已，應如法「發遣」(派發遣送)，敷以「茅草」，於彼而臥。

❷欲睡之時，先作「慈悲喜捨」之觀，幷於三寶及「舍利」塔，深心恭敬以求「滅罪」。若不作如是觀（而）「行臥」者，不名「念誦人」，如臥死屍。		❷欲睡之時，先作「慈悲喜捨」之觀，幷於三寶及「舍利」塔，深心恭敬，以如斯法，當滅諸罪。
（貳）	（壹）	（貳）
復次蘇婆呼童子！念誦人常服三「白食」，或「菜根、果、乳酪」及「酥、大麥、麵餅、油滓、酪漿」，相和食之，種種「糜粥」亦爾（可）。若欲成就者，「麻滓」和「酪漿」食之，依法作，必得證驗。	❶又持誦行人（誦真言者），當須晝夜精勤，如法持誦，常於諸佛法僧，及遺身「舍利」，恭信珍重，誠心懺悔。願一切「先罪」，悉皆消滅。每持誦時，先依法「請召」，持誦了畢，依法「迴向發願」訖，然後「發遣」（派發遣送）。 ❷或至夜分，將欲眠睡，於「本尊」側（邊）不近不遠，地上敷「吉祥草」，於草上「坐臥」。坐定後，然（後）於一切有情（眾生）起「利樂心」，作「慈悲喜捨」等觀，然後眠睡。	復次行者（誦真言者）服三「白食」，或「菜根、菓、乳酪」及「蘇」，「大麥、麵餅、油滓、酪醬」，相和之食，種種「糜粥」。若欲成就「龍鬼、藥叉、起屍法」等入「修羅宮」猛利成就，應食「麻滓」和以「酪漿」。

一－20 若欲成就不同法門，須有不同材製之「金剛杵」，最長不過二十指

唐・善無畏譯 《蘇婆呼童子請問經》	北宋・法天譯 《妙臂菩薩所問經》	日本承安三年(1173年高山寺藏本)寫 《蘇磨呼童子請問經》（還原版）
〈分別金剛杵及藥證驗分品第四〉	〈說金剛杵頻那夜迦分第四〉	〈蘇磨呼請問分別金剛杵分第四〉

⑴復次蘇婆呼童子！為汝及為未來善男子，發心念誦祕密真言門者，說持「跋折囉」(vajra 金剛杵)，汝當諦聽聞已，廣為人說。	⑴我今分別說諸「跋折羅」(vajra 金剛杵)量。	⑴我今當說「拔折羅」法(vajra 金剛杵)，念誦之者常應受持。
⑵欲作「跋折囉」(vajra 金剛杵)者，量長八指(15 公分)，或長十指(19 公分➔小女生可用的尺寸)，或長十二指(23 公分➔一般男性可用的尺寸，同於 7.6 寸的稱呼)，或長十六指(31 公分)，其量最極長者二十指(38 公分，同於 1 尺 3 的稱呼)。	⑵其量或長八指(15 公分)，或長十指(19 公分➔小女生可用的尺寸)，或十二指(23 公分➔一般男性可用的尺寸，同於 7.6 寸的稱呼)，或十六指(31 公分)，或最長者不過二十指(38 公分，同於 1 尺 3 的稱呼)。 如是五類，無有過者。造「跋折羅」(vajra 金剛杵)物、或金、或木，隨所求事，種種不同。	⑵量長八指(15 公分)，或十指(19 公分➔小女生可用的尺寸)，或十二指(23 公分➔一般男性可用的尺寸，同於 7.6 寸的稱呼)，或十六指(31 公分)，其量最極長二十指(38 公分，同於 1 尺 3 的稱呼)。
⑶	⑶	⑶
❶❷若欲成就「大貴自在」，及求「持明」悉地(成就)者，即用「金」作「跋折囉」(vajra 金剛杵)。	❶若欲求佛法「真明」(眞言明咒)成就，用「菩提木」作「跋折羅」。 ❷若降伏「地天」及「持明天」，當用「金」作「跋折羅」。	❶❷若欲成就「大貴自在」，及求持明「悉地」者，即應用「金」作「拔折羅」。
❸若求「富貴」，純用「銀」作「跋折囉」。	❸若求「大富貴」，用「鍮石」(一種黃色有光澤的礦石，即黃銅礦或自然銅，鍮石似金而非金也)作「跋折羅」。	❸求「富貴」，純用「銀」作。
❹若欲求「海龍王」者，以「熟銅」作「跋折囉」。	❹若降龍，用「熟銅」作。	❹成就「海龍王」法，以「熟銅」作。
❺若欲入「修羅宮」者，用「妙砂石」作「跋折囉」。	❺若降「修羅」入修羅窟，用「寶石」作。	❺入「修羅宮」，用「妙石」作。

⑥若欲「通成」(全部成就)一切者，以「金、銀、銅」(相)和作「跋折囉」。	⑥若欲成就「一切法」者，可用「金、銀、銅」相和作。	⑥欲通(全部)成就一切法，以「金、銅、銀」相和而作。
⑦若欲成就「摧藥叉眾」者，以「鐵」作「跋折囉」。	⑦⑧⑨若欲成就「長命吉祥」及「無病、多財寶」，乃至降諸「宿曜」(星宿列曜)者，可用「佉禰囉木」(Khadira)作。	⑦若欲成就「摧藥叉眾」，應以「鐵」作。
⑧若欲得「無病」及「求錢財」者，以「失利般尼木」，或「毘嚕婆木」，而作「跋折囉」。		⑧為欲得「無病」及「求錢財」，以「失利般尼木」，或「察魯婆木」而作金剛。
⑨若欲療一切病「鬼魅所著」者，「佉他囉木」(Khadira)作「跋折囉」。		⑨欲療一切「鬼魅所著」，用「却達羅木」(Khadira)作「拔折羅」。
⑩若欲成就「藥叉女母、姊妹」法者，用「摩度迦木」作「跋折囉」。	⑩若欲降伏「夜叉女」者，可用「末(或未)度木」作。	⑩若欲成就「藥叉女」者，用「摩度迦木」而作「拔折羅」。
⑪若欲求「滅罪」法者，用「阿說他木」作「跋折囉」。	⑪若欲降伏「冤家」，用「刺木」作。	⑪欲求滅罪，「阿說他」作拔折羅。
⑫若欲摧伏「怨敵」(怨惡仇敵)法者，用「害人木」作「跋折囉」。	⑫⑬若降害「極惡冤敵」者，可用「人骨」作。	⑫若欲摧伏諸「怨敵」(怨惡仇敵)者，用「害人木」而作拔折羅。
⑬若欲降伏「極惡怨敵」之者，用「人骨」作「跋折囉」。		⑬欲害極惡怨敵之者，用「人骨」作拔折羅。
⑭若欲成就「幻化」法者，用「水精」作「跋折囉」。	⑭若欲成「幻術」者，用「玻璃寶」作。	⑭欲成「幻化」，用「水精」作。
⑮若欲成就令人「相憎」者，用「苦練(古同「棟」)木」作「跋折囉」。	⑮若欲令極「相憎嫌」者，用「苦楝木」作。	⑮若令人「極相憎」者，用「苦練(古同「棟」)木」作拔折羅。
⑯若欲成就「龍女」敬念法者，用「龍木」作「跋折囉」。		
⑰若欲成就「鬼類」，令人	⑰若欲「興兵鬥敵」及「降	⑰成就「鬼類」，及令人「枯

「枯悴、鬭諍」事法者，用「毘梨勒木」(尾避多迦木)作「跋折囉」。	鬼神」，用「吠鼻多迦木」作。	瘁、鬭諍」等，而用「毘梨勒木」(尾避多迦木)作拔折羅。
⓲若欲成就「天龍、藥叉、乾闥婆、阿修羅」法者，用「天木」作「跋折羅」，(vajra 金剛杵)。	⓲若欲成就「夜叉、乾闥婆、阿修羅」者，可用「柏木」及「松木」作。	⓲若欲成就「天龍、藥叉、乾闥婆、修羅」者，應以「天木」作拔折羅。
	⓰若欲成就「龍女愛重」者，當以「龍木」作。	⓰若欲成就「龍女敬念」之法，以「龍木根」為拔折羅。
⓳若欲成就「變形法」者，用「泥」作「跋折囉」。	⓳若欲成就「變形」者，可用「土」及「銀」作。	⓳若欲成就「變形」之法，以泥作之。
⓴若欲成就「起屍法」者，用「迦談木」作「跋折囉」。		⓴若欲成就「起死法」者，應用「迦談婆木」作之，
㉑若欲成就「求財法」者，用「遏迦木」(argha 功德木)作「跋折囉」。或用「龍木」，或「無憂木」(aśoka 阿輸迦，學名 Jonesia asoka Roxb。屬荳科之植物，產地分布於喜馬拉雅山、斯里蘭卡、馬來半島)，皆得用之。	㉑若欲「求財」，用「無憂木」作。	㉑若欲求財，應以「關迦木」，或用「龍木」或「無憂木」(aśoka 阿輸迦，學名 Jonesia asoka Roxb。屬荳科之植物，產地分布於喜馬拉雅山、斯里蘭卡、馬來半島)作之。
㉒若欲成就「對敵法」者，用「失喇般尼木」作「跋折囉」，或「阿沒羅木」，或「遏順那木」，或「柳木」，皆得用之。	㉒若欲成就「對敵得勝」者，可用「吉祥木」及「阿祖曩木、柳木」等作。	㉒若欲成就「對敵」者，應以「失利般尼木」，或「奄沒羅木」，或「關順那木」，或「柳木」作之。
㉓若欲求成就「意樂諸欲」者，用「白檀木」作「跋折囉」，或用「紫檀木」，皆得用之。	㉓若欲求成就「意樂」者，可用「赤檀、白檀」作。	㉓若求成就「意樂」法，用「白檀木」，或用「紫檀木」作拔折羅。

佉陀羅 Khadira 紫橿木；紫薑木；橿木；薑木；木紫橿；木紫薑；紫荊木

(1)或云「朅地羅」，又云「朅達羅」，此言「檐木」。

(2)應法師云：南此多饒此木。

(3)苑師云，此方「苦梗木」也。

(4)《陀羅尼集》經，譯為「紫橿木」。

按此「佉陀羅木」，堅而有刺，亦非「紫橿」。言其「木堅」，似「紫橿」也。凡「持呪」中用，可以「紫橿」代之。

《涅槃經》云：佉陀羅樹，斷已不生（橿音江。一名萬年木紫橿，嶺南俗呼為紫荊）。

《大陀羅尼末法中一字心咒經》
佉陀羅木（唐云橿木）。

《陀羅尼集經》卷2
取佉陀羅木為杖（唐云紫橿（或作「薑」）木也），用打此人。

《千轉陀羅尼觀世音菩薩咒》
取佉陀羅木（紫橿木是）。

《大日經義釋演密鈔》卷7
「佉陀羅」木者，謂「紫橿木」也。

《大毘盧遮那佛眼修行儀軌》卷1
當用「佉陀羅木」，若無，當用「苦楝木」。

《一切經音義》卷60
朅地羅木（蹇孽反，梵語，西方堅硬木名也，古譯曰佉陀羅，堪為橛釘也）。

《大日經義釋》卷7
用「佉陀羅」木，若無者，當用「苦練（古同「楝」）木」。

《大毘盧遮那佛眼修行儀軌》卷1
當用「佉陀羅木」，若無，當用「苦楝木」。

《底哩三昧耶不動尊聖者念誦祕密法》卷1〈本事神力息障祕要品 1〉

其「佉陀羅木」橛。若無此，當用「苦練(古同「棟」)木」。

《四分比丘尼戒本註解》卷1

佉陀羅炭(即軻地羅，Khadira，毒樹，刺，苦棟木，乃大樹也)。

一－21 修法前後均應如法供養「金剛杵」。若不執杵而誦咒，鬼神可能不懼，善神亦無法加被，則難得成驗。若無杵者，則應作「手印」

唐·善無畏譯 《蘇婆呼童子請問經》	北宋·法天譯 《妙臂菩薩所問經》	日本承安三年(1173年高山寺藏本)寫 《蘇磨呼童子請問經》(還原版)
⑴如上所說諸色類「金剛杵法」者，一一皆須而作「五鈷」，淨妙端嚴(端莊威嚴)，勿使缺減。	⑴如上所說造「跋折羅」(vajra金剛杵)，皆須「五股」，不得缺減，小有「破損」，即法不成，仍須事持(金剛杵)「光淨」殊妙，端嚴(端莊威嚴)可愛。	⑴如上所說諸「拔折羅杵」(vajra金剛杵)，一一皆須而作「五鈷、三鈷」，諸妙端巖(端莊威嚴)，使無缺壞。
⑵行者(誦真言者)欲念誦時，以香泥塗，幷散上妙好花而供養，發大慈心，手執「金剛杵」，念誦真言。	⑵若念誦時，先獻「塗香」及「妙香花」而為供養，然後發廣大慈悲之心，手執「跋折羅」(vajra金剛杵)依法專注，持誦本部「真言」，如數滿畢，不得少剩，依時持誦。	⑵欲念誦時，以「塗香」等而作供養，發大慈心，手執「金剛杵」，念誦真言。
⑶法事畢已，復重(復)供養，上以其「杵」(安)置(於)本尊足下，後誦念時，亦復如是。	⑶滿畢數已，然將彼「跋折羅」安(置於)本尊(之)足下，復以諸妙「香花、塗香」等，乃至作禮，而供養之。	⑶法事畢已，復重(復)供養，置(金剛杵於本)尊(之)足下，後念誦時亦如是。
⑷若不執持妙「金剛杵」，而作念誦者，終不成就，何以故？以「鬼神不懼、善神不加被」，是故一	⑷若持誦時，手不執「跋折羅」(vajra金剛杵)者，其法終不成就，如再持誦，依前次第而作，不得虧闕。	⑷若不執持妙「拔折羅」(vajra金剛杵)，而作念誦，終不成就一切法事。

切法事，難得成驗。		
㊄若不辦造「金剛杵」者，亦須應作彼(手)印，然後一心「如法念誦」，亦得成就。勿生放逸，徒喪功夫，(甚至心生)不如(改)別修餘業(其餘法門之業)。	㊄又若於「供養、具諸事法」等，有所闕者，當須一一作(手)印，以供養之，然(後)可念誦。	㊄若不辦(造金剛杵)者，彼然(應作手印法)事，(然後)一心如法念誦。

一-22 成就真言法有十七種「法藥」及物

唐・善無畏譯《蘇婆呼童子請問經》	北宋・法天譯《妙臂菩薩所問經》	日本承安三年(1173年高山寺藏本)寫《蘇磨呼童子請問經》(還原版)
㊀復次蘇婆呼童子！凡念誦真言成就藥法者，都有十七種物。	㊀凡成就法有多種物。	㊀復次行者(誦真言者)，成就之物有十七種，所為(古同「謂」)：
㊁第一「雄黃」。第二「牛黃」。第三「雌黃」。第四「安善那」。第五「朱砂」。第六「咄他香」。第七「跋折囉」(vajra 金剛杵)。第八「牛酥」。第九「昌(或作「菖」)蒲」。第十「茂拏刈哩迦」。第十一「衣裳」。第十二「鈷叉」。第十三「鹿皮」。第十四「橫刀」。第十五「羂索」。	㊁所謂：「雄黃」。「雌黃」。「牛黃」。「黃丹」。及「眼藥」。「菖蒲」等藥。又有衣。甲。槍。劍。羂索。	㊁一「雌黃」。二「牛黃」。三「安善那」。四「朱砂」。五「吐他香」。(六)「雄黃」。(七)「拔折羅」(vajra 金剛杵)。(八)牛蘇。(九)菖蒲。(十)光明朱。(十一)鎖子。(十二)甲衣。(十三)端勢布裳。(十四)一鈷叉。(十五)鹿皮。

第十六「鎧甲」。 第十七「三叉」。	「三股叉」諸器仗等。	(十六)橫刀。 (十七)羂_絹索。 (十八)鐵鎧。 (十九)三鈷叉。
㊟如上所說之(十七)物，皆具三種成就，假使餘真言法中，所說成就諸物，皆不離此三種，臨時所樂事法，任意作之，無不獲剋(能;成)果(剋期證果、取得成果)者。	㊟如是等諸成就法有「三等」驗，所說本尊真言及儀軌中，乃至諸真言中成就之法，亦不越此。	㊟如上所說成就之物，皆有具足三種成就，假使「餘真言法」中所說諸物，皆不離此三種成就。

一－23「毘那夜迦」專與持咒人為障難，令人心迷醉及生病。有「摧壞、野干、一牙、龍象」四大魔部及二大眷屬

唐·善無畏譯 《蘇婆呼童子請問經》	北宋·法天譯 《妙臂菩薩所問經》	日本承安三年(1173年高山寺藏本)寫 《蘇磨呼童子請問經》(還原版)
⑴復次蘇婆呼童子！世間有諸障難(之)「毘那耶迦」，為覓(誦真言者之)過(失)故，常(隨)求念誦人，便(入)於(其)中。(故誦真言者應)好須「作意」，(以)方便「智慧」(能)善分別知(其)魔黨(魔眷黨徒)合有「幾部」？	⑴復次世間有持明(咒)行人(誦真言者)，(在)持誦真言(而欲)求成就處(時)，(有時)便有作障(之)「頻那夜迦」，(將)隨持誦人(而)伺求其「便」，(而)入其(持誦人)身中，使持誦人，心如「迷醉」及發「諸病」，如是種種(情形)而(對持誦人)作「障難」。	⑴復次世間，有諸障難(之)「毘那耶迦」，為覓(誦真言者之)過(失)故，(便會追)逐念誦人(誦真言者)。
⑵總而言之，(頻那夜迦)都有四部，何等為四？ 一者：「摧壞」部。 二者：「野干(狐狼)」部。 三者：「一牙」部。	⑵彼(頻那夜迦)作障(難)者，有其四部。 一曰：「摧壞」。 二曰：「野干(狐狼)」。 三曰：「一牙」。	⑵(頻那夜迦)於中分別，總有四部，何等為四？ 一者：「摧壞」。 二者：「野干牙」。 三者：「一牙」。

四者：「龍象」部。 從此四部，流出無量「毘那夜迦」（vināyaka 頻那➜豬頭使者。夜迦➜象鼻使者）眷屬，如後具列。	四曰：「龍象」。 於此四部，各有無量「頻那夜迦」而為眷屬，於大地中，隨彼（指持咒人）處處而作障難。	四者：「龍象」。 從此四部，流出無量「毘那夜迦」。
㊌	㊌	㊌
❶（第一）「摧壞」部主：名曰大將，其部之中有「雜類」形狀，有「七阿僧祇」以為眷屬。（若誦眞言者於）「護世四天王」所說眞言（而）有人（在）持誦者，彼類（大將摧壞部主將對此人而）恒作障難。	❶第一：「摧壞」部主，名曰無憂，其部眷屬有「七俱胝」（koṭi 億）。（若誦眞言者）於其「護世四王」所說眞言（而）有（在）持誦者，彼（無憂摧壞部主將對此人而）作障難。	❶（第一）「摧壞」部主：名曰無憂大將，其部中有「七阿僧祇」以為眷屬。（若誦眞言者於）「護世四王」所說眞言（而）有（在）持誦者，彼（無憂摧壞部主將對此人而）作障難。
❷（第二）「野干」（狐狼）部主：名曰象頭，於其部中，形狀難可具名，有「十八俱胝」（koṭi 億）以為眷屬。（若誦眞言者於）「摩醯首羅天王」所說眞言（而）有（在）持誦者，彼類（象頭野干部主將對此人而）恒作障難。	❷第二：「野干」（狐狼）部主，名曰象頭，其部眷屬有「十八俱胝」。（若誦眞言者）於其「大自在天」所說眞言（而有在持誦者），（彼象頭野干部主將對此人）而作障難。	❷（第二）「野干」部主：名曰象頭，於其部中，復有「十八俱胝」眷屬。（若誦眞言者於）「摩醯首羅」所說眞言（而）有（在）持誦者，彼（象頭野干部主將對此人而）作障難。
❸（第三）「一牙」部主：名曰嚴髻，其部之中，種種身形，面貌可畏，有「一百四十俱胝」眷屬以為隨從。（若誦眞言者於）「大梵天王」所說眞言，（於）「憍尸迦（Kauśika。忉利天之主，帝釋天之異名）、日月天王、那羅延天王、諸風天」所說眞言（皆）有（在）持誦者，彼等（嚴髻一牙部主）雜類，	❸第三：「一牙」部主，名曰垂髻，其部眷屬有「六十俱胝」。（若誦眞言者）於其「大梵天」及「帝釋天」，「日天、月天、風天、那羅延天」，如是天等所說眞言（而）有（在）持誦者，（彼垂髻一牙部主將對此人）而作障難。	❸（第三）「一牙」部主：名曰嚴髻，其部亦有一百三十俱胝眷屬。（若誦眞言者於）「大梵天王」及「憍尸迦（Kauśika。忉利天之主，帝釋天之異名）、日月天子、那羅延神、風神」等所說眞言（而）有（在）持誦者，彼（嚴髻一牙部主將對此人而）作障難。

(將對此人而)**恒作障難。** ④(第四)「**龍象**」部主：名曰**頂行**，於其部內，有種種形，不可知名，有「一俱胝那由他」一千「波頭摩」以為眷屬。(若誦真言者於)釋教(佛教)所說深妙真言(而)有(在)持誦者，彼等(頂行龍象部主將對此人而)恒作障難。	④第四：「**龍象**」部主，名曰**母哩達吒迦**，其部眷屬有「俱胝那由他」千「波頭摩」。(若誦真言者)於其佛教所說「真言」(而)有(在)持誦者，彼(母哩達吒迦龍象部主將對此人而)作障難。	④(第四)「**龍象**」部主：名曰**頂行**，於其部中，有「一俱胝那臾多」一千「波頭摩」以為眷屬。(若誦真言者於)釋教所說諸妙真言(而)有(在)持誦者，彼(頂行龍象部主將對此人而)作障難。
㊦	㊦	㊦
①又「**呵利帝兒**」，名曰**愛子**。(若誦真言者於)「**般指迦**」(Pañcika 般遮迦；半之迦；為「毘沙門天」之眷屬「八大藥叉將」之第三位，為「鬼子母」之夫)所說真言(而有在)持誦者，彼(愛子呵利帝兒將對此人而)作障難。 ②又「**摩尼賢將兒**」，名曰**滿賢**。(若誦真言者)於「摩尼部(實部)」中所說真言(而)有(在)持誦者，彼(滿賢摩尼將兒將對此人而)作障難。	❶又有「**呵利帝兒**」，名曰**愛子**。(若誦真言者)於其「**般支迦**」所說真言(而有在持誦者)，(愛子呵利帝兒將對此人)而作障難。 ❷又「**摩尼賢將子**」，名曰**滿賢**。(若誦真言者)於其「自部」所說真言(而)有(在)持誦者，彼子滿賢(將對此人)而作障難。	❶又「**訶利帝母兒**」，名曰**愛子**。(若誦真言者於)「**般指迦將**」所說(之)真言(而在持誦者)，彼(愛子呵利帝兒將對此人而)作障難。 ❷又「**摩尼賢將兒**」，名曰**滿賢**。(若誦真言者)於「摩尼部」所說(之)真言(而)有(在)持誦者，彼子滿賢(摩尼將兒將對此人)而作障難。

毘那夜迦：

1 形像為「象頭」人身，有「單身」與「雙身」兩種。

2 「單身形」之中，有二臂、四臂、六臂、八臂、十二臂等不同，其手持物於各經軌所載亦不同。

3 「雙身天王」之形像係「夫婦」二天「相抱站立」之狀。蓋密教以「毘那夜迦」之「男天」為「實類」之身，即「魔王」；「女天」則為「權類」之身，即為十一面「觀音」之化身。

4 「毘那夜迦」常隨逐眾生，伺眾生於「方便之際」而作種種「障礙」，連「梵王」及諸「大龍王」悉不能破之，唯有「十一面觀音」與「軍荼利明王」能降伏「毘那夜

迦」；故「十一面觀音」為了降伏「毘那夜迦」，乃便隨順其「本性之欲望」而示現「女人身」，再漸漸以引入聖法。

5 印度於「富蘭那」(Purana)時代，「歡喜天」的信仰頗盛，稱之為「哦尼沙」(Ganeca)，相信彼威力自在，有「障礙、排礙」之力，為一「智慧神」。故每於祈願之初，恭敬稱名歸命。

一－24「頻那夜迦」或時變化成「本尊主人」而受汝供養。佛之「大明真言」能破此障難，復應更作成就諸事之妙「曼荼羅」法

唐・善無畏譯《蘇婆呼童子請問經》	北宋・法天譯《妙臂菩薩所問經》	日本承安三年(1173年高山寺藏本)寫《蘇磨呼童子請問經》(還原版)
⑴如是諸類「毘那夜迦」，各各於(誦真言者所修之)本部中而作障難，不樂(修行者)修道，(不喜)持真言者，(亦)不令成就。	⑴如是等諸「頻那夜迦」，各於本部而作障難，不欲「行人」(誦真言者)得其成就。	⑴如是諸類「毘那夜迦」，各於本部而作障難，不樂「行者」(誦真言者)令得成就。
⑵(毘那夜迦)自變化而(偽裝)作「本真言主」(指修持密咒的某某本尊對像)，來就(親近)念誦人(之)道場中，(甚至接)受於(你對他的)「供養」。	⑵(毘那夜迦)或時變化(偽裝)作「本真言主」(指修持密咒的某某本尊對像)，來就(親近)行人(誦真言者)之處，而(接)受(你對他的)供養。	⑵(毘那夜迦)自變化，(偽裝)作「本真言之主」(指修持密咒的某某本尊對像)，(故意裝)成就(親近)行者，(甚至接)受(你對他的)供養時。
⑶時(真正的)「明主」(明咒主尊)來，見是事已(指毘那夜迦偽作成本尊)，即卻還本宮(自己宮中)，(並)作如是念：	⑶而彼(真正的)「本真言主」(明咒主尊)來至道場，見是事已(指毘那夜迦偽作成本尊)，卻還自宮(自己宮中)，而作是念：	⑶(待真正的)「明主」(明咒主尊)來，見是已(指毘那夜迦偽作成本尊)，卻還本宮，(並)作如是念：
云何如來(能允)許彼(毘那夜迦之)誓願，(讓他們來)惱亂念誦人，令(念誦者所修之咒)法不成(就)，(且遭)有如是障難？	云何如來(能)與彼(毘那夜迦之)所願，不卻(退)此(毘那夜迦)等(障難)，(竟而)令於行人「正修行」者，而得(此)惱亂？使彼持誦(真言)，(其)功	云何如來(能允)許彼(毘那夜迦之)誓願，(讓他們來)惱亂行人者，令(念誦者所修之咒)法不成(就)，(且遭)如斯障難？

唐·善無畏譯《蘇婆呼童子請問經》	北宋·法天譯《妙臂菩薩所問經》	日本承安三年(1173年高山寺藏本)寫《蘇磨呼童子請問經》(還原版)
	不(能)成就？	
㊉假使「梵王」及「憍尸迦」(Kauśika。忉利天之主，帝釋天之異名)諸「天龍」(護法)等，(皆)不能破(壞)彼「毘那夜迦」(之)障難。	㊉正使「梵王、帝釋(Kauśika。忉利天之主，帝釋天之異名)」諸天及龍，不能破(壞)彼「頻那夜迦」(之)作障。	㊉假使「梵王」及「憍尸迦」(Kauśika。忉利天之主，帝釋天之異名)」諸天龍(護法)等，(皆)不能破(壞)彼「毘那夜迦」(之)障難。
(時此)念誦人唯堅心(堅定信心)進意(精進作意)，發大誓願，世尊所說有「大明真言之教」，我今依法修行，要破(壞)此(障)難。	(時此念誦者需發大)誓願，唯除(世尊所說之)「大明真言」有大功力，能退(散)如是諸「作障」者「頻那夜迦」。	(時此念誦者需發大)誓願，唯有「大明真言」之教，如法修行，(方能)免斯(此毘那夜迦)障難。
㊋是故念誦人，(待持咒)遍數滿已，復應更作成就諸事(之)妙「曼荼羅」，(若能)作此法已，彼(毘那夜迦)障難者，便即退散，無敢停足。	㊋諸修行人，當依法持誦，(待)得(咒)數滿已，然(應)更成就妙「曼拏羅」及以「護摩」，使「作障難」(之)「頻那夜迦」(能)退散遠離。	㊋是故行者(誦真言者)，(待)誦(咒)數滿已，復應更入成就諸事妙「漫荼羅」，(若能)作此法已，彼(毘那夜迦)障難者，便即退散。

一一**25**若不依止「佛之法教」及「師訓」，或多語無義，言談世俗，則易遭「毘那夜迦」附身，作種種修行之障礙

唐·善無畏譯《蘇婆呼童子請問經》	北宋·法天譯《妙臂菩薩所問經》	日本承安三年(1173年高山寺藏本)寫《蘇磨呼童子請問經》(還原版)
㊀復次蘇婆呼童子！念誦人(若)不承「師訓」，(於)持誦真言(與)供養，及以「呼摩」(homa，火祭、焚燒，投供物於火中之火祭祀法)，(皆)不依「法教」。	㊀復次行人(誦真言者)於持誦時，及供養時，乃至「護摩」時，若不依「法」及闕「儀則」，彼作障者(指毘那夜迦)，而得其便。	㊀復次(於)持誦(時)、(於)供養，及以「護摩」(時)，(若不)不依(止)「法教」，彼等得(毘那夜迦之)便，而(遭)作(種種)障難。
㊁彼等(指毘那夜迦)諸魔，	㊁又復行人(誦真言者)「心	㊁又復行者(誦真言者)，心

尋得其便，而作障難，令念誦人，心常猶預(同「豫」)，念念生「疑」，(繼續)為誦「此」明真言？供(養持)誦「彼」(真言)耶？(誦真言者常)發如是念誦(之疑惑)時，彼(毘那夜迦)亦得便。	不決定」，而有「疑惑」，謂「此」真言而可(繼續)誦邪？謂「彼」真言而可(繼續)誦邪？若(常)作是念(矣)，彼作障者(指毘那夜迦)，即得其便。	常猶豫，念念生疑，為(繼續)誦「此」明主(明咒主尊)？為(繼續)誦「彼」耶？(若常)作如是念(矣)，(則)彼(毘那夜迦)亦得便。
參(誦真言者)即多語「無義」，談「世俗事」，或說「興易」(興販貿易)，或說「田農」，或論「名利」，令心散亂。	參又復行人(誦真言者)，(若)談說「世俗閑事」，至於「農田、貨易」之類，(此)於自修行(乃)無有「義利」(意義與利益)。彼作障者(指毘那夜迦)，而得其便。彼「頻那夜迦」(便隱附)入行人(誦真言者)身，步步相隨，(待)伺求其「短」(種種缺失)，(然後)作諸障難，令(誦真言者持咒之)法不成。	參又復行者(誦真言者)，多無「義語」(意義之語)，(若)談「世俗」事，或說「興易」(興販貿易)，或說「田農」，或論「名利」，說斯等語。彼障難者(指毘那夜迦)，自然得(其)便(利)，(然後)步步(相)隨，遂令(修真言者其)心散亂。
肆譬如有人，(雖)尋水而行，(但)影(則)入(於)水中(而)形影相逐，不相捨離。彼「毘那夜迦」等，(隱附)入念誦人「身中」，(即)恒不相離，亦復如是。	肆譬如人行，沿彼河岸，身(雖)在岸上，(但)影(卻)落(於)水中(而)寸步相隨，不相棄捨。彼作障者(指毘那夜迦)，(隱附)入行人(誦真言者)身(時)，(即)不相棄捨，亦復如是。	肆譬如有人，(雖)尋水而行，(但)影(則)入(於)水(中)現(而)形影隨逐，不相捨離。「毘那夜迦」(隱附)入行者(誦真言者)身，(即)恒不捨離，亦復如是。
伍 ❶復有「毘那夜迦」，(趁誦真言者正)「澡浴」之時，得便(得以方便隱附)入身。 ❷或有「毘那夜迦」，(於誦真言者)正「念誦」時，得便	伍 ❶或有「頻那夜迦」，於(誦真言者正)「澡浴」時，得便(隱附)入身。 ❷或有「頻那夜迦」，於(誦真言者正)「念誦」時，得便	伍 ❶復有毘那夜迦，(趁誦真言者正)澡浴之時，得便(隱附)入身。

(隱附)入身。	(隱附)入身。	
❸有「毘那夜迦」,(於)念誦之人正「眠臥時」,得便(隱附)入身。	❸或有於(誦眞言者正)「睡眠」時,得便(隱附)入身。	❸或有(於誦眞言者正)眼睡臥時,得便(隱附)入身。
❹有「毘那夜迦」,(於誦眞言者)正「供養時」,得便(隱附)入身。	❹或有於(誦眞言者正)「獻香花」時,得便(隱附)入身。	❹有(於誦眞言者正)供養時,得便(隱附)入身。
	❺或有於(誦眞言者正)「護摩」時,得便(隱附)入身。	
㈥譬如(當)日光照(耀於)火珠(時),而便(有)火出。(當)「毘那夜迦」(隱附)入行者(誦眞言者)身,亦復如是。(將讓誦眞言者於)念誦之時,令心(生)「散亂」,增長「貪、癡、無明」等火,亦復如是。	㈥譬如日光,照(耀)於火珠,以(此)因緣故,而得火生。(當)彼「頻那夜迦」(隱附)在行人(誦眞言者)身,因得其「短」(種種缺失),(故)令行人(誦眞言者)心亂,遂(生)起「貪、瞋、無明」之火。	㈥譬如(當)日光,照以火珠(之時),而便(有)火出。(當)「毘那夜迦」(隱附)入行者(誦眞言者)身(時),(將讓誦眞言者於)念誦之時,令心(生)「散亂」,增長「貪、瞋、無明」等火,亦復如是。

一－**26**「水行、食香、燈頂、笑香、嚴髻」五大「毘那夜迦」附身於持咒者的種種「症狀」解析

唐·善無畏譯《蘇婆呼童子請問經》	北宋·法天譯《妙臂菩薩所問經》	日本承安三年(1173年高山寺藏本)寫《蘇磨呼童子請問經》(還原版)
㈠復有「毘那夜迦」者,名曰<u>水行</u>,(於誦眞言者)正「洗浴」時,(其所修的咒)法若有「闕」,彼(毘那夜迦)即得便(得)逐(而隱附)入身中,令念誦人(得)種種病(生)起,所謂:	㈠若「頻那夜迦」於(誦眞言者正)「澡浴」時,(便)伺得其(於修咒時於法有關)短,(毘那夜迦便隱附)入行人(誦眞言者)身,逐令行人(誦眞言者)起種種過患:	㈠(有)「毘那夜迦」,名曰<u>水行</u>,(於誦眞言者正)洗浴之時,(其所修的咒)法若有「闕」,彼(毘那夜迦)即(隱附)入身,逐令行者(誦眞言者得)種種病(生)起,所為(古同「謂」):
❶飢渴。	❶忽覺飢渴,思念飲食。	❶飢渴。
❷咳嗽。	❸或起懈怠、懶惰之念。	❷咳嗽。
❸懈怠。	❹或耽眠睡。	❸懈怠。

❹多睡。 ❺四支（肢）沈重。 ❻無故「多瞋」（或經常抱怨）。	❻或起「瞋恚」等事。	❹多睡。 ❺四支（肢）沈重。 ❻加之「多瞋」（或經常抱怨）。
㈡復有「毘那夜迦」，名曰食香，（於誦真言者）正獻「塗香」時，（其所修的咒）法若有闕，彼（毘那夜迦）魔（便隱附）入身，即令念誦人遂有「病」（生）起，所謂：	㈡若「頻那夜迦」，於（誦真言者正）獻「塗香」時，（便）伺得其（於修咒時於法有闕）短，（毘那夜迦便隱附）入行人（誦真言者）身，遂令行人（誦真言者）起諸過患：	㈡復有「毘那夜迦」，名曰食香，（於誦真言者正）獻「塗香」時，（其所修的咒）法（若）有闕，彼（毘那夜迦）即（隱附）入身，遂令行者（誦真言者），腹（心）有病（生）起，所為（古同「謂」）：
❶思想「憶生緣處」（懷憶鄉國出生之處）。 ❷或思「餘處」（其餘之處）。 ❸或思「寡婦」，而生懈怠。 ❹或思舊（以前）「耽欲」之處，休廢道業。（應指未出家，或未開始修道之前的「五欲」生活） ❺或思舊（以前）日廣用「財寶」，耽酒嗜肉，伴合（結伴迎合於）朝廷（權勢而）分別貴賤。（指未出家，或未開始修道之前的「五欲」生活） ❻觀諸「色境」，好貪「美欲」，而退道心。	❶或思「鄉國生緣」之處。 ❸或起「懈怠」之念。 ❻或起「欲想」分別妙境。	❶思想「憶生緣處」。 ❷或思「餘處」。 ❸或思「寡人」（寡婦之人）而生懈怠。 ❻或思「欲想」分別諸境。
	㈢若「頻那夜迦」於（誦真言者正）「燒香」時，（便）伺得其（於修咒時於法有闕）短，（毘那夜迦便）「破地」而出，（隱附）入行人（誦真言者）身，遂令行人（誦真言者）起諸過患：	㈢有「毘那夜迦」，名曰烏黑，其形極大，（於誦真言者正）獻「燒香」時，（其所修的咒）法若有闕，彼（毘那夜迦）從「地」出，而便（隱附）入身，遂令行者（誦真言者）諸煩惱起，所為（古同「謂」）：

	①或生「嫉妬」。	①慳貪。
	②或發「瞋恚」。	②諂曲(逢諂曲意)。
	③或起「邪見」。	③忿恚。
	④或思「邪婬」等事。	④頻頻「失精」，令身不淨。
㈣復有「毘那夜迦」，名曰燈頂，(於誦眞言者)正獻「燈火」時，(其所修的咒)法若有「闕」，(毘那夜迦)得便(隱附)入身，遂令念誦人(得)種種病(生)起，所謂：	㈣若「頻那夜迦」於(誦眞言者正)「獻燈」時，(便)伺得其(於修咒時於法有闕)短，(毘那夜迦便隱附)入行人(誦眞言者)身，遂令行人(誦眞言者)而發：	㈣復有「毘那夜迦」，名曰燈頂，(於誦眞言者正)獻燈之時，(其所修的咒)法若有闕，彼(毘那夜迦)即(隱附)入身，遂令行者(誦眞言者)種種病生(起)，所為(古同「謂」)：
❶心痛。	❶心病。	❶心痛。
❷壯熱(高熱;高燒)。	❷心悶痛苦。	❷壯熱。
❸損心。	❸以至損心。	❸損心。
㈤復有「毘那夜迦」，名曰笑香，(於誦眞言者)正獻花之時，(其所修的咒)法若有闕，彼(毘那夜迦)即得便，遂令念誦人(得)種種障(生)起，所謂：	㈤若「頻那夜迦」於(誦眞言者正)「獻花」時，(便)伺得其(於修咒時於法有闕)短，(毘那夜迦便隱附)入行人(誦眞言者)身，遂令行人(誦眞言者)起諸過患：	㈤復有「毘那夜迦」，名曰笑花，(於誦眞言者正)獻花之時，(其所修的咒)法若闕，彼(毘那夜迦)即得便，遂令行者(誦眞言者)種種障起，所為(古同「謂」)：
①壯熱(高熱;高燒)。	①或身壯熱(高熱;高燒)。	①壯熱。
②鼻塞。		②鼻塞。
③噴嚏(古同「嚏」ㄊㄧˋ)。		③噴嚏(古同「嚏」ㄊㄧˋ)。
④眼中淚出。		④眼中淚出。
⑤支(肢)骨酸疼。	⑤或肢節疼痛。	⑤支(肢)骨酸疼。
⑥及與「伴侶」(此指同修咒語之善知識良伴)相諍(而導致)離散。	⑥或與「助伴」(此指同修咒語之善知識良伴)相諍，以至離散。	⑥及與「伴侶」(此指同修咒語之善知識良伴)相諍(而導致)離散。
㈥復有「毘那夜迦」，名曰嚴髻，(於誦眞言者)正念誦人，(其所修的咒)法若有「闕」，彼(毘那夜迦)即得便，遂令念	㈥若「頻那夜迦」於(誦眞言者正)念誦時，(便)伺得其(於修咒時於法有闕)短，(毘那夜迦便)入(隱附)行人(誦眞言者)身，	㈥復有「毘那夜迦」，曰嚴髻，(於誦眞言者正)念誦之時，(其所修的咒)法若有闕，彼(毘那夜迦)即得便，遂令行

誦人，有諸病(生)起，所謂：	遂令行人(誦眞言者)起諸過患：	者(誦眞言者)有諸病(生)起，所謂：
❶壯熱(高熱;高燒)。	❶或得病惱，身體疼痛。	❶壯熱(高熱;高燒)。
❷便利(大小便利)不(瀉)出。	❷或患腹肚，「下痢」無恒(「便利」理當恒常固定，若有時出，有時不出，無法恒常固定，則屬腹病也)。	❷便痢(大小便利)不(瀉)出。

一－27 「毘那夜迦」附身後的 9 種「情境」與 10 種「惡夢」。行者可用「軍荼利忿怒明王真言辟魔印」等而作護身

唐・善無畏譯《蘇婆呼童子請問經》	北宋・法天譯《妙臂菩薩所問經》	日本承安三年(1173 年高山寺藏本)寫《蘇磨呼童子請問經》(還原版)
竇諸「毘那夜迦」(隱附)入身，即令(誦眞言者)心生「迷惑」：(底下有9種情境發生)	竇又復諸「頻那夜迦」悉(隱附)入身中，遂令行人(誦眞言者)起種種過患，魔既熾盛，心遂(生)「迷惑」：(底下有9種情境發生)	竇諸「毘那夜迦」(隱附)入身熾盛，令(誦眞言者)心(生)謎惑：(底下有9種情境發生)
❶以西為東，以南為北，作諸「異相」。	❶不辯東西，見諸「異相」。	❶以西為東，作諸「異想」。
❷或即「吟詠」。	❷或似(好像是在)念誦，(其實)語不分明(不清楚)。	❷或即「吟詠」。
❸或無緣事(沒有重要的事情因緣)，欲得「遊行」(指行住不定的到處周遊行走)。	❸或無事緣(沒有重要的事情因緣)，(但卻)行往不定。	❸或無緣事(沒有重要的事情因緣)，欲得「遊行」(指行住不定的到處周遊行走)。
❹心懷異想，有所不決，便起「邪見」，(並)作如是言：	❹或心「不決」，便起「邪見」：	❹心懷「異想」，有所「不決」，便起「邪見」，(並)作如是言：
①或說無有(所謂的)「大威(德)真言」。	①或說無有「生天」，亦無「得罪」。	①或說無有(所謂的)「大我真言」。
②亦無天堂，無有善惡。	②或言無有修行，定無「聖力」。	②亦無「天堂」及能居者，亦無善惡，及彼因果。

③亦無(令人得)纏縛(事)，及(令人)得解脫(事)。 ④說持誦者，「唐捐」(徒自棄捐)其功，便生「邪見」，與善相隔，撥「無因果」。	③(或說)虛念真言，妄受辛苦。 ④(或說)無善無惡，無因無果。 ⑤(或)亂言、綺語，(作)種種「無恒」(不定之事)。	③亦無(令人得)纏縛(事)，及(可)以(得)解脫(事)。 ④說持誦者，「唐捐」(徒自棄捐)其功，以此「邪見」與心相應，遂出此言，撥「無因果」。
⑤以(以)手斷草。 ⑥及(翻)弄土塊。 ❼(雖)眠時(但一直)嚙𪘚 齒。	⑤或(以)手折草木。 ⑥或(翻)弄土塊。 ❼或睡時(但一直)齘(同「咬」)齒。	⑤以(以)手斷草。 ⑥及(翻)弄土塊。 ❼(雖)眠時(但一直)嚙𪘚 齒。
❽或起「欲想」，及欲「娶妻」(而)自愛樂者。 彼(女人)不相愛(此誦真言)者，(亦)自不樂(此誦真言)者，(但)彼(誦真言者)即愛樂(此女人)。	❽或妄起「欲想」，於「彼女人」而生愛樂。 (但)彼之女人(卻反)不樂行人(誦真言者)。或復彼(誦真言者即愛)樂(此女人)。	❽或起「欲想」，及欲「娶妻」(而)自愛樂者。 (但)彼(女人則)不相愛(此誦真言者)，(亦)自不樂愛(此誦真言者)；(雖此女人)自不樂(此誦真言)者，(但)彼(誦真言者)即受愛樂(於此女人)。
❾(此誦真言者)既「不順意」(指無法順意獲得美色)，(便)臥而不睡，欲往侵(犯)他婦兒，意盧(或作「竟夜」)不眠。	❾(此誦真言者)自心不順(指自己無法順意獲得美色)，竟其夜分，不能睡眠。	❾(此誦真言者)既「不順意」(指無法順意獲得美色)，(便)臥而不睡，欲作「邪行」，竟夜(而)不眠。
㈡設若得睡：(底下有10種惡夢) (1)夢見(被)「大蟲、師子、虎、狼、猪、狗」所趁(追逐;追趕)。 (2)(或夢見)「駝、驢、猫兒」及「鬼、野干(狐狼)、鷲鳥、鸑鸑鳥」，及「鸐(或作「獥」)胡」(獥狐,怪鳥也,形如土梟,	㈡或復睡著，即得「惡夢」：(底下有10種惡夢) (1)乃見「舍哩努(二合)攞」(śārdūla老虎;豹)，及「師子、狼、狗」所趁(追逐;追趕)。 (2)或(夢)見「駝、驢、猪豕𠭊、猫兒、野干(狐狼)」之類，又(夢)見「鷲鳥、鷺鶿」，及「獥狐」等飛怪之	㈡設若得睡：(底下有10種惡夢) (1)夢見(被)「大虫、師子、虎狼、猪、狗」所趁(追逐;追趕)。 (2)(或夢見)「駝、驢、猫兒」及「鬼、野干、鷲鳥、鷺鴛」，及「獥胡」(獥狐,怪鳥也,形如土梟,晝伏夜出,好食)。

畫伏夜出，好食）。	禽。	
⑶或時夢見（穿）著故（舊）破衣（的）不淨之人。		⑶或時夢見著故（舊）破衣（的）不淨之人。
⑷或時夢見「裸形、禿髮、黑體」之人。		⑷或時夢見「裸形、髡髮（剃去頭髮）、黑體」之人。
⑸或夢見「裸形外道」。	⑸又復夢見「裸形外道」，（彼外道）以「乾濕骨」而為莊嚴。	⑸或時夢見「裸形外道」。
	⑷或夢（見）「短小惡相」之人。	
	⑷或夢（見）身體（有）「白癩（惡瘡；頑癬）」之人。	
	⑷或夢（見）赤髭「（嘴唇上邊的翳子）醜貌之人。	
⑹或（夢）見「枯池」及以「枯井」。	⑹⑺或夢（見）「髑髏、骨聚、枯井、枯池」。	⑹或（夢）見「枯池」及以「枯井」。
⑺或（夢）見「髑髏」，或（夢）見「骨聚」。		⑺或（夢）見「髑髏」，或（夢）見「骨聚」。
⑻或（夢）見壞棄（之房）舍屋宅。	⑻或夢（被）破壞（之）屋舍，（為）人所捨棄。	⑻（或）夢見（為人所）破壞、人所（放）棄（之）捨（房舍）。
⑼或（夢）見石磓（古通「堆」）。		⑼或（夢）見石磓（古通「堆」）。
⑽或（夢）見恐怖「惡人」，手執「槍刀」及雜器仗，欲來相害。	⑽或夢（見）「惡人」，手持「槍劍」及諸「器仗」，欲來侵害。	⑽或（夢）見恐怖畏難之人，手執「搶刀」及諸器仗，欲來相害。
㈢當見如是（夢中10種）「惡相」，即知（皆是）彼等「毘那夜迦」，令作（之）障難。	㈢若於夢中見如是（10種惡）事，即定知（皆是）彼等諸「頻那夜迦」而作（之）障難。	㈢夢中當見知是（10種）「惡相」，若有此相，則（知皆是）彼等「毘那夜迦」令作（之）障難。
㈣（此時）行者（誦真言者）等，（應）即用「軍茶利忿怒明王真言辟魔印」等，而作「護	㈣（此時）持誦行人（誦真言者），（應）即作「甘露軍拏利忿怒明王法」，及念「真言」	㈣行者（誦真言者）即用「軍茶利忿怒明主」，而作護身。如上所說（21種）護摩（疑作「諸

身」。如上所說(21種)諸魔障難，悉得消滅，不能惱亂。	以為護身。使如上(21種)「頻那夜迦」諸魔障等，悉皆「解脫」，不能侵惱。	魔」二字)障難，悉得解脫，不能惱亂。
(五)若有念誦彼真言(軍荼利忿怒明王真言辟魔印)者，(則)諸「毘那夜迦」終不得便(去傷害誦真言者)。	(五)若有常持此真言(甘露軍拏利忿怒明王法)者，(則)一切魔障，無由得便(去傷害誦真言者)。	(五)若有念誦彼真言(軍荼利忿怒明主真言)者，(則)諸「毘那夜迦」終不得便(去傷害誦真言者)。

《清淨法身毘盧遮那心地法門成就一切陀羅尼三種悉地》

(1)爾時**普賢菩薩**從坐而起，白言：法身世尊(毘盧遮那佛)！諸佛如來以「大慈」為本，云何諸「陀羅尼」(出現)說有「操惡(操持凶惡)威德自在、傷害鬼神」，及(降伏)諸「外道天阿脩羅」(的內容)？

(2)**毘盧遮那**(佛)言：汝今諦聽，吾為汝說，期(或作「斯」)有二義，應善知之，云何為二：
一者、諸佛方便說法，「導引」眾生。
二者、(諸佛)顯(出)此猛烈「操惡」(操持凶惡)之身，(乃為)降伏眾魔(而)令(彼)入佛道。

(3)汝等應知，此亦是「方便」。持咒之人見有「此事」，即心生「忿怒」(而執著的去)降伏鬼神，(此皆)未得「悉地」(成就)，不然(未然=尚未)成(靈)驗，又不知(此乃)諸佛「方便」(之)所說。

(4)欲知此者，(應須先)**降伏**自心種種「**顛倒、忘**(或作「妄」)**想、攀緣**」(之心)，(及降伏種種)作諸「不善」(事)；或(自己己)生「餓鬼」之心、或(自己己)生「外道」之心、或(自己己)生「修羅」之心、或(自己己)生諸「惡鬼神、羅刹」之心。(心魔大於外魔，心魔難降，外魔易降)

(5)以是義故，(自心)念念(之)相生，皆是「諸惡鬼神、天、阿脩羅」(之相)，及諸「外道、羅刹鬼」(之相)。(修行人)要從(內)「心」(修善)而生，雖不「即生」(此生；當生)受如是(鬼神等之果)報。

(6)諸法所說「**摧伏鬼神**」者，(乃)以是「咒力」能滅(除你)「心中」如是「**惡念**」，(既然己心若)無此「**惡念**」，(則亦)不受「惡身」(之果報)，故當知(此即是以咒力)「降伏」(自心之惡)者矣！若能先降「自心諸惡鬼神」者，(則)一切(外面的)「天魔、外道、天、阿修羅、藥叉、羅刹、諸惡鬼神」，自然(皆能)歸伏，無敢違逆(違反相逆)。若(人)**不自**(先)**降伏**(自己心中之)「**惡心**」，(而)能(去)降伏(外面的)諸「餘天鬼神」者，無有是處！

(7)**普賢菩薩**又白言：云何法中說有(持咒能)「**治病**」救眾生苦？云何於餘部經中，(又有)即說「不許」(不允許)病(去)合和「湯藥」(的道理出現)？其義云何？

(8)**毘盧遮那佛言**：「治病」亦爾，與前(面所說的道理是)「不異」(一樣的)。(若能)自治「心病」(心中的邪念妄想諸病)，既可能治(其餘外面的)諸病。若(修行人)自(己已)有(心)病，(卻執著)能(去)治(療)彼病(彼人的疾病)，無有是處。

說「不許」(不允意以)持(咒而去治)病者，(乃)為自(己心中仍有)病故(自己的邪念妄想諸病還沒治，所以如何能以持咒之力去治療別人的病？)。

說有「許」(同意能以持咒而去治病)者，為斯(此諸佛所宣說之)「咒力」，(皆能)令彼(獲得)解脫者，(乃因持咒者之)心(已)無有病(指已無邪念妄想諸病)，(如果自己仍)有病者，(則)不名(為)「解脫」。

持咒之人，自(己仍)有「心病」(邪念妄想諸心病)，(則)終不能(以咒力去)治「諸病」，縱(然去)治，亦不可。

(9)**普賢菩薩又言**：世尊！云何(纔)聞「陀羅尼」(即)能「滅重罪」？又能救「地獄苦」？其義云何？

(10)**毘盧遮那**(佛)言：此有二義：

一者、真聞。

二者、耳聞。

❶真聞者：(若能)深達「法性」(者)，知(諸)法(皆)如幻，「罪體」(罪惡之體性)亦爾，(皆)了不可得。如是之人，是真(獲)「悉地」(成就)，(故聞陀羅尼，則)能救「地獄」(之苦)，何以怪之？

❷耳聞者：假(遇)諸「因緣合和」(而)聞之(陀羅尼)，諸佛以此「方便」，令此聞(陀羅尼)者，(獲得)漸漸薰修，(令其能)自識「本性」(本來之心性)。以是因緣，眾罪(便可)消滅，(並)承諸「佛力」(不可思議的佛力)亦然，(而達到能)救地獄苦(之功效)。

一－28 可請清淨有威德之「阿闍梨」作法解除魔障

唐·善無畏譯《蘇婆呼童子請問經》	北宋·法天譯《妙臂菩薩所問經》	日本承安三年(1173年高山寺藏本)寫《蘇磨呼童子請問經》(還原版)
㊀復次蘇婆呼童子！念誦人欲救「著障」(著陷於魔障)人，(為)令解脫者。	㊀復次持誦行人(誦真言者)，欲作法解除「魔障」，求解脫者，先請清淨有威德「阿闍梨」。	㊀復次欲除彼(誦真言者)所「著障」(著陷於魔障)，為(欲求)解脫者，即應依此(而設立)妙「漫荼羅」。
即應有「群牛」所居之處，或一樹下，或神廟中，或四衢道，或空閑室，或於林間。	可就山中，或是池側，或林樹下，或是聚落空閑之舍，或是清淨四衢之道。	其有「牛群」所居之處，或樹下，或有神廟，或四衢道，或空閑室，或於林中。

㈡得如上諸地，任簡取一所，一如「治地法」，畢已，即取「牛糞」，和「香水」塗地，乾已。復取香水重塗其地，然後以「五色土」下，依「曼荼羅」，用「五色土」。其壇頓方，量闊三肘，安立四門，於中二肘方量作坑，坑內布以茅草，坑外兩肘，各分位座，安置「明王真言主」等。	㈡(先)得是處已，然用「五色粉」作「曼拏羅」，「五色」者，即「黃、青、赤、白、黑」等，其「曼拏羅」，量方四肘，作四門，中作坑，方二肘，於坑內布「吉祥草」，於坑外四面，分布安置「真言主」明王座位。	㈡以「五色彩」作「漫荼羅」，其「五色」者，謂「白、黃、赤、青、黑」之類，其量頓方四肘，安立四門，於中二肘，方量穿坑，坑內布以茅草，坑外兩肘各分位座，安置「明王真言主」等。
㈢於八方各畫「本方大神」，復取四口新瓶，不得「黑色」太燋、或(太)生者。盛滿「香水」，及以「五寶」，并「赤蓮花」諸雜草花香者，皆充供養。果樹嫩枝等，皆插瓶內，以「五色線」纏繫「瓶項(頸)」，安於四方。	㈢又於八方粉作「本方天神」，以四寶瓶，或用四新「瓦瓶」代之，其瓦瓶不得用「黑色」，及「太焦、太生」者。瓶內盛「五穀、五寶」，及「香水」令滿，兼以「赤蓮花」，及「雜樹花枝」等插於瓶內，復以「五色線」纏「瓶項(頸)」，安於四方，為灌頂用，安置已。	㈢於八方所各畫「本方大神」，復取四箇新瓶，不得「黑色」，(及)大「燋、生」者。盛滿「香水」，及以「五寶」，并「赤蓮花」諸花樹枝，皆內瓶中，以「五線」纏其瓶項，安於四方。
㈣然後應請彼「明王」等，以諸供具，而供養之。復以「酒肉、蘿蔔」及以眾多「波羅羅食(pāṭala 淡紅色食品)」，供養彼等「八方大神」，及一切「毘那夜迦」。	㈣然可請召諸「明王」等，以上妙「香花飲食」及供具等，而供養之，復以「酒肉、蘆蔔、蔬果」之類，供養「八方天神」，及諸作障「頻那夜迦」等。	㈣然後應請彼「明主」(明咒主尊)等，以諸供養具而供養之，復以「酒肉、蘿蔔」，及以眾多「波羅羅食(pāṭala 淡紅色食品)」，供養彼等「八方大神」，及諸一切「毘那夜迦」。
㈤將彼「著障」(著陷於魔障)之人，令入坑中，面向東坐，念誦人於壇西面，面	㈤然後彼「著障」(著陷於魔障)人，於壇中坑內，面東而坐。其「阿闍梨」，取四方	㈤呼彼「著障」(著陷於魔障)之人，令入坑中，向東而坐，然後取彼所置之瓶，

向東坐，誦真言「一百八遍」已，然後取彼所置四角瓶水，還以「阿蜜唎囉枳當伽（Amṛta kuṇḍalī 軍荼利明王）」（此云赤色）明王王（主），及「結唎吉囉（kili-kilā 橛；普巴）」明王，并「槑囉弭良拏」明王等真言，持誦數過「一百八遍」已，與灌彼頂，如是四瓶，次第應灌，作此法已，彼「著障」（著陷於魔障）人者，即得解脫。

㈥此「曼荼囉」，非獨（只）能除一切「毘那夜迦」，亦能利益「官事」之人，及女人難嫁，（或）興易（興販貿易）之人。（以及能利益）不獲「資利」，農營不收子實（種子結實），（與被）魍魎所著，及患「壯熱」，（及）孩子（被）「鬼魅」所著，及（被）「吸精噓鬼」得便者。夜臥常見「惡夢」，（為癩）癩瘄 病所纏，及有十種病等。（皆可）作此「曼荼囉」，（並）與彼灌頂。

㈦諸如色類，悉皆獲利，所（欲）求窺（望）者，並皆（能獲）滿足，諸餘病疾（疾病）亦復能差（瘥瘄→病癒），又復能消滅無量罪障。

瓶，誦「甘露軍拏利忿怒明王真言」百遍，加持彼瓶。誦數滿已，及依法作諸法事，然後以此瓶水灌「著障」（著陷於魔障）人頂，彼「著障」（著陷於魔障）人，即得解脫。

㈥此「曼拏羅」非獨（只能）解脫「魔障」，亦能滅一切罪，增無量福。若能依法修持，無不獲得果驗者。

以「軍吒利明主囉枳（二合）黨去伽（此云赤形）」明主，及「繼唎（二合）吉囉（二合）明主」，「捺羅（二合）弭良拏（短二合）」明主等真言，持誦其瓶，數過百，與灌彼（著陷於魔障者）頂，又四瓶，次第應灌，作法已，彼所「著障」（著陷於魔障），即得解脫。

㈥此「漫荼羅」非獨（只）能除「毘那夜迦」，亦滿眾生種種「勝願」（殊勝求願），謂「工、商、農、土」，（或）男女失昏（古通「婚」），如是等事，無不稱心。（或被）魁魎所著，及患「壯熱」，（及）孩子（被）「鬼魅」所著，及（被）「吸精靈鬼」（得便）。（夜臥）常見「惡夢」，（遭）癲瘤 等病，所（有）一切病，（皆可）作（此）「漫荼羅」法，自灌頂已。

㈦如上等類，所（欲）求窺（望）者，悉皆滿足，諸餘病疢（疾疢），亦復能除，又能消滅無量罪障。

第二卷

二一1 「毘那夜迦」魔障需除，所持真言方得成就。「不依法則、不如法供養、真言字句有加減、聲相不正」是不成就的原因

唐・善無畏譯《蘇婆呼童子請問經》	北宋・法天譯《妙臂菩薩所問經》	日本承安三年(1173年高山寺藏本)寫《蘇磨呼童子請問經》(還原版)
〈分別成就相分品第五〉	〈分別悉地相分第五〉	〈蘇摩呼請問分別成就相分第五〉
㊀復次蘇婆呼童子！時彼行者(誦眞言者)於諸「障難」，得解脫已，身心清淨，無諸垢穢。譬如明月，而埋於雲，(待)雲除散滅，(則亮)麗乎(於)「光天」，於虛空中，(則)朗然顯現。念誦人所修種種功德，除斷「毘那夜迦」所作(之)障難，悉皆消滅，亦復如是，所持「真言」，悉得成就。	㊀爾時彼持誦行人(誦眞言者)，被諸「魔障」種種惱亂，欲令退心者。既知是魔，即須「作法」而為除解；得除解已，身心安靜，無惱無垢。譬如明月，得雲退散，離於障閉(或作「蔽」)，(則)朗然(之)天際，(方)住於空中，照耀無礙。彼之行人(誦眞言者)，持誦修行，獲離「魔障」，亦復如是。	㊀時彼行者(誦眞言者)，於諸「障難」得解脫已，身心清淨，無諸垢穢，譬如明月，出從於雲，(待)風(被)擊(滅)雲(霧)除(退)，(則光)暉(亮)麗乎(於)「光天」。行者(誦眞言者)所修種種「功德」，(及)「毘那夜迦」所作障難，皆悉消滅，亦復如是。
㊁(若持誦眞言不獲成就者)譬如種子，(必須)因「地」及「時」，并「雨」溉灌，潤澤調順，得好「風雨」，然後芽生，乃至成熟。然其「種子」若(改在)在「倉」中，芽尚不(可)生？況復(能生)「枝葉」及「花果實」？	㊁又復持誦(眞言)，不獲成就者，譬如種子，(必須)因「地」因「時」，「風雨」不愆(咎)，「溉潤」無失(調)，乃可生芽，以至成熟。若或種子不以其「時」，(亦)不植於地，使彼「芽莖」，無由得生？何況(能生)「枝葉」及「果實」耶？	㊁所以(持誦)真言，不得成就(者)，譬如種子，(必須)因「地」及「時」，并「雨」溉澤，調順好「風」，然可(令)「芽」生，乃至成就。然其種子若(改)在「倉」中，「芽」尚不生，況復(能生)「枝葉」及「花菓實」？
㊂持誦真言(者)： ❶不依「法則」。 ❷及不(如法)「供養」。	㊂持誦行人(誦眞言者)： ❶若不依「法」。 ❸又(自己)不清淨。	㊂持誦真言(者)： ❶不依「法則」。 ❷及不(如法)「供養」。

❸(自己)已(以)不清淨故。	❷於諸「供養」,曾無「虔潔」(誠敬而純潔)。	❸(自己)亦「不清淨」。
❹真言字句,或有「加、減」。	❹於其所誦真言文字,或有「闕、剩」。	❹其真言字,或有「加、減」。
❺(咒語發音的)聲相「不正」。	❺至於呼吸(指持咒的「聲相」技巧)「訛略不正」。	❺(咒語發音的)聲相「不正」。
(如上五種情形則)不獲廣大諸妙「悉地」(成就),亦復如是。	(如上五種情形則)是以種種「悉地」(成就)而不現前,不獲成就亦復如是。	(如上五種情形則)不成廣大諸妙「悉地」,亦復如是。
㊵譬如興雲下雨,隨眾生「福」,而下多少,持誦之人所施「功勞」,獲得成就,亦復如是。	㊵又如興雲,降其雨澤,隨眾生「福」,而有多少,隨持誦人所施「功勤」,獲得成就,亦復如是。	㊵譬如興雲下雨,隨諸草木,而含滋茂,大小花菓,差別不等,所說「真言」,亦復如是。持誦之人所施「功勞」,隨其增減,獲福多少,所獲成就,亦復如是。
㊄若有行者(誦真言者),於清淨處,(並)依「時」及「節」所制之法(而持咒),(其)所犯罪者,(得以)漸漸消滅。福聚圓滿,能獲「真言」霑(恩)及成就。	㊄若是行人(誦真言者),獲其「勝地」(殊勝清淨之地),兼依「法則」(而持咒),至於(前面)所制(之規矩),亦無誤犯。(則)黑業消滅,「白業」(清淨之善業)漸增,持誦所求(之功),即趣成就。	㊄若其行者(誦真言者),於清淨處,及依「時、節」所制之法(而持咒),亦(能令嬉)戲犯罪,(得以)漸消滅。福聚圓滿,能獲真言霑(恩)及成就。
若罪不(能)滅,功德(亦)不圓(滿),(則知此人一定)不依「法則」,(故令)真言不成(就),翻此應知。	若其如是,一一(皆)無(缺)失,於諸成就,得獲無疑。	若罪不(能)滅,功德(亦)不生,(則知此人一定)不依「法則」,(故令真)言不成(就),翻上應知。

二－2持誦者若有闕犯,或間斷,或授予「非同道、非根器」

者，就算誦滿遍數，仍無法成就，則應需如法作「護摩」供養

唐・善無畏譯 《蘇婆呼童子請問經》	北宋・法天譯 《妙臂菩薩所問經》	日本承安三年(1173年高山寺藏本)寫 《蘇磨呼童子請問經》(還原版)
㊀復次蘇婆呼童子！其念誦人，中間所有「闕犯」，或有「間斷」，(便放)棄(原)本所誦(的咒語)，(另外)別持(其)餘明(咒)。(或)自所持(咒語)者，(妄自傳)授與他人(此指妄傳給非同道、非根者者)，(就算)念誦遍數雖滿，(仍)不(能)成(就)。	㊀復次行人(誦真言者)，於持誦之中，有所「闕犯」，或是「間斷」本誦(本所誦咒語)，(另外)別持(其它的)真言。或將所誦真言(傳)授(於)非「同志」(志同道合者)，(將導)致其所誦雖滿，(仍)無成(就)。	㊀復次行者(誦真言者)於念誦時，中間有所「闕犯」，或有「間斷」，(便放)棄(原)本所誦(的咒語)，(另外)別持(其)餘(的)明主(明咒主尊)。(或將)自所持(誦之咒語)者，(妄自傳)授與「他人」(此指妄傳給非同道、非根器者)，(就算)念誦遍數雖滿，(仍)不(能)成(就)。
㊁復更應須每日三時，如法供養，念誦數滿一「十萬」遍，即應如法「呼摩」(homa，火祭、焚燒，投供物於火中之火祭祀法)供養。	㊁便應復更虔心倍前專注，每日三時如法供養，潔淨內外不失儀則(儀軌法則)，更誦「一洛叉」(十萬)遍，得數滿已，便可作「護摩」法而為供養。	㊁復更應須每日三時，如法供養，念誦數滿「十萬」遍，即應如法「護摩」。
㊂ ①當以「大麥」。 ②用「稻穀花」。 ③或用「油麻」。 ④或用「白芥子」。 ⑥隨取其一，與「酥」相和。	㊂ ①當以「大麥」 ②或用「稻花」。 ③或以「脂麻」。 ④或「白芥子」。 ⑤或是「蓮花」。 ⑥隨用一物，以「酥」相和。	㊂ ①當以「大麥」。 ②用「稻花」。 ③或以「巨勝」。 ④以「白芥子」。 ⑥ ⑥隨取其一，與「蘇」相和。
真言數滿，四千(遍)或「七、八」千(遍)。	數足四千(遍)，或七千，或八千，乃至「十千」(1萬遍)。	數滿「十千」(1萬遍)，或「八、十」千，或「四、三」千。
㊃ ❶或「優曇鉢羅」(udumbara)	㊃ ❶又以「憂曇鉢羅」	㊃ ❶以「憂曇鉢羅」木。

木。	(udumbara)木。	
❷或「阿說他」(aśvattha)木。	❷「菩提樹」(bodhi)木。	❷或「阿說他」木。
❸或「波羅賒」(Palāśa-kāṣṭha)木。		❸或「波羅賒」(Palāśa-kāṣṭha)木。
❹或「遏迦」(argha 功德;香花)木。	❹白赤「阿哩迦」(argha)木。	❹或「闕迦」木。
❺或「龍」(naga)木。	❺「龍樹」(naga)木。	❺或以「龍」木。
❻或「無憂」(aśoka)木。	❻「無憂樹」(aśoka)木。	❻或用「無憂」木。
❼或「蜜魯婆」木。	❼「吉祥」木。	❼或「蜜魯婆」木。
❽或「尼居陀」木。	❽❾「爾虞嚕馱、檐沒羅」木。	❽或「尼俱陀」木。
❾或「奄沒羅」木。		❾或「奄沒羅」木。
❿或「佉陀(地)囉」木。	❿⓫「佉儞囉、舍彌」木。	❿或「却羅」木。
⓫或「賒彌迦」木。		⓫或「賒彌」木。
⓬或「鉢落叉」木。	⓬「鉢羅叉」木。	⓬或「鉢落」木。
⓭或「阿波末迦」木。	⓭⓮「阿波末里議、末度」木。	⓭或「阿波末伽」木。
⓮或「末度迦」木。		⓮或「末度迦」木。
⓯或「謀母迦」木。	⓯「閻浮」木。	⓯或「湛母迦」木。
⑤如上所說諸木之中，隨取一木，麁細如指，長短十指許，「酥蜜、酪」搵ㄣ(用手按)柴兩頭。	⑤以如上木，隨取一木為柴，當使「濕潤」者，若「乾枯」蟲蠹，或「燒殘」者，並不得用。其柴麁細如「指」，長「十二指」截已，以「酥蜜、酪」搵ㄣ(用手按)兩頭。與「稻花」或「脂麻芥子」等，隨取一物(而)同燒。	⑤隨取一木，麁細如指長「十指」，截於「蘇蜜、酪」榲ㄣ(疑爲「搵ㄣ」字➜用手按)柴兩頭。
每日「呼摩」(homa，火祭、焚燒，投供物於火中之火祭祀法)，數如上所說。	(每日)作「護摩」(homa，火祭、焚燒，投供物於火中之火祭祀法)，滿上數已。	每日「護摩」，數如上說。
(若於持咒)有「闕犯者」，還得(獲)清淨，然後方誦「真	前(於持咒)所(有的)「闕犯」，還得(獲)清淨，然後方可更求	前(於持咒)所(有的)「闕犯」，還得(獲)清淨，然後方求「真

言」，(將獲)悉地(而)無所障礙。	「真言」，(將獲)悉地(而)得無障難。	言」，(將獲)悉地(而)無所障難。

palāśa 甲 葉；群葉；花弁；Palāśa 樹の花；蓮訳 葉，綠；華，花，花萼 Aṣṭ-pr., Laṅk., Mvyut., Saddh-P., 梵千., 梵雄. 男〔大形の葉で赤い花のある樹の名，学名 Butea frondosa〕；漢訳 赤花樹 玄応.；音写 波羅，波羅奢，鉢羅奢，波羅舍 Mañj-m., Śikṣ., Suv-pr., 玄応. 一° 形 (女-i) 葉の.

palāśa-kāṣṭha 甲 漢訳 (音写) 波羅舍木 Mañj-m.

二－3 行者持誦之本尊真言，若與「其餘部王」產生「相剋」障礙時，應當持誦「橛金剛真言」而助解脫

唐・善無畏譯《蘇婆呼童子請問經》	北宋・法天譯《妙臂菩薩所問經》	日本承安三年(1173年高山寺藏本)寫《蘇磨呼童子請問經》(還原版)
㊀復次蘇婆呼童子！行者(誦真言者)所持(之)真言，(若有其)餘(各部主所)持誦(之真言)者，(導致)繫縛「明王」，或斷、或破，令(本所持真言明王)不成就者。(底下經文有云：其實真言，終不相破，亦不相斷及與繫縛，其真言法亦如是)	㊀復次行人(誦真言者)所持(之)真言明主(明咒主尊)，或有(持誦)「餘部」而(導致)相「禁縛」，或截斷、或破壞，使其所求(而)不得成就。	㊀復次行者(誦真言者)所持真言，(若有其)餘(各部主所)持誦(之真言者)，(導致)繫縛明主(明咒主尊)，或若釘、打，或斷、或破，令(本所持真言明王)不成就。
㊁即須應作「本尊形像」，置於當各(餘)部王(之)足下，面須(互)相對(立)，然後以「結利吉羅」(kili-kilā橛：普巴)」等諸部明王「大威真言」誦持，(再)以「酥蜜」(去)	㊁即(應)作「本尊形像」，置(於餘)本部尊(之)足下，面(須互)相對(立)，(再)誦諸部「忿怒大威真言」，復以「酥蜜、酪」(去)灌沐(灌洗浴沐)「本尊」，日日三時。如是(經)十	㊁即須應作「本尊形像」，當置於各(餘)部(之)部主「足下」，面須(互)相對(立)，然後以「繼利吉羅(kili-kilā橛：普巴)」等諸部明主「大威真言」誦持，(再以)「蘇蜜」

灌浴(灌洗浴沐)「本尊」。如是(經)十日,作此法已,(遭)彼餘明(其餘明咒)所(禁)縛(之情形),即(可)得解脫。	日,彼諸(餘部咒語而導致)禁縛(之情形),自然(即可得)解脫。	(去)灌浴(灌洗浴沐)「本尊」。如是(經)十日,作此法已,被餘(其餘明咒)所(禁)縛(之情形),即(可)得解脫。

二－4 行者但更加精進,本尊將在夢中説汝「不能成就之障因」。行者不應以真言明咒作種種「非法」事

唐・善無畏譯 《蘇婆呼童子請問經》	北宋・法天譯 《妙臂菩薩所問經》	日本承安三年(1173年高山寺藏本)寫 《蘇磨呼童子請問經》(還原版)
⬰復次蘇婆呼童子!於真言中所制(定)諸法,並皆修行,一無遺闕:(若)仍不成者,即應以「猛毒」(的方式),(先用泥去塑)作彼尊形,以「結唎吉羅(kili-kilā 橛;普巴)」等諸部明王真言,(然後再)截(斷)其「像形」,(終令)段段(而)為片(狀),(再)和「白芥子油」,每日三時而作「呼摩」(homa,火祭、焚燒,投供物於火中之火祭祀法),如是七日即得「悉地」。	⬰復次行人(誦真言者),於所持真言,(於)所修行法,(應)自審(自我審察)「無闕」,(則)所求「悉地」由(古同「猶」)不成(就)者,必於其(修之)法,有所「虧闕」。	⬰復次行者(誦真言者)於真言中所制諸法,並皆修行,一無遺闕:(若)仍不成者,即應以諸「猛毒」(的方式),(先用泥去塑)作彼尊形,(再以)「繼利吉羅」(kili-kilā 橛;普巴)等諸部明主真言,(然後再)截其「像形」,(終令)段段而(為)片(狀),(再)和「白芥子油」,每日三時而作「護摩」(homa,火祭、焚燒,投供物於火中之火祭祀法),如是七日,即得「悉地」。
⬱若(仍)不成就,應(祈求本尊)入「夢中」,(並)示見「障因」(不能成就的障礙之因),(或)說(因)真言,字有「加、減」,或(說修)法「不具」(不完具)。然諸「明王」自說此(修)法,有用行(用功之修行)者,(本尊明王將)示現「相好」,由(古同「猶」)如海潮(之漲退),終不違	⬱然非自知(自己可得知),(或)定(可)得(之)境界;(誦真言者)但(應)加精進,日夜不懈者,本尊自然來於「夢中」,說其「障因」(不能成就的障礙之因),(如此便)感應可期,如海潮(漲退之期)限(終不會違時)。	⬱如是就應(祈求本尊)入「夢中」,(並)見示「障因」(不能成就的障礙之因),(或)說(因)真言,字有「加、減」,或(說修)法不具(不完具)。然諸「明主」(明咒主尊)自說此(修)法,有行用(修行之用功)者,(本尊明王將)示現於破(破示➜剖析昭示)「相好」,由(古同「猶」)如海湖

時。(指本尊一定會來夢中給予感應，不可能會違背的)		(之派退)，終不違時。(指本尊一定會來夢中給予感應，不可能會違背的)
參其實(諸多本尊之)真言，終不「相破」(互相破壞)，亦不「相斷」(互相禁斷)及與(互相)「繫縛」，其真言法亦如是。	參其實諸部真言明主(明咒主尊)，定不「相破」(互相破壞)，必無(互相)「禁縛」。 譬如二人，而作「密友」，約其一言： 自今已去，勿往某舍，亦復與彼不交言話。 而彼友人，以相重(互相珍重)故，終不往「彼」及與(彼方)「言話」。 持誦之法，亦復如是(指真言明主彼此之間本無「相破、相禁、相縛、相尅」之理)。	參其實(諸多本尊之)真言，終不「相破」(互相破壞)，亦不「相斷」(互相禁斷)，及與(互相)「繼縛」(繼纏繫縛)。 譬如有二親友之人，於中有一語彼友言： 從今以去，勿往某家，乃至語彼人(與彼人言語)」。 (而此友人為了互相尊)敬是友故，(終)不違(背)言誨(言語教誨)，即不(前)往之，乃至(與之)「語話」。 其(持誦)真言法，亦復如是(指真言明主彼此之間本無「相破、相禁、相縛、相尅」之理)。
肆是故行者(誦真言者)，不應(互)相破(壞)「明呪」及「真言」，乃至(互相)「繫縛」及以(互相)「禁斷」。	肆是故行人(誦真言者)不得以「真言、明(咒)」而(互)相「破壞」，亦復不應互相「禁縛」，乃至(應以)「護摩」(而)作(種種之)非善業。	肆故行人(誦真言者)不應相破(互相破壞)「明主」及「真言」，乃至(互相)繼縛(繼纏繫縛)，及以(互相)「禁斷」。
伍 ❶(所有的)妙「曼荼羅」不應(隨意傳)授與(而導致令咒句有)加減(增添或減少)「真言」，亦復如是。	伍 ❶又復行人(誦真言者)不應於「真言、曼拏羅」，(隨意)「加、減」(增添咒字或減少咒字)傳授(之事)。	伍 ❶妙「漫荼羅」不應(隨意傳)授與「加、減」(增添咒字或減少咒字)真言。

❷不應(以此法而)「迴換」(迴變更換)彼法，不(應隨意)迴換(迴變更換)彼法。	❷亦復不得以「此法、彼法」而(互)相「迴換」(迴變更換)。	❷亦復不應(隨意)「迴換」(迴變更換)。
❸不應(刻意修)「阿吠設那」(āveśana 憤怒)，不應(刻意的去)打(或)縛(眾生)，為害彼故。	❸亦復不應「無故」(無緣無故而以咒語去)打(或)縛有情(眾生)。	❸彼法亦復不應(刻意修)「阿吠設那」(āveśana 憤怒)，不應(刻意的去)打(或)縛(眾生)，為害彼故。
❹不應(以)呼摩(之法)，(損害眾生)及損「肢節」，(或去)摧滅「惡族」。	❹不應(以)護摩(之法而去)損彼肢體。	❹不應(以)護摩(之法)，及損(害)「支節」，(或去)摧滅「鬼族」。
❺不應(以咒)令他「癡鈍、迷悶」。	❺乃至(以咒)致死，害於有情(眾生)。	❺亦復不應(以咒)令他「癡鈍」及以「悶眠」。
❻不應(以咒)科罰「龍鬼」之類。	❻亦復不應(以咒)摧滅「鬼族」及治罰「龍類」。	❻不應(以咒)科罰「龍魅」之類。
❼亦勿(以咒)令人發毒「相憎」及「損厭縛」。	❼亦復不應於一切「鬼神、星宿ˇ」妄作「禁縛」等事。	❼不應(以咒)令人發起「相憎」及「損厭縛」。
❽不應(刻意以咒去)治療「嬰兒之魅」。	❽亦復不應(刻意以)呪法，(去)醫治「嬰孩之病」而妨(障)大事。	❽不應(刻意以咒去)治療「嬰兒之魅」。
❾不應(以咒)「捕網」諸眾生類，令所損害。		❾不應(以咒)「捕網」諸眾生類，令所損害。

二-5 佛法教導只需具「行人」與「真言」二法，真言即可成就。誦真言者必須「戒德無缺、不貪財色名利、咒句滿足、聲相分明」

唐·善無畏譯《蘇婆呼童子請問經》	北宋·法天譯《妙臂菩薩所問經》	日本承安三年(1173 年高山寺藏本)寫《蘇磨呼童子請問經》(還原版)
❶復次蘇婆呼童子！(據其)餘「外宗」說：有十種法(需具足)，真言(乃)得成(就)，所謂：	❶復次(據)「持明天」及「持明」諸宗所說，(欲獲)得成就義，(所)具(之)法不同。或說當具(足)「十法」，乃得「悉地」，所謂：	❶復次(據其)餘「外宗」說：(需)具「十種法」，真言(乃)得成(就)，所為(古同「謂」)：

①行人(誦眞言者)。	①行人(誦眞言者)。	①行人(誦眞言者)。
②真言。	②助伴(此指同修咒語之善知識良伴)。	②真言。
③伴侶(此指同修咒語之善知識良伴)。	③所成就物。	③伴侶(此指同修咒語之善知識良伴)。
④所成就物。	④精勤。	④所成就物。
⑤精勤。	⑤處所。	⑤精勤。
⑥處所。	⑥勝地。	⑥處所。
⑦淨地(殊勝的清淨地)。	⑦時節。	⑦淨地(殊勝的清淨地)。
⑧時節。	⑧本尊。	⑧時節。
⑨本尊。	⑨真言。	⑨本尊。
⑩財物。	⑩財力。	⑩財物。
具此十法,(所修的)真言(乃)得成(就)。	具此十法,「悉地」乃成。	具此十法,(所修的)真言(乃)得成就。
㊉又(據)餘宗說,(須)具三種法,(所修的)真言(乃)得成(就),謂:	㊉又(據)餘宗說,具三種法,「悉地」得成(就),所謂:	㊉又(據)餘宗說,具三種法,(所修的)真言及(得)成(就),所謂為:
①真言。	①真言。	①真言。
②行人(誦眞言者)。	②行人(誦眞言者)。	②行人(誦眞言者)。
③伴侶(此指同修咒語之善知識良伴)。	③助伴(此指同修咒語之善知識良伴)。	③伴侶(此指同修咒語之善知識良伴)。
㊒又(據)餘宗說,(須)具四種法,(所修的)真言乃(得)成(就),謂:	㊒又(據)一宗說,「四法」得成,所謂:	㊒又(據)餘宗說,(須)具四種法,(所修的)真言乃(得)成(就),謂:
①處所。	①精勤。	①處所。
②精勤。	②好日。	②精勤。
③時節。	③好時。	③時節。
④依法。	④并及「處所」。	④依法。
㊓又(據)餘宗說,(須)具五種法,(所修的)真言乃(得)成(就),謂:	㊓又(據)一宗說,(須)「五法」乃成,所謂:	㊓又(據)餘宗說,具五種法,(所修的)真言乃(得)成(就),謂:

①真言。 ②所成就物。 ③處所。 ④本尊。 ⑤財物。	①本尊。 ②真言。 ③處所。 ④財力。 ⑤所成就物。	①真言。 ②所成就物。 ③處所。 ④本尊。 ⑤物。
㈤如是諸宗，或說「十法」，或說「八法」，或「六」、或「四」、或「三」、或「二」，各於本法，演說(而有)不同。	㈤又一宗說當具「十法」，又一宗說當具「八法」，乃至或說「五法、四法、三法、二法」，各於本宗而(各)說(其)定量(固定之數量)。	㈤如是諸宗，或說十法，或說八法，或六、或四，或三、或二，各於本法，演說(而有)不同。
㈥然此「釋教」(佛教)，(須)具二種法，(所修的)真言乃(得成)就：	㈥唯「佛教本宗」，我「金剛族」，當具二法，(所修的真言)「悉地」乃成：	㈥然此「釋教」(佛教)，(須)具二種法，(所修的)真言乃(得)成(就)：
一者：行人(誦真言者)。 二者：真言。	一者：行人(誦真言者)。 二者：真言。	一者：行人(誦真言者)。 二者：真言。
(1)行人(誦真言者)具行「戒律」，正勤精進，於他(人之)「利養」，不起貪嫉；於(自)身(之)「命、財」，常無「戀著」。	一、行人(誦真言者)者：具足「戒德」，正勤精進。不於他人所有(之)「名利」而生貪嫉。於己(之)「財物」，乃至(自己)「身命」，無所「悋惜」。	(1)行人(誦真言者)具以「戒律」，正勤「精進」。於他(人之)「利養」，不起「貪嫉」；於(自)身(之)「命、財」，常無「戀著」。
(2)(所持誦的)真言「文字」，勿令「脫錯、加減」，(咒語發音的)「聲相」(需)圓滿分明(清楚)，所(有欲)成就(之)法，皆悉具足(圓滿，不得闕少)。	二、真言者：以所持誦「本部真言」之時，當令(真言的)「文句」滿足，(咒語發音的)「聲相」分明(清楚)，所有欲求成就之法，皆悉具足(圓滿)，不得闕少。	(2)(所持誦的)真言「文字」，(皆悉)「圓滿」，(咒語發音的)「聲相」分明(清楚)，(所有)可成就(之)法，皆悉具足(圓滿，不得闕少)。

㈦（誦眞言者需）於佛菩薩「所居之處」，如法（的）念誦，即便當獲「意樂」成就。	㈦（誦眞言者）又須得諸佛菩薩「先所居處」，得是處（所）已，（再）如法（的）持誦，決定獲得「意願」滿足，成（就）是「二法」（指「誦眞言者」與「眞言文句」這二種法），定得「悉地」。	㈦（誦眞言者需）於佛菩薩「所居之處」，復次如法（的）「念誦」，即便當獲「意樂」成就。

二－6 行者有「四處」不宜居住，當須遠離。或可覓「勝處」而修。若或退心，易起邪念，當被「惡魔」得其便

唐・善無畏譯《蘇婆呼童子請問經》	北宋・法天譯《妙臂菩薩所問經》	日本承安三年(1173年高山寺藏本)寫《蘇磨呼童子請問經》(還原版)
㊀譬如師子，（爲）飢餓所逼，以大勢力（而）殺害大象；若（師子只）殺「野干」（狐狼）及諸「小獸」，（則）所施（之）勢力，與彼殺象，（爲同）一（而）無所異。	㊀復次行人（誦眞言者），持誦之法，喻若師子，為飢所逼，（則）捉象而食，必先奮迅，全施力勢。或（師子）捉「羊、鹿」小獸之類，所展（之）「力勢」，與（捉）象皆同。	㊀譬如師子，（爲）飢餓所逼，（則）以大勢力殺害大象；若（師子只）殺「野干」及諸「小獸」，（則）所施（之）勢力，與彼殺象，（爲同）一（而）無有異。
行者（誦眞言者），（若欲）成就（眞言之）「上、中、下」事，（其）所發（之）「精進」，亦復如是。	行人（誦眞言者）持誦，（欲）求彼（眞言）成就「上、中、下」事，（皆）必須「精勤、勇猛」，如師子王（捉象與捉羊鹿一樣），無有二相，亦復如是。	行者（誦眞言者），（若欲）成就（眞言之）「上、中、下」事，（其）所發（之）「精勤」，亦復如是。
㊁	㊁	㊁
❶行者（誦眞言者）若住「闠ㄏㄨㄟˋ鬧」（闠鬧熱鬧）之處時，即有「蚊虻ㄇㄥˊ、（蒼）蠅、（跳）蚤」唼ㄕㄚˋ嚙ㄋㄧㄝˋ，（亦）聞種種「音樂」之聲，或聞諸人「歌舞」，吟詠小男小	❶持誦行人（誦眞言者）於持誦時，若住城隍（城墻和護城河）闤ㄏㄨㄢˊ闠ㄏㄨㄟˋ（闤衢闠闠→市區街道人多熱鬧處）之處，當有「蚤虱（跳蚤、虱子）、蚊虻ㄇㄥˊ」，咂ㄗㄚ齧ㄋㄧㄝˋ身體，又	行者（誦眞言者）若住「闠ㄏㄨㄟˋ鬧」（闠鬧熱鬧）之處，即（有）「蚊虻ㄇㄥˊ、冷熱諸苦」逼身，及聞種種「鼓樂」音聲，或聞諸人「歌詠、舞」聲，或諸鳥，幷「江水」聲，或聞婦

女，(以及)婦人等「環釧_釧、瓔珞」，種種音聲。	或見聞女人「裝嚴衣服」，(女人之)「環釧_釧、瓔珞」種種之聲。	人「瓔珞」音聲。
❷(誦真言者)若住人間「河澗」及以「大海」者，即有「寒熱」不等，因即有病，苦惱逼身。又值「猛獸」發大惡聲，或欲相害，令人驚怕。	❷(誦真言者)若住「深山大林」，即有「寒熱」無恒，或發病苦，逼惱身心。又復或有「猛惡」之獸，欲來害人，使起驚怖。	
❸(誦真言者)或住「海邊」，見海潮波，及聞「大聲」，令行者(誦真言者)恐怖。	❸(誦真言者)若住「海岸」，即見風鼓(蕩著)海水，作大波濤，(其大)惡聲(會)恐人，令(人)生怕怖。	
❹(誦真言者)若住「江河、池沼」，即饒「蚖_蚖蛇、蝮蝎、毒蟲」之類，皆是持真言人(所)障礙之處。	❹(誦真言者)若住「江河、陂_タ池」之側，即有「蛇、蟲、毒蠚_蠚(蜂、蠍子等用毒刺刺人或動物)」害人之類。	
(參)如是種種「障礙」(諸)緣等，(誦真言者)當須遠離。	(參)持誦行人(誦真言者)，若在如是之處，欲持誦者，必先了知：如是之事皆為「魔難」，若遇是事，當須可「忍」，勿使心緣，而有散亂。	(參)以斯緣故，令(人)心散亂，是故行人(誦真言者)常須遠離。
(肆)(誦真言者或)覓好(殊)勝(之)處，勤加勞心(堅)固(道)意，勿使逢「境」，心即散亂不定，(致)一念退心。	(肆)(誦真言者)或可別求「(殊)勝處」以進(用)功(之)行，不得因逢此「境」，而生退屈(退縮屈服)，便須更發「堅固勇猛」之意。	
(伍)(誦真言者應)還從切始(最初開始)，善行方便，覓	(伍)(誦真言者)若或「退心」，恐起「邪念」，「邪念」若起，	

「時」觀「節」，勿以執愚（癡邪見），（遂令）惡人惡魔，得其便耶，（亦）莫令「癡人」獲罪苦果。	當被「惡魔」而得其便。智者方便與「有情」（眾生）樂，勿令一切「有情」之類，因斯獲罪，當受苦果。	

二－7 念誦真言的「六大法要」。心若攀緣雜染，應速迴轉妄心，觀「真言字句、本尊、手印」

唐・善無畏譯《蘇婆呼童子請問經》	北宋・法天譯《妙臂菩薩所問經》	日本承安三年(1173年高山寺藏本)寫《蘇磨呼童子請問經》（還原版）
〈念誦真言軌則觀像印等夢證分品第六〉	〈此段仍編列在：分別悉地相分第五〉	〈蘇磨呼漸近悉地持誦相分第六卷下〉
壹復次蘇婆呼童子！念誦之人： ❶不應「太緩」，不應「太急」。 ❷聲亦如此，不大（高昂）、不小（小聲或完全沉默）。 ❸不應「間斷」。 ❹勿共人（閒雜）語。 ❺（勿）令心（攀）緣於「異境」。 ❻（於真言之某）名、（真言之）某字體，不應「訛錯」。	壹復次持誦之者： ❶不得「太急」，亦勿「遲緩」。 ❷使聲「和暢」，勿高（昂）、勿（沉）默。 ❺又不得心緣（種種）「異境」。 ❹及與人（閒）雜語。 ❸（勿）令誦（咒）間斷。 ❻又於真言文句，勿使「闕失」。 貳（若有真言）文句「闕失」，「義理」乖違，（則）「悉地」難成，因斯所致。喻如路人，（竟然是）背行（而）求進。（若能）離此「過失」，（則真言）速得靈驗。	壹復次行人（誦真言者）念誦： ❶不應「太緩」，不應「太急」。 ❷聲不應高（高昂），亦不應小（小聲或完全沉默）。 ❸不應「間斷」。 ❹（勿與他人閒雜）語話。 ❺勿令（攀）緣（執著）「餘境」。 ❻（於真言之某）名、（真言之）謀（古同「某」）字體，不應「訛錯」。
叁譬如大河，日夜流注	叁又如川流，晝夜不	叁譬如大河，日夜流

（或作「出」），恒無休息。持誦之人所修福報，（及）「供養、禮拜、讚歎」一切功德，（應）日夜（皆）「增流」，亦復如是。	息，持誦行人（誦真言者），亦復如是，日夜（皆）不間（斷），（則）功德增長，如彼江河，流奔大海。	注，恒無休息。持誦之人所作（之）「供養、禮歎」諸餘功德，（應）日夜（皆）「增流」，亦復如（是）。
㈣念誦之人，心若攀緣「雜染」之境，或起「懈怠」，或生「欲想」，應速「迴心」（迴轉妄心）。	㈣又復行人（誦真言者），或是心觸「染境」，便起（執）著想，遂成「懈怠」，（須）覺是「魔事」，速須「迴心」（迴轉妄心）。	㈣念誦之時，心若攀緣「雜染」之境，或赴「懈怠」，或生「欲想」，應速「迴心」（迴轉妄心）。
①觀真言「字句」。 ②或觀「本尊」。 ③或觀「手印」。	①當暝兩目，作於「觀想」。 ②或緣「真言文句」。 ③或觀「本尊」。	①攀（觀）真言字（句）。 ②或觀「本尊」。 ③或觀「手印」。
㈤譬如「觀行」之人，置心（於）眉間，令不散亂，後時對（外）境，心即不動，彼人即名（為）「觀行成就」，念誦之人亦復如是。所緣「心處」若（能）不搖動（動搖），即得持誦「真言」成就。	㈤（應）繫束（繫縛收束）其心，令不散亂，後逢此境（界），心若不動，此之行人（誦真言者），（便能）得「觀行成就」。（如《菩提場所說一字頂輪王經・卷四》云：然後「真言」律儀中，「身口意」因而相應。設說祕密「真言教」，仍假「瑜伽觀行」成，應是「佛頂」常修習，「真言教法」成就中）	㈤譬如「觀行」之人，置心（於）眉間，令不散亂，後時境（界）至，心若不動，彼人即名（為）「觀行成就」。念誦之人，（其）所緣「心處」若（能）不動搖，即名（為持誦真言）成就。（以真言咒語的「瑜伽觀行」為宗旨者，都稱為密法行者）

密教「手印」的特殊稱呼與標記

(兩手;二羽;二掌。手指;指峯。十指;十峯)

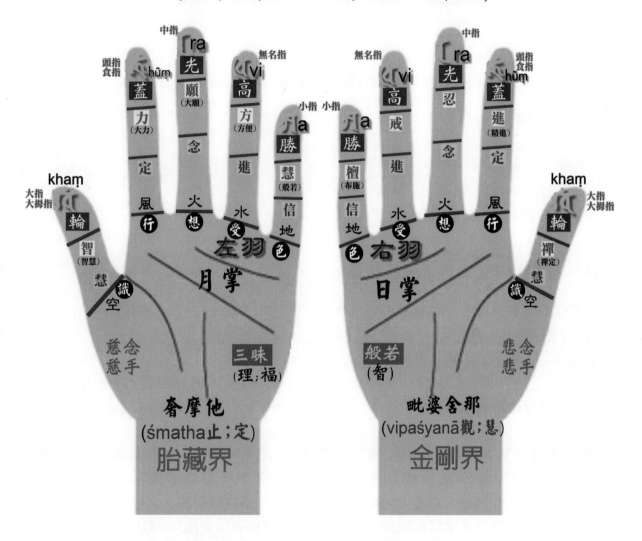

清・弘贊會譯《七俱胝佛母所說準提陀羅尼經會釋》卷1

檀、戒、忍、進、禪，從右手「小指」起。

慧、便、願、力、智，從左手「小指」起，此是「十波羅蜜」。

唐・一行述記《大日經義釋》卷10

(1)若依瑜伽，「定、慧」二手(左手「定」；右手「慧」)，與此不殊。

(2)「十指」以「十波羅蜜」為號，從定「小指」起「檀」，從「右小指」起。

「慧」次第上,即「檀、戒、忍、進、禪」。

(3)「慧、方、願、力、智」,此即十指之名。

(4)又「指」為「度」,此上意者所立,此名非「阿闍梨」親授者,不可以解,故言「密」也。

唐·一行述記《大毘盧遮那成佛經疏》卷3〈入漫茶羅具緣真言品 2〉

復次如「身印」。

「左手」是「三昧」義。

「右手」是「般若」義。

「十指」是「十波羅蜜」滿足義。

亦是一切智,「五輪」譬喻義。

遼·覺苑撰《大日經義釋演密鈔》卷4

左羽(左手)、右羽(右手)、右左手。左止(左手是「止」)、右觀(右手是「觀」),亦復然。

言「十指」等者,興善云:

右羽(右手),慧、方、願、力、智。

左手(左手),檀、戒、忍、進、禪。左小為「頭」,終「右指」,「十波羅蜜」對相連言亦是一切智,「五輪」譬喻義者。

唐·不空《攝無礙大悲心大陀羅尼經計一法中出無量義南方滿願補陀落海會五部諸尊等弘誓力方位及威儀形色執持三摩耶幖幟曼茶羅儀軌》卷1

爾時婆誐鑁,住無礙大悲心大陀羅尼自在力三昧,演說阿利耶,大曼茶羅相,五部諸尊等威儀形色法。欲知此海岢(古同「會」),諸尊印相者,先應知「指目」(手指項目)。

「蓮花合掌」者,蓮花即「理」也,「理」處必有「智」。

故以左右手,其名曰「理、智」(左手是「理」、右手是「智」)。

左手「寂靜」故,名「理胎藏海」。右手「辦諸事」,名「智金剛海」。

左手五指者,「胎藏海」五智。右手五指者,「金剛海」五智。

左手「定」(左手是「止」)、右「慧」(右手是「觀」)。

十指即「十度」,或名「十法界」,或曰「十真如」。縮則攝收一,開則有數名。

左小指為「檀」。

無名指為「戒」。

左中指為「忍」。

左頭指為「進」。
左大指為「禪」。

右小指為「慧」。
無名指為「方」。
右中指為「願」。
右頭指為「力」。
右大指為「智」。

左大指為「慧」。
左頭指為「方」。
左中指為「願」。
無名指為「力」。
左小指為「智」。

右手大指，為「檀」、空輪。
右手頭指，為「戒」、風輪。
右手中指，為「忍」、火輪。
右無名指，為「進」、水輪。
右手小指，為「禪」、地輪。

（二手的）「小指」為「地」，
（二手的）「無名(指)」為「水」。
（二手的）「中指」為「火」，
（二手的）「頭指(食指)」為「風」，
（二手的）「大指」為「空」。
（是此十波羅蜜之名，非所用此尊位。今所可用者，「定慧、理智」也。諸尊等印契，以此當知之）。

唐・一行記《大毘盧遮那成佛經疏》卷 13〈密印品 9〉

亦可「左手小指」為「檀」度，以次向上數之，「頭指」（食指）為「定」。
「右手小指」為「慧」度。以次向上數之，「頭指」（指）為「智」度。

唐·不空譯《金剛頂蓮華部心念誦儀軌》卷1

次結三昧耶，於舌觀金剛。先合金剛掌，便成「金剛縛」。

「忍、願」如劍形，「進、力」附於背。「忍、願」豎如針，反屈如寶形。

祕屈如「蓮葉」，面合於掌中。「檀、慧、禪、智」合。是為五佛印。

唐·不空譯《金剛頂瑜伽中略出念誦經》卷1

其契(印)以「止觀」二羽(左手是「止」，左手是「觀」)，各作金剛拳。

以「檀、慧」度二相鉤。「進、力」二度仰相拄৺ (支撐：頂著)，直申如針。以契自心上(以印契置於自心胸之上)，誦前密語三遍。即念諸佛從「三昧」覺悟，應當觀察一切諸法猶如影像，即思惟此偈義。

唐·一行記《大毘盧遮那成佛經疏》卷13〈密印品 9〉

此「印」示行「五法」也。

(小指為)「地」為「信」。(信根、信力)

(無名指為)「水」為「進」。(進根、進力)

(中指為)「火」為「念」。(念根、念力)

(食指為)「風」為「定」。(定根、定力)

(大拇指為)「空」為「惠」。(慧根、慧力)

諸佛菩薩以「身、口」説法，今此「印」是表此「五根力」(五根與五力)也。

《金剛童子持念經》卷1

(1)其印，以二「信」右押左，內相交。以二「進」雙屈，並押二「信」交上。以二「念」直豎頭柱。以二「定」各微曲。於二「念」背後不相著。如「三股金剛杵形」。二「惠」並豎，押二「進」上，即成。

(2)隨誦「真言」，以印空中「左旋三匝」，辟除「姦魔」，棟擇發遣。便即「右旋三匝」結成，金剛光明，堅固大界。

唐·善無畏共一行譯《大毘盧遮那成佛神變加持經》卷7〈增益守護清淨行品 2〉

為令彼堅固，觀自金剛身，結「金剛智印」：

「止觀手」(左手是「止」，左手是「觀」)相背，「地、水、火、風」輪，左右互相持，二「空」各旋轉，合於「慧」掌中，是名為「法輪」，最勝吉祥印。

唐・善無畏共一行譯《大毘盧遮那成佛神變加持經》卷 7〈供養儀式品 3〉

「火輪」為中鋒，端銳自相合，「風輪」以為鉤，舒屈置其傍，「水輪」互相交，而在於掌內。

唐・善無畏共一行譯《大毘盧遮那成佛神變加持經》卷 7〈供養儀式品 3〉

「火輪」合為峯，開散其「水輪」。旋轉指十方，是名「結大界」。用持十方國，能令悉堅住。

唐・善無畏共一行譯《大毘盧遮那成佛神變加持經》卷 7〈持誦法則品 4〉

合「定慧手」(左手是「定」，左手是「慧」)，虛心掌，「火輪」交結持「水輪」，二「風」環屈加大「空」，其相如「鉤」，成密印。

唐・善無畏譯《大毘盧遮那經廣大儀軌》卷 1

復以「定慧手」(左手是「定」，左手是「慧」)。「五輪」內向為拳，建「火輪」，舒二「風輪」屈為鉤形，在傍持之。「虛空輪、地輪」並而直上，「水輪」交合如「拔折囉」。

唐・善無畏譯《大毘盧遮那經廣大儀軌》卷 1

次結燈明印，「智羽」(右手)應作拳，「風輪」絞「火輪」，「空」押「水、地」甲，「火輪」而直端。

唐・金剛智譯《吽迦陀野儀軌》卷 1〈麼迦多聞寶藏吽迦陀野神妙修真言瑜伽念誦儀軌陽陳漫荼羅品 1〉

次即結聖者「吽迦陀野入三昧耶護身印」，即是「精進」波羅蜜具足。
彼印，二手合掌。二「水」並入掌中，又二「火」，末相柱。二「風」、二「火」背相付(做)鉤形無(離)去，二「地」並立。二「空」入內，並立。

《十二天供儀軌》卷 1

印相者，先「合掌」，十指內相叉。二「水」豎頭相迕。二「風」豎微屈。左「空」入右掌中。押左「火」甲。右「空」越左「空」背，入左掌中，押右「火」甲。

唐·尸羅跋陀羅譯《大聖妙吉祥菩薩說除災教令法輪》卷 1

復次金剛手，印相如後明，二「水」內相交，「地、火」並合豎，二「空」亦如「地」，「風」開五股形。是大祕密標，金剛手明曰……

唐·輸婆迦羅(善無畏)譯《攝大毘盧遮那成佛神變加持經入蓮華胎藏海會悲生曼荼攞廣大念誦儀軌供養方便會》卷 3

止觀蓮未敷。「阿(a)、尾(vi)、囉(ra)」峯合(小指、無名指、中指三個指峯相合)，雙「佉(khaṃ)」依「囉(ra)」本。二「訶」(hūṃ)橫其端，遍身布四明，自處華胎上。

𑖀(a) 𑖪(vi) 𑖨(ra) 𑖮(hūṃ) 𑖏(khaṃ)

唐·不空譯《一字奇特佛頂經》卷 1〈印契品 2〉

二手內相叉作拳，豎二「光」屈上節。二「輪」並豎。二「蓋」屈兩節。相柱於二「輪」上，此是「輪王根本印」。

唐·不空譯《一字奇特佛頂經》卷 1〈印契品 2〉

(1)即前印，以二「蓋」相拄柱(支撐;頂著)，向下屈搖動。召迷悶毒，然開二「蓋」，便成發遣，毒令散。

(2)即前根本印。開豎二「勝」，是「令語印」。

(3)即前根本印。並豎二「輪」不著「蓋」頂，令「阿尾捨」(Āveśa 阿尾捨法，請「天神」降臨，並附著於「童男女」之身，以問吉凶、成敗、禍福之方術)互搖動令倒。互相繫，令語。互相纏，令舞。各擲散令無毒。善男子此明王能作一切事業。其於鬼魅等亦如是作。

大輪金剛陀羅尼的「正確」手印(有二個)

唐·不空譯《聖賀野紇哩縛大威怒王立成大神驗供養念誦儀軌法品》卷 1

（底下是<u>大輪金剛</u>的手印）

二手內相叉。進力並申直。忍願纏進力初節前。各以峯相跓_枳（支撐停足）。**禪智並申直。**（手印）**當**（結於）**心**（胸之前），誦真言七遍，真言曰：

曩莫悉底哩也（四合）**地尾**（二合）……

唐・<u>不空</u>譯《甘露軍荼利菩薩供養念誦成就儀軌》卷 1

次應結<u>金剛輪</u>菩薩印、誦密言……以此「印契、密言」，殊勝方便，誦持作意。能除「違犯」愆咎。「三昧耶」如故，倍加光顯，能淨身口意故。則成入一切「曼荼羅」，獲得「灌頂」三麼耶，應結「契」，誦七遍。

（底下是<u>大輪金剛</u>的手印）

二手內相叉，

進（右食指）、**力**（左食指）**並伸直，**

忍（右中指）、**願**（左中指）纏**進**（右食指）、**力**（左食指）「**初節**」前，

各以（指尖之）「**峯**」**相拄**_枳（支撐；頂著）。

禪（右大拇指）、**智**（左大拇指）**並伸直。**

（手印）**當**（結於）**心**（胸之前），誦密言曰：

曩莫悉底哩也（四合）**地尾**（二合）**迦**（引）**南**（引）**怛他**（引）**蘖跢**（引）**南**（引）……**怛嚩**（二合引）**娑嚩**（二合）**訶。**

誦密言時作是「觀念」，盡虛空界遍法界，三界生死「六趣」有情，速得入「金剛界」大「曼荼羅」，等同<u>金剛薩埵</u>大菩薩。

唐・<u>不空</u>譯《聖賀野紇哩縛大威怒王立成大神驗供養念誦儀軌法品》卷 1

（底下是<u>大輪金剛</u>的手印）

二手「內相叉」，進力並申直。忍願纏進力初節前，各以峯相跓_枳（支撐停足），**禪智並申直。**（手印）**當**（結於）**心**（胸之前），誦真言七遍。真言曰：

曩莫悉底哩也（四合）**地尾**（二合）**迦**（引）**南**（引）**怛他**（引）**蘖跢**（引）**南**（引）**闍尾囉爾尾囉爾摩**……

唐・<u>不空</u>譯《大悲心陀羅尼修行念誦略儀》卷 1

次結<u>金剛輪</u>大菩薩大威德契已，入「曼拏羅」者……以此「印契、密言」，殊勝方便，

誦持作意，能除違犯愆ㄑㄧㄢˊ 咎ㄐㄧㄡˋ ……應結「印」，誦真言七遍。

(底下是大輪金剛的手印)

二羽(二手)內相叉，

豎二「定」(食指)，

以二「念」(中指)糺(古同「糾」)二「定」(食指)，

二「慧」(大拇指)並申直，

安契(安住契印之後)，(手印)當於心(胸之前)，誠心誦「七遍」。真言曰：曩莫悉底哩野(四合)地尾(二合)迦喃(一)……

唐·不空譯《大威怒烏芻澀麼儀軌經》卷1

或有「妄念」(生)起，(如果)違闕「三昧耶」，當誦此(大輪金剛陀羅尼)真言，以除其「過患」。如前「金剛杵」：(底下是大輪金剛的手印)

「進(右食指)、力(左中指)」改相合，

「忍(右中指)、願(左中指)」依甲傍(意即依著「食指」指甲的傍邊)，

繞上亦相拄ㄓㄨˋ (意即「中指」繞上去「食指」節上，且互相依拄著)。

真言如後(之所)誦，(要誦)三七(遍)障(礙)皆消。

「大輪」(大輪金剛陀羅尼)明曰：娜莫悉底哩(三合)野地尾(二合)迦南……

夏·智廣等集《密咒圓因往生集》卷1

獲得灌頂三麼耶。

(其印相者，(底下是大輪金剛的手印)二手「內相叉」，直豎二「頭指」(食指)相並，以二「中指」纏二「頭指」(的)「初節」前，各(個指)頭(要)相拄ㄓㄨˋ (支撐；頂著)，二「大指」(大拇指)並申直。結印(手印)當(結於)心(胸之前)，念誦密語。若未入壇不許作法者。以此真言即當入壇作法。不成盜法也)。

清·寂暹ㄒㄧㄢ 纂《瑜伽燄口註集纂要儀軌》卷1

(底下是大輪金剛的手印)《甘露軍茶利儀軌》云：二手內「相乄」(「叉」的異體字)，進力並伸直，忍願纏進力初節前，各以峯相拄ㄓㄨˋ (支撐；頂著)，禪智並伸直。

又云：應結金剛輪菩薩印，誦密語，以入「曼拏囉」者，受得三世無障礙，三種菩薩律儀(❶別解脫律儀。❷靜應生律儀。❸道生律儀)。由入「曼拏囉」，身心備「十微塵剎」世界、微塵

數「三昧耶」……以此「印契、密言」，殊勝方便，誦持作意，能除「違犯愆咎」，「三昧耶」如故，倍加光顯，能淨身口意故，則成入一切「曼拏囉」，獲得「灌頂」三摩耶。

唐沙門慧日云：有人未曾經「和尚、阿闍黎」(灌頂而)入大「曼荼囉」壇場者，但寬取「大輪明王金剛呪」，誦二十一遍，即當「入壇」，然後作諸呪法，悉得成就。

唐・不空譯《觀自在菩薩如意輪念誦儀軌》卷 1

(底下並非是大輪金剛的手印，但有說到是右手押左手，即是右上左下)以二手「內相叉」，右押左。竪二「中指頭」相中，屈二「頭指」如「鉤形」。於「中指」背，勿令相著。

唐・不空譯《大悲心陀羅尼修行念誦略儀》卷 1

次結「護身三昧耶」印。(底下並非是大輪金剛的手印，但有說到是右手押左手，即是右上左下)以手「內相叉」，右押左。竪二「中指頭」相拄，屈二「頭指」如鉤形。於「中指」背，勿令相著。並二「大指」押二「無名指」即成。

印身五處：所謂「額」、次「左右肩」、次「心」、「喉」。於「頂上」散印。各誦真言一遍。

真言曰：唵嚩日囉(二合)儗顎(二合)鉢囉(二合)儞鉢多(二合)野娑嚩(二合)賀。

唐・惠果造《十八契印》卷 1

次結「護身三昧耶」，(底下並非是大輪金剛的手印，但有說到是右手押左手，即是右上左下)以二手「內相叉」，右押左。竪二手「中指」，屈二「頭指」如「鉤形」，於「中指」背，勿令相著。並二「大指」押「無名指」即成。

印身五處：所謂「額」、次「右肩」、次「左肩」、次「心」、次「喉」，於頂上散。

各誦「真言」一遍。真言曰：唵嚩日羅(二合)銀儞(二合)鉢囉(二合引)捻跋跢(二合引)也娑嚩(二合)訶(引)。

大輪金剛陀羅尼的第二個手印

唐‧不空譯《底哩三昧耶不動尊聖者念誦祕密法》卷2〈供養品 5〉

大輪金剛懺悔印明第三

如是依法「結護」已,皆有闕犯「三昧耶」。

密持**蘇摩**金剛明(蘇摩金剛即指大輪金剛的咒語),懺悔四時諸過咎。

「戒(右無名指)、方(左無名指)、進(右食指)、力(左食指)」內**相鉤**,

「六度」(其餘六指)竪合(如「金剛輪」之形)。

結此「明印」(明咒手印)安(於自己的頭)頂上,(然後往)右旋(繞個)三匝,(即可)謝其過(謝罪其所曾犯的過失)。誦明(咒)曰:曩麼悉底哩耶(四合)地尾迦喃……

缺譯者《大輪金剛修行悉地成就及供養法》卷1

次大輪金剛根本懺悔印

「戒、方、進、力」內**相叉**,

「檀、慧、忍、願、智」(此指其餘六指,但文字中缺少一個「禪」字)相合。

如(金)輪(呈現出)「三角」光明(火)焰(之形),(然後把)禪(右大拇指)、智(左大拇指)在頂(即把手印安放在自己頭頂上),乞歡喜。

我今依法「結護」已,皆有闕犯「三昧耶」,密持**蘇摩**金剛明(蘇摩金剛即指大輪金剛的咒語),懺悔四時諸過失。**大輪**金剛真言曰:曩莫悉底哩也(四合)地尾(二合)迦(引)喃……

二－8行者欲求悉地,當須攝心「一境」。一切諸法以「心」為

本，若觀「五蘊皆空」是名「正見」

唐・善無畏譯 《蘇婆呼童子請問經》	北宋・法天譯 《妙臂菩薩所問經》	日本承安三年(1173年高山寺藏本)寫 《蘇磨呼童子請問經》(還原版)
⑧ 是故行者(誦眞言者)，欲求「悉地」： ❶當須攝心(於)「一境」。 ❷其心調伏，即生歡喜。 ❸隨其歡喜，即身輕安。 ❹隨身輕安，即身安樂。 ❺隨身安樂，即得心定。 ❻隨其心定，即於念誦心無「疑慮」。 ❼隨其念誦，即便「罪滅」。 ❽隨其罪滅，即心「清淨」。 ❾心清淨故，即得成就。	⑧ 又持誦行人(誦眞言者)，欲求「悉地」： ❶要在攝心，定住(於)「一境」。 ❷心若調伏，身自安住。 ❸身既無撓，心轉快樂。 ❹身心一如，名得三昧。 ❺持誦行人，得斯定念。 ❼過現之罪，悉皆消滅。 ❽得罪滅已，身心轉淨。 ❾所作事業，成就無疑。	⑧ 是故行者(誦眞言者)，欲求「悉地」： ❶當須攝心(於)「一境」。 ❷其心調伏，即生歡喜。 ❸隨其歡喜，即身輕安。 ❹隨身輕安，即身安樂。 ❺隨身安樂，即得心定。 ❻隨其心定，即於念誦心無「疑惑」。 ❼隨其念誦，即便罪滅。 ❽隨其罪滅，即心「清淨」。 ❾心清淨故，即得成就。
⑳是故如來作如是說：一切諸法，以「心」為本，由心「清淨」，獲得人天殊勝快樂。由心「雜染」，便墮地獄，乃至「傍生」貧窮之苦。	⑳佛佛(皆)所言：一切諸法，「心」為根本，心不「清淨」，當感「貧窮、醜陋」之果，或墮「地獄、畜生」。若心清淨，當得生天，及生人中，受於快樂。	⑳是故如來作如是說：一切諸法，以「心」為本，由心「清淨」，獲得「人天」殊勝快樂。由心「雜染」，便墮地獄，乃至「傍生」貧窮之苦。
㊾(若)由心(達到)極淨(之境界)，乃(能)證遠離「地水火風、生老病死」，不著「二邊」(之)寂滅解脫。 由少淨(若心不能達到「極淨」，只能修到「稍爲清淨」)，(則所持誦的)「真言」亦(能)成(就)，當(來皆能遠)離「無常」，(與遠離隨時都會遭)	㊾乃至遠離「地水火風、生老病死」，(遠離)「無常」、(諸法乃)無我、(及遠離隨時都會遭)「敗壞」之樂，後(必能)得解脫(之)「寂滅涅槃」之樂。	㊾(若)由心(達到)極淨(之境界)，乃(能)證遠離「地水火風、生老病死」，不著「二邊」(之)寂滅解脫。 由心少淨(若心不能達到「極淨」，只能修到「稍爲清淨」)，(則所持誦的)「真言」亦(能)成(就)，當(來)皆能獲(得遠離)「無常」，若(及)

「敗壞」之樂。		不(會)成(就隨時會遭)「敗壞」之樂。
㊕是故諸法皆從「心」生，非「自然」現，亦不由時(或作「自他」)，復非「自在天」作耶。(亦)非「無因緣」(而生)，亦不從「我能生諸法」，但由「無明」(而)流轉生死。(《中論》云：諸法不自生、不他生、不共生、不無因生)	㊕又復諸法從「心」所生，非「自然有」，亦非「時節」，(亦)非「自在天」生。(亦)非「無因緣」(而生)，但緣「無明」，(而)輪迴生死。	㊕是故諸法皆從「心」生，非「自然」現，亦不由「時」，復非「自在之天」。(亦)非「無因緣」(而生)，亦不從「我能生諸法」，但由「無明」(而)流轉「生死」。
㊄四大和合，假名為色。色非是「我」，我非是「色」。色非「我所」，我非「色所」(或作「我所非色」)。如是四蘊，應知是空。❶色是「無常」，由(古同「猶」)如聚沫。❷受如「浮泡」。❸想如「陽焰」。❹行如「芭蕉」。❺識如「幻化」。	㊄四大和合，假名為色。色非有「我」，我非有「色」。色無「我所」，我無「色所」。如是四蘊，畢竟皆空。❶色如「聚沫」。❷受如「浮泡」。❸想及❹行❺識，如「焰、幻」等。	㊄四大和合，假名為色。色非是「我」，我非是「色」。色非「我所」，「我所」非色。如是四蘊，應知是空。❶色是「無常」，由(古同「猶」)如聚沫。❷受如「浮泡」。❸想如「陽炎」。❹行如「芭蕉」。❺識如「幻化」。
㊅(若能)如是之見，名為「正見」；若(於此而作)「異見」(相異的見解者)者，(則)名為「邪見」。	㊅若能於法，得如是見，名為「正見」；若(於此而生)起「異見」，(則)名為「邪見」。	㊅(若能)如是之見，(則)名為「正見」；若(於此而作)「異見」者，(則)名為「邪見」。

二－9 所持真言遍數，若得「數足」，於睡時可獲 67 條「善夢」，應須更加「策勤精進」，必獲大成就

唐·善無畏譯 《蘇婆呼童子請問經》	北宋·法天譯 《妙臂菩薩所問經》	日本承安三年(1173年高山寺藏本)寫 《蘇磨呼童子請問經》(還原版)
㊀復次蘇婆呼童子！若持真言者，(其)念誦「數足」(遍數足夠)，即知自身，欲近「悉地」。何以得知？當於眠臥之時，(於)夢中(則)合有(67條)好相。	㊀復次持誦行人(誦真言者)，所持真言(數量)，若得「數足」(遍數足夠)，爭知(怎知)所修(的咒法)，(已)近於「悉地」？若於睡時，必(能)得(67條)好夢。	㊀復次念誦(誦真言者)，(其念誦的咒語)數足(遍數足夠)，(即知自身的)「悉地」欲近，即(能)推(測出於)夢中，(必)見如是(67條)事。
㊁ ❶或(夢)見自身登高「樓閣」。 ❷或(夢)昇「大樹」。 ❸或(夢)騎「師子」。 ❹或(夢)乘「白馬」。 ❺或(夢)騎「大白虎」。 ❻或(夢)昇「大高山」。 ❼或(夢)騎「犀牛」。 ❽或(夢)乘「白象」。	㊁ ❶若是夢見自身得「幢幡、寶蓋」，引入上妙「宮殿」。或登「樓閣」。 ❻或(夢)上「高山」。 ❷或(夢)昇「大樹」。 ❸❹❽❿又或夢騎「師子、白象、白馬、白牛」。 ❺❼⓫或(夢騎)「犀牛、黃牛、舍里努羅(śārdūla 老虎;師子;豹)」等。	㊁ ❶或(夢)見自身登高「樓閣」。 ❷或(夢)昇「大樹」。 ❸❹❺或(夢)騎「師子、大虫」及「馬」。 ❻(夢)昇「大高山」。
❾或(夢)於空中聞「大雷聲」。 ❿或(騎)乘「白牛」。 ⓫或(夢)騎「黃牛」。 ⓬或(夢)得「錢財」。 ⓭或(夢)得「花鬘」。 ⓮或(夢)得好淨「五綵衣」。 ⓯或(夢)得「酒肉」。 (法天譯本無此內容，也可能只是譬喻爲「上妙飲食」) ⓰或(夢)得「水類之果」。 ⓱或(夢)得「白、青、紅、赤色」蓮花。	❾又或夢聞，空中作「大雷聲」。 ⓭⓮又或夢中得人歡喜，授與「馨香、花鬘」鮮潔衣服。 ⓰或(夢)得「水生果子」。 ⓱或(夢得)「五色蓮花」。	❾(夢)於虛空中聞「大雷聲」。 ❼❽❿⓫或(夢)騎「犀牛、白象、特牛(公牛)」。 ⓬⓭⓮或(夢)得「錢財、花鬘」及「衣」。 ⓯⓰或(夢)得「酒肉、水類之果」。 ⓱⓲⓴或(夢)得紅蓮花、(大乘)經，及(如來之)「尊客」。

⓲ 或(夢)得如來「尊容」。	⓲ 或(夢)得「佛像」。	
⓳ 或(夢)得如來「舍利」。	⓳ 或(夢)得佛「設利羅」（śarīra，佛舍利）。	
⓴ 或(夢)得「大乘經藏」。	⓴ 或(夢)得「大乘經典」。	
㉑ 或(夢)身處於「大會」，共佛菩薩聖僧「同座而食」。	㉑ 或(夢)見自身處「大會」中，與佛菩薩「同坐而食」。	
㉒ 或(夢)得「駱駝」。		㉒ ㉓ 或(夢)得「駱駝」並與「犢子」。
㉓ 或(夢)得「犢子」。		
㉔ 或(夢)得滿車「載物」。		㉔ ㉕ 或(夢)獲「滿載之車、白線、蠅、拂」。
㉕ 或(夢)得「白拂」。		
㉖ 或(夢)得「鞋履」。		㉖ 並(夢)獲「舄ㄒ（鞋）履」。
㉗ 或(夢)得「橫刀」。		㉗ ㉘ ㉙ ㉚ ㉛ 或(夢)得「橫刀、孔雀尾扇、金瓔、寶珠、螺貝、傷却（śaṅkha 螺）、端嚴美女」。
㉘ 或(夢得)「孔雀尾扇」。		
㉙ 或(夢)得「金瓔珞」。		
㉚ 或(夢)得「寶珠、商佉（śaṅkha 螺）」。		
㉛ 或(夢)得「端正美女」。		
㉜ 或(夢)遇己身「父母」。		㉜ 或(夢)見己母(自己父母)。
㉝ 或(夢)得「金寶」嚴身之具。		㉝ 或(夢)得諸寶嚴身之具。
㉞ 或(夢)得臥「牙床」，覆以「白衣」。		㉞ 及(夢)得臥具，覆以「白衣」。
㉟ 或(夢)見自身汎過「大海」。		㉟ 或(夢)見自身汎過「大海」。
㊱ 或(夢)度「江河、龍池、陂沼」。		㊱ 及(夢)度「江河、龍池、陂泊」。
㊲ 或(夢)得「飲酪」。		㊲ 及(夢)以「飲浴」。
㊳ 或(夢)見以「血」澡浴自身。		㊳ 或(夢)見以「血」澡浴自身。
㊴ 或(夢)見自身入「寺塔、僧房」。	㊴ 又或(夢)見自身入於「塔寺」或入「僧房」。	㊴ 或(夢)見入寺「制底（caitya 塔廟；靈廟）、僧房」。
㊵ 或(夢)見「如來」處座，為人天八部說法，身亦就	㊵ 或(夢)見「如來」處於寶座，為天龍八部說法，	㊵ ㊶ ㊷ ㊸ ㊹ ㊺ ㊻ ㊼ 或(夢)見「如來、菩薩、緣覺、

會，聽佛說法。	自入會中，亦坐聽法。	無漏聖僧、比丘」，及與「比丘尼眾、優婆私迦 (upāsikā 優婆夷)、天神國王」。
❹或（夢）見緣覺為說「十二因緣法」。	❹或（夢）見辟支佛說「十二因緣法」。	
❷或（夢）見聖僧為說「四果證法」。	❷或（夢）見聲聞僧說「四果證法」。	
❸或（夢）見菩薩為說「六波羅蜜法」。	❸或（夢）見菩薩說「六波羅蜜法」。	
❹或（夢）見大力諸天王為說「天上快樂法」。	❹或（夢）見諸天說「天上快樂」。	
❺或（夢）見優婆塞說「厭離世俗法」。	❺或（夢）見優婆塞說「厭離家法」。	
❻或（夢）見優婆夷說「厭離女人法」。	❻或（夢）見優婆夷說「厭（離）女人法」。	
❼或（夢）見「國王」。	❼或（夢）見「國王」。	
❽或（夢）見大力「阿修羅眾」。		❽❾或（夢）見「大力阿修羅眾、淨婆羅門」。
❾或（夢）見大淨行「婆羅門」。	❾或（夢）見淨行「婆羅門」。	
50或（夢）見「英俊丈夫」。	50或（夢）見「殊異丈夫」。	50 51或（夢）見「意樂丈夫」及以「女人」。
51或（夢）見「端正婦人」。	51或（夢）見「端嚴女人」。	
52或（夢）見大富、正直、善心「長者」。	52或（夢）見「大富長者」。	52（或夢見大）富、政（古同「正」）直、善心「長者」。
53或（夢）見「己親眷屬」聚會一處。		53或（夢）見父母，及以親眷，相會一處。
54或（夢）見「苦行仙人」。	54或（夢）見「苦行仙人」。	
55或（夢）見「持明諸仙」。	55或（夢）見「持明諸仙」。	55 56或（夢）見「持明主諸仙、妙持誦人」。
56或（夢）見「妙持誦人」。	56或（夢）見「妙持誦人」。	
57或（夢）見吞納「日月」。	57或（夢）見自身吞納「日月」。	57或（夢）見吞納「日月」。
58或（夢）見身臥於「大海」，海中眾生流入腹中。	58或（夢）見身渡「大海」及「江河泉池」。	
59或（夢）見飲「四洲海水」。	59或（夢見）即飲如上水，都（飲）盡（而）無餘。	
60或（夢）見「乘龍」灑水，潤於四洲。	66或（夢）見頭上「火出」。	

⑥或(夢)見自身「飛空」。 ⑥或(夢)見身却(或作「端」)坐「須彌山」，四洲龍王皆來「頂禮」。 ⑥或(夢)見自身墮於「屎坑」。 ⑥或(夢)見自飲「人精」。 ⑥或(夢)見「喫人肉血」。 (從⑥到⑥，法天的譯本都無此文) ⑥或(夢)見入「大火聚」。 ⑥或(夢)見「女人隱入己身」。(也可能是指「空行母」)	⑥或(夢)見入「大火聚」。 ㉔又復夢見「大車」滿中載物，有「牛」及「犢」而共牽駕。 ㉕或夢得「白拂」。 ㉖或(夢)得「革屣」。 ㉗或(夢)得「刀劍」。 ㉘或(夢)得「妙扇」。 ㉙㉚或(夢)得「金寶、珂珮、真珠、瓔珞」。 ㉜又復或(夢)見己之「父母」。 ㉛㉝或(夢)見「端正童女」，(有)眾寶嚴身。 ㊲乃至或(夢)得上妙「飲食」。	⑥或(夢)見自隨(古同「墮」)於「屎坑」。 ⑥⑥或(見)飲「人精」及喫「人肉」。 (從⑥到⑥，法天的譯本都無此文) ⑥(或夢見)入於「火聚」。 ⑥或(夢)見「女人入於身內」。(也可能是指「空行母」)
㊂復次蘇婆呼童子！凡持(誦)真言者，(待)功行(功德諸行)欲畢(欲畢竟)，(或得)見如是等(67條)「殊特夢」已，應知(誦真言者將於)一月、及半月，當獲「大悉地」。	㊂若或得此如上(67條)「吉祥好夢」，應須(更加)「策勤精進」，歡喜勇猛，何以故？應知(誦真言者)或於一月、半月、或(於)一日、或(於)一剎那間，必定獲得廣大「悉地」。	㊂(凡持誦真言者，或得見)如是等(67條)「殊勝夢」已，應知(誦真言者將於)「一月」、(或)及已(過)「半月」(之後)，當獲成就。
㊃若論持誦真言(所感招之)夢相境界，(其實)不可說盡，(如上67條只是)略粗知耳，(誦真言者若)精進不退，即獲如是「上上境界」。		

二－10 修持真言已接近「成就」時有六大感應及 11 種功德

唐・善無畏譯《蘇婆呼童子請問經》	北宋・法天譯《妙臂菩薩所問經》	日本承安三年(1173年高山寺藏本)寫《蘇磨呼童子請問經》(還原版)
〈悉地相分品第七〉	〈知近悉地分第六〉	〈蘇磨呼漸近悉地持誦相分第六卷下〉
壹復次蘇婆呼童子！我今說成就轉近「悉地」法者，其念誦人：	壹復次行人(誦眞言者)：	壹復次我說成就轉近「悉地」，於念誦事：
❶(於其所修之眞言)當生發「愛樂心」。	❶自審持誦(眞言)有力，(於是對眞言)倍生「愛樂」。	❶(於其所修之眞言)極以「愛樂心」。
❷不得攀緣「雜染」之境。	❷於其「染境」，心不攀緣。	❷不攀緣「雜染」之境。
❸亦不辭「飢渴、寒熱」等苦。	❸於諸「違犯」(違背觸犯)，(所有的惡)罪(皆)不生起。	❸亦無「飢渴、寒熱」等苦。
❹於諸違法「外相」之境，心不動搖，逢境不亂。	❹自無「寒熱、飢渴、苦惱」等事。	❹於諸違法「外相」之境，心不動搖。
❺一切「蚊虻」及「蛇」等，諸惡毒蟲，皆不敢害。	❺至於「蚊虻、飛蟲」，乃至「毒蛇、血食」之類，皆不能害。	❺(所有)蜎¬(蚊子的幼蟲)及「虻蛇」等諸毒虫，皆不敢害。
❻(所有)「毘舍闍鬼(piśāca)」及諸餓鬼「富單那(Pūtana)」等諸餘鬼類，不敢近過(走近越過)念誦人(之)「影」中，何況觸「身」？	❻又復「餓鬼、毘舍左(piśāca)、羯吒布單曩(kaṭa-pūtana)」等，皆亦不敢侵近行人(誦眞言者)之「影」。	❻(所有)「毘舍闍鬼(piśāca)、富單那(Pūtana)」等諸餘鬼類，不敢近過(走近越過)行者(之)「影」中。
貳	貳	貳
①(此誦眞言者)所出(之)「言教」，(他)人皆(能)信受。	①(此)行人(誦眞言者)所有(之)「言教」，(他人皆能)一一信受。	①(此誦眞言者)所出(之)「言教」，(他人)皆悉信受。
②(此誦眞言者)轉如(或作「加」)聰明。	②(此誦眞言者)又復倍覺「聰明智慧」。	②(此誦眞言者)轉加「聰慧」(聰明智慧)。
③善「綴緝文章」(連綴詞句以成文章)。	③善解文字。	③善「綴文章」。
④於諸「書算」，(皆能)轉成巧妙。	④(於諸)「書疏」，(皆能)言(出其中的)義(理)。	④於諸「書算」，(皆能)轉成巧妙。

⑤以樂善法，勤行淨行。	⑤唯樂一切「善法」，策勤精進。	⑤心樂「善法」，勤勇靜(古同「淨」)行。
⑥復見地中「伏藏」。	⑥又復得見地中「寶藏」，如無障隔。	⑥復見「地藏」(地下之伏藏)。
⑦(此誦眞言者)身無病苦。	⑦(此誦眞言者)身體無病。	⑦亦無「身病」。
⑧及(身無)污垢膩，(且)身有「香氣」。	⑧塵垢不染，身出「香氣」，(爲)一切(人之所)愛樂。	⑧及(身無)「污垢膩」，(且)身有「香氣」。
⑨若有人見(此誦眞言者)，及已聞(此誦眞言者之)名，悉生「敬念」。	⑨(若有)見者、聞者，悉皆歡喜。	⑨若有人見(此誦眞言者)，及已聞(此誦眞言者之)名，生「敬念心」。
⑩一切諸(尊)貴「媚女」(媚逸善女)自來「呼召」(呼喚召引相助)。	⑩又復無諸「樂欲女人」來相「媚惑」(媚術迷惑)。	⑩亦(有)諸「媚女」(媚逸善女)自來呼名(呼喚召引相助)。
⑪(此誦眞言者)以「心」淨故，於虛空中聞諸「天語」，復見彼(諸天身)形，及「乾闥婆、夜叉」之類。	⑪(此誦眞言者)以其「身心」清淨，得聞空中諸天「言語」，或得見彼「天身」，乃至得見「阿修羅、乾闥婆、夜叉」之類。	⑪(此誦眞言者)以「心」淨故，無「欲染」意，(故能)於「虛空」中，聞「諸天語言」，復見彼(諸天身)形，及「乾闥婆、夜叉」之類。
(參)其持誦者，見斯「勝妙好相」已，即應自知，我(接)近於真言(之)「悉地」，即應(準)備成就法事。	(參)持誦行人(誦眞言者)，若得如是「吉祥」相現，便應喜慶，自知已(接)近真言「悉地」，便須備辦，成就法事。	(參)其持誦者(誦眞言者)，若見斯等「勝妙好相」已，即應自知，我今(接)近於真言(之)「悉地」，即應須(準)辨(古同「辦」)成就法事。

二－11 若欲首先追求成就者，須持「八戒」及「斷食」，但為求「身淨」，此非為妨礙修道之法

唐・善無畏譯《蘇婆呼童子請問經》	北宋・法天譯《妙臂菩薩所問經》	日本承安三年(1173年高山寺藏本)寫《蘇磨呼童子請問經》(還原版)
(壹)復次蘇婆呼童子！念誦人起首(起頭首先)求「悉地」者，應具(持)八戒(八關齋	(壹)復次行人(誦眞言者)，欲起首(起頭首先)「悉地」，先須具持八戒(八關齋戒)，(或連續	(壹)復次行者(誦眞言者)起首(起頭首先)悉地，應具(持)八戒(八關齋戒)，或(連續達

戒），或（連續達）「二、三」日，亦須「斷食」，然後（再修求）作「成就」（之）法。	達）「四日」或「三日」或「二晝夜」，仍須「斷食」，（以）方求「悉地」。	「二、三」日，亦須「斷食」，然後起（修而求）成（就之法）。
㉓爾時蘇婆呼童子白執金剛菩薩言：尊者先說不（須）由（斷）食故，（而）獲得清淨，今云何復言應須「斷食」？	㉓爾時妙臂菩薩聞金剛手菩薩如是言已，須臾「默然」，即白金剛手菩薩言：菩薩先（之前）言不由「斷食」而（獲）得清淨。云何今日言令「斷食」？	㉓爾時妙膊ㄛ童子白執金剛菩薩言：尊者先說不（須）由（斷）食故，（而）獲得清淨，云何（今）復言應須「斷食」？
㉔世尊亦說：食如「膏車」，（能）省牛氣力，車即（以）牽，利（益）眾生亦爾。若（完全）不食飲，身命難全，何況前進修道，求望果實，為「身力」故，我今未知「斷食」（真正的）意義，前後（前面與後面所說的內容）不同，唯尊大悲為我略決少分。	㉔又如佛言：人之喫食，由（古同「猶」）如「膏車」，車或不（加油）膏，難以前進，其事云何？	㉔世尊說：（飲）食如「油膏車」，未知（修）「斷食」，其事云何？
㉕時執金剛菩薩告蘇婆呼童子言：我今為汝及未來眾生，除去疑惑，諦聽善思念之，勿生疑慮。		
㉖汝所問者，先說不由（斷）食故，（而）獲得清淨，今復云何而令「斷食」？汝言如是，深心諦聽。		
㉗童子言：善哉！唯然受教，願樂欲聞！我所出語者：	㉗時金剛手菩薩，以如「雷音」作如是言：	㉗執金剛菩薩語妙膊言，聲如雷音，作如是說：

不為「心淨」故，教令「斷食」(不是只追求「心淨」而教導「斷食」，因為「斷食」能讓身淨)。但諸眾生，以「皮」纏縛血肉，「髓腦、肝膽、腸胃、心腎、脾肺、脂膩(油脂膩垢)、痰膜(或作「癃」)、屎尿」，種種穢物，常流不停。如是之身，(為)「地水火風」假合成立，如「四毒蛇」置之一篋。	我今不為令「心淨」故而有是說(不是只為追求「心淨」而教導「斷食」，因為「斷食」能讓身淨)，但為有情(眾生)身本「非淨」，稟於「精血」，為「骨」、為「髓」、為「肉」、為「皮」，「頭髮、身毛、面目、耳鼻、脂肪、脾胃、涎沫、唾洟」，乃至「大小便利、九漏交流」。如是「身分」種種垢穢，皆依「地水火風」流轉變化，若(欲)求「悉地」(者)，(應)先當清淨(其身)。	不為「心淨」故，教令「斷食」(不是只追求「心淨」而教導「斷食」，因為「斷食」能讓身淨)。但諸眾生，以「皮」纏縛血肉，「腦、肝、腸、腎、肺、脂膩(油脂膩垢)、痰膜(痰沫胸膜)、屎尿」，常流不淨種種穢物。如是之身，(為)「地水火風」假合成立，如「四毒蛇」置於一篋。
⑦欲令彼(身)等(有)「屎尿、涕唾、臭穢」不令出故，(只好)為遣(遣令指使)「斷食」，(並)非為妨(礙修)道，而遣斷(食)已。	⑦(若有)不欲於「成就」時，(則可)令彼「大小便利」而有流出故。(故我)說「斷食」而求清淨，(並)非為妨(礙修)道(而)說如是事，(若能)如是清淨，(則)身得安樂，於成就時，(身自然可)免其「薰污」。	⑦欲令彼(身)等(有)「屎尿、涕洟、血腦、臭穢」不令流出故，(只好)為(修)「斷食」，(此並)非為妨(礙修)道故，(而)令「斷食」。
⑧若持真言者，心生「婬想」，如上所說，(吾人種種)不淨之身，(須)以「慧」觀察。	⑧又復行人(誦真言者)，於此之時，忽生煩惱，而有「貪欲」(婬想)。(此時)便須以「慧」作其觀想，乃謂： 此身(乃)不淨所成，(因此)復假「食味」，以為「資持」(資助扶持)。	⑧行者(誦真言者)若生「婬想」，如上所說，(吾人種種)不淨之身，(須)以惠(智慧)觀察。
(則)所起「欲心」即便消滅，於身(之)「命、財」，亦不戀	若(能)作如是(觀)想時，前所起念(貪欲婬想)，當時消	(則)所起「欲心」即便消滅，於身(之)「命、財」，亦無應

著。	滅，乃至於身(之)「命、財」，全無悋惜。	(執)著。
㊆有持真言者，(若)具斯觀門(不淨觀與斷食門)，此等人類，念誦之法(可)速疾證驗，即知自身去(離)「悉地」不遠。	㊆譬如夜分，(具)無量黑暗，(當)日光出時，一切都(消)盡，亦復如是。行者(誦真言者)若是(能)修持到此(指修不淨觀與斷食門)，應當自知(離)「悉地」不遠。	㊆行者(誦真言者)，(若能)具斯(修)真言法(所應具的「不淨觀與斷食門」)已，復知自身(離)「成就」不遠。

二－12 供養佛菩薩及諸聖尊。發菩提心，讀誦大乘經典。結界持誦「被甲真言」以護身

唐・善無畏譯《蘇婆呼童子請問經》	北宋・法天譯《妙臂菩薩所問經》	日本承安三年(1173年高山寺藏本)寫《蘇磨呼童子請問經》(還原版)
㊀自心知已，應取「白月」(指初一到初十五)八日，或十四日，或十五日，一依如前，得好上地，用細「瞿摩(gomaya 牛糞)」，塗地淨已。次塗「香」等，安置尊像，及彼尊容。	㊀復次如是知已，於「白月」(指初一到初十五)八日，或十四日，或十五日，取「淨土」及新淨「衢摩夷(gomaya 牛糞)」相和塗地。次用「香」塗地潔淨，作「賢聖位」，清淨訖，以彼賢聖，皆面「東坐」。	㊀即應「白月」(指初一到初十五)八日，或十四日，或十五日，用以「瞿摩」(gomaya 牛糞)塗地，淨之。
㊁(再以)「香花、飲食」及「遏迦(argha 功德)」水，供養訖已。便即：①讚歎、供養十方佛菩薩。②次復供養「(大金剛族)本部之主」。③次復供養「自部明王」。④然後所供養「本所持尊」。	㊁(再)以「香花、燈塗、飲食」等，次第奉獻。①先(供)獻佛。②次(供)獻「大金剛族本部明主」。③次獻「所持真言主」。④如是次第，佛及菩薩，乃至「明主(明咒主尊)」，一	㊁次(再以)「塗香」等，及以「讚歎」：①先供養佛。②次復供養「(大金剛族)本尊之主」。③次復供養「自部明主」。④然後供養「本所持尊」。

	一供養讚歎已。	
㊂次復重發妙「菩提心」，興廣大「慈悲願」，為一切眾生常溺（於生老病死）四趣（者），令得出故。	㊂復更發起「大菩提心、大慈悲心」，為度一切「生老病死」苦惱眾生，作是念已。	㊂次復重發妙「菩提心」，廣大慈悲，為度一切（被）「生老病死」所溺（之）眾生。
㊃又應讀： ❶「大乘明經」。 ❷或「吉祥偈」。 ❸或「法輪經」。 ❹或「如來祕密經」。 ❺或「大燈經」。 於中任隨讀一部。	㊃復更轉讀： ❶「摩賀三摩惹經」。 ❷及「吉祥伽陀」。 ❹「如來祕密大智燈經」。 及❸「轉最上法輪經」。 如是經等，或遍轉讀，或隨讀一經。	㊃復次應次讀： ❶「大集經」。 ❷或「吉祥偈」。 ❸或「法輪經」。 ❹或「如來祕密」（經）。 ❺或「大燈經」。 於中隨讀一部經已。
㊄然後即須結「八方界」，幷結「虛空」（界），及「地界」等，又以（持誦）真言「自身被甲」。	㊄然後結「八方界、地界」及「虛空界」等，彼界如世人住處，「外牆」用遮其惡，「結界」防魔（的道理），亦復如是。當令（具有）惡心作障（之）「天魔、阿修羅」，乃至一切鬼神等，皆不得近。兼復念「被甲真言」，用護自身。	㊄然後即應專心結「八方」、結「八方界」，幷結「虛空」（界）及「地界」，之（後）又以真言（誦念如）「自身被甲」。
㊅如上（吾）所說諸「曼荼羅」，（復）以（清）淨（五）彩色，隨意作一（位）護（法之）「八方神」，要須安置彼（八方神）等，（八方神）能摧（滅）諸「障難（者）」。	㊅我先已說種種「曼拏羅」法，當以「五色粉」隨作一「曼拏羅」，作已，先隨意作一（位）護（法之）「八方神」，彼（八方）神能摧（滅）諸「作障難者」。	㊅如上（吾）所說諸「漫荼羅」，（復）以（清）淨（五）彩色，隨意作一（位）護（法之）「八方神」，要須「安置」彼（八方神）等，（此八方神）能摧（滅）「諸部（障）難者」，

二－13 專心誦持「護摩」一千遍，若出現「熱相、煙相、焰相」 三瑞相，即名成就

唐・善無畏譯 《蘇婆呼童子請問經》	北宋・法天譯 《妙臂菩薩所問經》	日本承安三年(1173年高山寺藏本)寫 《蘇磨呼童子請問經》(還原版)
⑤復次蘇婆呼童子！應(誦)以「師子座明王真言」，其「茅座」(應)安「曼荼羅」(於)內，先護其身。	⑤又於「曼拏羅」四維，畫「金剛杵、三股叉」等，然後誦獻「師子座明呪」，(在)「茅座」(中)安「曼拏羅」(於)中心。	⑤應以「師子座明王」(真言)誦念，(於)其座(中)安「漫荼羅」(於)內，其護身法。
⑥(將)所成就(之)「物」，安於壇上，持誦人於彼「物」上，(於)須臾之間，復(取)「香水」灑(之)，以(種種)相應法，(作)「呼摩」(homa，火祭、焚燒，投供物於火中之火祭祀法)一千遍。	⑥⑦以所成就(之)「物」，先用「三菩提葉」盛(置)，(然後)用「四菩提葉」覆蓋(此物而)安於座上，然(後)用呪，(先)呪「香水」灑之，以除魔障。然(後)自坐(於)「左邊」，誦相應真言。(於)須臾間，復用「香水」灑淨，然後復以(種種)「相應法」，(作)「護摩」一千遍，專心誦持，不得間斷，直至「三種相」現，是為得法成就。	⑥(先)取所成(就)「物」安於彼「土」(壇上)，持誦(人於)彼物(上)，(於)須臾之間，復(取)「香水」灑(之)，以(種種)相應法，(作)「護摩」一千(遍)。
⑦先取三箇「阿說他葉」(aśvattha 關說他樹；阿濕波他樹)，擬所成就(之)「物」，(先)置於「(阿說他)葉」上，(再)以白淨「氈布」(白毛布)而覆(蓋於)其上，即應如法專心念誦，乃至當現「三種相」已，即名成就。		⑦先取三箇「阿說他葉」(aśvattha 關說他樹；阿濕波他樹)，(擬)所成就(之)「物」，(則)置於其(阿說他葉)上，復取「四葉」而覆(蓋於)其「物」(上)，(然後)即如法專(心)念誦。
⑧何等三相？	⑧三種相者，所謂：	⑧乃至當見三種相現(之)增長：
❶溫(或作「熅」)。(溫熱相)	❶(溫)熱相。	❶(溫熱)氣。
❷烟(相)。	❷煙相。	❷炯[X]。
❸火光(相)。	❸(火)焰相。	❸(火)光現。
是名「瑞相」，即名三種「悉		次第成就三種「悉地」。

地」成就。其三種相現時，不可一時「頓現」。瑞(相)有「下、中、上」，何以如是？		
㈤有一人欲得世間，求覓「名利」，富貴自在，(所)去(之)處，(皆)令他人敬念，如上一文，是第一(種)得「溫氣」悉地者是。	㈤若得「熱相」者，當得世間「一切愛重」。	㈤若得「氣」出，即是「悉地」，(將受)諸人(所)「敬念」。
㈥有第二中人，厭離世間「八苦」(生苦、老苦、病苦、死苦、愛別離苦、怨憎會苦、求不得苦、五陰盛苦)所惱，自觀己身，非久住處法，恐畏造罪彌多，墮落三塗，所以欲得「轉形」(轉換身形)，滅其身影(既然能滅身影，則已可隱形)，得「中壽身」，(此為第二種)世間人不可得(之)「烟」悉地者。	㈥若得「煙相」者，當得「隱身」。	㈥若得「炯」出，轉形(轉換身形)「悉地」。
㈦是有一人，不欲「下、中」生處，直擬出於「三界」，欲得永離諸苦。(或)作「持明仙王」，(轉)變四大軀，(而)求清淨「微細」之身。(此種微細身乃)龍天八部所不能見，何況「人」耶？若欲見(其)身(得)「隨意自在」，(能)處於天人之座，為眾說法，或一小劫，或一大劫，或無量劫，諸(說)法不絕，利益眾生，不可盡求。(若)如是(所具之)辯才	㈦若得(第三種之)「焰相」者，當得變成微妙之身，成「持明仙」，飛行虛空，壽命長遠，得「悉地」相。	㈦若得(第三種之)「光」出，即是成就「持明之仙」，變得清淨「微細」之身。

（者），（此乃）欲紹（繼）<u>菩薩</u>（果）位故。		
⑧ ⑴譬如人死，「冷觸」遍身（周遍其身）。 ⑵却得「中陰」，來入（母親）身中，（待處胎畢）却得（人身）穌（甦）活，壽命（可達）百年。 ⑷又如日光以照「火珠」，便出其火，亦如此等於後。	⑧ ⑴如人至死，「冷觸」入身，周遍其體。 ⑵又如「中陰」，至於胎藏，孕者自覺。 ⑶又如世間，諸有香氣，人忽聞者，香雖可得，無有形影。 ⑷又如「火珠」照以日光，日光入故，火遂流出。	⑧ ⑴譬如死至，「冷觸」遍身（周遍其身）。 ⑵復如「中陰」來入（而）處（於母）胎（中）。 ⑶譬如日光以照「火珠」，便出其火。
⑨有如是等（第三種成就之）「上上人」，能勤苦念誦（真言），精進不懈，獲真言「悉地」成就。 ①以「菩提心」，光照「無明」闇，「慧珠」便出。 ②「四辯」（據《俱舍論・卷二十七》載「法、義、詞、辯」等四個「無礙解」）俱發，證得「三明」（三事通達無礙之智明：❶宿命智證明❷生死智證明❸漏盡智證明）。 ③「三毒」永滅，「八苦」（生苦、老苦、病苦、死苦、愛別離苦、怨憎會苦、求不得苦、五陰盛苦）俱無，得「八聖道」。 ④「九惱」（《守護國界主陀羅尼經》云：復有九種能障礙善道之法。❶	⑨	⑨

已惱害我❷現惱害我❸當惱害我❹過去憎我善友❺現在憎我善友❻未來憎我善友❼過去愛我怨家❽現在愛我怨家❾未來愛我怨家)休息，得「九次第定」(色界之「四禪」、無色界之「四定」及「滅受想定」)。 ⑤「十惡」(❶殺生❷偷盜❸邪淫❹妄語❺兩舌❻惡口❼綺語❽貪欲❾瞋恚❿邪見)屏除(屏棄排除)，得「十一切入」(daśakṛtsnāyatanāni 十一切入：十一切處；十遍入；十遍處；十遍處定。觀「色」等十法，各周遍一切處而無任何間隙。十法是「地、水、火、風、青、黃、赤、白、空、識」)。 ⑥諸力具足，如金剛菩薩，神通自在，無有障礙，當獲金剛不壞之身。		
是名(第三種)「得火光」悉地者是，(亦)是名「成就」之法。	諸有行人(誦真言者)，(第三種之)「悉地」入身，亦復如是，前(面二種之)所成就，(皆)是外(相之)諸物像。	(第三種之)「悉地」入身，亦復如是，名「成就」之法。

二－14若欲得「內心」悉地之成就者，約有 16 種不同的「相」示現。此時更應一心供養、誦唸本尊真言

唐·善無畏譯 《蘇婆呼童子請問經》	北宋·法天譯 《妙臂菩薩所問經》	日本承安三年(1173 年高山寺藏本)寫 《蘇磨呼童子請問經》(還原版)
❶若論(於)「心內」(欲求)成就事者，其(外)相若現，即便(知己得)「悉地」。云何	❶或是(於)「內心」(想)求成就者，別有所表(象徵)，彼持誦行人(誦真言者)，(則)	❶若以(於心)內(欲求)成就事者，其(外)相若現，即便(知己得)「悉地」，謂：

「心內」（之）悉地？	專注（修行）不間（斷），必感靈驗，（而）得悉地者。	
㋬	㋬	㋬
❶或於佛像頂上，見「花鬘」（轉）動。	❶或見所供養（聖）像，而得振動。	❶彼（佛）像上見「花鬘」（振）動。
❷或見尊容（之）「眉」動。	❷或得（佛）像面「毫光」照耀。	❷見（佛像之）「眉」動。
❸或見（佛像莊）嚴身（之）諸「瓔珞」動。	❸或得（佛）像「身」振動。	❸或見（佛像莊）嚴身（之）諸「瓔珞」動。
❹或見空中雨 種種「天花」。	❹或得空中「降花」。	❹❺或見空中種種「天花、微風」動。
❺或於空中微有「香風」動諸林中。	❻或時無雲，（卻）降微「細雨」。	
❻或下細微「香氣之雨」。	❺或降「妙香」。	❻或墮「細雨」。
❼或覺「地動」。	❼或感「地動」。	❼或覺「地動」。
❽或聞空中有「聲」，作如是言： 汝（若有）所求者， 今當說之！		❽或聞「空聲」（空中有聲），作如是言： 汝（若有）所求願， 今當說之！
	⓮或聞「天鼓」自然之音。	
	❾或見「天人、阿修羅」等，住虛空中。	
	❿或聞諸「天人」等言語之音。	
	⓯或聞種種大莊嚴具「瓔珞、環釧」之響。	
⓫或見「燈焰」明盛，其色潤澤，曜如金光，增長高餘一丈。	⓫或見「燈焰」，增長明淨金色。	⓫或見「燈炎」增長，其色潤澤，輝曜如金光。
⓬或見「油」盡，（而）燈光（仍）轉盛。	⓬或其「油」盡，（而）燈焰（仍）轉熾。	⓬或復「油」盡（而）燈光（仍）轉增（盛）。
	❽或聞空中有「聲」，令（汝）說「所求之願（望）」。	

⓭ 或覺自身「毫毛」頻頻悚竖竪竪，(而)心生歡喜。 ⓮ 或聞空中「天樂之聲」。 ⓯ ⓰ 或見空中「本尊」，及其(本尊之諸)「眷」層(層)圍遶下來。	⓭ 或覺「身毛」一切皆竪竪。 ⓰	⓭ 或覺「白毫毛」遍竪竪。 ⓮ 或聞空中「天樂之音」。 ⓯ 或聞諸天「瓔珞」之聲。 ⓰ 或於空中見「本尊」，彼(本)尊身(有諸)「眷屬」圍繞。
(參)(誦真言者)若見如上斯等「相貌」者，報知自身，必獲「悉地」無疑，即應速辦「香花」，於淨器中盛滿「香水」，復安「五寶」(金、銀、琥珀、水晶、琉璃)，是為「遏伽」(argha 功德;香花)，(並)珍重奉獻(於本尊)，即以深心恭敬，胡跪叩頭。	(參)(誦真言者)或(見所)現如是「相」已，定審所求「悉地」成就，當以上妙「淨器」，盛滿「生花(鮮花)」，及磨諸「香水」，并著「五寶」(金、銀、琥珀、水晶、琉璃)，和合作「閼伽」(argha 功德;香花)水，(足)跪奉獻(供養於)「本尊」，及誦(本尊)真言，乃至以妙「伽陀(gāthā 偈)」而伸讚歎，當發歡喜正信之心，精進不懈，禮拜供養。	(參)(誦真言者)見斯等相，便(知已)得「悉地」(成就)，即應(辦)以「(香)花」，於淨器中盛滿「香水」，復置「五寶」(金、銀、琥珀、水晶、琉璃)，是為「閼伽」(argha 功德;香花)，即讚歎(所)相應(之本尊)，(並)供養(本尊)，以深恭敬，胡跪叩頭。
(肆)(誦真言者衛)量本(所修行之)功夫，應求願果(滿願與果)，即自(向本尊)陳說。(如)彼(本)尊所言：善哉！佛子！汝所求願，豈不小耳？若有眾生發心修菩薩行，(於成)佛身上(尚可)獲(得)，何處(憂)慮此(小)願(而)不隨於汝？從今以(已)去，恣汝所欲(願望)，終不違耶。因汝(誦真言者)得(以滿)願，一切眾生亦復如是，速發菩提，早求解脫。	(肆)(誦真言者)如是作已，(則可)將所求事(願)，一一(向本尊)言說。聖心(聖賢本尊之心)不間(斷)，(誦真言者)有求必應，(若)得如願已，(誦真言者)一心專注，而於本尊「信樂、讚歎」。	(肆)(誦真言者衛)量本(所修行之)功夫，即應求願，既得(滿)願已，(應再)歡喜禮拜。

㈤既得願已，歡喜深心，頂禮胡跪讚歎，復以「遏伽」(argha 功德；香花)如法供養，所持真言對彼尊前誦之，然後即應「如法」發遣(派發遣送)，一切持「真言」者，法皆如是，勿使(修行過程中有)錯誤，(而)枉棄(枉費退棄)功夫。	㈤再以「閼ぞ伽」(argha 功德；香花)奉獻供養，更念「本尊真言」，又念諸部「發遣(派發遣送)真言」，當依「儀軌」誦真言已，禮拜請諸賢聖「各還本位」。	㈤復以「閼迦」(argha 功德；香花)供養讚歎，所持「真言」對彼誦已，然後即應「如法」發遣(派發遣送)，一切(所修的)「真言」法，(亦)應如是。

二－**15** 行者於一切時仍須專注精進，因有「極惡鬼神」仍欲障礙行者，而不欲令其成就

唐・善無畏譯《蘇婆呼童子請問經》	北宋・法天譯《妙臂菩薩所問經》	日本承安三年(1173 年高山寺藏本)寫《蘇磨呼童子請問經》(還原版)
-《蘇婆呼童子請問經》無此分內容-	〈說成就分第七〉 壹復次行人(誦真言者)專注持誦，精勤不懈，雖得如願，所作成就，但(於)一切時，恒須「用意」(用心專意)，何以故？緣彼一切「極惡鬼神」以(彼本)惡業故，於諸行人(誦真言者)不欲(令其有所)成就。 貳若(誦真言者)其成就(後)，彼(之)真言力威德(所)及(之)處，或(至)百「由旬」，或(至)千「由旬」，(將導致)諸魔鬼神(皆)不敢侵近。(於是)彼(極惡鬼神將)作是念：	

	此之行人(誦真言者)，(於)今世(或於)後世，而於我(諸魔鬼神)所，(皆)無饒益故。由是(因此)行人(誦真言者)常須(非常)在意(彼極惡鬼神所造的侵擾)。 ㊂譬如有人「被甲」乘象，復持弓箭，及諸器仗，上大戰陣，彼諸怨敵(怨惡仇敵)，見此威猛，退散遠避，無敢當者。 ㊃持誦行人(誦真言者)，若(能)常持誦，(而)於法(皆)無闕，乃至「戒律」(亦)無少違犯。 ❶「戒」喻於「甲」。 ❷「真言」喻「弓箭」。 ❸「勇猛」如「乘象」。 若(能)具如是(三個條件)，(則)「惡魔鬼神」(皆)不敢侵近，亦復如是。	

二－16 行者若欲成就「吠多拏」起屍法的介紹

唐·善無畏譯 《蘇婆呼童子請問經》	北宋·法天譯 《妙臂菩薩所問經》	日本承安三年(1173年高山寺藏本)寫 《蘇磨呼童子請問經》(還原版)
-《蘇婆呼童子請問經》無此分內容-	㊀復次行人(誦真言者)求「吠多拏」(vetāḍa 起屍鬼)成就者，於「屍陀林」中求「不壞」者，其屍仍須「(肢體)身	

分具足」，全（完整）丈夫相。

⑵又不得用「背傴ʳ、攣
ˇ 躄ˋ、瘂ˇ 陋」之者，亦
復不用「極肥、極瘦」諸不
圓滿，乃至無「上、中」品
相（之）人屍，皆不堪用，若
是選得具「上品相」者，最
為第一。

⑶又復不得用因患
「氣」、患「瘻」，及患「痢病」
及患「惡瘡」，乃至因被「水
中、陸地」（之）蛇蟲所蠚ˋ
（蜂、蠍子等用毒刺刺人或動物），（而）
行毒遍身，（遭）吐沫死者，
如是之（屍）類，皆不堪用。

⑷若是選得屍已，便須
令「助伴人」執「棒」守護，
盡日直至夜分。
①或只就「屍林」。
②或別求「空舍」。
③或獨「樹下」。
④或「四衢道」。
⑤或「泉池」側。
⑥或「寶山」中。

若得如是上勝之地，彼「吠
多拏」（vetāḍa 起屍鬼）必能速
疾，可得成就。

⑸如上「勝地」，隨求一
處（之）「可愛樂地」，其地如

	儀(合法)，(待)得清淨已，復以「淨土」及「衢摩夷(gomaya 牛糞)」相和塗地。(至)地清淨已，用「青、赤、白、黑」及「黃」五色上妙之「粉」，作三昧「曼拏羅」，其「曼拏羅」種種名字，我已先說(之前已說)。 ㈥於諸「曼拏羅」中，隨作一種「曼拏羅」，於「曼拏羅」中排「四賢瓶」，瓶中添水，各各令滿，或用「苦水」。然求隨時「蔓花」，或種種「異花」，插於瓶內。	

二－17 行者須用「大真言力」為自我擁護，方得成就「吠多拏」起屍法

唐・善無畏譯 《蘇婆呼童子請問經》	北宋・法天譯 《妙臂菩薩所問經》	日本承安三年(1173 年高山寺藏本)寫 《蘇磨呼童子請問經》(還原版)
-《蘇婆呼童子請問經》無此分內容-	㈠於「曼拏羅」如是作已，令彼「助伴」(此指同修咒語之善知識良伴)發「勇猛心」，不得怖畏。先與屍「淨髮」，復用「賢瓶水」沐浴令淨，然後用「油」塗摩，塗訖，又用上好「白衣」裝裹。 ㈡如是畢已，然於所作「曼拏羅」中，鋪「吉祥草」，散種種花，令彼「助伴」(此指同修咒語之善知識良伴)同昇」	

（抬；扛）此屍，（復）安「曼拏羅」中，或頭東，或頭北，如法安置。後以「塗香、燒香、名花、花鬘」，乃至「酒肉」種種之食而為供養，如不能廣辦，但隨力分亦得。

（參）然取與此「曼拏羅」相應之族，本部真言而為呪誦。又復於此「本族真言明主（明呪主尊）」，當起信心，精虔奉重，依於儀軌，專注持誦，以求成就。

（肆）復有一切潛行作障（之）「部多（Pūtana 臭鬼；臭餓鬼）及「龍、必里多（preta 畢利多；薜荔多；彌荔多；餓鬼）」等，行人（誦真言者）復以「供養物」等，先散四方四維，乃至上下，施彼作障「部多（Pūtana 臭餓鬼）」及「龍、必里多（preta 餓鬼）」等，及先誦「真言」而自擁護，幷護「助伴」（此指同修呪語之善知識良伴），令彼障等，不能侵近。

（伍）然後持誦，以求成就，於持誦時，若是「屍立」（幷）現諸「惡相」，即知是「魔」種種作障之類。行人（誦真言者）審知是已，取「白芥子」和「灰」，誦「佛頂王真言」擲彼「屍面」，以「真

言」大威力故，諸「作障者」馳散(奔馳潰散)四方，「障魔」去已，屍「臥」如初。

㈥若是「屍立」(但)無諸「惡相」，即知是真言功力，所求成就，決定無疑，若得如是。便須自心決定。

㈦凡是行人(誦真言者)先所(之前)求願，而於此時(皆)一一皆說。
①或(向彼)求示於「伏藏」。
②或求入「修羅窟」(而)取聖藥。
③或欲「乘劍」。
④或求「眼藥」。
⑤及降「鬼神」。
⑥乃至求「囉惹(rāja 國王)」(獲得尊敬)愛重。
如是諸事，並可成就。

㈧行人(誦真言者)常時當須行「最上行」，用「大真言力」為自擁護，方得成就「吠多拏(vetāḍa 起屍鬼)」法，何故如是？

㈨譬如猛獸，雖猛(但)「少智」，而被惡人之所傷害。行人(誦真言者)若是不(生)起「(最)上行」，(則)不自擁護，當被諸惡「魔障」而

	得其便，亦復如是。	

二－18 召請「鉢私那天神」的主要修持方法介紹

唐・善無畏譯《蘇婆呼童子請問經》	北宋・法天譯《妙臂菩薩所問經》	日本承安三年(1173年高山寺藏本)寫《蘇磨呼童子請問經》(還原版)
〈下鉢私那分品第八〉	〈召請鉢天說事分第八〉	〈蘇磨呼請問下鉢私那分第八〉
壹復次蘇婆呼童子！若念誦人(欲)問(召請降)下「鉢私那」(可能指忉利33天中的第五天「鉢私地天」)者，應當如法「請召」，所謂(將於13處下降或附身)：	壹復次若欲召請「鉢天」來(降)下(而)說事者，彼「鉢天」(鉢私那天神)下(降之)處而有數種(修法)，所謂(將於13處下降或附身)：	壹若欲問事(召請降)下「鉢私那」(可能指忉利33天中的第五天「鉢私地天」)者，於如是處，應當請召，所謂(將於13處下降或附身)：
①手指(之處)。	①手指(之處)。	①手指(之處)。
②或「銅鏡」(之處)。	②銅鏡(之處)。	②銅鏡(之處)。
③及「清水」(之處)。	③清水(之處)。	③清水(之處)。
④橫刀(之處)。	⑬火聚(之處)。	④橫刀(之處)。
⑤燈焰(之處)。		⑤燈(焰之處)。
⑥(任何)寶(物之處)等。		⑥(具)寶(物之)地。
⑦虛空(之處)。		⑦虛(空之處)。
	⑧平正(之)地。	
	⑨琉璃(之)地。	
⑩尊像(之處)。	⑤燈焰(之處)。	⑩尊像(之處)。
⑪童子(之處，指附身的意思)。	⑪童子(四歲或八歲以上，未滿二十歲，且尚未剃髮得度或未婚之男子，稱為童子)	⑪童子(之處)。
	⑦「虛空」中(之處)。	
⑫真珠(之處)。		⑫真珠(之處)。
⑬「火聚石」(之處)等。		⑬「火聚石」(之處)等。
於如是(13)處，(皆可獲)「鉢私	及諸「供養(法)器」等(13)處，	於如是(13)處，(皆可獲)「鉢私

那」(天)下(降)者。	皆是「鉢天」(蘇私那天神)下(降之)處。	那」(天)下(降之處)。
(貳)(若能)「請召」(蘇私那天神)來已,(蘇私那天神)當即自說「天上、人間」,及「過去、未來、現在」,超越三世(之)善惡等事,一一具說。	(貳)若有行人(誦真言者)請得(蘇私那天神)來已,於前所說(之13)下處,(蘇私那天神將)自說「天上、人間」、「過去、未來、現在」,乃至具說超越三世善惡等事。	(貳)(若能)「請召」(蘇私那天神)來已,(蘇私那天神)當自說「天上、人間」,及「過去、未來、現在」,超越三世(之)善惡等事,一一具說。
(若是誦真言者,於請召「蘇私那天神」時:) ❶法若有「闕」。 ❷持真言字數,或有「加、減」。 ❸或不經誦(不讀誦「大乘經典」)。 ❹不具「正信」。 ❺亦不「供養」。 ❻於「不淨地」(而作供養)。 ❼天(空)不「晴明」(晴朗清明)。 ❽童子(六根)身分,或(多)膌公 或(缺)少。	若是行人(誦真言者)請召之時: ❶不依「儀則」(儀軌法則),於法有「闕」。 ❷或所誦真言,文字「訛略」,或是「闕(乏)、(多)剩」。 ❹又或不具「正信」(正知正見的信解)。 ❸不讀「大乘經法」。 ❺或不陳「供養」。 ❻設有供養,隨於處所,(而)不求「清淨」之地。 ❽或時「童子」,頭面眼目,或手或足,及諸「身分」無「端嚴相」。	(若能)「請召」(蘇私那天神)來已,(蘇私那天神) ❶法若聞(而)不依(止)法。 ❷持真言字數,或有「加、減」。 ❸不經誦(不讀誦「大乘經典」)。 ❹不具「正信」。 ❺亦不「供養」。 ❻於「不淨地」(而作供養)。 ❼天(空)不「晴明」(晴朗清明)。 ❽童子身分,或(多)勝、或(缺)劣。
(參)有斯過(失)等,(則)「私那」(蘇私那天神)不(降)下。	(參)若如是者,彼諸行人(誦真言者),雖復「勤勞」,而「鉢天」(蘇私那天神)不(會降)下,非唯「召請」不來,而亦返(反而會獲)得「不吉祥」事。	(參)有斯過(失)等,(則)「私那」(蘇私那天神)不(降)下。

(1)橫刀的「刀柄」有「環首」，刀身「筆直」，所以有劍的「王者」之風，又有刀的「霸者」之氣。

(2)唐代軍隊使用四種刀，分別為「儀刀、障刀、橫刀、陌刀」。

(3)橫刀是「直刀」，為普通兵士的佩刀。即「皇宮士兵、衙役、捕快、守城站崗士兵、巡邏士兵」所配之刀子。

(4)橫刀一般全長 70 到 80cm 左右，刃長在 50 到 60cm 之間，厚度約 6 到 8mm，寬度一般在 3cm 到 4cm 之間。

(5)100CM 左右的「橫刀」稱為「大橫刀」或者「唐大刀」。

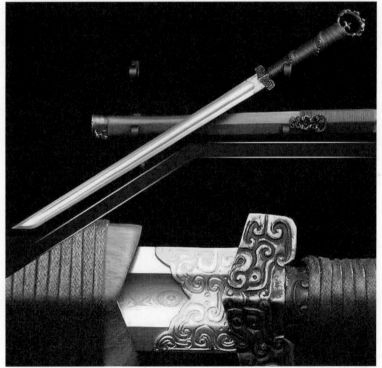

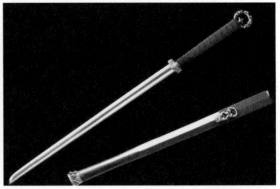

二－19 召請「鉢私那天神」的詳細修持方法介紹

唐·善無畏譯《蘇婆呼童子請問經》	北宋·法天譯《妙臂菩薩所問經》	日本承安三年(1173年高山寺藏本)寫《蘇磨呼童子請問經》(還原版)
❶若欲請(鉢私那天神)下(降)，初應持誦「私那」(鉢私那天神)真言，持誦功畢，即於「白月」(指初一到初十五)八日，或(選第初)十四日，或(選第初)十五日，是日「不食」，以「瞿摩(gomaya 牛糞)」塗地，如「牛皮」(之)形。	❶若持誦行人(誦真言者)，欲作請召「鉢天」(鉢私那天神)者，當須修「先行法」。「先行法」者，謂：先持誦「鉢天」(鉢私那天神)真言，「一洛叉」(十萬)遍，或「三洛叉」(三十萬)遍，然後取「白月」(指初一到初十五)吉祥之日，其日「不食」，求淨土「衢摩夷(gomaya 牛糞)」等相和，塗地作「壇」(城)，如「牛皮」(之)量，此是(請)下「鉢天」(之)處。	❶若欲請(鉢私那天神)下(降)，初應持誦「私那」(鉢私那天神)真言，持誦功畢，即於白月(指初一到初十五)八日，或(選第初)十四日、(選第初)十五日，是日「不食」，以「瞿摩」(gomaya 牛糞)用塗其地，如「牛皮」(之)像。
❷(若欲於「童子」之處而請下「鉢私那天神」者)：→即將「童子」(先)清淨澡浴，著新「白衣」，坐於其(曼荼羅壇城)上，以「花香」等，而為供養。(誦真言者)自亦於內面，向其	❷若欲於「童子」(之處而請)下(鉢私那天神)者：→即將「童子」(先)澡浴清淨，著新「白衣」，與授「八戒」，內外清淨訖，(令童子)坐(曼荼羅)「壇」中心，面「西」而坐，以「香	❷→即持「童子」(先)澡浴清淨，著新「白衣」，坐於其(曼荼羅壇城)上，以「花香」等，而為供養。(誦真言者)自亦於內面，向「東」

（或作「正」）東而坐「茅草」。

（參）又若欲令彼（於）「鏡中」相貌（而）現（蘇私那天神）者：
→則先取其鏡，以梵行婆羅門「呼摩」（homa，火祭、焚燒，投供物於火中之火祭祀法）之灰，揩抆（擦；抹）鏡令淨，或七、八遍，乃至十遍，置於「曼荼羅」上，仰著鏡中（讓鏡中朝天仰著，你對著鏡子看），（蘇私那天神若降下）即現「出（世）、（入）世」間事。

（肆）又於「橫刀」中（而請下「蘇私那天神」來）看事法者：
→亦同如鏡。

（伍）若欲於「手指」面上（請下「蘇私那天神」來）看吉凶者：
→先以「紫礦水」清淨其（手）指，後以「香油」塗之，（蘇私那天神即降於「手指上」）即（為）現（出）諸吉凶事。

（陸）若欲於「水中」（請下「蘇

花」等而為供養。
行人（誦眞言者）自亦於（曼荼羅）「壇」內，布「吉祥草」，面「東」而坐，誦「本天眞言」（蘇私那天神眞言），一心祈請，定獲成就。

（參）若欲令於「鏡中」（之處而請）下（蘇私那天神）者：
→先取好鏡「圓滿無損缺」者，用「淨灰」揩抆（擦；抹）拭七遍，或八遍，或十遍，令其「瑩淨」（瑩潔清淨），安（於曼荼羅）壇（城的）中心，「鉢天」（蘇私那天神）若（降）下，即於鏡中（為）現「世、出世」（間）之事。

（伍）若欲令於「指上」（之處而請）下（蘇私那天神）者：
→即先用「紫礦水」洗染「大（拇）指」，後用「香油」塗摩，彼「鉢天」（蘇私那天神）乃（降）下。

（陸）若欲令於「水中」（之處

坐（於）茅草上。

（參）若欲令彼（於）「鏡面」手下看（見蘇私那天神者）：
→先取其鏡，以梵行婆羅門「護摩」之灰，揩（擦；抹）拭令淨，或七、八遍，乃十遍，即時置於「漫荼羅」內，（鏡子）處（於）中（是）仰看（朝天的狀態），（此時）鏡中（的蘇私那天神）即現「世、出世」（間）事。

（肆）若復欲（令蘇私那天神而）下（降於）「橫刀」（之）法：
→亦如鏡。

（伍）若欲令於「手指」（處）所（請）下（蘇私那天神來）看（禍福吉凶）：
→先以「紫礦水」，洗自「指頭」，後已，（用）「香油」塗之。

（陸）若欲令於「水中」下看

(私那天神」來)看者： →(先)淨漉ᶻ其水，置於瓶中，或甕中，然後遣一童子於(瓶或甕)中看之，(蘇私那天神即降於「中水」)即皆(為)見(現出)一切吉凶(諸事)。	而請)下(蘇私那天神)者： →即取「新水」，仍須濾過，添於瓶內，「鉢天」(蘇私那天神)乃(降)下(於水中)，(蘇私那天神便)於(水)中現(出一切吉凶)事。	(見蘇私那天神者)： →(取)「淨濾」之水，瀉於瓶內，然後(遣一)童子，(便能)於(水)中見(蘇私那天神所現出的一切吉凶諸)事。
柒又欲令見(蘇私那天神而)下(降)於(任何)寶(物之地)等，及「真珠」中看(見)者： →即以淨水灑於(任何的)寶(物之地)等，及(真)珠上，端心淨住，念誦(蘇私那天神的)真言「百八遍」，(蘇私那天神)即(於真珠寶物中而)現一切相貌。	柒若欲令於「空地」，	柒若欲令(蘇私那天神而)下(降)於「空地」，及「真珠」看(見蘇私那天神者)： →以淨水灑。
捌又若欲令(於)「尊像」所(而請)下(蘇私那天神)者： →(先)以「花」供養，(蘇私那天神)即自現之。 (若欲於)燈(焰)中(而請下蘇私那天神)，亦如前法。	捌及諸「尊像」前，(及)「燈焰、火聚」處(而請)下(蘇私那天神)者： →即先持誦(蘇私那天神)「真言」，加持淨水，灑之，「鉢天」(蘇私那天神)即下(降)。	捌次復若欲令於「尊像」所(在之)身(而請)下(蘇私那天神)者： →以「花」供養(蘇私那天神即自現之)。 (若欲於)燈(焰處而請下蘇私那天神)亦如是。
玖乃至(於)夢中，(蘇私那天神亦將)為說(善惡)諸事。	玖若於如上之(13)處，請得(蘇私那天神)下(降)已，即(應)奉種種「香花」而為供養，令「鉢天」(蘇私那天神)歡喜，天(蘇私那天神)歡喜已，乃(至)於夢中，(蘇私那天神亦將為)說「善惡」等事。	玖欲知如(上所說13處之)法，乃至(於)夢中，(蘇私那天神亦將)為說(善惡)「諸事」。

二－20 若是真實之「鉢私那天神」於「童子」身降下者，童子之眼目歡悅，視物「不瞬」，亦無「出入」息

唐・善無畏譯《蘇婆呼童子請問經》	北宋・法天譯《妙臂菩薩所問經》	日本承安三年(1173年高山寺藏本)寫《蘇磨呼童子請問經》(還原版)
⓵如上所說，(欲請)下「私那」(鉢私那天神)法，具悉修行。若(鉢私那天神)不(降)下者，即應一日「斷食」，具持「八戒」，發大慈悲，或於「制底」(caitya 塔廟；靈廟)，或於「端嚴像」前，取「部母」真言，或取「部主」真言，作如是(底下之誦念法)。	⓵若或具修諸法，而(鉢私那)天(仍)不(降)下者，當更發「大慈大悲」利樂之心，一日「不食」，復受「八戒」。	⓵如上所說，(欲請)下(降)「私那」(鉢私那天神)法，具悉修行，仍(鉢私那天神仍)不下(降)者，即應一日「斷食」，具持「八戒」，發大慈悲，或於「制底」(caitya 塔廟；靈廟)，或於「端嚴尊像」之前，取「部母」真言，或取「部主」真言。
⓶復誦念法，極須「專心」，不得「搖身」及(睡)眠，坐於「茅草」，持前「部母、部主」真言等，任誦(其中)一道。數(量應)滿「落叉」(十萬)，或「二落叉」(二十萬)，(令作法之)意將(獲滿)足。	⓶於殊妙「尊像」前，或「舍利塔」前，布「吉祥草」端身正坐，不動不搖，一心專注，持誦「本部母」或「本部主」真言，「一洛叉」(十萬)遍，或「二洛叉」(二十萬)遍，得數滿已。	⓶作是押法念誦，極須專心，不得動搖「身」及「眉眼」(眉眼可能是「眠」的誤)，坐於茅草，數滿「落叉」(十萬)，或「二落叉」(二十萬)，或(作法之)意將(獲滿)足。
若(能作)此法者，呼我「唵」字，枯木尚(能)入其中，令遣(降)下(而說)語(話)，何況(是祈求鉢私那天神)人(入其)耶？	再作此法，當誦「忿怒王真言」，及呼我「唵」字者，至於「枯木」亦可令(降)入，何況(是祈求鉢私那天神)人(入其)處？	若(能)作此法(者)，呼我「唵」字，枯木尚(能)入(其中)，何況(是祈求鉢私那天神)人(入其)處？
⓷又若欲(於)「童子」所(降)下(鉢私那天神)，即簡(古同「揀」)取十箇(人)，或八、或	⓷若欲令於「童子」處(降)下(鉢私那天神)者，當先求取「童兒」十人，或「童女」	⓷若欲令於「童子」所(降)下(鉢私那天神)者，即應簡(古同「揀」)取十箇(人)、或八，

七、或六、或五、或四、或三、或二，或年十二，或八歲者。	(四歲或八歲以上，未滿二十歲，且尚未剃髮得度或未婚之女子，稱爲童女)十人。如數不足，或八、或六、或四、或二並通。須年「十歲」，或「十二歲」(才可)。	或七、五、四、三、二(人等)，年十二，或(年)十歲。
(童子或童女的特徵，須具備如下條件：) 肆 身分血脈，及諸骨節，悉皆不現，圓滿具足。 眼目端正，青白分明。 手指纖長，腳掌齊平。 八處表裏，圓滿身相。 具足鬚髮青黑。 人所見者，心生愛樂。	(童子或童女的特徵，須具備如下條件：) 肆 又須是「身相圓滿」，遍身血脈，及諸「骨節」悉皆不現。 膚色鮮白，頭頂端正。 髮黑光潤，面如滿月。 眼目修長，牙齒齊密。 手臂纖長，膊(均；直)圓可愛。 兩乳隆起，身毛右旋。 心復之間，有三約文。 臍深平正，腰細端直。 乃至股肱、膝腨(腓腸，即小腿肚)、踝指及跟。 諸相端嚴，悉皆具足，人所見者，愛樂不捨。	(童子或童女的特徵，須具備如下條件：) 肆 身分血脈，及諸骨節，並皆不現，圓滿具足。 眼目端正，青白分明，由(古同「猶」)如具齒白齊密。 手指纖長，亦無孔磲不(孔洞蟆裂)。 脛臂(腕字)纏圓，嬭(古同「奶」)房嵩高。 股肱圓滿，毫毛一一而出。 頭髮黑密，臍深腰細。 心有三物，色相具足。 有人見者，心生愛樂。
㈤若得如是等「童男」，於白月(指初一到初十五)八日，或十四日，或十五日，「澡浴」清淨，著新淨衣，以香花、然燈、塗香、燒香」，與受「八戒」，其日「斷食」，令(童男或童女)坐其前(之)「曼荼羅」內。	㈤若得如是「童子」或「童女」，即取「白月」(指初一到初十五)八日、或十四日、或十五日，或別「吉祥日」。即先令「澡浴清淨」，著「新白衣」，或著「真珠之衣」而爲莊嚴。嚴飾畢已，仍與授「八戒」，訖，	㈤若得如是童(男)及(童)女，於白月(指初一到初十五)八日、或十四、或十五日，澡浴清淨，著新「白衣」，與授「八戒」，其日「斷食」，令坐前(面所)說(的)「漫荼羅」內。

	將（童子或童女）於「壇」中，面「東」而坐，行人（誦眞言者）其日自亦「不食」，澡浴清淨，著新「白衣」。	
㊅次即以「香花、然燈、塗香、燒香」種種飲食，供養「本尊」，及（供養）「護八方大神」，及「阿修羅」諸餘「鬼類」，一一皆須供養。	㊅具種種「香花、花鬘、塗香、燒香、燃燈」，及上妙種種「飲食」，供養「本尊」及（供養）「護八方天神」，又別置供養，奉獻「天人、阿修羅」及「潛行鬼類」，如是作已。	㊅次即以「花、燃燈、塗香、燒香」種種「飲食」，供養「本尊」，及「八方」等「大神」，及「阿修羅」諸餘鬼類。
㊆又以「妙花」散彼童子身上，及「香」塗身。然後念誦之人，手執「香爐」，頂禮「本尊」，（再）念誦真言。 ❶先置「吽」字。 （hūṃ） ❷中間應呼：「揭唎忻拏」之句。（gṛhṇa） ❸又呼：阿毘舍（云「遍入」字）。 （Āveśa 阿比舍；阿毘舍；阿尾奢；阿尾賒。「遍入」之義） ❹又呼：乞灑鉢羅（二合）（云速）。（kṣapra）	㊆持誦行人（誦眞言者），復以「妙花」散彼童子（身上）。然後手執「香爐」，念「鉢天」真言： ❶其真言首當先呼：「吽」字。（hūṃ） ❷中間復加：「屹哩」（二合）訶拏（二合）之句。（gṛhṇa） ❸至此以「花」投於童子，又呼：「阿鼻舍」字（三遍）。（Āveśa） ❹又呼：乞澁（二合）鉢囉（二合）。（kṣapra）	㊆一一復已「妙花」散彼童子（身上），及以（香）塗身等。然後手執「香鑪」，頂戴（頂禮擁戴本尊），念誦（眞言），於其真言： ❶先置「吽」字。（hūṃ） ❷中間應呼：吃㗚（二合）訶（上）拏（二合）之句（云捉也）。（gṛhṇa） ❸又呼：阿鼻舍（云遍入）字。（Āveśa） ❹又呼：乞澁（二合）鉢囉（二合云速）。（kṣapra）
㊇「私那」（蘇私那天神）下（降）已，即有此相現時為：	㊇如是誦者，彼「鉢天」（蘇私那天神）須臾即來（附）入「童子」身，亦須「審知」其相。若是（真蘇私那天神）來者，其童子：	㊇「私那」（蘇私那天神）下（降）已，即有此相現，所為（古同「謂」）：

①眼目「歡悅」。 ②(眼珠)視物「不瞬」。 ③(呼吸)無「出、入」息(之聲)。 即當應知(真實)「私那」(蘇私那天神)已(降)下。	①顏容「熙怡」(熙笑怡悅)。 ②目視「不瞬」。 ③(呼吸)無「出、入」息(之聲)。 即知是其(真實)「鉢天」(蘇私那天神)來已。	①眼目「歡悅」。 ②(眼珠)視物「不瞬」。 ③(呼吸)無「出、入」息(之聲)。 即當應知(真實)「私那」(蘇私那天神)已(降)下。
註：請「天神」降臨，並附著於「童男女」之身，以問吉凶、成敗、禍福之方術，名爲「Āveśa 阿尾捨法」，雖此法並非「正統佛法」的教義，但「密教經典」中卻又常出現此種修法的介紹。		

惠果阿闍梨

(1)唐代僧，746～805 年，京兆府 昭應縣 (陝西) 人，俗姓馬。世稱青龍阿闍梨，為密教付法第七祖。

(2)惠果和尚童年入道，初從曇貞研習諸經。年十七隨曇貞入「內道場」，於眾中超邁特出，遂為不空三藏賞識，盡傳其「三密法要」。

(3)惠果和尚二十歲，正式出家，受具足戒。復從善無畏弟子玄超受「胎藏」及「蘇悉地」諸法。從不空受「金剛界」密法，並融會二者，建立「金胎不二」思想。

(4)此後惠果和尚常應詔入「內道場」為唐代宗、公主等修法，並繼不空法席，為青龍寺東塔院之「灌頂國師」，故又稱青龍和尚。歷任代宗、德宗、順宗三朝國師，倍受崇敬。

(5)惠果阿闍梨博通「顯密」內外群經，啟迪後進，不遺餘力，四方從學之眾，常多達數千人。各國「入唐求法者」，多從師受「密宗教義」。曾授法予日僧空海、新羅僧惠日、悟真等，而將此宗傳入日本、新羅。

(6)惠果和尚於永貞元年示寂，世壽六十。空海奉敕撰其碑文。著有《十八契印》、《阿闍梨大曼荼羅灌頂儀軌》、《大日如來劍印》、《金剛界》、《金剛名號》等各一卷。《十八契印》所說，為密教修法之根本形式，為密教重要著作之一。

(7)此外，日本真言宗所謂「真言八祖」中，惠果和尚為「唐土」最後之祖師，故在密教史上佔有重要地位。又空海所傳之兩部「曼荼羅」及其他修法之「祕密道具」等，皆為師授意，命李真、楊忠信等所作者。

空海大師撰《秘密漫茶羅教付法傳》（廣付法傳）

(1)第七祖法諱惠果阿闍梨耶，俗姓馬氏，京兆 昭應人也，故大興善寺 大廣智 不空三藏之「付法」入室也。髫齔 亂 之日，隨大照禪師見(不空)三藏。(不空)三藏乍見，驚曰：此兒有「密藏器」，稱歎不已。

(2)(不空三藏)竊告之日：汝必當興我法，撫之育之，不異父母；即授「三昧耶佛戒」，許

之受職「灌頂位」，口授「大佛頂、大隨求」梵本，普賢行願、文殊讚偈。

(3)(惠果)和尚稟氣沖和，精神爽利……年甫十五，稍得「靈驗」。(唐)代宗皇帝聞之，迎入(時年二十五)，命之(惠果)曰：朕有疑滯，願為解之。(惠果)和尚即令「兩、三」童子，依法「加持」，請降「魔醯首羅天」(指惠果和尚作法請「魔醯首羅天神」降神於身旁之「童子」身上也)，法力不思議故，(魔醯首羅天神)即遍(降神)入「童子」。

(4)(惠果)和尚白王(唐代宗)言：法已成，隨聖意請問。皇帝下坐，問(魔醯首羅)天：(魔醯首羅天神)則說「三世事」，委告帝王「曆數」。

(5)皇帝歎曰：龍子雖小，能起「雲雨」，釋子(指惠果和尚)雖幼，法力「降天」(指惠果和尚能迎請「魔醯首羅天」降神於童子身上)。入瓶小師，於今見矣。即錫(同「賜」)「絹綵」，以旌(表揚；表彰)「神」用。從爾已後，(皇帝對惠果和尚)飛龍迎送，四事優供……

　　——《定本弘法大師全集・卷一》，高野山大學密教文化研究所，1996，p105。

《大唐青龍寺三朝供奉大德行狀》

(1)先師諱惠果和尚，俗姓馬氏。京兆府萬年縣 歸明鄉人也。幼年九歲，便隨聖佛院……至年十七，為緣和尚，常在「內道場」持念不出，乃於興善寺三藏(不空)和上，求授「大佛頂、隨求」等真言。季華 十九，(於不空)三藏邊教授「灌頂」散華……

(2)年二十五，特奉恩旨，詔命入內於長生殿。當時(唐代宗皇帝)有勅喚，(皇帝)對問：師有何功効？夾天云：微僧未有功効，(僅)奉□勅，(吾)便誠當時。

(3)(惠果和尚)喚童子「八人」，考召「加持」(八童子)，□(皇帝)恩命所問，盡皆(能令彼)成就，轉瓶合竹，并得成就。□帝乃大喜。

旁立有一「童子」

7 惠果大師(阿闍黎)(746-805年)

摩醯首羅天(大自在天)

(1)梵名 Maheśvara，音譯作<u>摩醯首羅</u>、<u>莫醯伊濕伐羅</u>。又作<u>自在天</u>、<u>自在天王</u>、<u>天</u>

主。傳說<u>摩醯首羅天</u>為<u>嚕捺羅天</u>(Rudra)之「忿怒身」。因其居住地之不同，又有<u>商羯羅</u>(Saṃkara)、<u>伊舍那</u>(Īsāna)等之異名。

(2)此<u>摩醯首羅</u>原為「婆羅門」教之主神<u>濕婆</u>，信奉此天者，被稱為「大自在天外道」。此派以<u>摩醯首羅</u>天為世界之本體，謂此<u>摩醯首羅</u>天乃為一切萬物之主宰者，又司暴風雷電，凡人間所受之苦樂悲喜，悉與此天之苦樂悲喜相一致。故此天喜時，一切眾生均得安樂；此天瞋時，則眾魔現，國土荒亂，一切眾生均隨其受苦；若世界毀滅時，一切萬物將歸入大自在天中。此蓋為「大自在天」神格之表現。

(3)<u>摩醯首羅</u>天除了有「殺傷、暴惡」等性格之外，此天亦具有「救護、治療」之性格，而以「吉祥神」之面貌出現，但在某些經論中<u>摩醯首羅</u>天則為「色界」最高之「天魔」的角色。

(4)初時，此<u>摩醯首羅</u>天與<u>那羅延天</u>同列於「梵天」之下。其後，其神位漸次升高，而成為「最高神格」。

(5)於婆羅門教中，<u>摩醯首羅</u>被視為「其體常住，遍滿宇宙」，而有「以虛空為頭，以地為身」之泛神論之神格。

(6)然當「濕婆神」進入佛教後，<u>摩醯首羅</u>天即成為佛教之「守護神」，亦稱為「大自在天」，住在「第四禪天」最頂之「色究竟天」。其像為「三目、八臂」，騎「白牛」，執「白拂」之天人形。有大威力，能知大千世界雨滴之數，獨尊於「色界」。

(7)密教將此<u>摩醯首羅</u>天視同<u>伊舍那天</u>，為「十二天」之一。如《供養十二大威德天報恩品》云：「<u>伊舍那天</u>喜時，諸天亦喜，魔眾不亂也。舊名<u>摩醯首羅</u>也。佛言若供養<u>摩醯首羅</u>已，為供養一切諸天。此天瞋時，魔眾皆現，國土荒亂。」

(8)此<u>摩醯首羅</u>天形像種類很多，有二臂像、四臂像、八臂像，更有十八臂像，然不多見。列位在現圖「胎藏界」曼荼羅外「金剛部」西邊之「西南隅」，「羅剎」眷屬之「左」外，身呈「赤黑」色，右手開肘、豎掌，屈中、無名、小等三指，左手作「拳」，執「三股戟」向右，乘「青黑水牛」，「左腳」下垂。

二－21 所請「缽私那天神」的真假辯析。若是「魔附」，當持「穢跡金剛咒」除遣之

唐・<u>善無畏</u>譯 《蘇婆呼童子請問經》	北宋・<u>法天</u>譯 《妙臂菩薩所問經》	日本承安三年(1173年高山寺藏本)寫 《蘇磨呼童子請問經》(還原版)
⑤(待缽私那天神下來後)即取「遏伽(argha 功德；香花)」水，及燒香供養，心念「最勝明王真言」，即應(尊)敬(請)	⑤(待缽私那天神下來後)便可「燒香」，及獻「閼ᵉ伽(argha 功德；香花)」，心中當須憶念「最勝明王真言」，禮	⑤(待缽私那天神下來後)即以「閼伽」，燒香供養，心念「最勝明真言」，即應敬問：

問： 「尊者」是何類神？(我今於)自、(於)他，(皆)有所疑惑(者)，即應速問(彼蘇私那天神)。	拜供養，然(後)可請問： 尊(者)是何天？勞屈(辛勞委屈您)至此(地)？我今於自、於他，(皆)有所疑事，願(蘇私那天神)為速說。仍須速問，不得遲疑。	尊(者)是何類？(我今於)自、(於)他，(與)所有(的)疑惑，即應速問。
㊍彼(蘇私那天神)自當說「三世」之事，求利、失利，及「苦樂」等。所聞(蘇私那天神)之教(誨)，宜速受持，勿生疑惑。(待)所聞事畢，即速「發遣」(派發遣送)。若具此法，(則)「私那」(蘇私那天神)速(降)下；若不依法，即不得成就，(反)為人所笑。	㊍而彼「鉢天」(蘇私那天神)一一皆說，(大)多(會)說「三世」善惡之事，若苦、若樂，「得利、失利」種種之事，一一皆說。如是說已，宜應信受，勿生疑惑。所問事畢，速須依法「供養」，勞謝(並)發遣(派發遣送)，請(蘇私那天神)還(歸)本位。	㊍於彼(蘇私那天神)自當說三世之事，(有關)得利、失利，及得「苦樂」等，所聞之教(誨)，宜甘(心)受持，勿生疑惑。(待)所問事畢，即速發遣(派發遣送)。若具此法，(則)「私那」(蘇私那天神)速(降)下；若不依法，不得成就，(反)為人所笑。
㊌復次「私那」(蘇私那天神)自(身)下(降)者：(具有如下7個特點)	㊌復次「鉢天」(蘇私那天神)自身來下(降)，當有證驗可知：(具有如下7個特點)	㊌復次「私那」(蘇私那天神)自(身來)下(降者)：(具有如下7個特點)
❶彼「童子」等(之)面貌「熙怡」(熙笑怡悅)。 ❷容顏滋潤。 ❸眼目廣長。 ❹(圓)遠黑(眼)睛外，微有赤(紅)色。(注意只能稍微有點紅色，不能全部都是赤紅色) ❺(具)精神意氣，有「大人相」。 ❻(呼吸)無「出、入」息(之聲)。 ❼眼亦「不瞬」(指眼神不會飄忽不定，會聚焦)。	❶彼天作「童子」相。 ❸兩目圓瑩。 ❹於黑(眼)睛外，(稍)微有赤(紅)色。 ❷面首端正。 ❶顏容「熙怡」(熙笑怡悅)。 ❼(眼珠)視物「不瞬」。 ❻(呼吸)無「出入」息(之聲)。 ❺有意氣(及有)「大人之相」。	❶彼童子等(之)面貌「熙怡」(熙笑怡悅)。 ❷容顏滋潤。 ❸眼目廣長。 ❹(圓)遠黑(眼)睛外，微有赤(紅)色。(注意只能稍微有點紅色，不能全部都是赤紅色) ❺(具)精神意氣，有「大人相」。 ❻(呼吸之)「出、入」息斷。 ❼眼亦「不瞬」。(指眼神不會飄忽不定，會聚焦)

(由以上 7 個特點)即當應知是真(實的)「私那」。	若如是(以上 7 個特點)者，(必)是真(實的)「鉢天」(穌私那天神)來(降)下。	(由以上 7 個特點)即當應知，是真(實的)「私那」(穌私那天神)。
㊤若「魔」等下(降)者，即別有相貌：(具有如下 5 個特點)	㊤若是「障魔」來(降)下者：(具有如下 5 個特點)	㊤若魔等下(降)，即別有相(狀)：(具有如下 5 個特點)
①眼赤(紅)復圓(黑眼珠很少，或者完全沒有黑眼珠)。 ②如人「瞋視」(之相)。 ③眼睛(呆滯而)不轉(不會轉動)。 ④(唯作)張口恐怖(相)。 ⑤亦無「出、入」息(之聲)。	⑤其狀亦如「童子」，(亦)無「出、入」息(之聲)。 ④顏容醜惡。 ①眼圓多赤(紅色)。 ②作瞋怒相。 ④張口怖畏。	①眼赤(紅)復圓(黑眼珠很少，或者完全沒有黑眼珠)。 ②如人「瞋視」(之相)。 ③眼睛(呆滯而)不轉(不會轉動)。 ④(唯作)張口怖畏(相)。 ⑤亦無「出、入」之息。
眼亦「不瞬」？ (比對上述眞穌私那天來降下也有「眼亦不瞬」四個字，故此處也可能是「重複所產生的誤置」，因爲法天譯本無此四字)		眼亦「不瞬」？ (比對上述眞穌私那天來降下也有「眼亦不瞬」四個字，故此處也可能是「重複所產生的誤置」，因爲法天譯本無此四字)
(由以上 5 個特點)即當應知「夜叉」等(降)下，即須「發遣」(派發遣送)。	若覩是(5 個特點)相，當知是「魔羅刹」，及龍(族類的)潛行「鬼類」(降下)，既審知(是魔羅刹)已，(應)速須作法「除遣」。	(由以上 5 個特點)即應當知「藥叉」等下(降)，(應)速須發遣(派發遣送)。
㊄若(魔羅刹仍)不肯(離)去者，即應便誦： (1)「妙吉祥偈」。	㊄持誦行人(誦眞言者)即於「壇所」： (1)讀誦「吉祥伽陀」。 (2)或(誦)「大力明王經」。 (3)及(誦)「三摩惹經」。	㊄若(魔羅刹仍)不肯(離)去，即便應誦： (1)「妙吉祥偈」。 (2)或誦「不淨忿怒金剛真言」。 (3)或誦「杭斯尼使者真

(4)或誦「不淨忿怒金剛真言」。 (5)或讀「大集陀羅尼經」。 如上讀誦。 （陸）若(魔羅剎仍)不(肯離)去者： （一）即應以「師子座真言」，用「遏伽」(argha 功德；香花)水，或(用)「波羅賖木」(Palāśa-kāṣṭha)與「酥」相和，(作)「呼摩」百八遍。 （二）或以「胡麻」，或「稻穀花、酥蜜」相和，(作)「呼摩」百遍。 （三）最後以「軍荼利」真言，(作)「呼摩」七遍，或三遍。 (彼魔羅剎)即便捨去。 （柒）智者善解如是妙法，復能一一如法修行，不久勞苦(勞苦不久之後)，而(必)獲成就。	(4)及(誦)「穢跡忿怒明王真言」(同屬「穢跡金剛咒」之法)。 (5)乃至(誦)「大乘諸陀羅尼」(經)。 而「發遣」(派發遣送)之。 （陸）如是(魔羅剎仍)不(肯離)去： （一）當誦「師子座真言」，用「阿里迦」(argha 功德；香花)木，及「波羅舍木」(Palāśa-kāṣṭha)為(木)柴，(然後)榅(疑爲「搵冹」字→用手按)「酥蜜、酪」并「稻穀花」或「胡麻」等，(作)「護摩」百遍。 （二）然後誦「忿怒軍拏利」真言，(作)「護摩」三遍，或七遍。 彼「障魔」更不敢住，自然(即)退去。 （柒）諸有智者，當須解了如是之法，一一修行，若為是事，勿令辛勤(而導致)無所靈應。	言」。 (4)或誦「金剛真言」。 (5)或讀「大集陀羅尼經」。 如上讀誦。 （陸）若(魔羅剎仍)不(肯離)去者： （一）即以「師子座真言」，用「閼迦」(argha 功德；香花)木，或「波羅賖木」(Palāśa-kāṣṭha)，與「藉」相應，(作)「護摩」百遍。 （二）或以「胡麻」，或「稻穀花、蘇蜜」相和，(作)「護摩」百遍。 （三）最後已「軍荼利」真言，(作)「護摩」七遍，或已三遍。 (彼魔羅剎)即便捨去。 （柒）智者善解如是「妙法」，復能一一如法修行，不久勞苦(勞苦不久之後)，而(必)獲成就。

第三卷

三－1 因曾犯「五逆」罪重，故今世修持真言，終不成就。「懺悔謝罪」為持咒成就之法

唐・善無畏譯 《蘇婆呼童子請問經》	北宋・法天譯 《妙臂菩薩所問經》	日本承安三年(1173年高山寺藏本)寫 《蘇磨呼童子請問經》(還原版)
〈分別遮難分品第九〉	〈說諸遮難分第九〉	〈蘇磨呼童子請問經分別遮難分第九〉
	⑴復次妙臂菩薩問金剛手言：行人(誦真言者)修行持誦，有何罪障？不獲「悉地」？願為宣說。當令未來諸修行人，一一了知，於諸修行而無疑惑。	
⑵復次蘇婆呼童子！有念誦人，過去(世曾)殺阿羅漢，今世(亦)「反逆」父母，幷破「和合僧」，以懷「瞋心」出佛身血，惡習氣故。「今生」求人「過惡」，觸事(接觸到諸事)不閑(不夠熟閑)，(然後卻假)詐作「解相」(理解其真相)。如是等人，不(能)值(遇)善友，(所謂的)善友(皆是邪)惡故，(故)反生「邪見」。	⑵爾時金剛手菩薩告妙臂菩薩言：妙臂！若有行人(誦真言者)，於過去世，乃至「今生」，於身口意，不能善護，造諸重罪。是故(今生)修行，法難成就。所謂：殺「阿羅漢」及殺「父母」、破「和合僧」，以「瞋怒心」出佛身血。	⑵(誦真言者，於過去曾)復次殺「阿羅漢」，及殺「父母」，破「和合僧」，以懷「瞋心」，出「佛身血」，(此世欲)求「悉地」者，終不成就。
⑶又破「窣覩波」(stūpa 佛塔)，及殺「畢定菩薩」(初地菩薩以上，皆屬於畢竟決定之菩薩)，自污「羅漢母」(女阿羅漢)，教人令殺，或盜僧「財物」，	⑶及毀壞「佛塔」(stūpa)，或殺「菩薩」，或強以「不淨行」污阿羅漢母(古同「母」→女阿羅漢)，或使人、或自作逼奪三寶「財物」。	⑶又破「窣覩波」(stūpa 佛塔)，及殺「菩薩」，污「母羅漢」(女阿羅漢)，教人令殺，盜僧物財，或少或多。

或多或少。		
㊣世尊說是「五逆無間罪人」,若犯者一(其中之一),罪增一倍。若具(全部)犯「五逆」者,轉增五倍,命終當入「無間地獄」,受十大劫苦。	㊣如是之過,佛說此為「五無間罪」,若有是過,於法難成,何以故?以此重罪,當墮地獄,受苦一劫,乃(弭)平(原)先罪(愆),方得出離。	㊣世尊說是「五類無間」(五無間罪),若犯此罪,於「無間獄」,受苦「一劫」。
㊄復現身(此身)造罪、不知邊際,癡心、高慢、不懺「首過」(指不去面對其他修行僧去懺悔自己的種種過失),轉生「我見」。而(此人)欲誦持「真言祕藏」,假使勤苦(的)「念誦」真言,終亦不獲「悉地」。以「障重」(業障深重)故,未「對首懺」(又名「對手懺悔、對首懺悔」,為三種羯磨法之一。「首」即「面」,指須面對其他之修行僧,一人至三人,稟陳事實,表示悔悟之意,故稱「對首」。此一懺法應「合手懺謝」,故又稱「對手懺悔」),謝其罪故。	㊄故說此人雖復「勤苦」(修行),(因)以「業障」故,於諸「真言」,終不成就。	㊄假使「勤苦」,念誦「真言」,終不獲得成就。
㊅未償(還)「佛物、法物、僧物」,及一切「眾知識」等物,(種種)凶突(凶惡的凌突冒犯)、頑愚(頑劣愚鈍),曾未改悔(改過懺悔),(連)一毛頭分(都沒有悔改)故,何能持誦「真言」?求獲「悉地果」耶?四趣(地獄、餓鬼、畜生、阿修羅)長遠,一墮於中,何時當得出離解脫?		

㈦此等(受)「苦類」(果報的)一切眾生，(若有)不受「惡道業」者，(則)世尊不應說有(所謂的)「一闡提」(icchantika 斷絕一切善根、無法成佛者)，及「地獄」等苦(之事)，(故應)何解(如何解脫)須求得「解脫」，苦心(修復)毀(壞的戒)體，而求「悉地」？		

懺悔有三種：
❶眾法懺：對「四人以上之僧眾」行懺悔。
❷對首懺：對「師家一人」行懺悔。
❸心念懺：直對「本尊」行懺悔。

三－2 有罪之人先求懺悔，復尋「明白」佛理之師，請求入「三昧耶」法及「真言法則」

唐・善無畏譯《蘇婆呼童子請問經》	北宋・法天譯《妙臂菩薩所問經》	日本承安三年(1173年高山寺藏本)寫《蘇磨呼童子請問經》(還原版)
㊀又諸佛所說「微妙經典」，(以)瞋心損壞(經典)，或「放火」焚燒、或棄「水中」、或棄「不淨廁」中，或謗「法身」、或殺「持戒」(之)「比丘、比丘尼、優婆塞、優婆夷」、或欲「打罵欺陵」，惡言謗毀，求其長短。持火燒「伽藍精舍(saṃghārāma 僧侶所居之寺院、堂舍)」，毀壞「尊容」及「僧房」等。	㊀又復於諸如來所說「經法」，以其「瞋心」，或(將經典放)「火燒」、或「水溺」、或「方便毀壞」，或謗「法身」、或殺「持戒僧尼」、或無故殺「持戒男子女人」。或以瞋心「縱火」，焚燒「伽藍」(saṃghārāma 僧侶所居之寺院、堂舍)。	㊀又諸佛所說「微妙經典」，(以)瞋心損壞(經典)，或放「火燒」、或棄「水中」、或謗法，或殺「持戒清淨比丘、比丘尼、優婆塞迦(upāsaka 優婆塞)、優婆私迦(upāsikā 優婆夷)」，或燒「伽藍」(saṃghārāma 僧侶所居之寺院、堂舍)。
㊁此等之罪，斯人報盡命終，當墮十方一切「阿鼻地獄」等，皆受千劫。	㊁若有此罪，雖復勤勞(的誦咒)，亦不成就。若或於佛法僧(之處)，所興(起之)損	㊁犯斯罪者，假令「勤苦」(的修行誦咒)，亦不(能)成就，(因為此人曾)於「三寶」處，

	害心，不限多少，我今說彼「受報」(之)少分。如是之人，(亦)當墮無間地獄。	有所(傷)害心，(我今只說彼人所受的)少分「損害」(因果報應)。我今略說彼所受報，如是人等，(當)墮「無間獄」。
㊂然後墮「餓鬼」中，鬼身畢已，復墮「傍生」，「傍生」畢已，最後(轉世)獲得「人身」。(但)六根不具，常生「下賤」家、(或當)「乞丐」而活。(假)設使(喚)「身力」，(但只能)恒以客擔「死屍」，求財活命。食飲不充其口，恒受飢餓，不擇食飲，或噉「狗、猪、猫、鼠」等肉，以充其命。	㊂畢是罪報，復生人間，以「餘業」(剩餘的業力)故，設(轉世)得人身，(則)生(為)「貧賤種」。	㊂從彼得出，以「不善業」故，(轉)生(為)「貧賤家」。
㊃若逢善友，即(勸)發「菩提」。若值(遇)「闡提、愚痴」等人，(復)還造「惡業」，復(再)墮地獄，還經數劫。	㊃或遇「善友」，(即)勸發「無上菩提之心」，後又(道心)不(堅)定，返却(復)歸依「外道天」等。彼「外道天」雖見(此人)「歸依」(他)，(但)亦復(對此人)不喜，返(對此人)生「瞋害」。若此(退而歸依外道天)之人，(再怎麼)持誦修行，終不(會)成就。	㊃雖(最)初(有)發「無上菩提之心」，後(因道心不堅固又退)還禮拜「外道天」等。彼諸(外道)「天神」於其人所，却(反)生(出)「瞋害」，(此人再怎麼)持誦「真言」，終不(會)成就。
㊄世尊所說，諸佛「如來」還供養「如來」，何以故？(乃為)求福故。(更)何況凡夫，(竟然)專事(於)「頑愚」(頑劣愚鈍)，不求「福」耶？菩薩(乃)怜(憐)愍衆生，而得佛身，(故終)不捨一切衆		

生，(能令)見者觀視(後生)敬念，(而)無有「厭足」。菩薩不害眾生「一生之命」，何況多命？以「不害」(眾生)故，而(菩薩乃)得無諸「病苦」，身得具足。

㈥(菩薩)得佛之後，復增壽命，「施食」亦爾，得壽命長。眾生(若)遇「佛影」中，皆得安樂，保全身命。菩薩常「謙下」(謙卑下讓)眾生，承接供養。(眾生)若有所須，(菩薩皆)不違前意，皆悉(施)給之。

㈦若前人解法，以身「床座」，令坐其上，以聽「妙法」得以奉行，不生「退轉」，求佛「常身」(常住之身)。何況凡夫一無所解，「福」無毫分，輕慢一切，而(專)事(於)「高心」(貢高我慢心)，不遵「智者」(去)行「檀」(檀那布施)果業。
今說罪福二等，粗略言(説如下)：

㈧有罪之人，先求「懺(古通「懺」)悔」，「對首」(又名「對手懺悔、對首懺悔」，為三種羯磨法之一。「首」即「面」，指須面對其他之修行僧，一人至三人，稟陳事實，表示悔悟之意，故稱「對首」。此一懺法應「合手懺

謝」，故又稱「對手懺悔」)發露其過(失)，一一具述，(若)覆藏(罪業而)不(詳細描)述，(則)罪亦難滅。 然後尋好「明師」(真正明白佛理之師，非指「名師」)，遵承供養，珍重看仰(看承尊仰)，請求入「三昧耶」法。 蒙(尊)許，(則)得入壇已，於後漸漸諮問「真言法則」，得已修行，當得「悉地」。 (若)無「善心」者，(則)虛費(徒虛浪費)語功(語言之功)，唯「地獄」苦楚(的果報)能迴(施)此等類(之人)。		

三－3 懺悔罪畢，更不歸依「邪魔外道、天神」，唯禮拜「佛三寶」所

唐·善無畏譯 《蘇婆呼童子請問經》	北宋·法天譯 《妙臂菩薩所問經》	日本承安三年(1173 年高山寺藏本)寫 《蘇磨呼童子請問經》(還原版)
㊊復次蘇婆呼童子！若念誦人，先於「三寶處」，起恭敬心，謙下卑順，向前胡跪合掌，白尊者言： ㊋我今懺悔一切罪障，願悉消滅，於今已後，更不重造，願尊(者)慈悲攝受(攝化護受)。我等於佛法中發		

「無上菩提」，至得佛已來，勿值「惡魔」壞我「菩提真實」之見，願尊(者)證知。 (參)從今向去，(誦真言者)更不歸(依)餘「邪魔外道」惡人，亦不禮拜「雜類」(之)諸(外道)「天神」等，唯(有禮拜)「佛菩提」及「三寶所」。繫心一念，誓不移易(移動改易)。 (肆)(誦真言者)當發如是等願，其所作「念誦事法」，(將)速得「悉地」，亦得救攝眾生，代受(其)「苦惱」，眾所須之物，我雖薄福，(亦)隨其(能)力辦(事)，悉令(獲得)充足。	(參)若復有人，從(最)初發起「無上菩提之心」，從是之後，(連)諸天及(一般世)人宜應供養(此等發無上道心者)，何以故？彼人即是荷擔一切有情(眾生)，能於有情(眾生而)「施無畏」故，乃至於「三寶種」(皆)能繼嗣(承繼傳嗣)故，是以(誦真言者)不應(退)返(而)禮(拜外道)諸天。	(參)彼(人)從(初)發「菩提心」後，(連)諸天及(一般世)人即應供養(此等發無上道心者)。彼(人)亦(即是)荷檐(古同「擔」)一切「眾生」，及「施無畏」(於眾生)，(能)紹繼(紹承繼嗣)三寶，是故(誦真言者)不應禮拜(外道)「諸天」。

三－4 若犯此 13 種過失，則所念誦的真言終不得成就，亦不名為「智人」

唐・善無畏譯《蘇婆呼童子請問經》	北宋・法天譯《妙臂菩薩所問經》	日本承安三年(1173年高山寺藏本)寫《蘇磨呼童子請問經》(還原版)
(壹)以我(所)發「菩提心」，念誦「真言威力」，令我(能)摧伏「猛害毒惡」人(等)類，(彼猛害毒惡皆)不能為害，自		

然消滅。(念誦眞言威力能)令一切眾生悉「無畏懼」。我今以「真心念誦」，諸天「善神」衛護(保衛護祐)故，「真言威力」不可思議，一切「眾靈」(具靈性之眾生)，(皆生)欽敬(欽佩尊敬)恐怖(之心)，何況(若有)「凡夫、惡人」而不(能)摧滅者耶？ ⑳ (底下若犯此 13 種過失，則所念誦的眞言終不得成就，亦不名爲「智人」)	⑳ (底下若犯此 13 種過失，則所念誦的眞言終不得成就，亦不名爲「智人」)	⑳ (底下若犯此 13 種過失，則所念誦的眞言終不得成就，亦不名爲「智人」)
	❶又復不得(以咒語而)作「猛害」之過(失)，及殺「仙人」。	❶或(以咒語而)作「猛害」之事，及殺「仙人」。
	❷又復不應於「真言、明(咒)」互相破壞。	❷(以眞言而互相)破(壞)「明主」真言。
	❸又或以「瞋心」故，不供養「真言明主(明咒主尊)」。	❸(以)「瞋心」(之)故，(而)不復供養(本尊聖)眾。
❺行者(誦眞言者)凡持真言者，無故以手斷「草木」。	❹又或乃至以足踐「蓮花」及諸「印契」。	❺無故以「手」斷壞「草木」。
❹以腳踐踏「蓮花」，及諸「壇地」幷「契印」等。	❺又或無故(以)手折「草木」之類。	❹以「足」踐蹋「蓮花」及諸「契印」。
❻亦復禮拜諸「藥(叉)」等類。	❻又復禮拜諸(凶)惡「藥叉」之類。	❻亦復禮拜「藥叉」等類。
❼亦勿喫「供養」及「祭祀鬼神」之(殘)食。	❼或喫「供養」(之)殘食及「供養鬼神」(之)殘食。	❼復喫「供養」及「祭祀鬼神」之(殘)食。
❽或喫所「棄著地」(之)食。	❽或喫「棄地」之食。	❽或喫所「棄著地」之食。
❾❿勿共「婦人」語，及(與)「畜生」等，於清淨處，行「非為法事」(指「不淨行」之婬事)。	❾又或於「畜生女」(而)行「不淨事」(指「不淨行」之婬事)。	❾或於「畜生」行「非法行」(指「不淨行」之婬事)。
	❿或與「女人」於「伽藍」	❿或與「女人」於「清淨處」

唐・善無畏譯	北宋・法天譯	日本承安三年(1173年高山寺藏本)寫
	(saṃghārāma 僧侶所居之寺院、堂舍)清淨之處(而)行「不淨事」(指「不淨行」之婬事)。	行「非法事」(指「不淨行」之婬事)。
⑪以「明(咒)」及「藥(力)」捉諸「蛇類」。	⑪或以「禁呪」,或用「藥力」,(而)害諸「蛇蟲」。	⑪以「明(咒)」及「藥(力)」,(去)捉諸「蛇類」。
⑫或乘「象」,或及生「驢」,欲令走故,以杖打之,致於(象驢發生)病難。	⑫或乘「象、馬、牛、驢」,欲令急速,(故)強「鞭支」(鞭打肢體)之。	⑫或乘「象馬」及「狗、牛、驢」,欲令(急)去故,(使)以「杖」打之。
⑬及遭「苦難人處」(而)不發「慈悲念」。	⑬又於病患之人,及苦難之人,不發「慈悲」救濟之心。	⑬於病患者,及遭苦難(者),於彼等處,不發「慈悲」。
(參)如是(犯此13種過失)之人,念誦真言,亦難成就,(亦)不名(為)「智人」。	(參)如是等(犯此13種過失之)人,於真言明(咒),終不成就。	(參)如是(犯此13種過失之)人等,(念誦)真言,(終)不(得)成(就)。

三－5 修行者若遭苦難,亦不禮拜供養「外道天神」。若見「外道天神」修法,勿誦彼真言及讚歎彼德。應「不瞋怒、不喜樂、不隨喜」

唐・善無畏譯 《蘇婆呼童子請問經》	北宋・法天譯 《妙臂菩薩所問經》	日本承安三年(1173年高山寺藏本)寫 《蘇磨呼童子請問經》(還原版)
(壹)譬如虛空,終不可量,於三寶及眾人處,行(貪圖利)益及損(滅破壞),(將)獲善惡(果)報,亦復如是。	(壹)復次行人(誦真言者),譬如虛空,不可量度。若復有人於「三寶所」而行「損害」,後(將)感其(果)報,不可度量,亦復如是。	(壹)譬如虛空,終不可量,於三寶處,行「欲益、反(古同「販」)」、損(滅破壞)」,(其所)獲(得)善惡(果)報,亦復如是。
(貳)又勿作「網羅、羂索」,及(以)諸方便(去)傷害眾生,及畜(養)「貓、狸、羖羊(黑色的公羊)」,籠禁(籠網禁縛)「鸚鵡」及諸鳥類。如是之人,(於)今世、後世,	(貳)又復行人(誦真言者),曾以「羅網」傷害有情(眾生),畜養「貓兒」,捉殺「蟲、鼠」,乃至籠禁(籠網禁縛)鸚鵡(古同「鵡」)飛禽之類,如是之人,(其所念誦的真言亦)不得成	(貳)又復(誦真言者曾)以「網、羂索」,及(以)諸「方便」(去)傷害眾生,及畜(養)「猿兒(犬屬動物)、羖羊(黑色的公羊)」,籠禁(籠網禁縛)「鸚鵡」及諸鳥類。如是之人,今

唐·善無畏譯	北宋·法天譯	日本承安三年(1173年高山寺藏本)寫
（其所）念誦（之）真言，亦不成就。	就。	世、後世（其所念誦的真言）亦不成就。
㈢是故不應受用（專門要）「供養世尊之物」。所（欲）供養（之）食，亦不應（有所）踐（踏過的），（凡是被）腳踏（過）、（或曾）「墮地」之食，（皆）不堪（做爲）供養物。	㈢又不得受用（專門要）「供養佛物」（供養世尊之物）。	㈢是故不應受用（專門要）「供養世尊之物」。所（欲）供養（之）食，亦不應（有所）踐（踏過的），不應（作爲供養之）食，（凡是被）踢（踏過）、（或曾）「墮地」之食，（皆不應再作爲）供養之物。
㈣不應「頂戴」（頂禮擁戴），亦不應禮拜（外道的）「大自在天」，及「日、月天、火天、那羅延天」。假令遭苦（難），亦不應禮（拜外道天神）。彼（外道天神）所「設教」（施設教理），（皆）不應「誦」，亦不應「供養」（彼等外道天神）。	㈣又不得禮拜（外道的）「大自在天」，及「日天、月天、火天、那羅延天」。（誦真言者）設使遭其「苦難」，亦不應禮拜。彼諸（外道諸）天等所有「教法」不應「持誦」，亦不應「供養」（彼等外道天神）。	㈣不應「頂戴」（頂禮擁戴），不應禮拜（外道的）「大自在」，及「日、月天、火天」，及以「那羅延天」。假令遭苦（難），亦不應禮（拜外道天神）。彼（外道天神）所說教（理），不應習讀（學習讀誦），（亦）不應供養（彼等外道天神）。
㈤（若）有人「持誦」彼天（外道天神）者，（修行者對）持誦（外道天神）之人亦莫生「瞋」，但（亦）莫（生）「隨喜」，（誦真言者）當加怜（憐）愍（此）「墮邪見人」，亦勿誦彼（外道天神之）真言（或）讚歎彼（外道天神之）德。	㈤（若有）行彼（外道天神）法（之）人，（誦真言者）於彼（外道天神）等法，（應）不瞋（怒）、不喜（樂），亦不「隨喜」彼（外道天神）法儀則（儀軌法則）。	㈤（若有）行彼（外道天神）法（之）人，（誦真言者於）彼（外道天神）等法，（應）不生「瞋恚」，（若見）行彼（外道天神）法者，亦不（應）「隨喜」，（亦）不應誦彼（外道天神之）真言（與）讚歎（彼外道天神之德）。

三－6若以「財寶」供養時，當禮拜一切諸佛及「菩薩、緣覺、聲聞、護持三寶之金剛護法」眾

《蘇婆呼童子請問經》	《妙臂菩薩所問經》	《蘇磨呼童子請問經》（還原版）
⑴設若有「財」供養，以「慈悲」至願，(願)一切眾生當住「正見」。發如是願，凡所作業，先當禮拜「一切諸佛」及「所居處」，次禮一切(護持三寶之)「金剛護法善神眾」。	⑴或有「財寶」，欲行「惠施」者，即先發「大慈悲心」，先當禮拜「一切諸佛」，次禮「菩薩、緣覺、聲聞」之眾，何以故？	⑴設若有「財」，(欲)以「慈悲」(心布)施，先當禮拜「一切諸佛」及「所居處」，次應禮「諸菩薩眾」，次禮「緣覺、聲聞」之眾。
⑵譬如「初月」，雖未圓滿，然諸(菩薩、緣覺、聲聞、金剛)人等，(仍然對彼)致敬禮拜，(故)念誦之人，常須尊敬「菩薩、緣覺、金剛」及「聲聞眾」，雖(彼等皆)未「覺滿」(覺行圓滿)，(但彼等)漸漸當成(就)「菩提滿月」，是故當須「致敬」(彼等菩薩、緣覺、聲聞、金剛)。	⑵彼菩薩(緣覺、聲聞、金剛)等，如「月初」生，已超眾曜，後漸「圓滿」，(然後將)明照世間。彼菩薩等，亦復如是，雖(尚)在「地位(指初地到十地)」，終當取證「無上菩提」，是故應須禮拜如是之眾(菩薩、緣覺、聲聞、金剛)。	⑵譬如「初月」，雖未圓滿，然諸人(菩薩、緣覺、聲聞、金剛)等，(仍然對彼)致敬禮拜。菩薩亦爾，雖未「覺滿」(覺行圓滿)，(但彼等)漸漸當成(就)「菩提滿月」。
⑶(又)禮拜諸菩薩一切聖眾，彼等菩薩，能「荷負」一切眾生，以救濟故，(故菩薩皆)發大慈悲(而)已淳熟故。	⑶又(彼)菩薩等，乃是「荷負」一切有情(眾生)之者，所有發「大慈悲」，欲救濟者，宜應先禮此「菩薩」等。	⑶是故禮拜諸菩薩眾，彼等(菩薩能)荷負一切眾生，以救濟故，(故菩薩皆)發大慈悲(而已淳)熟(故)。
⑷(然)有愚癡下劣眾(者)，(菩薩具)神力不可思議，(亦)具「大精進」，真言祕藏從此(菩薩)而出，若不拜(菩薩)者，非直(不但;不僅)真言不成(就)，亦(等同)毀謗(於)諸佛。	⑷又復世間有「可愍者」，愚癡下劣有情(眾生者)，(反而)於菩薩等，不肯禮拜。彼菩薩等具大「精進」，神通難測，行人(誦真言者)若不(願)禮拜，非只所持誦法，不獲成就，亦乃輕(賤)於諸佛。何以故？	⑷(然)有愚癡下劣眾生(者)，(竟)不肯禮拜彼諸「菩薩」，(菩薩具)神力不(可)思(議)，(亦)具「大精進」，若不禮(拜菩薩)者，非直(不但;不僅)「真言」不(能)成(就)，亦及乃毀謗(於)諸佛。

唐・善無畏譯《蘇婆呼童子請問經》	北宋・法天譯《妙臂菩薩所問經》	日本承安三年(1173年高山寺藏本)寫《蘇磨呼童子請問經》(還原版)
㈤譬如從「花」，乃成「果實」，「花」如「菩薩」，「果」喻「菩提」，是故應須頂禮歸依「佛、法、僧」寶。	㈤譬如世間一切果實，從「花」而得，「花」喻「菩薩」，「果」喻「菩提」，是故行人(誦真言者)宜應信(仰)禮(拜諸菩薩)。	㈤譬如從「花」，乃成「菓實」，「花」如「菩薩」，「菓」喻「菩提」。(是故誦真言者應信仰禮拜諸菩薩)
㈥菩薩(為利益眾生)，雖復(於)「行於欲者」(而)示現「行欲」(去度化他)，(或)於「剛強」者示現「剛強」(去度化他)，(或)於「柔軟」者示現「柔軟慈悲」(去度化他)；然彼菩薩(實)無「憎、愛」(之心)，云何(誦真言者)不禮(拜)彼等菩薩？	㈥若有菩薩為利益故，於「貪欲者」(而)示現「行欲」(去度化他)，乃至於「善人、惡人」(而示現讚歎與毀謗)，(菩薩)實無「愛、憎」之心。(菩薩)以慈悲(平等)故，(有時菩薩只是)方便讚(歎善人)、毀(謗惡人)，云何行人(誦真言者)於「菩薩」等不生信(仰)禮(拜)？	㈥菩薩(為利益眾生)，雖復於「行欲者」示現「行慾」(去度化他)，(或)於「剛強」者示現「剛強」(去度化他)，(或)於「柔軟」者示現「慈悲」(去度化他)；然彼菩薩實無「憎、愛」(之心)，云何(誦真言者)不禮(拜)彼等菩薩。
㈦(菩薩)以行種種「真言法則」，隨類能滿諸眾生願故，復能(令眾生)了知一切「業果」(善惡業力果報)，是故應禮(真言之)「尊師」(尊師指菩薩)。	㈦彼諸菩薩，或復示(現)以種種「真言明主(明咒主尊)」之相，(乃)為欲「隨願滿足」有情(眾生)之心，是故應須信(仰)禮(拜)一切「真言明主」(明咒主尊)之師(師指菩薩)。	㈦(菩薩)復以種種「真言主形」，隨類能滿諸眾生心，復能(令眾生)了知一切「業果」(善惡業力果報)，是故應禮「真言」(之)「尊師」(尊師指菩薩)。

三－7 行者必須修此「八正道」，真言乃成，諸佛亦由此而成道

唐・善無畏譯《蘇婆呼童子請問經》	北宋・法天譯《妙臂菩薩所問經》	日本承安三年(1173年高山寺藏本)寫《蘇磨呼童子請問經》(還原版)
〈分別道分品第十〉	〈說勝道分第十〉	〈蘇磨呼童子請問分別聖道分第十一〉

第一欄

㊀復次蘇婆呼童子！我今為念誦人，說「八聖道法」，為：

①正見。
②正分別。
③正語。
④正業。
⑤正命。
⑥正勤。
⑦正定。
⑧正念。

㊁此是諸佛所行之道，念誦(真言)之人，(若能)行此(八正)道者，「真言」乃(得)成(就)，於此(生捨)報(終)盡(之後)，復(能轉)生「人天」勝上妙處。「過去」諸佛行此(八正)道故，成等「正覺」。現在、未來」諸佛亦復如是。

㊂
❶(以)身口意業所修功德，常依「正教」，不生疲倦。欲如是修行，乃名「正業」。
❷(於)「飲食、衣服、臥具」，及受(用)「湯藥」，常懷「知足」，不生「染著」，是名「正命」。
❸不讚己身，不毀他人，遠離諸過，如避火坑及以猛獸。常樂「寂靜」，是名「正語」。

第二欄

㊀復次持誦行人(誦真言者)，於所修行，勿生疑念，當以「八正道」常為資持(資助扶持)。

㊁(若有)行此(八正)道者，於「真言行」，定獲「悉地」。又復「當來」常生「天上、人間」勝妙之處。「過去」諸佛修行此(八正)道得成「正覺」，「現在、未來」諸佛世尊，亦復如是。

㊂
❶以身口意所修功德，常依「佛言」，不生疲勞。如是修行，名為「正業」。
❷以其「飲食、湯藥、衣服、臥具」，諸所受用，不生「愛著」，是名「正命」。
❸於自、於他，(皆)不讚不毀，遠離「瞋恚」，如避火聚。又如「猛虎」，見火驚怖，懼諸「過咎」。

第三欄

㊀復次當說「八聖道法」，為：

①正見。
②正分別。
③正語。
④正業。
⑤正命。
⑥正勤。
⑦正念。
⑧正定。

㊁此是諸佛所行之道，(若有)行此(八正)道者，(其所修的)「真言」乃(得)成(就)，復(能轉)生「人天」勝上妙處。過去諸佛行此(八正)道故，成等「正覺」，「現在、未來」(諸佛)，亦復如是。

㊂
❶(拜)身口意業所修功德常依「正教」，不生廢倦，如是修行乃名「正業」。
❷(於)「飲食、衣服、臥具、湯藥」，常懷「知足」，不生「染者」，是名「正命」。
❸不讚己身，不毀他人，遠離諸過(失)，如避「炎(古同「焰」)火」及以猛「狩(古同「獸」)」。常樂「寂靜」，

	常令如此,是名「正行」。	是名「正語」。
❹不學「占相、吉凶、男女」等事,(不習)「天文、地理、調鷹、調馬」,及以「調象、射藝、書算、世間言論、無益之典」。遠離斯過(失),是名「正分別」。	❹不學「占相、男女、吉凶」等事,不學「天文、地理、陰陽」之法,乃至「降龍」及「調象馬」、書算、弧矢」之藝。能遠斯過(失),是名「正分別」。	❹不學「占相、吉凶、男女」等事,(不習)「天文、地理、調象、調馬法」,(以及)「射藝、書算、世間言論、無益之典」。遠離斯過(失),是名(具)「正見」(之)「正分別」也。
❺不觀「象鬥、馬鬥」、(以及)「牛、羊、雞、犬」等鬥,(與)男女「相扠[扌+男](拳擊;交手較量)、相撲」,亦不往觀。離如上之戲,是名「正念」。	❺不應往觀「鬥象、馬、牛、羊、雞、鶴、飛禽」之類,及諸男子「相撲」之戲。能離斯過(失),是名「正念」。	❺不應(往觀所謂)相鬥(之)「象、馬、牛、羊、雞、犬」等類,(以)及令男女「相叉、相撲」,亦不往觀。(應遠離)如上之戲,名「正念」。
❻不說「王臣、盜賊、鬥戰、相殺、婬女」之論,及以「謎語」,(及不)說往昔(所經)之事。	❻乃至不應言說「王法、國政(國家政治)及「地方」(之事),(亦不)論「兵戰」相(對)持之事,(及)「婬坊、婬女」耽著之論。亦不談說「謎語」,亦不談說「往昔所經」之事,乃至(不說)世間一切「無益文字」(之)言論等事。	❻不說「王國」及「處所」(之)論,(不談)「鬥戰、相撲、婬女」之論,及以「謎語」。(不言)說「往昔所經」之事,及與(種種)「染污」家業之事。
❼念誦之人,乃至未成就(之)中間,(皆)不應(時時而)入「城村、落邑里」,及(於)生(而有)緣(之)伽藍(saṃghārāma 僧侶所居之寺院、堂舍)、制底(caitya 塔廟;靈廟)處,(及)外道「神祀」所居之處,(與)若「園林、池河」(之處)。如此等處,並不應(前)往。	❼持誦行人(誦真言者),當須遠離如是種種之過(失)。又若持誦(真言),(若)求「悉地」者,至成就(之)間,不應時(時而)入「城廓、村落、塔廟、伽藍(saṃghārāma 僧侶所居之寺院、堂舍)」,及外道所居(之)「神祠、宮(廟)、(道)觀」。如是之處,皆不應(前)往。	❼行者(誦真言者)依「真言」法「念誦」之時,乃至(於)成就已還(的)中間,(皆)不應(時時而)入「城村、落邑」,(於)生(而有)緣(之)伽藍(saṃghārāma 僧侶所居之寺院、堂舍)、制底(caitya 塔廟;靈廟),(及)外道「神祀」,及彼居處,(與不應入)「園林、池河」(之處),如此等處,並不應(前)往。

㊧若不作如前七(種)愆(罪過;過失)事業，(則應)常居「山林、高峻崖峯、四絕(山脈周遭之最高峰)之頂」，晝夜不懈(的)念誦真言，無不獲果(的)，(此)是名「正勤」。		

三－8 行者若遊於「山林、河邊、泉池、空室」，皆可專心誦咒。
若遇「結夏安居」期，則暫不修與「真言」有關的種種成就法

唐・善無畏譯 《蘇婆呼童子請問經》	北宋・法天譯 《妙臂菩薩所問經》	日本承安三年(1173年高山寺藏本)寫 《蘇磨呼童子請問經》(還原版)
㊀復次蘇婆呼童子！若念誦人，不獲(無法獲得)如前「上妙(殊)勝」處，(此時)應居： ❶空閑「神廟」。 ❷或居「樹下」。 ❸或住「河邊」。 ❹或居「山側」。 ❺或「泉池、林間」。 ❻或「無人處」。 ❼或居「空室」。 (於此七處)一心念誦(真言)。	㊀若為持誦(真言)，事不獲(無法獲得)免(除不良之地)，當於如上之處，隨求一處(之)「清淨勝地」。 ❶或即別求「山間」。 ❷或是「池側」。 ❸成就「空舍」。 ❹或「故(舊)神祠」。 ❺或「樹下」。 ❻或「河岸」。 ❼乃至「山泉」之側，離諸「喧雜」無人之處。 (於此七處)專心持誦(真言)。	㊀復次，若當不獲如前所說「上妙(殊)勝」處，(此時)應居： ❶閑空「神廟」。 ❷或居「樹下」。 ❸或住「河邊」。 ❹或居「山側」。 ❺或「泉池、林(間)」。 ❻或「無人處」。 ❼或居「空室」。 (於此七處)一心念誦(真言)。
㊁或(於)一年之中，除(結夏)「安居」(vārṣika)外(暫停念誦與真言有關的種種成就法事)。(應於)春秋二時(皆)隨意(念誦真言)，(或)遊行(至)「山林、河邊、泉池、空室」(之處)，(皆	㊁又復一年之內，唯除三(個)月(之)夏「安居」(vārṣika)時(暫停念誦與真言有關的種種成就法事)，不行(至)餘外(處)。若春雨時，并及(其)餘(之)時，(誦真言者應於)隨意遊	㊁或(於)一年之中，除(結夏)「安居」(vārṣika)外(暫停念誦與真言有關的種種成就法事)。(應於)春秋二時(皆)隨意(念誦真言)，(或)遊行(至)「山林、河邊、泉池、空室」(之處)，(皆

⑿專心念誦(眞言)。	處(例如)「山林、泉池」(之處),乃至如上一切「(殊)勝處」,(而)專心持誦(眞言)。	⑿專心念誦(眞言)。
㊂譬如比丘,(於)夏月「安居」,念誦之人,亦復如是(暫停念誦與眞言有關的種種成就法事)。行人(誦眞言者)念誦(眞言數量)雖滿遍數,(但若處於)正夏「安居」(之時),(則)勿作(與誦眞言有關的)成就之法。	㊂行人(誦眞言者)若是(已)修「先行法」,誦(咒)數雖(已)滿,(但於)夏「安居」時,(則)不得(再)作(與誦眞言有關的)成就之法。譬如苾芻,(於)夏「安居」時,一切(皆)「不作」,(只專心)安坐(於)「寂靜」(之法事)。	㊂譬如苾芻,(於)夏月「安居」,念誦之人,亦復如是(暫停念誦與眞言有關的種種成就法事)。行人(誦眞言者)念誦(眞言數量)雖滿遍數,(但若處於)夏「安居」至(時),(則)莫作(與誦眞言有關的)成就之法。
㊃雖(於夏安居時)不作法,(但)念誦(眞言亦)不得(因此完全)間斷,(待)「解夏」已後,(再)如法(重新)「護身」,方可作(誦眞言的)成就之法,(故)慎勿(於此)法(之)外(而另)行事。	㊃持誦行人(誦眞言者),亦復如是,唯於持誦(眞言時),不得(因此而完全)間斷,(待)「夏滿」之後,(再)如法(重新)「護身」,方作(誦眞言的)成就(法事)。	㊃(雖然在結夏安居時不誦眞言,但在解夏後,仍)准(與之)前(一樣的)念誦,不得(因此完全)間斷,(待)「解夏」以後,(再)如法(重新)「護身」,方可成就(與誦眞言有關的法事)。

三－9 修「護摩」及置「爐」之法

唐·善無畏譯《蘇婆呼童子請問經》	北宋·法天譯《妙臂菩薩所問經》	日本承安三年(1173年高山寺藏本)寫《蘇磨呼童子請問經》(還原版)
〈分別道分品第十〉	〈說勝道分第十〉	〈蘇磨呼分別護摩分第十〉
①復次蘇婆呼童子!今為念誦人,說「呼摩」(homa,火祭、焚燒,投供物於火中之火祭祀法)法,置「爐」差別之法。此法: ①或作「團圓」。	①復次欲求「悉地」者,持誦數滿,須作「護摩」(homa)。作「護摩」(之)爐亦有數種。所謂: ①「蓮花」相。	①復次當說「護摩」差別,(與)置「爐」之法: ①或作「團圓」。

②或作「三角」。 ③或作「四方」。 ④或如「蓮花」之形。	②「團圓」相。 ③「三角」相。 ④「四方」相。 如是四種所用不同，並須虔心製造，當令如法。	②成作「三角」。 ③或作「四方」。 ④或如「蓮花」之形。
㈡並須有基，爐口安唇，泥拭細滑，外邊基階，並須牢固。	㈡欲作爐者，先求淨土及「瞿摩夷（gomaya 牛糞）」，相和作泥，泥爐，爐須有唇，極令牢固，亦須四面，作基陛相，為供養聖賢之位。	㈡並須有基，爐口安唇，泥拭細滑，外邊基階，並須牢固。
❶若作善事，及求錢財，令他（人對你）「敬念」，（需）作「息災法」者，其爐須「圓」。 ❷若求成就一切諸事，或求「女人」及童「子、女」等者，其爐須「蓮花」之形。 ❸若作「阿毘者囉」（abhicāruka 阿毘遮羅迦；調伏；降伏）之法，或為（令）走等事者，其爐須作「三角」。 ❹若欲調伏「諸龍」及餘「鬼類」，或令「火燒」，或令「苦」者，其爐須「方」。	❶若作善事，及求財寶，乃至「息災」及「愛重法」者，須作「圓爐」。 ❷若為求一切事，至於「童女」給侍之類，須作「蓮花爐」。 ❹若為調伏諸「龍」及一切「鬼類」，或令「火燒」，或令「苦痛」者，須作「四方爐」。 ❸若為「作惡法」，欲令冤家心生怖畏，馳走遠避，不敢來近者，須作「三角爐」。	❶（若）作善事，及求錢財，令他（人對你）「敬念」，（需）行「息災法」，其鑪須圓。 ❷若求成就一切諸事，或求「女人」及「童子」等，其鑪須作「蓮花」之形。 ❸若作「行惡」之法，或令「走」等事，鑪須「作三角」。 ❹若欲調伏「諸龍」及餘「鬼類」，或令「火燒」，或令「苦痛」，其鑪須「方」。
㈢基唇及爐，以「瞿摩」（gomaya 牛糞）塗，復用茅草，布於基「上」，及安基「下」。所塗之處，塗「花香」	㈢所造爐，並須如法，依儀製作，訖於爐四面，遍敷「吉祥草」。應是「護摩」之物，並須安置爐外基	㈢基唇及爐，以「瞿摩」（gomaya 牛糞）塗，復用茅草，布於基上，階下四遍，邊亦塗「瞿摩」（gomaya 牛糞），

等,隨所辦物,供養「三寶」及「本部主」,并諸「明王本真言主」等。

㉔爐中(所)生火,不應以口吹(火),(只)以「扇」扇火,然後取「稻穀花」和「酥」,或「胡麻」和「酥」,以「本部明王真言」念誦,而作「呼摩」(homa,火祭、焚燒,投供物於火中之火祭祀法)七遍,或八、或十,乃至二十一遍,(用以)供養「明王」。

㈤其作法人,(應)面向「東」坐,取「酥蜜、酪」等,共和(於)一器中,(再)取「呼摩」木(柴)向(於)器中,搵৶(用手按)於兩頭,擲於爐內,燒之。

㈥如是日月不停,或七日、三七、四七、五七、

「下」,有「衢摩夷(gomaya牛糞)」塗處。然後於彼爐邊,散種種花,塗香燒香,(以)諸飲食等,供養「三寶」及本部「大金剛族」,(並)「明主真言主」等。

㈣供養訖,然後於爐內生火,其火不得口吹,(只)用扇子扇火。得火著已,先用「稻花」,或用「胡麻」,與「酥」相和,誦「本部明主真言」,(每)一誦(咒即丟)一擲,或七遍、或八遍,乃至或二十遍,擲於火中,此名(以)「護摩」供養「明主」(明咒主尊)。

㈤(待)供養訖,然後依法(作)「護摩」,以求「悉地」,行人(誦真言者)先自擁護,用「忿怒軍拏利真言」,呪「吉祥草」,或七遍、或八遍、或二十遍,結作「絡腋」。護身訖,然後敷「吉祥草」,面「東」而坐,將「酥蜜、酪」和「白芥子」,(於)器內盛之。以所用柴(木),搵(疑為「搵৶」字➔用手按)兩頭,(然後)誦「本尊真言」,擲於火中,(每)一誦(咒即丟)一擲。

遍滿茅草。「護摩」之物,(應)安置(於)基「上」,及安基「下」。所塗之處,(以)花塗香等,隨所辦(古同「辦」)物,供養「三寶」及「本部主」,并諸「明主真言主」等。

㈣火已(以)扇生(指火只能以扇子搧火),不應(以)口吹(火),(然後)以「稻」(和)「蘇」,或(以)「胡麻」和「蘇」,以「本部明主真言」(念誦),(然後作)「護摩」七遍、或八(遍)、或十(遍),乃至二十(遍),(用以)供養明主(明咒主尊)。

㈤布以「茅草」(而坐其上),(應)面向「東」坐,(取)「蘇密」及「酪」(共)和,(再)置(於)一器(中),所(做的)「護摩」(之)木,(應以手)搵(疑為「搵৶」字➔用手按)其(兩)頭,然後(擲於爐內燒之),為(了)成就本「真言」。

六七、七七日，或一月、成百日、或百二十日，其驗證現。		
㊐若如上作法，(仍)不得成者，(則)以年為期，三年、六年、或十年、十二年，作不退者，畢得大悉地。		

密教五種的「護摩法」(成就法)

密教之「護摩法」有五種之別，即：

(一)扇底迦(śāntika)，意譯作「息災、寂災」。

(二)布瑟徵迦(puṣṭika 布瑟致迦)，意譯作「增益、增榮、增長」。

(三)阿毘遮嚕迦(abhicāruka 阿毘遮羅迦)，意譯作「調伏、降伏」。

(四)阿羯沙尼(ākarṣaṇī 阿羯哩灑;阿羯哩沙;阿羯唎舍耶;阿羯羅沙尼)，意譯作「鉤召、攝召、招召」。

(五)伐施迦囉拏(vaśīkaraṇa 皤施迦囉拏;縛施迦囉拏)，意譯作「敬愛、慶愛」。

唐・不空《攝無礙大悲心大陀羅尼經計一法中出無量義南方滿願補陀落海會五部諸尊等弘誓力方位及威儀形色執持三摩耶幖幟曼荼羅儀軌》卷1

五部尊法

一：**息災法**(用「佛部」尊等。是故有五智佛)。

二：**增益法**(用「寶部」尊。是故有「寶、光、幢、笑」，求福德者「寶」，求智慧者「光」，求官位者「幢」，求敬愛者「笑」)。

三：**降伏法**(用「金剛部」尊等，是故有「五大忿怒尊」等)。

四：**愛敬法**(用「蓮華部」尊，是故本尊觀世音等)。

五：**鉤召法**(用「羯磨部」尊，是故有「鉤、索、鎖、鈴」等)。

唐・善無畏《蘇悉地羯羅經》卷1

(1)若有真言「字數」雖少，初有「唵」(oṃ)字，後有「莎(去)訶」(svāhā)字，當知真言，速能成就「扇底迦」法(śāntika 息災;寂災)。

(2)或有真言，初有「吽」(hūṃ)字，後有「泮吒」(phaṭ)字，或有「嚟、普」(re、phuṭa)字，

此是「訶」聲，有如上字真言，速得成就「阿毘遮嚕迦法」(abhicāruka 調伏;降伏)。

(3)或有真言，初無「唵」(oṃ)字，復無「莎訶」(svāhā)字，又無「斛」(hūṃ)字，亦無「泮吒」(phaṭ)字，及無「嘯、普」(re、phuṭa)等字者，當知此等真言速能成就「補瑟徵迦法」(puṣṭika 增益;增榮)。

唐·輸婆迦羅(善無畏)譯《攝大毘盧遮那成佛神變加持經入蓮華胎藏海會悲生曼荼攞廣大念誦儀軌供養方便會》卷3

若有「納摩」(nama)字，及「莎嚩訶」(svāhā)字，是修「三摩地」寂行者幖相。

若有「扇多」(śānta 寂)字，「尾戍馱」(viśudha 清淨)字等，當知能滿足一切所「希願」。

唐·菩提金剛《大毘盧遮那佛說要略念誦經》

(1)復次所謂明初安「唵」(oṃ)字，後稱所方言「莎嚩訶」(svāhā)，名「扇底迦」(śāntika 息災;寂災)也。

(2)明(咒最)初稱「唵」(oṃ)字，後稱「事名」，方稱「斛(hūṃ)、發吒(phaṭ)」句，名為降伏「阿毘遮羅迦」(abhicāruka 調伏;降伏)也。

(3)若明(咒最)初稱「娜麼」(nama)句，後稱所後言「娜麼」(nama)句，是名增益「布瑟致迦」(puṣṭika 增益;增榮)也。

(4)若明(咒最)初稱「斛(hūṃ)、發吒(phaṭ)」句，後稱「名事」，後言「斛(hūṃ)、發吒(phaṭ)」句，亦名「阿毘遮羅迦」(abhicāruka 調伏;降伏)。

(5)若明(咒最)初稱「娜麼」(nama)句，後稱「名事」已，即言「斛(hūṃ)、發吒(phaṭ)」句，是名「嬌施迦羅拏」(vaśīkaraṇa 敬愛;慶愛)也。

(6)或明(咒最)初云「斛(hūṃ)、發吒(phaṭ)」句，於「名事」後，云：

親柁(cchinda 斬伐)馪柁(bhinda 毀破)·親柁馪柁(cchinda·bhinda)·馪柁(bhinda)，亦名「阿毘遮羅迦」(abhicāruka 調伏;降伏)也。

密教五種「護摩法」(成就法)。 基本有五種,廣說亦有「多種」。	功能介紹	咒文出現的關鍵字
(一)扇底迦 (śāntika) 息災法、寂災法	為消除「自身」及「他人」之種種「病難、惡事」等的一種祈禱修法。	初有 oṃ 字,後有 svāhā。 或有 śānti、śāntika 句

(二)布瑟徵迦 （puṣṭika　布瑟致迦） **增益法、增榮法、增長法**	❶修「增益法」可祈求「長壽」，或求「齒落重生、髮白復黑、身體健康、福力增加」等。 ❷能得「升官榮顯、增長壽命」及「福德、聰慧、名聞」。 ❸或得求「寶藏豐饒、五穀成熟」等。 ❹「增益法」的稱呼有多種： 　①祈求世間之福樂，稱為「福德增益」。 　②祈求官位爵祿，稱為「勢力增益」。 　③祈求無病長壽，稱為「延命增益」。 　④祈求獲得「轉輪王」等的「高位」，稱為「悉地增益」。	初有稱 nama 句，或後有稱 nama 句
延命法 （jani-tam） **普賢延命法**	❶以《金剛壽命陀羅尼經》為基礎的密教修法。主要為延長「壽命」，增加「福德、財寶」，與「祈願生子、聰明」而修之。 ❷此修法有二種，一即延命法，二臂之金剛薩埵為「延命」之本尊，修「普通法」； 　另一法則以二十臂之普賢為「延命」本尊法，需造四天王壇，點四十九燈，此法必立「大法」方可修之。 ❸另外還有「壽命經法、延三七歲法等、延命菩薩、延命地藏、延命觀音」等。	咒語有：yuṣai、āyuḥ
(三)阿毘遮嚕迦 （abhicāruka　阿毘遮羅迦） **調伏法、降伏法**	為自身及他人，能調伏「怨敵、惡人」等的一種祈禱修法。	初有 hūṃ 字，後有 phaṭ 字。 或有 re、phuṭa 字。 或有 cchinda、bhinda 字。
(四)阿羯沙尼 （ākarṣaṇī　阿羯哩瀧;阿羯哩沙;阿羯唎舍耶;阿羯羅沙尼;繄醯四 ehyehi） **鉤召法、法攝召、招召法、請召法**	❶為「召請」所修諸佛菩薩「本尊」之法。「召請法」有時又含攝於「敬愛法」當中。 ❷能召請諸佛菩薩。 ❸能鉤召三惡道之眾生，令彼轉生善處，即類似「超度」的意思。 ❹若欲鉤召不隨順「己心」者，而令生「敬愛」時，則此時的「鉤召法」與「敬愛法」是同時	咒文有 ākarṣaya、ākarṣaṇa

	並用，則改稱為「鉤召敬愛法」。	
(五)伐施迦囉拏 (vaśīkaraṇa 嚩施迦羅拏； 縛施迦羅拏) **敬愛法、慶愛法**	❶為自身及他人，若欲得諸佛菩薩之「加被」，或欲得「君王、眾人」之「愛護」的一種祈禱修法。 ❷祈禱彼此能「和合親睦」之法。祈禱與自己相違背者，能令其「隨順」而「敬愛」。 ❸祈求令世間夫婦互相「敬愛」，則稱為「和合敬愛法」。 ❹如果欲令已違逆「本覺」之「三惡道眾生」而歸入「本覺」之佛果，則此修法便稱「悉地敬愛法」。	初有 nama 句，後又有 hūṃ、phaṭ句。

唐・實思惟譯《觀世音菩薩如意摩尼陀羅尼經》

(此為佛門《朝暮課誦》本早課十小咒之第一咒：觀世音菩薩如意摩尼輪陀羅尼。本咒已具備「密教五種成就法」，故應多勸誦)

那謨喝囉怛曩(二合)怛囉(二合)哸他(一)那摩阿哩吔(二)婆嚕吉帝説(長引聲)婆囉吔(三)菩提薩埵吔(四)摩訶薩埵吔(五)摩訶迦嚧膩迦吔(六)怛姪他(七)烏唵(二合八)斫迦囉(二合九)靺哩底(二合十)震哆末尼(十一)摩訶鉢特迷(二合十二)嚕嚕(十三)底瑟姹(二合十四)啜囉(二合十五)阿羯哩灑(二合)耶(十六)虎斛(二合十七)泮吒(二合半聲十八)莎(引)訶(十九)。此名根本咒

次説「心咒」，咒曰：
烏唵(二合一)鉢特摩(二合二)震哆末尼(平三)啜囉(二合四)虎斛(二合五)

次説「隨心咒」，咒曰：
烏唵(二合一)囀囉陀(二)鉢特迷(二合三)虎斛(二合四)

那謨喝 囉怛曩(二合)怛囉(二合)哸他(一)
namo・ratna-trayāya・
（禮敬　　三　　寶）

那摩阿哩吔(二)婆嚕吉帝-説(長引聲)婆囉吔(三)菩提薩埵吔(四)
nama-āryā-valokite-śvarāya・bodhi-satvāya・

（禮敬 聖 觀 自在 菩薩）

摩訶薩埵吔（五）摩訶迦嚧膩迦吔（六）
mahā-satvāya・mahā-kāruṇikāya・
（大 菩薩、 大 慈悲者）

怛姪他（七）烏唵（二合八）斫迦囉（二合九）靽哩底（二合十）震哆末尼（十一）
tadyathā・oṃ・cakra-varti・cintā-maṇi・
（即說咒曰： 轉輪、 如意寶珠）

摩訶 鉢特迷（二合十二）嚕嚕（十三）底瑟姹（二合十四）啜囉（二合十五）
mahā-padme・ ruru・ tiṣṭha・ jvala・
（大 蓮華、 快速、 現今、 光明）

阿羯哩灑（二合）耶（十六）虎斜（二合十七）泮吒（二合半聲十八）莎（引）訶（十九）
ākarṣaya・ hūṃ・ phaṭ・ svāhā・
（勾召、 催破一切諸障、 催破、 成就圓滿）

大心真言：
烏唵（二合一）鉢特摩（二合二）震哆末尼（平三）啜囉（二合四）虎斜（二合五）
oṃ・ padma・ cintā-maṇi・ jvala・ hūṃ・
（ 蓮華、 如意寶珠、 光明 ）

隨心真言：
烏唵（二合一）嚩囉陀（二）鉢特迷（二合三）虎斜（二合四）
oṃ・ varada・ padme・ hūṃ・
（ 施願、 蓮華 ）

三－10 應觀種種「火色」，可得知「呼摩」法是否有成就。計有 19 種「大成就」之瑞相現，與 10 種「不成就」之相現

唐・善無畏譯《蘇婆呼童子請問經》	北宋・法天譯《妙臂菩薩所問經》	日本承安三年(1173 年高山寺藏本)寫《蘇磨呼童子請問經》(還原版)

⑤必須如法「呼摩」(homa，火祭、焚燒，投供物於火中之火祭祀法)，正燒火法之時，應觀(其)「火色」，於其爐中。(如果)火色(有)炮(或作「爆」)焰聲合成，(則代表)不(會)成(就)者，(底下)自有(諸)相貌現耳。	⑤火(最)初(熾)盛著，先觀(其)「火焰」，(可)知其「吉祥」及「不吉祥」之相。	⑤故如法「護摩」，於其火中。以(有無)炮焰聲，(可)應觀(其)「成就」(或)「不成就」相。
(底下有19種大成就之瑞相而現)	(底下有19種大成就之瑞相而現)	(底下有19種大成就之瑞相而現)
❶其火「無煙」，焰如「金色」(形)。	⓰其火若是不扇￼，(仍可)自然而著。	❶其火「無烟」，炎如「金色」(形)。
❷(火焰)「右旋」婉轉，「焰峯」熾多(形)。	❶又得大熾(燃)，(而)無「煙」。	❷所起火焰，「右旋」宛轉「焰峯」亦多(形)。
❸其色或白，或如紅色，或焰極「赤」，由(古同「猶」)如「珊瑚色」(之)滋潤(形)。	⓯復無炌￼ (火焰；火聲)聲。	❸其色或白，或如紅色，或變極「赤」，由(古同猶)如「珊瑚色」相(之)滋潤(形)。
❹其焰上衝，復流下(而)廣(之形)。	❷焰峯眾起(形)，一向「右旋」，如日昭然，無諸障蔽。	❹其焰上(衝)已，復流下(而)廣(之形)。
❺或如「日月光」，其焰形狀「瓶幢￼ 傘蓋」吉祥字形，(有)「螺貝」(之)蓮花(形)。	❶其色如「金」(狀)。	❺或如「白月」(指初一到初十五)色光，其火焰形狀，若「瓶幢￼ 傘蓋」吉祥子形，為「萬」字(形)，是「螺貝」(之)蓮花(形)。
	❸或如「珊瑚」(色之形)。	
	❹或廣、或長，相狀多異。	
	⓱或如「虹霓」(形)。	
	⓲或如「電閃」(形)。	
	⓳或如「孔雀尾」(形)。	
❻或如「呼摩」(之)「酥杓￼」等形。	❺或如「蓮花朵」(形)。	❻或如「護摩」(之)「蘇杓￼」(等形)。
	❻或如「護摩杓」(形)。	
❼或似「三鈷、五鈷」金剛杵(形)。	❼或如「金剛杵」(形)。	❼如「三古叉」(三鈷杵之形)及「拔枒羅」(枒應爲折之誤字)。
	❼或如「三叉」(形)。	
❽形或如「橫刀」。	❽或如「橫刀」(形)。	❽或如「橫刀」(形)。
❾如「草束」形。	⓰或如「幢幡」(形)。	❾如「草束」形。
❿或似「車」形。	⓭或如「瓶螺」(聲)。	❿或如「車」形。
⓫或(聲)如「蠅拂」(驅蠅除塵的用具，亦稱「拂塵」，多以馬尾製成)	⓫或如「拂」(聲)。	⓫或(聲)如「蠅拂」(聲)。
	❿或如「車」(形)。	

【第一欄】

聲。

⓬ (或如)「吹笛、篳ㄅ 篥ㄌ 」等聲。

⓭ 或如「螺聲」。

⓮ 得如上種種音聲,其氣由(古同「猶」)如「燒酥」之香。

⓯ 復無炮(或作「爆」)烈(聲)。

⓰ 其火(雖)不扇(它),(仍可)自然而(火)著。

(若)得如斯(19種)相現,必當獲得廣大「悉地」。

㈡又觀燒火「不成就」相貌法者,(於)正燒火之時:

(底下有10種不成就之相現)

①或起「煙多」,亦復「炮烈」。

②其焰難發,假令發時,亦不增盛。

③後時頓滅,由(古同「猶」)若「無火」。

④焰色憔悴,黑如闇雲。

⑤如「波羅賒」(Palāśa-kāṣṭha)形。

⑥由(古同「猶」)如「一鈷之叉」(形)。

⑦又如「簸ㄅ 箕ㄐ 」(揚米去糠的工具)、男根、牛角」之形。

⑧其火出聲,狀如「驢鳴」。

【第二欄】

⓬ 又或如諸「樂器、鼓、笛」等聲。

⓮ 至於「香氣」,亦如「燒酥」(之香)。

若得如是(19種)種種吉祥之相,當知速獲廣大「悉地」。

㈡又復其火,(最)初便難著:

(底下有10種不成就之相現)

①雖著多煙。

②其焰不能廣大熾盛。

③漸却「微劣」,以至燼滅。

④⑤⑥⑦設得不滅,與煙相兼。無「紅赤色」,又如「日輪」在於雲中(而)不能明顯。或得火焰「上騰」,即作「牛頭」之狀。或如「驢馬」之狀。

【第三欄】

⓬ 聲如「吹笛、篳ㄅ 篥ㄌ 」等聲,(或)種種(其餘)音聲。

⓭ 或如「螺聲」。

⓮ 其氣由(古同「猶」)如「燒蘇」之香。

⓯ 復無「炮烈」(聲)。

⓰ 其火不(去)扇(它),(能)自然而(火)著。

如斯(19種)相現,必當獲得廣大成就。

㈡

(底下有10種不成就之相現)

①或起多焰,亦復「炮烈」。

②其焰難發,假令發以,復不「增長」。

③復時頓滅,由(古同「猶」)若「無火」。

④焰色燋悴,黑如闇雲。

⑤如「波羅賒」(Palāśa-kāṣṭha)形。

⑥由(古同「猶」)如「一古叉」(形)。

⑦(又如)「簸ㄅ 箕ㄐ 」(揚米去糠的工具)、男根、牛角」等(形)相。

⑧聲若「驢鳴」。

⑨又復进ᅩ(開四散)火,燒(到)念誦(真言)人。	⑨或即「大炇ᅩ」(火焰;火聲)进ᅩ(開四散),燒(到)行人(誦真言者)。	⑨其火进ᅩ(開四散),燒(到)持誦(真言)之人。
⑩爐內香煙,如燒「死人」之(臭)氣。	⑩或即「火氣」,如燒「死屍」。	⑩其氣由(古同「猶」)若「燒屍」之(臭)氣。
(若)現如斯(10種)相已,念誦之人(其)「悉地」難得。	行人(誦真言者)若是得此(10種)相狀,(則可)了知「不吉」,所求「悉地」,定不(會)成就。	(若)如斯(10種)相現,即不(會)成就。
⑧行者(誦真言者)見斯(10種)「不祥之相」,即應以:	⑧行人(誦真言者)便須再以「稻花、白芥子、酥蜜」相和,即(應)誦:	⑧行者(誦真言者)見斯(10種)不祥之相,即應以:
⑴(誦)「赤身明王」(真言)。 ⑵或(誦)「吉利吉羅」(kili-kilā橛;普巴)。 ⑶或(誦)以「不淨忿怒」等明王真言,而作「呼摩」(homa,火祭、焚燒,投供物於火中之火祭祀法)。	⑴「赤身大力明王真言」。 ⑶及(誦)「穢跡忿怒明王真言」等,(而)作「護摩」(homa,火祭、焚燒,投供物於火中之火祭祀法)。	⑴(誦)「赤身主」(真言)。 ⑵或(誦)「繼唎吉羅」(kili-kilā橛;普巴)。 ⑶或(誦)已(以)「不淨忿怒」真言,而作「護摩」。
⑭其(10種)「不吉相」,即當消滅,必須「如法」(而作),非是輕(率作)爾。	⑭前(10種)「不吉祥相」,自然(皆)不現,一切(皆)消滅。	⑭其(10種)「不吉相」,即當消滅。

三－11 行人持咒,勿除「三處毛」。若不依「法則」、不持戒、不清淨,終將遭本尊之「侍從眷屬」損害

唐·善無畏譯《蘇婆呼童子請問經》	北宋·法天譯《妙臂菩薩所問經》	日本承安三年(1173年高山寺藏本)寫《蘇磨呼童子請問經》(還原版)
㊀念誦人,慎勿剃除「三處」之毛,亦不應火燒(三處	㊀又復行人(誦真言者),不應以刀剃「三處毛」,亦不	㊀復次行者(誦真言者),不應以剃「三處之毛」,亦不

唐·善無畏譯《蘇婆呼童子請問經》	北宋·法天譯《妙臂菩薩所問經》	日本承安三年(1173年高山寺藏本)寫《蘇磨呼童子請問經》(還原版)
之毛)，(或)復塗藥(導致三處毛)遣落，及以「手拔」。譬如有人，手執金刀，若不善解執持，自當損害。	應用「藥」(將之)塗落，亦不應以「手」拔棄。譬如有人，手持利刃，若無智慧，速當「自損」。	應「燒塗、藥」落，及以「手拔」。譬如有人，手執利刀，若不善解，自當「損害」。
(貳)(凡)持真言者，(若)不依「法則」，(導致)婬亂熾盛，(男眾竟)以除「三處之毛」呈示女人，(進而)發生「欲想」。(如此做的話)非但「真言」不成，(就像)如執「利刀」(而)自害其身。	(貳)若人持誦(真言)，不依「儀法」，非唯法不成就，亦當別招「自損」。	(貳)(誦真)言者，(若)不依「法則」，非直(非旦)不(會)成(就)，亦當「自害」。
(參)念誦人縱(然)不依「法則」者，(但)其「部主明王真言主」等，皆是「菩薩」，(故)終不「損害」(此不依法與不持戒)人。	(參)若是行人(誦真言者)，持誦修行，不依「儀則」(儀軌法則)，或「不持戒」，或「不清淨」。(然)彼「大明主」終不(對此人生起)「瞋害」。	(參)念誦之人，縱(然)不依「法」，(但其)諸(尊)真言(之)主，終不「損害」(此不依法與不持戒者)。
(肆)(但明王真言主之)「左右侍從」，見彼(有)過(失)故，即便損害(此修行真言者)。(故)當須「謹卓」(謹慎卓特)，勿行「非違」(非法違背之事)，(將導)自招其禍。	(肆)(但)所有明主(明咒主尊之)「侍從眷屬」，見(誦真言者)其過(失)故，便即「損害」(此誦真言者)。	(肆)(但明王真言主)其(左右)「侍從」，見彼(有)過(失)故，即便「損害」(此誦真言者)。

三－12 行者持咒欲速成就，而無有魔障，可隨力辦理種種供養，祭祀護持三寶之「天龍八部」等眾

唐·善無畏譯《蘇婆呼童子請問經》	北宋·法天譯《妙臂菩薩所問經》	日本承安三年(1173年高山寺藏本)寫《蘇磨呼童子請問經》(還原版)
(壹)復次蘇婆呼童子！若念誦人，及欲成就，幷	(壹)復次持誦行人(誦真言者)，若欲持誦，速(獲)悉地	(壹)復次若欲念誦及欲成就，幷行諸事，無諸難

作諸法，(得)無有障難，(速)求「悉地」者。

（貳）(可)以諸「飲食」，祭祀「諸天、修羅、藥叉、龍」等，(及)「伽路羅(garuḍa)、共命鳥(jīvaṃ-jīvaka)」等，(與)「羯吒布單那(kaṭa-pūtana)、乾闥婆(gandharva)、部多」(Pūtana 臭鬼;臭餓鬼)諸鬼魅等。

（參）或居「地」(面之處)，或在「虛空」(之處)，行者(誦真言者)右膝著地，啟請言曰：

(所有住於下面 24 個地方，且護持三寶之「天龍八部」等眾)
❶(所有)居(於)妙高山天(之)諸「部多」(Pūtana 臭鬼;臭餓鬼)。
❷居「歡喜園」。
❸及餘「天宮」。
❹居「日月宮」。

❺或居「河海」所。
❻或居「陂澤泉水」。

❼或居「村落」。
❽及諸「神廟」。
❾或居「空室」。
❿或居「天室」。

者，所有「儀法」，不得纖毫「闕犯」，使諸「魔障」而得其便。

（貳）當須隨力辦種種「飲食、香花、果子」等，當祭「天、阿修羅、藥叉」，及「龍、揭路荼(garuḍa)、揭吒布單曩(kaṭa-pūtana)、乾闥婆(gandharva)、部多(Pūtana 臭鬼;臭餓鬼)」一切諸鬼魅等，以祈擁護，不為障難。

（參）備祭食已，即須虔心，「一一呼名」啟請，願各降臨，受於供養，(以)助成「悉地」，即誦此「啟請真言」。真言曰：

禰(引)嚩(引)阿酥囉(引)夜叉部昝誐(引)悉馱(引)哆(引)又也(二合)酥波囉拏(二合引)羯吒布怛曩(引)室左(二合)巘達里嚩(二合)囉剎仡囉(二合)賀惹多野室左(二合)曳(引)計(引)嘌部冒(引)尾曩扇帝禰尾也(二合)儞也(二合)悉帶(二合引)迦惹努必里(二合)軆尾多隸(引)憾訖里(二合)怛嚩(二合引)拏隸尾惹拏(二合引)波夜(引)弭旦(引)覩補怛囉(二合)捺嬾(引)娑賀部里(二合)怛也(二合)僧契

事，速(求)「悉地」者。

（貳）(當)以諸「飲食」，祭祀「諸天、修羅、藥叉、龍、伽路茶(garuḍa)、共命鳥(jīvaṃ-jīvaka)」等，(與)「揭吒布單那(kaṭa-pūtana)、乾闥婆(gandharva)、部多(Pūtana 臭鬼;臭餓鬼)」諸鬼魅等。

（參）或居「地」上，或在「虛空」(之處)，行者(誦真言者)右膝著地，啟請言曰：

(所有住於下面 24 個地方，且護持三寶之「天龍八部」等眾)
❶(所有)居(於)妙高山(之)諸天「部多」(Pūtana 臭鬼;臭餓鬼)。
❷居住「歡喜園」。
❸及餘「天宮」。
❹居「日月宮」，及「七金山」。
❺或居「河所」。
❻或住「海邊」，居「陂澤」，或居「泉井」。
❼或居「村落」。
❽諸「神廟」。
❾及或居「空室」。
❿或居「天室」。

⓫或住「伽藍(saṃghārāma 僧侶所居之寺院、堂舍)、制底(caitya 塔廟;靈廟)」。	(引)酥嚕(二合)怛嚩(二合引)伊賀演(引)覩阿努誐囉(二合)賀(引)囉探(二合)喻	⓫或在「伽藍」(saṃghārāma 僧侶所居之寺院、堂舍),或居「制底」(caitya 塔廟;靈廟)。
⓬或居「外道草庵」。	弭不里(二合)瑟致(二合引)儞挽帝部哆(引)曳(引)難	⓬或居「外道草庵」。
�913或居「象室」。	那儞(引)曳(引)左酥囉(引)羅曳(引)數曳(引)冒(引)那	⓭或居「象室」。
⓮或居「庫藏」。	夜(引)悉帝(二合引)囉滿禰里(引)數曩誐里(引)數薩	⓮或居「庫藏」。
⓯或住「街巷」。	里吠(二合引)數啷曳(引)嚩扇帝娑里醋薩里嚩(二合	⓯或居「街巷」。
⓰或居「四衢道邊」。	引)酥左僧誐彌(引)數囉怛曩(二合引)羅曳(引)左(引)	⓰或居「四衢道所」。
⓱或依「獨樹」。	閉訖里(二合)多(引)地嚩(引)娑(引)嚩(引)閉多拏(引)詣(引)數左波羅嚩(二合)隸(引)數俱吠數濕嚩(二合)部里(二合)數左儞里惹(二合引)里(引)數曳(引)誐囉(二合引)摩具(引)世(引)布囉迦(引)曩儞(引)嚩(引)輸儞也(二合引)羅閉(引)禰(引)嚩誐里(二合)呬(引)數曳(引)左尾賀(引)囉啷(引)怛也(二合)嚩娑他(引)室囉(二合)彌(引)數摩滯(引)數舍(引)羅(引)左供惹囉(引)赧(引)曳(引)部部里(二合)哆(引)啷多誐里(二合)呬(引)數扇帝囉他也(二合)酥尾體數左左怛嚩(二合)里數曳(引)再迦沒里(二合)刹(引)數摩賀(引)鉢體(引)數摩賀(引)舍摩(二合)舍(引)	⓱或居「獨樹」。
⓲或在「大路」。		⓲或居「大路」。
⓳或住「塚間」。		⓳或居「塚間」。
⓴或居「屍陀林」。		
㉑或寄「大樹林」。		㉑或居「大林」。
㉒或居「師子大蟲遊戲之處」。		㉒或居「師子大虫遊行之處」。
㉓或住「大砂磧ㄥ」中。		㉓或居「大磧ㄥ」。
㉔或居「諸洲」上妙處所。		㉔或居「諸洲」上妙處所。
㊃(所有住於上述 24 個地方,護持三寶之「天龍八部」等眾)皆諮啓請,與諸眷屬,降臨來此。我所營辦「花鬘、塗香、燒香、飲食」及妙「燈明」,願垂歆饗(歆嘗饗用供品),我所求事,滿足其果。		㊃(所有住於上述 24 個地方,護持三寶之「天龍八部」等眾)並生歡喜,與諸眷屬降臨來此。我所營辨(古同「辦」)「花鬘、塗香、燒香、飲食」,及妙「燈明」,願垂韶饗(韶妙的供品來饗用),我所求事,滿足其果。

	儞(引)數摩賀(引)嚩儞(引) 數僧呬(引)怛里娑(二合)乞 叉(二合引)尾喻(二合)史哆 (引)酥曳左嚩扇帝具(引) 囉酥摩賀(引)吒尾酥禰尾 (二合)閇(引)數禰尾曳(二合 引)數訖里(二合)哆(引)羅 夜(引)室左(二合)禰(引)嚕 (引)舍摩(二合)舍(引)儞(引) 儞嚩扇帝曳(引)左訶哩(二 合)瑟吒(二合引)鉢囉(二合) 娑怛曩(二合引)娑囉(二合) 惹巘馱摩(引)羅焰(二合)度 波末隣禰波努帝左婆訖 怛也(二合引)誐里(二合)恨 㖶(二合)凍部呇覩閇挽覩 再鑁伊難左迦里摩(二合) 娑頗楞祖產覩曀鑁覩訖 里(二合)怛嚩(二合引)誐囉 (二合)賀布惹喃覩禰誐里 左(二合)曩怛吠(二合引)迦 摩曩(引)覩俱里也(二合)印 捺囉(二合引)覩嚩日哩(二 合)娑賀部多僧契(引)伊鈐 覩誐里(二合)恨㖶(二合)覩 末隣儞悉里(二合)瑟吒(二 合引)阿詣儞(二合)里也(二 合)冒(引)乃(引)里帝部鉢 帝室左(二合)阿鑁(引)波底 里嚩(二合引)喻嚩曩(引)地 嚩室左(二合)伊舍(引)曩部 哆(引)地鉢帝室左(二合)禰 (引)冒(引)烏里嘆(二合)覩 贊捺囉(二合引)里迦(二合)

	閉哆（引）摩賀室左（二合）禰（引）嚩（引）三摩娑哆（二合引）部尾曳（引）左曩（引）誐（引）馱囉（引）玉吗也（二合）誐孋（引）娑彌（引）哆（引）鉢羅（二合）底鉢囉（二合）底怛吠（二合）曩孋吠（引）那難覩娑嚩（二合）迦娑嚩（二合）迦（引）歲（引）嚩禰舍（引）酥部怛嚩（二合引）誐里（二合）恨报（二合）覩覩瑟吒（二合引）娑嚩羅（引）娑賽（引）孋也（二合引）娑補怛羅（二合）那（引）里（引）娑嚩（二合）惹乃（引）娑彌（引）哆（引）度波末隣補瑟波（二合）尾隸（引）波難左部畓覩惹也（二合）伽覽（二合）覩閉挽覩再鑁昧（引）怛囉焰（二合引）彌劍（引）悉弟彌輪（引）禰扇覩瞱鑁覩藥薩里嚩（二合）孋拏（引）左囉（引）报（引）迦嚕（引）怛也（二合）惹娑覽（二合）末隣迦里摩（二合）迦（引）里焰（二合）	

三-13 行者供養護持三寶之「天龍八部」鬼神後，應再供養「十方護法諸神」

唐・善無畏譯《蘇婆呼童子請問經》	北宋・法天譯《妙臂菩薩所問經》	日本承安三年(1173年高山寺藏本)寫《蘇磨呼童子請問經》（還原版）
㊄以（已）供養諸「鬼神」已，後應別日（再）供養「護		㊄（於）是（在）供養諸「鬼神」已，後應別日（再）供養

方諸神」，如前(所)辦供(的一樣)，胡跪合掌，即應召請： (所有住於下面 10 個地方，且護持三寶之「十方護法諸神」等眾) ❶謹請東方「憍尸迦天」 (Kauśika。忉利天之主，帝釋天 Indra 之異名)，與諸眷屬，來降道場，願垂受供。 ❷次請東南方「火天仙」 (Agni)等，與諸眷屬，來降道場，願垂受供。 ❸次請南方「閻摩羅法王」 (Yama)等，與諸眷屬，來降道場，願垂受供。 ❹次請西南方「泥唎底部多大王」(羅剎天 Niṛiti)等，與諸眷屬，來降道場，願垂受供。 ❺次請西方「嚩嚕拏龍王」 (水天 Varuṇa)等，與諸眷屬等，來降道場，願垂受供。 ❻次請西北方「風神王」 (Vāyu)等，與諸眷屬，來降道場，願垂受供。 ❼次請北方「多聞天王」 (Vaiśravaṇa)，等，與諸眷屬，來降道場，願垂受供。 ❽次請東北方「伊舍羅天王」(Īśāna)等，與諸眷屬，		「護方諸神」，如前(所)辦(古同「辦」)供(的一樣)，胡跪合掌，即應請言： (所有住於下面 10 個地方，且護持三寶之「十方護法諸神」等眾) ❶謹請東方「憍尸迦天」 (Kauśika。忉利天之主，帝釋天 Indra 之異名)，與諸眷屬，來降於此，我所供養，願垂納受。 ❷次(於)東南請「火天仙」 (Agni)。 ❸次(於)南方請「焰摩」 (Yama)。 ❹次(於)西南方請「泥理底(平)部多大王」(羅剎天 Niṛiti)。 ❺次(於)西方請「縛嚕拏龍王」(水天 Varuṇa)。 ❻次(於)西北方請「風神王」 (Vāyu)。 ❼次(於)北方請「多聞天王」 (Vaiśravaṇa)。 ❽次(於)東北方請「伊舍那」 ((Īśāna)。

來降道場，願垂受供。 ❾ 次請上方「梵天王」_(Brahmā)等，與諸眷屬，來降道場，願垂受供。 ❿ 次請「地居」_(地天 Pṛthivī)所有諸大神王等，與諸眷屬，來降道場。各住本方，所辦供養，願垂納受，復願常時，衛護_(保衛護祐)於我。 (護持佛法計有「十二天尊」，以上爲「十天尊」，若再加上「日天Āditya」、「月天Candra」即爲「十二大威德天」) 　貳如是供養諸「鬼神」等，及「護方神王」，_(令)行者_(誦眞言者將)無諸「難事」，意所求願，皆悉_(獲)滿足。		❾ 次_(於)上方請「梵天王」_(Brahmā)等。 ❿ 次_(請)「地居」_(地天 Pṛthivī)所有諸大神王，與諸眷屬來降於此。各住本方，我所辦供，願垂納受，復願常時，衛護_(保衛護祐)於我。 (護持佛法計有「十二天尊」，以上爲「十天尊」，若再加上「日天Āditya」、「月天Candra」即爲「十二大威德天」) 　貳如是供養諸_(方)「鬼神」等，及「護方神」_(王)，_(令)行者_(誦眞言者將)無諸「難事」，意所求願，皆悉_(獲)滿足。

三－14 「阿閦毘也、廣大金剛、半支迦、摩尼（寶部）」等五部尊者及真言介紹

唐・善無畏譯 《蘇婆呼童子請問經》	北宋・法天譯 《妙臂菩薩所問經》	日本承安三年(1173 年高山寺藏本)寫 《蘇磨呼童子請問經》(還原版)
〈分別諸部分品第十一〉	〈分別諸部分第十一〉	〈蘇磨呼童子請問分別聖道分第十二〉
壹復次蘇婆呼童子！世尊為利益未來一切眾生故，說「三俱胝、五落叉_(五十萬)」真言及明_(咒)，名曰「持明藏」。	壹復次我今於「持明藏」，分別佛菩薩等，乃至諸部所說「真言、印契」等，如來所說「三俱胝、五洛叉_(五十萬)」真言，及說「明主名字」，故名「持明藏」。	壹復次世尊，為利益眾生故，說「三俱胝、五落叉_(五十萬)」真言及明_(咒)，名曰「持明藏」。

參	參	參
❶又聖觀自在說「三俱胝、五落叉(五十萬)」真言,於此部中,真言主名曰「何耶吉唎婆 Hayagrīva」(此云馬頭),此部「曼茶羅」,名曰「儞毘耶」(二合)。	❶又觀自在菩薩亦說「三俱胝、五洛叉(五十萬)」真言,而此部中真言主名曰「馬首 Hayagrīva」,亦說自部種種「曼拏羅」名字。	❶又聖觀自在說「三俱胝、五落叉(五十萬)」真言,於此部中,真言主名曰「何耶訖嘌皤 Hayagrīva(馬頭)」,此部「漫茶羅」曰「儞毘耶」(二合)。
❷復有七真言主:	❷復有七真言主,此一一真言主皆:	❷復有七真言主,謂:
①(有)「十二臂」為真言主。	①(有)十二臂。	①(有)「十二臂」真言主。
②(有)六臂(之真言主)。	②或(有)六臂(之真言主)。	②(有)六臂(之真言主)。
③(有)上髻(之真言主)。	③或(有)四臂(之真言主)。	③(有)上髻(之真言主)。
④(有)滿如意願(之真言主)。	④(或有)持「不空羂索」隨意變現。	④(有)滿如意願(之真言主)。
⑤(有)四面(之真言主)。	⑤或四面頭,戴「寶冠」,以「如意寶」而為莊嚴。	⑤(有)四面(之真言主)。
⑥(有)不空羂索(之真言主)。		⑥(有)不空羂索(之真言主)。
⑦(有)二臂(之真言主)。		⑦(有)二臂(之真言主)。
由(古同「猶」)如日光,照耀世間。此等「七真言主」,並是「馬頭曼茶羅」所管。	光明晃耀,如日照世。此等「(七)真言主」並是「馬首曼拏羅」所管。	由(古同「猶」)如日光,照輝世間。此等「七真言主」,並是「馬頭漫茶羅」所貫。
❸復有八明妃,為:	❸復有八明妃,所謂:	❸復有八明妃,謂:
①目睛。	①目精。	①目精。
②妙白。	②妙白。	②妙白。
③居白。	③君白。	③居白。
④觀世。	④觀。	④觀世。
⑤獨髻。	⑤一髻。	⑤獨髻。
⑥金顏。	⑥金顏。	⑥金頰。
⑦名利稱。	⑦名稱。	⑦名稱。
⑧苾唎俱胝。	⑧苾芻俱胝。	⑧苾句胝。
此等皆是「蓮花部」中明妃。	此等皆是「蓮花部」明妃。	此等皆是「蓮花部」中明妃。

註：密教五部，指「佛部、金剛部、蓮華部、寶部、羯磨部」。

唐・不空譯《都部陀羅尼目》云：

❶佛部（毘盧遮那佛以為部主）。
❷金剛部（阿閦佛以為部主）。
❸寶部（寶生佛以為部主）。
❹蓮花部（阿彌陀佛以為部主）。
❺羯磨部（不空成就佛以為部主）。

《蘇磨呼漸近悉地持誦相分第六（卷下）》云：（《大正藏》第十八冊頁746中）

其第十二品中「八明妃主」，謂：

① 多羅（此云妙目精）。
② 從多闕枳耶（二合此云白明）。
③ 半拏囉嚩從寧（此云服白衣）。
④ 微路羯寧（此云觀也）。
⑤ 瞖迦熱吒（此云獨髻）。
⑥ 嬌哩（此為金色相）。
⑦ 野捨末底（此云名稱慧）。
⑧ 蕊句胝（此云忿像）。

此等皆是蓮花部中明妃之主。

三-*15*「阿閦毘也、蓮花、廣大金剛、半支迦、摩尼（寶部）」等五部尊者及真言介紹

唐・善無畏譯《蘇婆呼童子請問經》	北宋・法天譯《妙臂菩薩所問經》	日本承安三年(1173 年高山寺藏本)寫《蘇磨呼童子請問經》（還原版）
壹	壹	壹
❶復說種種妙「曼荼羅」及諸「手印」，我（為）利益貧窮衆生，及摧諸「鬼類」故，說「七俱胝」真言，及「曼荼羅」。	❶亦說「七俱胝」真言，幷種種「曼拏羅」及諸手印，為利益一切貧窮衆生，及摧伏一切「作障」（之）潛行鬼類。	❶復說種種妙「漫荼羅」及諸「手印」，我為利益貧窮衆生，及摧諸「鬼類」故，說「七俱胝」真言，及「漫荼羅」。
❷復有「十使者、七明妃」。	❷復有「十（使者）、七（明妃）」真言王。	❷復有「十使者、七明妃」。
❸又有「六十四嬪婇」。	❸「六十四眷屬」。	❸又有「六十四嬪婇」。
❹又有「八大心真言」。	❹又有「八大心明王」。又有諸大「忿怒明王」。	❹又有「八大心真言」。
❺又有「軍荼利」(kuṇḍalī)等無量忿怒。	❺「甘露軍拏利明王」。	❺又有「軍荼利」等無量忿怒。

❻又有「最勝明」等無量真言王。	❻「最勝明王」。 ❼「大福德明王」等。	❻又「最勝明等」無量真言主。
是故此部名曰「廣大跋折囉」(vajra 金剛杵)。	我此部名曰「廣大金剛族」,說「八洛叉」(八十萬)真言。	是故此部名曰「廣大拔析羅(析應爲折之誤字。vajra 金剛杵)部」。
(貳) ①復有大神名曰般支迦(Pañcika),說「二萬」真言。 ②此神有妃名曰彌佉羅(Mṛgāra),說「一萬」真言,名曰「般支迦部」(Pañcika 般遮迦;半之迦;爲北方毘沙門天之眷屬「八大夜叉將」之第三位,爲「鬼子母」之夫)。	(貳) ①復有大神名半支迦(Pañcika),說「二十千」真言。 ②彼神有妃名彌伽羅(Mṛgāra),說「十千」真言,亦名「半支迦部」(Pañcika 般遮迦;半之迦;爲北方毘沙門天之眷屬「八大夜叉將」之第三位,爲「鬼子母」之夫)。	(貳) ①復有大神名般支迦(Pañcika),說「二萬」真言。 ②彼神有妃名彌却羅(Mṛgāra),說「一萬」真言,此復名曰「般支迦部」(Pañcika 般遮迦;半之迦;爲北方毘沙門天之眷屬「八大夜叉將」之第三位,爲「鬼子母」之夫)。
(參) ①復有大神(咒),名曰摩尼跋陀羅(Maṇibhadra 寶賢),說「十萬」真言。 ②(北方)多聞天王(Vaiśravaṇa)說「三萬」真言,名曰「摩尼部」(寶部)。	(參) ①復有大神(咒),名摩尼跋陀羅(Maṇibhadra 寶賢),說「一洛叉」(十萬)真言。 ②又有(北方)財主(Vaiśravaṇa)說「三洛叉」(三十萬)真言,名「摩尼部」(寶部)。	(參) ①復有大神(咒),名摩尼拔陀羅(二合)(Maṇibhadra 寶賢),說「十萬」真言。 ②(北方)多聞天王(Vaiśravaṇa)說「三萬」真言,此復名曰「摩尼部」(寶部)。
(肆) 復有諸天及阿修羅等,於世尊前說無量明(咒)及諸「真言」。其中有:	(肆) 復有一切「天人、阿修羅」等信佛者,即於佛前說無量「真言」。此等散入諸部,或有:	(肆) 復有諸天及阿修羅,(皆)持其世尊所說無量明(咒)及諸「真言」,其中有:
1.入「金剛部」內者。	1.入我「大金剛部」者。	1.入「金剛部」內。

2. 亦有入「蓮花部」者。	2. 或有入「大蓮花部」者。或有入「阿閦毘也(akṣobhya)」(二合)部者。	2. 亦有入於「蓮花部」中。
3. 亦有入「般支迦部」(Pañcika)者。	3. 或入「半支迦部」(Pañcika)者。	3. 亦有入於「般支迦部」(Pañcika)。
4. 亦有入於「摩尼部」(寶部)。	4. 或入「摩尼部」(寶部)者。	4. 亦有入於「摩尼部」內。
5. 亦有「非部」所管者。	5. 如是或入「非部」所攝。	5. 亦有如是「非部」所貫。
(伍)如上所說真言，略教種種法則，於五部中並應修行。	(伍)如上所說種種「真言」之教，於此五部之內，諸有行人(誦眞言者)，並可修行。	(伍)如上所說真言，略教種種法則，於此「五部」，並應修行。
(陸)復有諸天所說真言，世尊印可許者，亦應修行，如是「法則」，(其誦眞言)者，若乘此法(則)者，即(能)得「所願」成就。		(陸)復有諸天所說真言，依世尊(所印可許)者，亦應修行，如是「法則」，(其)行者(誦眞言者)若乘此法(則)，(其所)乘者，即(能)得「意欲」成就。

三－16 若欲持誦「金剛部」真言者，必先歸命「三寶」，次歸命「本尊明王部主」

唐・善無畏譯《蘇婆呼童子請問經》	北宋・法天譯《妙臂菩薩所問經》	日本承安三年(1173年高山寺藏本)寫《蘇磨呼童子請問經》(還原版)
(壹)復次世尊：於內亦有❶「勝上妙寶」(佛寶)。從此復流❷「究竟法寶」(法寶)中。復生❸「八大丈夫不退眾	(壹)復次世尊所說：有❶「內勝(心內殊勝)最上妙寶」(佛寶)。又復於此流出❷「究竟法寶」(法寶)。從此轉生❸「八大丈夫不	(壹)復次世尊：於三(寶中)有❶「內勝(心內殊勝)上妙寶」(佛寶)。從此復流❷「究竟法寶」(法寶)。從此復生❸「八大丈夫不

寶」(僧寶)。 如是三寶，(爲)世所稱。	退眾寶」(僧寶)。 如是三寶，於三界中，最尊最勝，為大福田。	退眾寶」(僧寶)。 如是三寶，(爲)世所稱寶。
㊍是故念誦人，若欲「滅罪」生福，希速得(本尊)現前，(令)滿願者，(必)先歸命「三寶」。	㊍是故行人(誦眞言者)，(若)欲得「滅罪」生福，及(獲)「本尊」現前，速成「悉地」者，於念誦時，(必)先應歸命如是「三寶」。	㊍是故，若欲行者(誦眞言者)，(若欲)「滅罪」生福，(及獲)「本尊」速得現前，於念誦時，(最)初應歸命「三寶」。
㊤又若欲持誦「金剛部」內真言者，初(先)歸「三寶」已，次稱：	㊤若有持誦我「金剛部」中真言者，初應(先)歸命「三寶」，次復先稱：	㊤若復持誦「金剛部」內真言者，初歸「三寶」已，次言：
「那施旃荼 跋折囉 波拏曳 摩訶藥又栖那 波多曳」。 (namaḥ ścaṇḍa vajra paṇaye mahā yakṣa sena pataye)	「那謨室戰拏 跋折囉皤拏曳 摩訶藥又細那 鉢怛曳」。 (namaḥ ścaṇḍa vajra paṇaye mahā yakṣa sena pataye)	「那(上)謨室戰拏 拔折羅皤嬭曳 摩訶藥又細那 鉢怛曳」。 (namaḥ ścaṇḍa vajra paṇaye mahā yakṣa sena pataye)
㊦次後即誦真言。蓮花部」內亦然，(其)「般支迦部」(Pañcika)亦然，(與)「摩尼部」(寶部)亦如上法。	㊦然後即誦真言。其「蓮花部」亦然，(與)「半支迦部」(Pañcika)、摩尼部(寶部)亦爾。	㊦次即誦真言。復次「蓮花部」明(咒)亦然，(與)「般支迦部(Pañcika)、摩尼部(寶部)」等，亦復如是。
㊧初歸「三寶」，次歸「部主」(本部明主)，然後乃可念誦真言。	㊧復次持誦行人(誦眞言者)於持誦時，必先歸命「三寶」，次復歸命「本部明主(明咒主尊)」，然可持誦本修真言。	㊧初歸「三寶」，次歸(心內殊勝)「三寶」，次歸「部主」(本部明主)，然後乃可誦持真言。
㊨(誦眞言者)若不(先)歸依「釋教」，復(只)行「聲聞、乘緣、覺乘」者。(此類之人於	㊨若是行人(誦眞言者)，不(先)歸信「佛」，又復唯(只)信「辟支、聲聞」等法。(此類	㊨(誦眞言者)若不歸信「釋教」，復(只)行「聲聞乘」及「緣覺乘」(者)。(此類之人於

「佛」)信(心)不具足,内懷「腐朽」(腐爛敗朽),外示(外相虛偽展示)精進,復(心)懷「慳、貪、悋」者,(此人)不應執我此「跋折囉」(vajra 金剛杵)。	之人於「佛」)信(心)既不足,及更内心常懷「慳悋、嫉妒」者,(更)不得執持我教所說「大跋折羅(vajra 金剛杵)」。	「佛」)信(心)不具足,内懷「腐朽」(腐爛敗朽),外示(外相虛偽展示)精進,復(心)懷「慳、悋」者,(此人)不應執我此「拔析羅(析應爲折之誤字。vajra 金剛杵)」教。(此人不具修密教大金剛咒法的條件)

三－17 若有邪見而謗「大乘真言教」者,此等愚人就算執持真言,亦當自招其害

唐・善無畏譯《蘇婆呼童子請問經》	北宋・法天譯《妙臂菩薩所問經》	日本承安三年(1173 年高山寺藏本)寫《蘇磨呼童子請問經》(還原版)
㊀若有「苾芻、苾芻尼」,及「優婆塞迦(upāsaka 優婆塞)、優波斯迦(upāsikā 優婆夷)」,毀訾ᵽ 深妙「大乘」,(竟)言:此所說,皆是「魔教」!	㊀復有「比丘、比丘尼、優婆塞、優婆夷」等,以「邪見」謗此「大乘」妙真言教,(竟)言:(大乘法教)非正說,(皆)是魔所說!	㊀若有一「苾芻、苾芻尼、優婆塞迦(upāsaka 優婆塞)、優婆私迦(upāsikā 優婆夷)」,毀訾ᵽ 深妙「大乘」,(竟)言:此所說,皆是「魔教」!
㊁(此人)復懷愚癡,(竟)為(古同「謂」)言:執金剛菩薩(只)是「大藥叉」!復不敬禮「諸大菩薩」,心生「輕慢」,為利(益)故(偽)詐解(釋)。(若此具邪見人)持誦如是妙「真言」者,如是等愚人,不久當自「損害軀命」。	㊁我說此人是大「愚癡」,復謂我:大金剛手(只)是「藥叉」類,非實本宗!(亦)不肯信禮,乃至復不信禮諸「大菩薩」。若(此邪見人)或持誦我妙「真言」者,非久之間,必招「自損」。(具邪見者,就算持誦佛之真言咒語,亦不成就,當來恐招本尊眷屬對你的損害之報)	㊁(此人)復懷「愚癡」,(竟)為(古同「謂」):執金剛(菩薩)言(只)是「藥叉」!復不敬禮「諸大菩薩」。(若此具邪見人)持誦如是妙「真言」者,不久自當「損害軀命」。

㊝亦如前(經文所)說，佛菩薩終不害人，然於「部內」(密教金剛界「五部」之內)，有諸毒猛「鬼神」(之眷屬)，(諸眷屬)見彼(邪見)癡人，謬執(謬誤的執持)「金剛杵」者，便生「瞋怒」，即害彼(邪見愚癡者之)命。	㊝何以故？然佛菩薩等，豈有「惡心」損惱有情(眾生)？但緣「部內」(密教金剛界「五部」之內)一切「眷屬」諸鬼神等，見此(邪見)癡人執我「大金剛族大跋折羅」，兼持誦我教「妙真言」者，彼諸眷屬即當(以)「瞋目」視之，乃至破壞(彼之)身命。	㊝諸佛菩薩，終不害人，然於「部內」(密教金剛界「五部」之內)，有諸「鬼類」(之眷屬)，(諸眷屬)見彼(邪見)癡人，謬執(謬誤的執持)「金剛杵」，便生「瞋怒」，即害彼(邪見愚癡者之)命。

註：邪人行正法，正法亦是邪。正人行邪法，邪法亦是正。

※明·蕅益 智旭述《占察善惡業報經義疏》云：「邪人行正法，正法亦成邪」。

※明·丹霞 法孫今釋、重編《宗寶道獨禪師語錄》云：「邪人行正法，正法悉皆邪。正人行邪法，邪法悉皆正」。

以此類推：

純外道者行「佛之」正法，正法亦成邪。

邪見者行「佛之」正法，正法亦成邪。

惡人者行「佛之」正法，正法亦成邪。

附佛外道者行「佛之」正法，正法亦成邪。

三－18 四眾弟子若讀誦解說「大乘教法」，必速得成就

唐·善無畏譯 《蘇婆呼童子請問經》	北宋·法天譯 《妙臂菩薩所問經》	日本承安三年(1173年高山寺藏本)寫 《蘇磨呼童子請問經》(還原版)
	㊜若有四眾修行(之)行人(誦真言者)，常時讀誦「方廣大乘之教」，又能為諸有情(眾生)分別解說，具大精進，轉不退輪，一心趣向「無上菩提」者。當知是人「持誦我教」，必定速得「意樂」成就。 ㊝復次我已(於)前(面)說「佛、菩薩」等種種真言之教，汝應專心信受，勿生	㊜若有持誦「方廣大乘」，復能信受，亦樂為他廣說，勇猛精進，堅固菩提(最)勝(之)心。如是之人，持誦真言，不久當得「意樂」成就。 ㊝汝所請問，我已為汝「正說」一切佛教「真言」(大)都(的)教法。復次(再)傍

	疑念。我今復更為汝，(再更介紹)說彼「世間、出世間、外道」及「天人、魔、梵」等真言之教，汝當諦聽。	說(其餘的)外道(眞)言(之)教，汝當聽。

第一欄

參

❶「摩醯首羅天」說十俱胝真言。

❷「那羅延天王」說三萬真言。

❸「大梵天王」說六萬真言。

❹「日天子」說三十萬真言。

❺「伽路荼王」說八萬一千真言。

❻「摩醯首羅大妃」說八千真言。

❼「火神王」說七百真言。

❽「摩登伽天王」復說三千真言。

❾「諸龍王妃」說五千真言。

❿「羅剎大將」說一萬真言。

⓫「四天大王」說四十萬真言。

⓬「阿修羅王」說二十萬真言。

⓭「忉利天王」說三十萬真言。

肆(如是諸天等亦)各各俱說

第二欄

參

❶「大自在天」說十俱胝真言。

❷「那羅延天」說三十千真言。

❸「大梵天」說六十千真言。

❹「日天」說二洛叉(二十萬)真言。

❺「帝釋天眾」說一十八千真言。

❻「贊尼迦」說八千真言。

❼「火天」說三千七百真言。

❽「俱尾囉」說三千真言。

❾「諸龍王」說五千真言。

❿「鬼主」說十二千真言。

⓫「護世四大天王」共說四洛叉真言。

⓬「阿修羅王」說二洛叉真言。

⓭「忉利天主」說二洛叉真言。

肆如是天等，(亦)各各具

第三欄

參

❶「摩醯首羅天」說十俱胝真言。

已下諸「天龍」等及「妃」等。

肆(如是諸天亦)各各俱說

「真言、手印」及「曼荼羅」，(皆可)依法受持。	說種種「真言、印契」，幷「曼拏羅」儀軌等，(皆)可依法受持。	數千萬「真言」及「手印、漫荼羅」，(皆可)依法受持。
(伍)(如是諸天所說的真言手印等法，亦自宣說:)若為(古同「偽」與「訛」)此教(法)，非直(非旦)不(會)誠(古同「成」)，亦當自害。	(伍)(如是諸天所說的真言手印等法，亦自宣說:)若違本教(法)，不唯「真言」不得成就，亦乃「自招過咎」。	(伍)(如是諸天所說的真言手印等法，亦自宣說:)若違此教(法)，非直(非旦)不(會)成(就)，亦當(遭)自害。

三－19 誦真言的成就分為「八法」及「上、中、下」悉地。若備受貧苦者，應求「中品」，不應求「下品」

唐‧善無畏譯《蘇婆呼童子請問經》	北宋‧法天譯《妙臂菩薩所問經》	日本承安三年(1173年高山寺藏本)寫《蘇磨呼童子請問經》(還原版)
〈分別八法分品第十二〉	〈說八法分第十二〉	〈蘇磨呼童子請問分別八法分第十三〉
(壹)復次蘇婆呼童子！念誦(真言)人，(其)所有成就之法，總有八種，何等為八？謂：	(壹)復次(誦真言者其)成就之法，總有八種，所謂：	(壹)復次世間所有(誦真言者其)成就之法，總有八種，所為(古同「謂」)：
❶成(就)「真言法」。	❶成(就)「真言法」。	❶成(就)「真言法」。
❷成(就)「金水法」。	❸成(就)「長年法」。	❸成(就)「長年法」。
❸成(就)「長年法」。	❷「藥成就法」。	❹(能)出「伏藏法」。
❹(能)出「伏藏法」。	❹(能)出「伏藏法」。	❺(能)入「修羅宮法」。
❺(能)入「修羅宮法」。	❺(能)入「修羅宮法」。	❻合成「金法」。
❻合成「金法」。	❻合成「金法」。	❼(令)土(轉)成「金法」。
❼(令)土(轉)成「金法」。	❼(令)土(轉)成「金法」。	❷成(就)「金水法」。
❽成(就)「無價寶法」。	❽成(就)「無價寶法」。	❽成(就)「無價寶法」。
是名八法。		是名八法。
(貳)於中有三：	(貳)此之八法，說為「三品」：	(貳)於中有三：
①「成真言法、入修羅宮	①「成真言、成長年、入修	①「成真言法、入修羅宮

法、得長年法」，是三種法，是名「上上」悉地法。	羅宮」，此三為「上品」。	法、成長年法」，是三為「上」（上悉地法）。
②「成無價寶法、土成金法、出伏藏法」，此三種法，是名為「中」（中悉地法）。	②「成無價寶、出伏藏、土成金」，此三為「中品」。	②「成無價寶法、土成金法、出伏藏法」，是三為「中」（中悉地法）。
③「合成金法、成金水法」，此之二法是名「下法」（下悉地法）。	③合成「金、藥」成就，此二為「下品」。	③「成合成金法、成金水法」，是二為「下」（下悉地法）。
㊒	㊒	㊒
⑴若有眾生，具有「戒慧」（者），樂此法者，如是之人樂「上上成就」。	⑴若復有情（眾生），智慧過人，及有「戒德」，亦復樂修「大乘之法」，如是之人，可求「上品」（之成就）。	⑴若有眾生，具有「戒惠」（者），亦復樂法，如是之人作樂「上成就」。
⑵若有眾生，多貪「財欲」者，如是之人，樂「中成就」。	⑵若復有情（眾生），雖具「修行」，未息「貪欲」，可求「中品」（之成就）。	⑵若有眾生，性多「貪欲」者，如是之人作「中成就」。
⑶若有眾生，多「愚癡」故，反價（逆反價值觀而去）求利者，如是之人，（只想）得「下成就」。	⑶若復有情（眾生），在愚癡者，必求「下品」（之成就）。	⑶若有眾生，多「愚癡」者，（只）作「下成就」。
㊓	㊓	㊓
㈠「上上之人」唯求上驗（上品靈驗成就），勿應求「中、下」證。	諸有行人（誦眞言者），雖備受「貧苦」，恒所不足者，（至少）應求「中品」，不應求「下品」（之成就）。	㈠（誦眞言者）不應求「下」（品成就）。
㈡若遭（害於）「窮貧」者，（至少）應求「中品」，亦勿求上驗（上品靈驗成就），亦莫取「下」（品成就）。		㈡若遺（害於）「貧窮」（時），（導致）行不自在，（至少）應求「中品」，仍不（應）求「下」（品成就）。
㈢證「下下之人」，依前（而）求之，亦勿改易。		

㈤若欲獲得如上(八法)所說(之)種種成就，應須「修福」，具福之人，求前「八種之樂」，延命長壽，威力自在，端正聰慧，(諸法)皆得成就	㈤若欲獲得(如上)「八法」(之)種種成就者，當須「修福」以為資持(資助扶持)。若有福者，求人天快樂，及一切愛樂，延長壽命，威力特尊，端正聰明，(諸)法皆成就。	㈤若欲獲得如上(之)種種成就，應須「修福」，具福之者，(欲)求人天樂，設求「敬念、延命長壽、威力自在、端正聰慧、聞持」等事，皆(可)得成就。

三－20 菩薩有時也會「變身」為彼所持之「真言主形」，救濟眾生，令脫苦難

唐・善無畏譯《蘇婆呼童子請問經》	北宋・法天譯《妙臂菩薩所問經》	日本承安三年(1173年高山寺藏本)寫《蘇磨呼童子請問經》(還原版)
㊀若人(雖)戀家，(但恒)業修善法，敬念三寶，常不離心，(且)憶(念)「真言」，念誦不間(斷)。	㊀若有行人(誦真言者)，不(貪)戀「世樂」(世間欲樂)，愛樂修行，於三寶尊，常在「心念」。(於)「真言」法則，恒具修持，復於念誦，未嘗間斷。	㊀若無戀著(世)樂，(恒)修行「善行」，佛法僧寶，常不離心。求於「法則」，復具修行，念誦不間(斷)。
㊁如是之人，速得成就，念救眾生，復能滅己身罪，幷彼(能)獲「今世」及「後世」樂，(唯除)「真言」之外，更無異法，能與眾生樂者。	㊁如是之人，必能成就，及滅罪障，解脫諸苦，又復能於「現在」及彼「未來」成(就)諸快樂，唯佛所說(之)「真言」威力，更無異法(能與眾生獲得樂果者)。	㊁如是之人，速得成就，救脫諸苦，復能滅罪，能(獲)與「今世」及「後世」樂，(唯除)「真言」之外，更無異法(能與眾生獲得樂果者)。
㊂譬如「天火」(或譯作「大火」)下降，及與霜雹᷾，能損諸物，無可避脫。(佛之)「真言」威力，(能)降下(至)眾生心田，能摧「苦惱」及	㊂譬如「天火」下降，及降「霜雹᷾」，能傷草木，無所免避。(佛之)「真言」威力，能摧苦惱，及諸罪障，亦復如是。又(像喻)如「劫	㊂譬如「天火」下降，及與「霜雹᷾」，能損諸物，無可避脫。(佛之)「真言」威力，亦復如是，能摧「苦惱」及諸「罪障」，(就像)「如意寶」

諸「罪障」，碎壞無餘。（令）善功德芽，日日滋茂（滋長繁茂），（就像）如意寶樹，能（助）益有情（眾生）種種「意願」，（所以）「真言」妙藏（之威力），亦復如是。

㊉（真言之力）或（給）與成就「菩薩」位地，乃至（成就）「佛果」，或（給）與成就「明仙」位地，或（給）與（成就）「富樂（富裕而安樂）、色力（氣力；精力；色相端正力➡菩薩十六大力之一）、長年（長壽）」。

㊄有諸菩薩，觀諸有情（眾生），遭諸「苦難」及餘「怖畏」，（例如）「王難、惡賊、火電㲉」等苦。（菩薩）即自「變身」，（變身）為（彼所持）「真言主形」（指持誦真言之「本尊」），救濟眾生，令脫苦難，使（獲）安（樂而）無怖（畏），快樂恣情，（能享）盡（果）報（之）壽命。

㊅若復有人，雖處「居家」（白衣在家），受諸「欲樂」（五欲之樂）。（於）佛說（之）「真言」，（雖）發心欲持，設得少法（少些的一點法），似行、不行（有時有行誦，有時又沒有行誦），（且）念誦多有「違犯」，作其（真言之）事法，多不備具。

樹」，能（圓）滿有情（眾生之）一切意願。

㊉「真言」之力，能與有情（眾生）一切「悉地」，及以「富貴、色力（氣力；精力；色相端正力➡菩薩十六大力之一）、長壽」，亦復如是。

㊄又復菩薩，觀諸有情（眾生），或遭「王難」，或「水、火」難，乃至「賊盜、劫殺」之難，（遭）一切「怖畏、苦惱」逼身。菩薩於是，即自「變身」，（變）為（彼所持）「真言王」種種色相，救濟有情（眾生），令得解脫。

㊅又復有情（眾生），雖處「居家」（白衣在家），愛著「妙境」，於（佛說的）「真言法」及彼「儀軌」，雖則日有「持誦」，且非「猛利精進」，（需）於（持誦）久久時，乃（能）成（就）先行（之前所訂）之數（目）。

樹，能果（能開花結果而滿足）有情（眾生）種種「意願」。

㊉「真言」妙法（之力），亦復如是，或與（一切所求之）「成就」，或（給）與「富貴、色力、長壽」，皆悉能（給）與。

㊄有諸菩薩，觀有情（眾生）遭諸「苦難」，及餘「怖畏」，（例如）「王難、惡賊、火電㲉」等苦。（菩薩）即自「變身」為（彼所持）「真言主形」（指持誦真言之「本尊」），救濟眾生。

㊅若復有人，雖處「居家」（白衣在家），受諸（五欲）「愛樂」，於「真言」內所說「法則」，彼人每日（持誦真言雖然）不虧（無有虧缺），（但其）念誦（之）數（量仍）不滿足（於應訂的數量）。

唐·善無畏譯《蘇婆呼童子請問經》	北宋·法天譯《妙臂菩薩所問經》	日本承安三年(1173年高山寺藏本)寫《蘇磨呼童子請問經》(還原版)
㈦彼人每日，(便)不喜念誦，遍數(時)足與(時而)不足，中間即停(或間斷)，心(又)貪「餘部真言」，(如此)法則無(靈)驗。		
㈧(誦真言者應)却就(還就)「舊業」(之前所修的真言)，而剋(制伏)其心，心不休廢。(當持咒)數當漸滿，忽覺少(稍為有一點靈)驗(之時)，(便)心生歡喜，(既)歡喜已，即發露已(以)首諸過(以身為首的諸多過失)，其罪即滅，(便)離「五欲障」，還具(清淨)戒體。	㈧先行(之前所訂咒語數量)滿已，或(有靈)驗現前，(誦真言者)乃於是時，方(真)離「五欲」，具「戒」清淨。	㈧(誦真言者)以或時(所誦的真言數量已)滿已，或(有靈)驗現(前)已，即(便)離「五欲」，(還得)清淨「具戒」。(剛開始修咒乃為追求五欲之感應。慢慢的要改變成遠離五欲的追求)
㈨(若以)清淨之身，還入清(或作「靜」)室，更誦真言，(待真言誦)滿「十萬遍」已，即須作「求成就法」。不久即得「如意所樂」(之)真言悉地，於後所作一切「諸餘真言」法則，皆(亦)得成就。	㈨(誦真言者若)入於「靜室」，更誦真言，滿「一洛叉」(十萬遍)，然後不久，即得「所樂」悉地。	㈨(誦真言者若)入於「淨室」，更(需)誦真言，滿「十萬遍」，後求「成就」(法)，不久即(可)得任意所樂(之)「真言」悉地。
註：《佛説弘道廣顯三昧經》云：「若諸釋梵，及四天王，往詣菩薩，黯然無色，是端正力」。➜謂菩薩具有色相端正之力，若帝釋、梵天及四天王等至菩薩所，於一見菩薩之頃，皆黯然無色。		

三－21行者的「澡浴」淨身法。入靜室專心修法時，不得與任何人相語及接觸。所有的上妙供養，皆不應受

唐·善無畏譯《蘇婆呼童子請問經》	北宋·法天譯《妙臂菩薩所問經》	日本承安三年(1173年高山寺藏本)寫《蘇磨呼童子請問經》(還原版)
㊀復次蘇婆呼童子！	㊀復次行人(誦真言者)，於	㊀復次行者(誦真言者)，若

若念誦人，正澡浴時，用「淨土」和水，遍塗其身，然後入於「清淨大水」，隨意洗已。	持誦時，或(入)「悉地」時，(或)入「曼拏羅」(時)，(親)近諸賢聖。既修是法，要須「清淨」，澡浴之法，先以「淨水」，調和「淨土」，遍塗其身，然後入大水中，隨意洗浴。	欲澡洗，(以)「淨土」和水，遍塗其身，然後入於「清淨大水」，隨意洗已。
(貳)	(貳)	(貳)
❶或面向「東」、面「北」，洗手足已。	❶淨手足已，或面「東」，或面「西」，蹲踞而坐，作「護身法」。	❶或面向「東」，或面向「北」，洗手足已，但蹲踞坐。
❷以其兩手置於膝內，以水遍灑，於身吸水，勿使「有聲」。	❷即以右手取水，遍灑其身，不得令水「有聲」。	❷應其兩手置於膝間，已水遍灑於身，水勿令「有聲」。
❸即用「右手」作「掬水法」，於其手掌勿令有「沫」，呪水三遍，吸水三遍，勿使有聲。	❸復以右手，取水一掌，掌中之水，勿令有「沫」，乃誦真言。呪掌中水三遍，吸三吸，亦勿令「有聲」。	❸即用「右手」作「掬水法」，於其手掌勿令有「沫」，呪水三遍，吸水三迴，勿使「有聲」。
❹以手「(大)母指」兩邊拭口，及以「灑身」，即作「護聲」(或作「身」)。	❹然後用水以「大(拇)指」，拭口兩遍，及灑身上，以為「護身」。	❹以手「(大)母指」兩遍拭口，及以灑身，即作「護身」已。
❺作「護聲」(或作「身」)訖，然後(若感覺)齒間(仍有)「垢穢」，舌中(有)覺觸，或復「咳嗽、涕唾」(之時)，更須如上(以)「呪水」口吸(之)，乃至(以呪水)拭口、澡浴。	❺如(之)後，忽覺齒中(仍)有其「磣穢」(牙磣垢穢，指牙齒嚼到食物中所含的沙粒垢穢而造成的不舒適感)，(則)又以手觸，或即(有)「欬嗽」(咳嗽)、洟唾」，或即(感)覺氣逆(而)噦（打呃或嘔吐），更須如前(以)「呪水」吸水(去)拭口、漱口。	❺忽然(在之)後，(若感覺)有齒縛(縫隙)「垢穢」，舌中(有)覺觸，或復「咳嗽、唾涕」(之時)，或復「剋臆」(胸臆被侵剋)，更須如上誦(呪)，(以呪)水吸水，乃至(去)拭口、澡浴。
(參)(清淨)畢已，即往「淨	(參)澡浴畢已，即入「靜	(參)(清淨)畢已，即往「淨

室」,中間不應與(其)餘「外人」、或男、或女、出家、在家、淨婆羅門、童男、童女,及「黃門」(paṇḍaka 閹人;不男;男生殖器損壞者)等語(言講話),及與(彼有)「相觸」。	室」,此後不得輒與「人」語,除「助伴」(此指同修咒語之善知識良伴)外。應是「男女在家、出家」之者,及「外道、婆羅門淨行之」者、「童子、童女」及復「耆年」,乃至諸「不男」(paṇḍaka 閹人;不男;男生殖器損壞者)等。如是人等,悉不得「共相言語」及相「觸著」。	室」,中間不應與(其)餘「外人」,或男、或女,出家、淨婆羅門、童男、童女,及「黃門」(paṇḍaka 閹人;不男;男生殖器損壞者)等語(言講話),及與(彼有)「相觸」。
㊤若有(與上述所說諸人)相觸者,一依如前,「澡浴」及飲水「拭口」,然後莫共人語(言講話)。即入「淨室」念誦。設使「急事」,(亦)不得停休,要須「數滿」(咒數滿圓),然後出於精舍。	㊤若(有與上述所說諸人)相「觸著」,又須同前「洗浴」,及「拭口、漱口」。若有行人(誦真言者),恒樂(於)清淨,澡浴其身,及樂(於)持誦(真言),及(對)於有情(眾生),普皆(有)憐愍(心)。	㊤若有(與上述所說諸人)相觸,復如前(所說的)「澡浴」(方式),及(用)餘水「拭口」,然後念誦(真言)。若(要)樂(於)澡浴(之清淨),後(又)樂(於)念誦(真言),(對)諸有情(眾生)所具(皆有)憐愍(心)。
㊄(此誦真言者)亦勿受他「利養」,(凡)乞食已,(便)作業(作真言持咒之業),日夜不闕。如是之人,(種種)「妙真言」神(神咒功德)唐(廣大;浩蕩)然(後)入身。	㊄(此誦真言者)亦不於他「利養」(而)心生貪愛,(實行)乞食自居,(而)修真言行。如是之人,(對於種種)「妙陀羅尼」(功德大法),自然獲得。	㊄(此誦真言者)復不愛他「利養」,(實行)乞食而食,(便作)真言(誦咒之)法。如是之人,(其種種)妙真言之法(功德大法),(將)皎然(皎潔了然)入身,(自然得)求成就故。
㊅若(欲)求成就者,念誦之時,有「施主」惠施「衣裳、金銀、珍寶、鞍乘(鞍馬車乘)嚴具、塗香、燒香、飲食、臥具」,如上等物,乃至分毫(皆)不應「納受」。	㊅復次行人(誦真言者),若求「悉地」,於念誦時,或有人來,奉施上妙「衣服、金銀、珍寶、莊嚴騎乘、塗香、燒香」,乃至「飲食」及一切「樂具」,(無論)或多、或少,悉不得受(納)。	㊅(誦真言者於)念誦之時,若有施主,惠施「衣裳、金銀、珍寶、鞍乘(鞍馬車乘)嚴具、塗香、燒香、飲食、臥具」,如上等物,乃至分毫(皆)不應「納受」。

三－22念誦人之「大小便利」應用「五聚土」清洗之法

唐・善無畏譯《蘇婆呼童子請問經》	北宋・法天譯《妙臂菩薩所問經》	日本承安三年(1173年高山寺藏本)寫《蘇磨呼童子請問經》(還原版)
㊀復次蘇婆呼童子！念誦人「大小便利」畢已，應用「五聚土」(指將土分成五聚供洗淨用)： ❶三聚(土)洗(身)後(面)。 ❷一聚(土)洗(身)前(面)。 ❸其一聚(土)獨洗，即(洗大小便利所)出(之)惡處，(令剛剛大小便利的地方能)就於「淨處」。 ㊁(再)分土(成)「十聚」： ①先用「三聚」(土)，獨洗「左手」。 ②復用「七聚」(土)，洗其「兩手」已。 ③後更取「三聚」(土)，(於)二手內外通(通)淨洗，令淨。 ④然後已，重(重)任用「土水」，清淨洗之。	㊀㊁復次行人(誦眞言者)，(欲)求成就時，凡是「大小便利」畢已，一一並須「依法」，用其「水、土」重重揩丐(擦；抹)洗，以求清淨。	㊀復次(誦眞言者於)「大小便利」畢已，應用「五聚土」(指將土分成五聚供洗淨用)。 ❶三聚(土)洗(身)後(面)。 ❷一聚(土)洗(身)前(面)。 ❸其一(土聚單獨)觸洗，即(洗大小便利所)出(之)惡處，應(令剛剛大小便利的地方能)就(於)「淨處」。 ㊁(再)分土(成)「十聚」： ①先用「三聚」(土)，觸洗「左手」。 ②復用「七聚」(土)，洗其「兩手」。 ③於中「三聚」，先洗左(手之)內，一聚(土)道背(洗)，其後「三聚」(土洗)二手內外，(通)通洗令淨， ④然後以(隨)意，(再)任用「土水」，清淨洗之。 若(於)「小行處」(小便)，即用「三土」。 二(土)用(於小)便處。 一(土則)用(於)觸洗。 即(可再)於淨處，更用「三

		土」，復(再)淨洗之。
	㊂若其(能)**不食**(無有飲食)，斯最為上(無飲食則無大小便利)，(此乃)免使「觸穢」，(而)薰於賢聖。	

三－23 行人誦咒及修「護摩」後，仍不成就。應取淨砂，印成十萬塔，於塔前誦咒，至誠懺悔，定獲現世果報

唐・善無畏譯《蘇婆呼童子請問經》	北宋・法天譯《妙臂菩薩所問經》	日本承安三年(1173年高山寺藏本)寫《蘇磨呼童子請問經》(還原版)
	㊀復次行人(誦真言者)，將(欲)求成就，(能息)慮其「罪障」，不(令)獲現前，即須預前「重重念誦」，伸其「懺悔」。	
㊁譬如「春時」，(由熱)風揩㩉(擦)樹木，(導致)自然火出，以省(人力的)功力，(即可)遍燒草木。	㊁譬如「夏熱」之時，「風」搖眾樹，木相揩㩉(擦)故，火遂(自然)生著，(人)功(器)用(皆)不加，(即可)自焚眾草。	㊁譬如春時，(由熱)風楷(疑爲「揩」字)樹木，(導致)自然出火，以無(人力的)功用，(即可)幷燒諸草。
㊂(誦真言者)以「念誦」(之)火，(加上)用「淨戒」(之)風，以(精)勤(的)相揩㩉(擦)，(即可)盡燒罪草(罪業之草)，亦復如是。	㊂如諸行人(誦真言者)，以「精進」(之)風，搖「淨戒」(之)樹，(即可)生「念誦」火，(進而)焚燒罪草(罪業之草)，亦復如是。	㊂(誦真言者)以念誦(之)火，(加上)用「淨戒」(之)風，以(精)勤(的)相楷(疑爲「揩」字)，(即可)盡燒罪草(罪業之草)，亦復如是。
㊃復如寒霜，(因)日曜即消，以用「戒日」(淨戒之日)，(加上)「念誦」之光曜，(則能)消「罪霜」，亦復如是。	㊃又如冬時，(因)雪自凝積，(由)日所照故，(則)雪自消散。行人(誦真言者若)清淨，(如)「戒日」舒光，(則)	㊃復如寒霜，(因)日曜即消，以用「戒日」(淨戒之日)，(加上)「念誦」之光曜，(則能)令消「罪雪」，亦復如是。

唐・善無畏譯《蘇婆呼童子請問經》	北宋・法天譯《妙臂菩薩所問經》	日本承安三年(1173年高山寺藏本)寫《蘇磨呼童子請問經》(還原版)
	「罪雪」盡消，亦復如是。	
㈤譬如室內，久來有闇，若將燈(照)入，即便闇滅。(誦眞言者)以「念誦燈」(而)照「罪障闇」，(即)悉得消滅。	㈤又如室中，千年黑闇，(只要)一燈倏欻(忽)照耀，(則)「黑闇」都盡。亦如行人(誦眞言者)，(於)千生之中所積「黑業」，忽從「智慧火」燃，(加上)「念誦燈」，(則光)明力威光(閃)爍，(則)「黑闇業」一切都盡。	㈤譬如室內，久來有闇，若將燈(照)入，即便闇滅。(誦眞言者)以「念誦燈」(而)照「罪闇身」，亦復如是。
㈥(誦眞言者)念誦真言，乃至「呼摩」(homa，火祭、焚燒，投供物於火中之火祭祀法)，便獲成就。若(修)此法(而仍)不成就者，應近「江河」，(於)地上取淨好「砂」，印成十萬「窣堵波」(stūpa佛塔)，安置(於)河邊，以「香泥」塗塔。	㈥復次行人(誦眞言者)，持誦修行，乃至「護摩」，(若)由(猶)不獲「悉地」者，當以「香泥」和於「淨砂」。或「江河」邊、或「泉池」側，選其「勝處」，印造成塔，(共印)滿「一洛叉」(塔)，(並觀)想(等)同(於)「如來舍利之塔」。	㈥行者(誦眞言者)持誦(修行)，乃至(修)「護摩」，(其)所持真言，仍不成(就)者。應以「香泥」，或近「江河」，以「淨砂」，敬造十萬「窣堵波」(stūpa佛塔)塔像。
㈦(誦眞言者於)如是一一塔前，各誦本「真言」，至誠「懺悔」，作「滅罪法」，(則)無始已來所造「罪障」，悉皆消滅，此世當獲成就現報。	㈦(加)以虔心故，(則)行人(誦眞言者)自無始已來，所作罪障，一切消滅，所求真言「悉地」，乃於今生，定獲現前。	㈦(誦眞言者於如是塔前，各誦眞言，至誠懺悔，作滅罪法，則)無始已來所造「業障」，即得消滅，此世當獲成就現報。

三-24 念誦之人以「持戒」為本，精進、忍辱、發菩提心，持誦真言，常不懈退

唐・善無畏譯《蘇婆呼童子請問經》	北宋・法天譯《妙臂菩薩所問經》	日本承安三年(1173年高山寺藏本)寫《蘇磨呼童子請問經》(還原版)
㈠念誦之人，(以)「持戒」	㈠復次持誦行人(誦眞言	㈠(誦)真言之法(者)，(應

為本，(發)「精進、忍辱」，(更應)於諸佛所，深心「恭敬」，發「菩提心」，勿使「退轉」，恒須念誦，莫有懈怠。	者)，(欲)求「悉地」者，(應)以「持戒」為根本，然後運「菩提心」，發「精進、勇施、正勤力」，持誦「真言」，常不「懈退」，(更應)於佛菩薩，倍生恭(敬心)、(深)信(心)。	以)以「戒」為根，次復「精進」及以「忍辱」，(更應)於諸佛所，深懷「恭敬」，「菩提之心」未曾退轉，於彼念誦，亦無「懈怠」。
(貳)譬如國王，具「七種法」(只有轉輪聖王能擁有七寶，如輪寶、象寶、馬寶、珠寶、玉女寶、居士寶與主兵臣寶)，能治人民，及自安樂。持誦之人(若)具此「七法」，即(可)滅諸罪，乃獲成就，(最)初應念誦「如法」，勿有「闕、錯」。	(貳)譬如「輪王」(轉輪聖王)，具足「七寶」(只有轉輪聖王能擁有七寶，如輪寶、象寶、馬寶、珠寶、玉女寶、居士寶與主兵臣寶)，方理國土，而得安靜。持誦行人(誦真言者)「奉戒清淨」，乃至(應)於佛菩薩倍生恭(敬心)、(深)信(心)。若具此者，(可)息滅罪障，當獲悉地。	(貳)譬如國王，具(足)七種法(只有轉輪聖王能擁有七寶，如輪寶、象寶、馬寶、珠寶、玉女寶、居士寶與主兵臣寶)，能理人民，及自安樂。持誦之人，(若亦)具此「七法」，即(可)滅諸罪，乃獲成就，(最)初應「如法」念誦真言。
(參)以次(然後修)「呼摩」，以(修)「呼摩」故，(令)「本尊」歡喜，即便施與(誦真言者獲得)「如意樂果」。	(參)復次，行人(誦真言者)修「先行法」，以多為勝，持誦數滿，然(後)作「護摩」，以「護摩」故，即得「本尊」歡喜，是故行人(誦真言者)於所求事，即(獲)得「意樂成就」。	(參)次復(然後修)「護摩」，以(修)「護摩」故，(令)「本尊」歡喜，即便施與(誦真言者獲得)「意樂成就」。

三－25 若有愚癡者，竟為「色欲」故而修「攝喜人法」，不唯自犯「邪行之過」，亦違諸佛菩薩「慈悲喜捨」四大願心

唐・善無畏譯 《蘇婆呼童子請問經》	北宋・法天譯 《妙臂菩薩所問經》	日本承安三年(1173 年高山寺藏本)寫 《蘇磨呼童子請問經》(還原版)
(壹)復次蘇婆呼童子！念誦之人，若欲成就「攝喜人法」(勾攝所喜愛之人法)，乃至	(壹)若復行人(誦真言者)作「攝喜人法」(勾攝所喜愛之人法)者，意有所樂，乃至極	(壹)復次若(有人)欲成就「攝喜人法」(勾攝所喜愛之人法)，或乃至(欲取)從遠百「由

【右欄】

句」來(者)，(所得)皆是「藥叉之婦」。

貳(誦眞言者)若為(愛)欲故，(求)成(就)「藥叉女」者，假令(會有)「悉地」(的話)，(則)還與(只會是)「藥叉之婦」。譬如衒䢔賣(叫賣;出賣)「女色」，(只)為窺「財」故(而)與人，(故其誦)眞言(所獲得的)「藥叉婦」，亦復如是。(指藥叉女可能會被眞言勾攝而來，但與行者並非會有「眞情愛」)

肆(彼藥叉女)雖復(與誦眞言者)共居，(彼藥叉女)終無「善意」，(彼藥叉女將)假求(此誦眞言者之)過失，(最終)當便損害(此誦眞言者)。

伍(此誦眞言者)以愚癡故，若成(就)此法，非直(不只)犯

【中欄】

遠，迨(至)百「由旬」，(若)自彼(眞)來者，(所得)皆是「藥叉婦女」。

貳若復有人，欲成就「藥叉女」者，設得「悉地」(感應成就)，(亦)非是殊勝。譬如世人，衒䢔賣(叫賣;出賣)「女色」(而)與人為欲，本(爲)求「財寶」，不求餘故(指衒賣女色只爲求「財」而已，並非有眞情愛)，彼「藥叉女」亦復如是。(指藥叉女可能會被眞言勾攝而來，但與行者並非會有「眞情愛」)

參(彼藥叉女)變於(女人)身形，來行人(誦眞言者處)所，(對誦眞言者)承事供給，一切不違。(此)本非(眞實之)情愛，但以「眞言」力之所(勾)攝故。

肆其「藥叉女」來事(奉)行人(誦眞言者)，雖即(與誦眞言者)共居，事(奉誦眞言者而)「無違」者，然(藥叉女之)「惡心」恒在，常伺其(誦眞言者)短(過失)，(待)候得過失，即便損害(此誦眞言者)。

伍(若)有愚癡者，而為(色)欲故，(而)求此(攝喜人法

【左欄】

欲取(自)百「由旬」(之)外者，(所得)皆是「藥叉之婦」力耶。

貳(誦眞言者若)為「愛欲」故，求成此(攝喜人之)法--「藥叉女」者，假令(會有)「悉地」者，(則)還與(只會是)「藥叉之婦」。譬如衒䢔賣(叫賣;出賣)「女色」者，(只)為窺「財」故，(而讓此女色)共「男子」(行)欲，其「藥叉婦」亦復如是。(指藥叉女可能會被眞言勾攝而來，但與行者並非會有「眞情愛」)

肆(彼藥叉女)雖復共(誦眞言者)居(長達)一劫，(仍)終無「善意」，(彼藥叉女將)伺人其過(失)，(而對誦眞言者)損害(與)食噉，(乃)以(此)愚癡人(竟然)貪(圖)餘「色」故。(若有誦眞言者)欲行此法(而令)成(就)已，非直(不只)犯斯「邪行之咎」，亦乃自當有「損」。

伍諸念誦人，(若欲效)法他(人而)不可(荒)廢(修道)，

(若)有(特殊)業(力)相當者，(則可)任行此法(指可行此「勾攝所喜愛之人法」)。 (若)於佛法中，有心「趣向」(無上佛菩提)者，(皆)勿行此軌，(此)非利益事，是愚人法。(在此)為「初學人」示現說之，(此並)非正道(之修門)。	之「悉地」，不唯自犯「邪行之過」，亦乃(向)上違(犯)「諸佛、菩薩、辟支、聲聞、一切聖賢」(慈悲喜捨)四大願心，孰(何)有智人，(敢)坦(白)作斯(如此)過(罪)？	斯「邪行之過」，亦乃自當有損。

三－26 如來平等利益諸有情，故亦證許「天龍八部」諸大鬼類所說的咒語，其咒語的成就分成「上、中、下」三品

唐·善無畏譯 《蘇婆呼童子請問經》	北宋·法天譯 《妙臂菩薩所問經》	日本承安三年(1173年高山寺藏本)寫 《蘇磨呼童子請問經》(還原版)
⑤復次蘇婆呼童子！有諸「菩薩、金剛」及「天龍、藥叉、修羅」等，對於佛前及「緣覺、聲聞」眾中，各「自說真言」，世尊(並)為我(等作)證明。 ⑥如來為利益諸有情(眾生)故，皆悉「證許」(彼天龍八部諸大鬼類所說之真言)，復慈「加被」(彼等所說的咒語)。我今說(彼天龍八部諸大鬼類所說之)真言，皆有「三品」(之果)： ⑦成「上品」者，謂：	⑤所有一切「天人、阿修羅、夜叉」及「龍、乾闥婆」，乃至「部多(Pūtana 臭鬼；臭餓鬼)」并諸鬼類，(上述諸類皆)以「信重佛」故，為利益(眾生)故，於世尊前「自說本明(咒)」，(並)乞佛「證許」(他們)。 ⑥佛以「悲願」，(對彼天龍八部諸大鬼類所說之真言)一切(皆)攝受(攝化護受)。又復世尊為於未來一切有情(眾生)、無主無依(者)，分別解說，(教)修(彼天龍八部諸大鬼類所說之)真言行，使得「上、中」及「下」三品之果： ⑦「上品果」者：	⑤「諸佛、菩薩、緣覺、聲聞」所說「真言」，及「天龍、藥叉、修羅」等類，對於佛前所「(自)說(之)真言」。 ⑥如來為利諸有情(眾生)故，皆悉「證許」(這些天龍八部諸大鬼類所說之真言)，復懷「加被」(彼等所說的咒語)。彼等(天龍八部諸大鬼類所說之)真言，皆有「三品」(之果)： ⑦成「上品」者，謂：

❶（能）昇空而去，（進）入「修羅宮」，（能）自在變形，（或變）作「藥叉女夫主」者（可能「夫」與「天」字型相近或相混，此應指作「藥叉女」之天主，統攝「藥叉」諸眾）。	❶（能）得神通，（進）入「修羅窟」，（能）隱身自在，及變身為「藥叉女夫主」。	❶（能）昇空（而）行，（進）入「修羅宮」，（能）自在變形，（或變）作「藥叉女天主」。
❷（獲）長年（長壽年歲）成「幻化法」。	❷或成（就長壽的）「聖藥」。	❷長年（長壽年歲）成「幼化法」（可能「幻」與「幼」字型相近或相混。幼若讀ㄠˋ音，則亦可解為「幻ㄠˋ妙幽深」的幻化之法）。
❸（或）自變己身為「密跡」（金剛）等。	❸或即變身為「密跡」（金剛）等。	❸（或）自變己身為「密迹」（金剛）等。
	❹或（變）作「鬼國之主」（此亦指作「諸鬼王、諸鬼國」之天主，統攝諸鬼眾）。	
	❺或現（變）「忿怒之相」，（能）降（伏）諸鬼神，及一切「宿ㄒ曜」（星宿列曜）等。	
肆成「中品」者： ㈠獲得「錢財」。 ㈡乃至「自在、富貴」，舉意從心。	肆「中品」者： ㈠為求「長年」。 ㈡或求「愛重」。 ㈢或求「貴位」。 ㈣或求「財富」。	肆成「中品」者： ㈠獲得「錢財」。 ㈡乃至「富貴」。
伍「下品」者： (1)（能）令（貪愛之）人（而轉成彼此）「相憎」。 (2)及能（勾）攝（人）來，（亦能）從（此）國（而）令（彼人離）去。 (3)乃至（能）令（人得）枯（瘦）。	伍「下品」者： 以「法威力」及「呪藥力」，（能）治諸「天龍、夜叉」、一切「部多」（Pūtana 臭鬼：臭餓鬼）。	伍其「下品」者： (1)（能）令（互相貪愛之）人（而轉成彼此）「相憎」。 (2)及能（勾）攝（人）來，（亦能）從（此）國（而）令（彼人離）去。 (3)乃至（能）令（人得）枯（瘦）。
陸「下中下」者：	陸（依上文而推，底下可歸為「下中下」品者）	陸「下中下」者：

❶ (能)為療(治遭)鬼魅(所病者)、(或)龍鬼(所病者)、(及)嬰兒(所遭的鬼病)。	(能療治遭)潛行「鬼類」(所病者),(及療治能)作「執魅」之病。	❶ (能)為療(治遭)鬼魅(所病)等類,(或遭)龍魅(所病者)、(及)嬰兒之魅(所病者)。
❷ (能)令人「惛沈、多睡」。		❷ (能)令人「惛睡」。
❸ (能令人)兩手,或展、或舒,(或)令攢(取)拳(與)縛、抱。		❸ (能令人)誦手(「誦」古通「訟」→令兩手發生訟鬥狀),(或)令擢拳(取)拳、推、縛、抱。
❹ 及(能令人)遣(除)「耳語」。		❹ 及(能令人)遣(除)「耳語」。
❺ 及(使用)「阿引吠設那」(āveśana 憤怒),鞭打(眾生而)令(離)去,乃至損害(於眾生)。		❺ 及(使用)「阿(引乎)吠設那」(āveśana 憤怒),便杖乙(撞擊眾生)令(離)去,乃至損害(於眾生)。
❻ 及令眾人「共誦真言」。		❻ 及令眾人「共誦真言」。
❼ 或令眾人以「脚」踏地。		❼ 或令眾人以「脚」蹋地。
❽ (能)令(若有被)著「鬼魅」,(而導致)悶絕躄乙地(躄足倒地),(可將此人)置於「四衢道」(之街)頭,(然後)以白氈乙(白毛布)蓋(之)。(若遇有人)來者,(則)令看,復令一人,從脚(再)徐(緩)挽(起)「白氈」,隨起(而致)氈乙(完全掀)盡(之後),(此被鬼魅所著者即可)還復(回其原)本(之)心。		❽ (若有被)「鬼魅」所著(者),(而導致)悶絕躄乙地(躄足倒地),(可將此人)置於四衢(之街頭),以白氈乙(白毛布)覆。(若遇有人)來者,(則)令唱看看(有可能是指令路人猜猜唱唱蓋白布的裡面是誰),復令一人,從脚(再)徐(緩挽起)白氈乙(白毛布),隨起(而致)氈乙(完全掀)盡(之後),(此被鬼魅所著者即可)還復(回其原)本(之)心。
㊈(依上文而推,底下可歸爲「下下下」品者:)	㊈(依上文而推,底下可歸爲「下下下」品者:)	㊈(依上文而推,底下可歸爲「下下下」品者:)
①(能)及療(治)「鼠毒」。	❶ 或(能)以呪力,治一切毒。	①(能)及療(治)「鼠毒」。
②(能控)攝(阻)閉「人口」。	❷ 或(能)「禁」、或「縛、袪」一切毒類。	②(能控)攝「鬥人口」(可能「閉」與「鬥」字型相近或相混,但亦可解爲「口」,如《管子·心術上》云「潔其宫,開其門」。門即是口也)。
	❸ 或(能)除一切「藥毒之	

唐・善無畏譯《蘇婆呼童子請問經》	北宋・法天譯《妙臂菩薩所問經》	日本承安三年(1173年高山寺藏本)寫《蘇磨呼童子請問經》(還原版)
③(能)呼召諸龍。 ④(能)縛眾多人，令不得動(彈)。 ⑤(能)療治被毒(所中者)，及能移毒(轉移毒物)，(並)以毒(而)毒(他)人，(令)毒成人眼。亦復(能)治却被(毒)之人。 ⑥(能使種種)「禁令」不引發。 ⑦(能發)遣「毒蛇」，不令(牠去)傷人，(亦能使毒蛇變)作(爲)人，及成(爲一種)「使者」。 ⑧(能)示現「人龍」，(此人龍能)以為音樂(之法)。 ⑨(若有)著「魅」者，(能)令差(瘥苶 →病癒)。 捌如是等類，皆是「外法」，不可依(止而)行。 (從嚴來說，此「三品」對於一心想得解脫與成佛的修行者來說，皆算是「外法」。 從寬來說，所有的「下品、下中下、下下下品」，都可歸屬於「外法」，除非有另行「祕密菩薩道」者，才會暫時使用這些「方便」的外道之法)	病」。	③(能)呼召諸龍。 ④(能)縛眾多人，及令不(能有)種(種動彈)。 ⑤(能)療治被毒(所中者)，及能移毒(轉移毒物)，及與(他)人毒，(令)毒成人眼。亦復(能)治得被毒之人。 ⑥(能使種種)「禁令」不引(發生起)。 ⑦(能)發遣蛇，令(不)傷他人，及(使毒蛇變)成(爲一種)「使者」。 ⑧亦(能)現「人龍」，(此人龍能)以(爲)音樂(之)法。 ⑨(若有)著「魅」者，(能令)差(瘥苶 →病癒)。 捌如是等，(皆)是「外法」。

三-27 佛說諸世間蛇及眾蟲之「有毒、無毒」種類

唐・善無畏譯《蘇婆呼童子請問經》	北宋・法天譯《妙臂菩薩所問經》	日本承安三年(1173年高山寺藏本)寫《蘇磨呼童子請問經》(還原版)

⑤復有「毒蛇類」，合有「八十」。	⑤又復佛言：於諸世間「有毒、無毒」蛇，及「衆蟲」，其類無量，略而言之，總有四類。所謂： ①一牙。 ②二牙。 ③三牙。 ④四牙。 於此四類，分(成)「八十種」。	⑤復有毒蛇，類有「八十」。
⑥ ❶其中有二十(種蛇)，舉頭而行。 ❷於中(有)六種(蛇)，(只要一)住即盤身。 ❸復有十二種(蛇)，雖(能)螫ィ人，(但)無毒。 ❹數內復有十三蛇，(爲)蛇中之(最)毒。 ❺於外之地(的)餘(蛇)，雖(能)螫ィ人，有時被毒，有時(亦)無毒。	⑥ ❶內二十種，舉頭而行。 ❷六種，住即盤身。 ❸十二種，雖(能)蠚ゎ(成毒腺的動物刺毒別的生物;蟲毒)，(但卻)無毒。 ❹十三種為蛇之王。 ❺餘外有「半蛇、半蟲」之類。	⑥ ❶數中二十(種蛇)，舉頭而行。 ❷於中(有)六種(蛇)，(只要一)住即盤身。 ❸中有十二種(蛇)，雖(能)螫ィ，(但)無毒。 ❹數內十三(種)地中之(毒蛇)王。 ❺有外(地)之「餘蛇」類，雖復(能)螫ィ人，有時被毒，有時(亦)無毒。
⑦復有「蝦蟇ｾ、辟宮(壁虎)、蜥蝪、蜘蛛」等類，及「雜毒蛇蟲」。如是分別，其數雖多，然所行猛烈毒者，數不過六種： 一者、其蟲(之)尿(糞)穢，(只要其糞)溺(於)人，便(令)有毒。	⑦又復有毒蟲之類，所謂「蝦蟇ｾ、蜘蛛」及「虞馱」等。如是之類，其數尚多，然此蟲等，毒有六種： 一者、糞毒：(只要其蟲)糞著於人，即便毒發。	⑦復有「蝦蟆、守宮(壁虎)、蝪ﾞ(土蜘蛛)蠟ｻ(蠅的幼蟲)、蚖、蛛」等類，及作「毒虫」。如是分別，其數雖多，然所行毒數，(約)有(下面)六種。 一者、其虫(之)屎穢著，(只要人)身(一著此屎糞)，即便有毒。

二者、（只要其蟲以尿）溺著（於）人身，便即有毒。	二者、尿毒：（只要其蟲）尿著（於）人身，即便毒發。	二者、（只要）尿著其（於人）身，即便有毒。
三者、觸毒：蟲行時，不令人見，若（一）觸人身，即便有毒。	三者、觸毒：（其蟲只要）隨觸（於）人身，即便毒發。	三者、（其蟲）所觸著（於人）身，即便有毒。
四者、（只要其蟲之）涎誕 唾喜著（於）人（者），即便有毒。	四者、涎毒：（只要其蟲之）涎誕 所沾（於）人，即便毒發。	四者、（只要被蟲之排）泄喜、（所）延（伸之）唾喜（所）著（者），身即便有毒。
五者、眼毒：其蟲（只要）以「眼」視人，便即（遭）有毒。	五者、眼毒：（其蟲只要以）「眼」視於人，即便（遭）毒發。	五者、（只要被其蟲之）眼所「視」看，即便（遭）有毒。
六者、嚙喜 毒：其蟲著（於）人者，便即得毒。	六者、牙毒：（只要）隨咬（著）之處，即便毒發。	六者、（只要牙）齒（隨咬）著之處，即便有毒。

三－28 眾蟲之「毒」的深淺分析。若有能持「佛之大威真言」者，則能攝受其毒而不遭害

唐・善無畏譯《蘇婆呼童子請問經》	北宋・法天譯《妙臂菩薩所問經》	日本承安三年(1173 年高山寺藏本)寫《蘇磨呼童子請問經》(還原版)
⑤持「真言」者，（並）不畏彼毒。如是諸蟲，（有）「上、中、下」品（之）分別，合成數種之毒，是故（諸）餘「天神」，（皆能）說如是（療治）諸蟲（之真言法）：		⑤如是諸毒，（有）「上、中、下」品（之）分別，便成數種（之毒），是故（諸）餘「神天」，（皆能）說此「療毒」（之）「真言」等法。如是諸虫：
①或以「毒悁醉」而放猛毒。		①或以「毒悁醉」故，而放猛毒。
②或以「大瞋」而放猛毒。		②或以「瞋」故（而放猛毒）。
③或（以）「恐怖」而放猛毒。		③或（以）「恐怖」故（而放猛毒）。
④或（以）「飢餓」而放猛毒。		④或（以）「飢餓」故（而放猛毒）。
⑤或（以）「懷怨」而放猛毒。		⑤或（以）「懷怨」故（而放猛毒）。
⑥或（以）「死時（將）至」而放		⑥（或以）「死時（將）至」故，而

猛毒。		放猛毒。
㊌其嚙㊟毒，復有四種：		㊌其所嚙㊟毒，復有四種：
一者：(讓你受)「傷」。		一者：(讓你受)「傷」。
二者：「血塗」。		二者：「血塗」。
三者：「極損」(終極損害)。		三者：「極損」(終極損害)。
四者：「命終」。		四者：「命終」。
㊏其(被蛇)嚙㊟毒者，云何知耶？	㊏前所說言(被)蛇(所嚙毒有)「四類」者，毒有深淺：	㊏
❶(被蛇)所「嚙」之處，有一齒(之)痕，(表)其毒微少，為是名「傷」。	❶(為)一牙所咬者，有一牙(之)痕，此微有毒，名之曰「傷」。	❶所嚙之處，有一齒(之)痕，(表)其毒微少，為是名「傷」。
❷「血塗」之毒，其狀云何？有二齒(之)痕，致使有血，名曰「血塗」。	❷(為)二牙所咬者，有二牙(之)痕，有血流出，名曰「血污」。	❷所嚙之處，有二齒(之)痕，致有血出，名曰「血塗」。
❸「極損」之毒，有三齒(之)痕，令使「傷肉」，名曰「極損」。	❸(為)三牙所咬，有三牙(之)痕，將極所傷，名之曰「損」。 此三類者，雖毒(但仍)可救。	❸所齒之處，有三齒(之)痕，致傷其內，名曰「極損」。
❹「命終」之毒，其狀云何？所嚙之處有四齒(之)痕，便纏其身，是名「命終」。	❹(為)四牙所咬者，有四牙(之)痕，毒疾遍身，定趣於死，名曰「命終」。	❹所嚙之處，有四齒(之)痕，便纏其身，是名「命終」。
㊐此(第四類「命終」)之一毒，縱使「外道真言」(及諸)「妙藥」，(亦)無能治差(瘥瘉→病瘉)。譬如「猛火」燒身，或以刀割，被毒之苦，亦復如是。(若有)持(佛之)「真言」者，其毒即滅，譬如大	㊐此第四類(「命終」之毒)，或承(不同)「法力」而有差(瘥瘉→病瘉)者，然諸毒所中，若用「藥」救，(亦)不及(佛之)「真言」之力，何以故？譬如大火興盛，若遇「大雨」，其火便息，「大真言力」攝	㊐此(第四類「命終」)之一毒，縱以(外道之)「真言」(及諸)「妙藥」，(亦)不復(能)治差(瘥瘉→病瘉)。譬如「猛火」燒身，或以刀割，被毒之者，亦復如是，若以「藥」治，(亦)不及(佛之)「真言」。如大

火興盛，若以「雨灑」，其火便滅，「真言」攝毒，亦復如是。	其「毒類」，亦復如是。	火興盛，若以兩（疑爲「雨」之誤字）灑，其火便息，（若以佛之）「真言」攝毒，亦復如是。
㈤（諸有）智者，妙解種種（毒）類，即以持誦「大威真言」，（即使）共諸「毒」戲，一無怖畏，如「師子王」（諸毒類）入於「牛群」（喻持佛之大威真言者），（牛群則）無有顧視（顧看迴視）、恐懼之心。	㈤諸有智者，善知如是種種諸毒，常時持誦「大威真言」，（就算）與毒「共戲」，（亦）無所怖畏，何以故？譬如「師子」（諸毒類）與「牛」（喻持佛之大威真言者）共戲，亦復如是。	㈤（諸有）智者，妙解種種毒類，亦復持誦「大威真言」，（即使）共諸「毒」戲，一無怖畏，由（古同「猶」）如師子（諸毒類）入「牛群」（喻持佛之大威真言者）內。

三－29 由 13 種「鬼魅」所引起的 14 種「怪笑病」，應以「金剛鉤、甘露忿怒金剛」等「佛法密咒」療治，或以 11 種「天神」真言去治療鬼病

唐‧善無畏譯《蘇婆呼童子請問經》	北宋‧法天譯《妙臂菩薩所問經》	日本承安三年(1173年高山寺藏本)寫《蘇磨呼童子請問經》(還原版)
㈠復次蘇婆呼童子！世間人等，常有（由13）種種「鬼魅」（所造成的）病苦：	㈠復次（由13種「鬼魅」所造成的病苦）有：	㈠復次（由13種「鬼魅」所造成的病苦有）
❶或（由）「天魅」（deve）。	❶（由）「天魅」。	❶（由）「天魅」。
❷或（由）「龍魅」（nāge）。	❸（由）「阿修羅魅」。	❸（由）「阿修羅魅」。
❸或（由）「阿修羅魅」（asura）。	❽（由）「藥叉魅」。	❽（由）「藥叉魅」。
❹或（由）「乾闥婆魅」（gandharva）。	❷（由）「龍魅」。	❷（由）「龍魅」。
❺或（由）「伽魯荼魅」（garuḍa）。	❹（由）「乾闥婆魅」。	❿（由）「持明魅」。
❻或（由）「緊那羅魅」（kinnara）。		❹（由）「乾闥婆魅」。
❼或（由）「摩呼羅伽魅」（mahoraga）。		
❽或（由）「藥叉魅」（yakṣa）。		

❾或(由)「羅叉莎魅」(rākṣasa)。		
❿或(由)「持明所魅」(vidyā)。		
⓫或(由)「餓鬼魅」(preta 祖父餓鬼。bhūta 步多鬼)。	⓫(由)「餓鬼魅」。	⓫(由)「餓鬼之魅」。
	乃至	
⓬或(由)「毘舍遮魅」(piśāca 食血肉鬼)。	⓬(由)「毘舍遮」等種種之魅。	⓬(由)「毘舍遮」等種種諸魅。
⓭或(由)「宮盤荼魅」(kumbhāṇḍa 鳩槃荼)。		
如上(由13)種種諸「鬼魅」等,(或皆)求見(人類予以供養)「祭祀」故。	(彼等「鬼魅」)或求(人類予以供養)「祭祀」。	(彼等「鬼魅」)求(人類予以供養)「祭祀」故。
㈡(彼等13種鬼魅)	㈡(彼等13種鬼魅)	㈡(彼等13種鬼魅)
①或「戲弄」故。	①或復「戲弄」。	①或「戲弄」故。
②或「殺害」故。	②或欲「殺害」。	②或「殺害」故。
③或「遊行」世間,多求「利」故。	③以如是故,「遊行」世間。	③「遊行」世間。
④或常噉「血肉」故。	④常噉「血肉」。	④常噉「血肉」。
⑤或伺求人「過失」故。	⑤伺求「人過」。	⑤伺求「過失」。
⑥或「常瞋怒」故。	⑥又復或因「瞋」故。	⑥或以「瞋」故。
⑦或「繫捉」眾生故。	⑦「擊捉」有情(眾生)。	⑦「擊捉」眾生。
⑧或「煩惱」熾盛故。	⑨或因「飢餓」。	⑧或「煩惱」故。
⑨或「飢餓」故。	⑧「惱亂」有情(眾生)。	⑨或「飢」為欲其「餓」故。
⑩或「繫」(縛)眾生,令他「心亂」故。	⑩或令「心亂」。	⑩「擊捉」眾生,令人「心亂」。
⑪或「歌」、或「舞」故。	⑪或「歌」、或「舞」。	⑪或「歌」、或「舞」。
⑫或「喜」、或「悲」故。	⑫或「喜」、或「悲」。	⑫或「喜」、或「悲」。
⑬或懷「愁惱」故。	⑬或即「愁惱」。	⑬或懷「愁惱」。
⑭或時「亂語」故。	⑭或即「亂語」。	⑭或時「亂語」。
㈢如上(由14)種種異相,令人(得)「怪笑病」等,(誦真	㈢作如是(14種)等種種「異相」,令人(得)「怪笑	㈢作如是(14種)等種種「異相」,令人(得)「怪笑

（病），（若誦眞言者）即應以（佛法密咒中的）「金剛鉤」，或以「甘露瓶忿怒金剛」等眞言，療治（令）得除差（瘥苏 ➜病癒）。

肆
又有：

(1)「火神」眞言。

(2)「風神」（眞言）。

(3)「摩醯首羅」（眞言）。

(9)及「日月天」（眞言）。

(4)「大梵天王」（眞言）。

(5)「龍王」（眞言）。

(7)「那羅延神」（眞言）。

(8)「多聞天王」（眞言）。

(10)諸「藥叉王」（眞言）。

(11)「金翅鳥王」（眞言）。

(6)「忉利天王」（等共11種「天神眞言」去治療鬼魅所引起的病苦）。

伍彼等（13種）鬼魅（或仍）不懼如是（其）餘（11種）外（道）天神（之眞言）。（此時）若（改）聞（佛法密咒中的）「金剛鉤」之名號（者），（則鬼魅將）自然退散。

陸智者（應）知彼鬼魅「性行」，及「療治法」，然後（心）

（病）」。（若誦眞言者）即以（佛法密咒中的）「金剛鉤」，或「甘露忿怒金剛」等眞言治之，即得除差（瘥苏 ➜病癒）。

陸（誦眞言）又有預知彼等諸（鬼）魅之性，及「療治

言者）應以（佛法密咒中的）「金剛鉤」，或以「甘露瓶忿怒金剛」等眞言，作法療治，即得除差（瘥苏 ➜病癒）。

肆（若有犯）如上（14種）病患之徒，又（或可用底下11種天神眞言治療）：

(1)「火神」眞言。

(2)「風神」眞言。

(3)「摩醯首羅」眞言。

(4)「大梵天王」眞言。

(6)「忉利天王」眞言。

(7)「那羅延天王」眞言。

(8)「四天王」眞言。

(9)「日月天王」眞言。

(10)「藥叉王」眞言。

(11)「金翅鳥王」眞言（等共11種「天神眞言」去治療鬼魅所引起的病苦）。

伍彼等（13種）鬼魅（或仍）不懼如上（所說其）餘（11種）外（道）天神眞言者。（此時）若（改）聞（佛法密咒中的）「金剛鉤」之名號者，（則鬼魅將）自然退散，何況作法（及）持「眞言」而療治（由13種鬼魅所造成的病苦）。

陸（若仍）不愈者，智者（應）知彼魅鬼「性行」（性質及行

爲)，及「療治法」，然後(心)無畏(之)。「諸佛菩薩」所說(之)真言，(能)以「如來」(之)加被力。故(其)餘外(道)天神(所說的)真言，(並)不能破壞如上(諸佛菩薩所說)「真言」之者。	法」，然(後心)可無畏，(而)行「摧伏」事。但以「諸佛菩薩」所說真言而加臨之，何以故？無有(其餘)諸天(所說的)真言之力，能破(壞)「佛菩薩」等「真言」之(威)力。	無畏(之)，(而行)「摧伏」鬼魅(之事)。「諸佛菩薩」所說(之)真言，(能得)以「如來」加被之。(故其)餘外(道)種種天神(所說的)真言，(皆)不能破壞「如來」(所說之)真言。

三－30 以「香粉末」拌水為泥製成小佛塔，塔內置「法身偈」，若有禮拜者，將獲福無量。諸天龍八部等或見「誦真言者」現出 11 種瑞相

唐・善無畏譯《蘇婆呼童子請問經》	北宋・法天譯《妙臂菩薩所問經》	日本承安三年(1173 年高山寺藏本)寫《蘇磨呼童子請問經》(還原版)
⑤又欲「滅罪」之者，(應見)於「空閑」靜處，應以香泥」，或以(接)近「江河」處，以「砂」造「制底」(caitya 塔廟;靈廟)，中(間)安(置)「緣起法身之偈」。 (如《大智度論·卷十一》云:「諸法因緣生，是法說因緣;是法因緣盡，大師如是說」。若以此偈頌安置於佛塔或佛像內，稱爲「法身舍利偈、法身偈、緣起法頌、緣起偈」)	⑤復次我今更說「滅罪」之法，若有行人(誦真言者)，欲修此法者，應就「幽深清淨」之處(而)成，近「江河」，用「香泥」和「砂」，造於「制底」(caitya 塔廟;靈廟)，中(間)安(置)「法身妙偈」。 (如《大智度論·卷十一》云:「諸法因緣生，是法說因緣;是法因緣盡，大師如是說」。若以此偈頌安置於佛塔或佛像內，稱爲「法身舍利偈、法身偈、緣起法頌、緣起偈」)	⑤又欲「滅罪」(者)，(應見)於「空閑」靜處，應以「香泥」，或近「江河」，以「砂」造「制底」(caitya 塔廟;靈廟)，中(間)安(置)「緣起法身之偈」。
⑥(彼)「梵天、藥叉、持明大仙、迦樓羅、乾闥婆類、部多(Pūtana 臭鬼;臭餓鬼)等類，(若)聞此法(以香粉末拌水爲泥製成小佛塔，塔內置「法身偈」)已，恭敬頂禮，一時合掌而作是言:	⑥彼「梵天」，及一切「天、藥叉、持明大仙」，乃至「迦樓羅、乾闥婆、部多(Pūtana 臭鬼;臭餓鬼)等類。若有見者(以香粉末拌水爲泥製成小佛塔，塔內置「法身偈」)，恭信禮拜，一切合掌，作如是	⑥爾時「梵王」諸天、「藥叉、持明大仙、迦樓羅、乾闥婆、部多(Pūtana 臭鬼;臭餓鬼)」等類。(若)見聞此法(以香粉末拌水爲泥製成小佛塔，塔內置「法身偈」)已，恭敬頂禮，一時合掌，作如是言:

	言：	
希有尊者（誦眞言者），（能）愍念衆生，希有如是，（能具）微妙（之）悲行。	希有！希有！大慈悲者（誦眞言者），（能）愍念一切諸有情（眾生）等（其處於）無依無住（時），（汝能）作如是事。 希有！希有！（具）微妙（悲心之）行人（誦眞言者），（因）愍念有情（眾生），（並）作如是事，以「法威力」故。	希有尊者（誦眞言者），（能）愍念衆生，希有如是，（能具）微妙（之）勝行。
㊌（彼諸天龍八部等）或見「尊者」（誦眞言者現出 11 種瑞相）： ❶手執赫 燿「大跋折羅」（vajra 金剛杵）。 ❷或（手）執堅固「鐵杵」。 ❸或（手）執猛利「火輪」。 ❹或見手執「不空羂索」。 ❺或見手執「三鈷大叉」。 ❻或見手執「大橫刀」。 ❼或見手執「弓箭」。 ❽或見手執「棒」。 ❾或見其（手執之）「器仗」殊異，令人怖畏。 ❿或見（種種）「相好」端嚴，令人「可樂」。 ⓫或見尊者（誦眞言者變）為「藥叉將」。 ㊃我等（天龍八部將）歸命	㊌（時）彼諸天（龍八部）等，或見「行人」（誦眞言者現出 11 種瑞相）： ❶手執光明熾盛「大金剛杵」。 ❷或見手執堅固「鐵杵」。 ❸或見手執猛利「大輪」。 ❹或見手執「不空羂索」。 ❺或見手執「三鈷大叉」。 ❻或見手執「鋒利之劍」。 ❽或見（手）執「棒」，或（手執）「一鈷叉」。 ❾或見（其手）具執種種「器仗」，殊特可畏。 ❿或見「面相」端嚴殊特。 凡有見者，歡喜愛樂。 ㊃彼諸天（龍八部）等，乃	㊌（彼諸天龍八部等）或見「尊者」（誦眞言者現出 11 種瑞相）： ❶手執爀（古同「赫」）燿「大拔折羅」（vajra 金剛杵）。 ❷或手執堅固「鐵杵」。 ❸或手執猛利「大輪」。 ❹或見手執「不空羂索」。 ❺或見手執「三般大叉」。 ❻或見手執「大橫刀」。 ❼或見手執「弓」。 ❽或見（手）執「棒」。 ❾或見（其手）具被 種種「器仗」殊特，（而令人心生）怖畏希有。 ❿或見（種種）「相好」端嚴，令人「可樂」。 ⓫或見尊者（誦眞言者變）為「藥叉將」。 ㊃我等（天龍八部將）歸命

(於誦真言行之)「大慈悲者」，我等修行(之)「諸天、修羅、人、非人」等，(將)恒常護念，深心恭敬(此誦真言者)，依教修行，不敢忘失。	至「部多(Pūtana 臭鬼;臭餓鬼)」等，而作是言：我等(天龍八部將)歸命(於)尊者(誦真言者)，(因為)不久(此誦真言者)必得「持明大仙」，乃至下及「富貴」等(諸成就)事。	如是(修行之)菩薩，(此誦真言者亦將為)「天、阿修羅」等所恭敬者，若有人民歸依(於)尊者(誦真言者)，(因為)不久(此誦真言者必)得「持明大仙」，乃至(成就)「富貴」(等諸事)。

三－31 「天龍八部」及其眷屬將護衛修道人，令諸惡魔「毘那夜迦」藥叉等類，皆不得其便

唐・善無畏譯《蘇婆呼童子請問經》	北宋・法天譯《妙臂菩薩所問經》	日本承安三年(1173 年高山寺藏本)寫《蘇磨呼童子請問經》(還原版)
壹(我等天龍八部云：)若世間「閻浮提」內，及四天下，有四眾「比丘、比丘尼、優婆塞、優婆夷、童男、童女」，(若有)得聞此法者，現世(即)得離「苦難」。若能如法依「教」(而)修行一切「真言」，與此「教」相應，(果)報(必)得「悉地」，無有疑耶。(若能)得聞「上法」，何況依「教」修行而不獲果？我等(天龍)「八部」眷屬，常恒護衛(護祐保衛)「修道人」故，(所以)一切「惡魔、毘那夜迦、藥叉」等類，(皆)不得其便。 貳若有貧窮眾生，依此法教，持「明(咒)真言」者，現世(能)遠離貧窮、苦惱，(獲)富貴、自在，(能為眾)人		

所欽敬（欽佩尊敬），（並獲）一切鬼神，冥加（冥助加庇）護衛（護祐保衛）。		
㊒若欲進求（殊）勝（最）上「出世解脫」者，前件已列（前經文云：不欲下、中生處，直擬出於三界，欲得永離諸苦……上上人能勤苦念誦，精進不懈，獲眞言悉地成就。四辯俱發，證得三明。三毒永滅，八苦俱無，得八聖道。九惱休息，得九次第定。十惡屛除，得十一切入。諸力具足，如金剛菩薩，神通自在，無有障礙，當獲金剛不壞之身），任意所樂，依教修行，勤精不退，不久獲得「持明」（之）「悉地」。	㊒若有修行如是「正法」，彼人（將）速獲「罪障」消滅，不受大苦。	㊒若有修行如是「正法」，彼人（將）速離「貧窮」大苦。
㊓（如）威耀（威德照耀）世間，（亦）如日出現，無有障礙，心無亂動；（唯）除「不至心」（念誦咒語）。（只要）日夜（精進）不懈，我等（天龍八部）眷屬（便）常不離（誦眞言者）左右，助益（幫助資益）其力，（令誦咒者）畢獲（畢竟獲得）成功。	㊓（如）威耀（威德照耀）世間，（亦）如日出現。我等（天龍八部將）護持如是「行人」（誦眞言者），勿令（其）心亂，乃至（令行者）當獲「如意」（之）成就。	㊓（如）威耀（威德照耀）世間，（亦）如日出現。我等（天龍八部將）衛護（保衛護祐）如是行者（誦眞言者），不令（其）心亂，乃至（令行者）常獲「如意」（之）成就。

三－32執金剛菩薩只需稍「右顧左視」，即令魔眷屬獲 37 種苦惱，故亦能護衛「持眞言人」

唐・善無畏譯《蘇婆呼童子請問經》	北宋・法天譯《妙臂菩薩所問經》	日本承安三年(1173 年高山寺藏本)寫《蘇磨呼童子請問經》（還原版）
㊀時執金剛主（金剛手菩		

（薩）告言：汝等天龍八部，能隨我語，（能）衛護（保衛護祐）「真言」，及「大乘藏」，幷一切眾生，助成修道者。我（金剛手菩薩）亦往昔（曾）作「天身、龍身」，幷受一切「大力之身」，於彼身中以（種種）「威力」故，常護佛法，於「僧寶」及「大乘藏」真言密典，幷（憐）愍眾生，（努力）佐助（輔佐益助）修道人（之）力。不令「惡人」得其便故，（亦）不使「國王、大臣」（對修道人）生瞋怒故。（金剛手菩薩我）從凡（夫）至（證）「金剛」已來，此願不曾退廢，（如）今（方）獲如是「執金剛忿怒自在之身」。

（貳）我（執金剛菩薩）若左顧右眄（ㄇㄧㄢ），觀察十方，兩目（只需）視瞬（微視暫瞬），（則）一切世間界，地（皆）六震動。上至「有頂」（非想非非想處天，或亦指色界天之頂「阿迦尼吒天」），下至「水際」，於中（若）有「魔宮」眷屬，（其）光明（將立即）失色，由（古同「猶」）如聚墨（聚結的黑墨），（以及魔宮處）在「珂（ㄎㄜ）貝」（白珂貝螺）邊所有宮殿，（皆遭）碎壞，由（古同「猶」）如微塵。（所有）「修羅」種類，四散（四面潰散）逃避，自然殄（ㄊㄧㄢ）滅（殄散滅絕）。（種種）「魔家」眷

屬，(亦)迷悶躄ㄅ 地(躄足倒地)。

㊤
(我執金剛菩薩只需現少少的三昧神通，即可令魔眷屬遭受底下37種的苦惱)

❶或有身體，由(猶)如(被)火燒。

❷或身「乾枯」者。

❸或有臥(於)「屎尿」中者。

❹或被「山」壓身者。

❺或臥(於)「冰(水)山」中者。

❻或臥(於)「鐵圍山」中者。

❼(或)臥(於)「須彌峯」，倒垂(而)欲墜，生(大)恐怖者。

❽或臥(於)「大河波」中，生(大)恐怖者。

❾或臥(於)「海底」，不見日月光者。

❿或臥(於)「空中」，被日所(燒)炙ㄓ ，受苦惱者。

⓫或(受)「飢寒」者。

⓬或受「貧窮」者。

⓭或受「地獄苦」者。

⓮(或)受「餓鬼身」者。

⓯或受「畜生身」者。

⓰或受「飛鳥身」者。

⓱或受「毒蛇身」者。

⓲或失本「身形」生者。

⓳或身火出，自燒而受苦者。

⓴或兩目出火，自燒面者。

㉑或男身上生「女根」，出不淨臭穢者。

㉒或女身上生「男根」，不羞恥者。

㉓或「屎尿」從口出者。

㉔或被「猛獸」食噉者。

㉕或被「蛇螫ヘ」，受苦痛者。

㉖或食飯，口中出火，燒「舌齒」(而)焦者。

㉗或「手脚」墮落者。

㉘或身體「洪爛」者。

㉙或「病臥」者。

㉚或「氣欲斷」者。

㉛或「死」者。

㉜(或)受牟(同「矛」)稍(同「槊」→長矛)苦者。

㉝或受「火輪」苦者。

㉞或受「劍戟ч」苦者。

㉟或被「白象」(踐)踏者。

㊱或被「水牛」觝ク (用角頂；觸)殺者。

㊲或被「人」殺者。

汝等「天人、雜類」應知，此等「天魔」，常障修道人故。

㊴我(執金剛菩薩)今現少「右顧左視」(之)三昧神通，(遂令)其「魔眷屬」即受如斯「苦惱」(指上敘之37種苦惱)，何況(若我)入「火三昧」，(展)現(出)「奮迅神通」？

㊄從往至今，（我執金剛菩薩）常護此修道「持真言人」故，及護佛法，并一切眾生。（我執金剛菩薩）得如此（威）力，（能）令魔怕懼，不得「正視我面」，何況世間（有）「惡人」能不怕（我）者？

㊅若有「比丘」，或「在家」菩薩，能發「丈夫心」，恭敬「佛、法、僧」寶，及（擁）護「大乘典」，并（護持）「祕密藏」，（及）修持「真言」者。（我執金剛菩薩）能制（服）「國王、大臣」及一切「惡人」等，勿令（其）得便，（或對此誦真言者有任何的）毀訾及「惡言者。

㊆此等（誦真言者將）獲福，（並）得神通威力，（能）共我（執金剛）無異。一切魔王（將生）怖懼，（或）生其苦惱，與前件（指上敘之37種苦惱）無別。（誦真言者）當得（種種）果報，（亦能）至我（執金剛菩薩所）住（之）處。

㊇汝等天龍八部，「人、非人」等，今於我前，發大誓莊嚴，護眾生心，并護「法藏」，佐助（輔佐益助）其力，以汝善心深厚故。善哉！善哉！甚善，汝（等天龍

八部)亦不久(亦)當獲「執金剛身」,(亦能獲)得「奮迅自在無礙」(之神力),(能)降魔勞怨(魔具有塵勞與仇怨之力,能害修行人),若(與)我(執金剛菩薩而)同等。		

三－33執金剛菩薩付囑蘇婆呼童子：應於世間廣為流傳如是法教

唐・善無畏譯 《蘇婆呼童子請問經》	北宋・法天譯 《妙臂菩薩所問經》	日本承安三年(1173 年高山寺藏本)寫 《蘇磨呼童子請問經》(還原版)
㊀時執金剛主(金剛手菩薩)告蘇婆呼童子(妙臂菩薩)：汝當於世流行，勿使忘失。時蘇婆呼童子言：如尊所教，展轉流行，不敢忘失。	㊁諸梵天等，作是語已，皆大歡喜，頭面禮足，各乘「本坐」，退散而去。	㊁梵王天等，作是語已，甚大歡喜，頭面禮足，各乘大(應爲「本」之誤字)座，退散而去。
㊁時會大衆，皆悉起立，蘇婆呼童子、人天八部、大梵天王，并及四衆，圍遶數匝，頂禮恭敬，頭面著地，各發誓願：願我及一切衆生，得聞此法，依教修行，速獲如是大威神身力。重頂禮執金剛主足已，各乘「本座」，辭退還宮，忽然不現。	㊀爾時金剛手菩薩告妙臂菩薩言：妙臂！我今所說，汝已聽聞，可於世間流傳救度。時妙臂菩薩稟受(承稟蒙受)奉行，頂禮而退，即於世間廣為有情(衆生)流傳宣說。	㊀諸天去已，執金剛聖者重告妙膊童子：我今所說，(諸)天等已聞，汝今可往「人間」流行。妙膊受教，頂禮而退，即於世間廣為人說。

密教部《佛説毘奈耶經》解析

（失譯，日本淨嚴題記。【原】縮刷大藏經。【甲】黃檗版淨嚴等校訂加筆本。塚本賢曉氏藏）

靈雲校本末云：右奉騰寫秘密藏《毘奈耶經》一卷

爾時佛在<u>王舍城</u>(Rāja-gṛha)<u>鷲峯山</u>(Gṛdhra 鷲鳥。kūṭa 峰；山。靈鷲山、靈山)，與無量「菩薩」，及「持呪仙、大賢梵王、(堅牢)地神」等(共)俱，(而)説「呪法」(持咒之法要)。

時<u>執金剛</u>(菩薩)從座而起，頂禮佛足，而作是言：我今樂説「持呪律法」(持咒律儀法要)，復願世尊(及)諸大賢(聖)等，各説其(法)要，(並)示現一切「誦持呪」(之諸)輩，復作是言：唯願世尊，聽我所説(有關持咒律儀法要)。

佛告<u>執金剛</u>(菩薩)曰：汝(具)大威德，內蘊「慈悲」，能發此言，樂説「妙法」，必(能)大利益(於眾生)，聽(許)汝所説(之法要)。我等眾會，皆隨汝(執金剛菩薩)所説之法。

時<u>執金剛</u>(菩薩)言：世尊！若有善「男、女」人，(於)「誦呪」法樂，欲「成驗」(成就效驗)者：

此人第一必須「精進」所受持呪，須知供養「佛塔、尊像」及「本呪神」，然隨其力分，恒為「供養」，無「隔斷心」。

於「三寶」前，發露「懺悔」，要期(在一定的「必要之期」內而)乞願(乞求諸願)，(並)以此「功德」，迴向一切有情(眾生)，願令(眾生皆能得)離苦。

發此語已，洗手合掌，於「尊像」前，(於)茅草上「蹲跪」而坐，口言：

唯願十方諸佛菩薩(與)「持呪神」等，「哀愍」念我(某甲)。
今(我)欲樂其「呪法」(諸)神所成(就)其「靈驗」(諸事)。
若我於此能成(就此呪)法者，願見「成相」(成就諸相)；
若不能成(就此呪法者)，(亦能)復見「不成(就)之相」。

作此(發)願已，至心念誦所(欲)成(就的呪)法中，或(誦)「根本呪」或(誦)心(呪)等，(一)百八遍，即於座上，便取「眠寐」(睡眠夢寐)。

(底下有 **12** 種的夢中善境)

①(於)**夢中若供養「佛、法、師僧**(人師之僧;眾僧之敬稱)**、善友、父母」。**

②**或**(夢)**見身著「淨白衣」莊飾「身首」。**

③**或**(夢)**見「河海、大山、樓閣、殿堂」。**

④**或**(夢)**見諸人**(給)**與「繒絞」**(「交」古同「絞」,指給與很多交織綿絡的彩色繒帛),

⑤**又**(夢)**乘「象、馬、牛」等。**(但若是被象馬牛所追趕的話,那就是惡境了)

⑥**或**(夢)**得「刀、鉾**ㄇㄡˊ**、鉞**ㄩㄝˋ**、斧、弓箭、銅輪、鉤、索」。**

⑦**或**(夢)**見他授與「白淨衣服、花鬘**ㄇㄢˊ**、瓔珞」。**

⑧**或**(夢)**見共「國王、大臣、長者」談說「善言」。**

⑨**或**(夢)**見端嚴「女人」手持「幢蓋」**(與)**「花瓶」。**

⑩**或**(夢)**見「戟**ㄐㄧˇ**叉」,**(以)**自手執持**(之)。

⑪**或**(夢)**昇「師子高座」自**(其)**餘**(之法)**座等。**

⑫**或**(夢)**見**(自己)**身首「出血」。**

若見如此(12 種的夢中善境)**事相等事,當知我今能成**(就)**此**(咒)**法。**

(底下有 **13** 種的夢中惡境)

❶**或於夢中,若見「彩畫尊容」**(之)**諸神形像,**(突然都)**「凋落」**(彫亡衰落)**毀壞。**

❷**或**(夢)**見父母**(現出)**「憂愁、悲泣」**(狀)。

❸**或**(夢)**見「裸形外道」。**

❹**或**(夢)**見自身「無衣」**(可穿)。

❺**或**(夢)**見「惡業」人,**(自己被)**「旃陀羅」**(caṇḍāla 最下級之種族)**等**(所)**牽挽。**

❻**或**(夢)**見行**(於)**「污穢」之處。**

❼**或**(夢)**見大水**(已)**「涸**ㄏㄜˊ**竭」。**

❽**或**(夢)**見**(正要)**「食時」**(然後)**「失度」**(失去而錯過)。

❾**或**(夢)**見**(自己)**身分手足**(充滿)**「垢穢臭氣」。**

❿**或**(夢)**見「驚怖惶走」。**

⓫**或**(夢)**見自拔「頭髮」。**

⓬**或**(夢)**見「蛇蠍、鼠、狼」等。**

⓭**或**(夢)**見「落坑」**(而)**傷損**(身體)。

若見如是(13 種的夢中惡境)**事相,當知彼人於此咒法**(將)**有「大障難」,難可得成**(就)。

此「善男子」等,必欲愛樂ㄠˋ **受持**(咒法而欲獲得)**成驗者:**

(底下有 17 條軌則)

(1)勤加「精進」，不得「散亂」，莫生「疲怠」(疲憊懈怠)之心。

(2)(於)一一時中誦持(咒語)，不得「廢闕」(荒廢欠闕)。

(3)常懷「慈心」。

(4)遠離「色欲」，修習「淨行」(指梵行)。

(5)(應常)「洗浴」清潔。

(6)(心地)調和「柔軟」。

(7)善學(持咒的)「方法」。

(8)須入「咒壇」。

(9)為求「大果」，(應)斷「邪言」、(斷)一切「戲論」等語。

(10)憐愍「孤弱、貧窮、老少」。

(11)「資助」愛念(眾生)，猶如(愛護自己的)赤子(嬰兒)。

(12)(於)衣食(應)「知量」(知其適量)。

(13)(於)同行(的)「知識」(同參道友們)，(應)互相「勸發」(勸助發心)。

(14)於三寶處，(應)深生「敬信」。

(15)聽聞「正法」，(應)如「渴」思「漿」(一樣的積極)。

(16)恒求「智慧」。

(17)聽察(省聽觀察)「善友」。

(於)其所(修行的)「咒壇」法則，皆須明解(由)「毘那夜迦」(所生)起(的種種)障難相，(以及)辟除方法，亦須善學以「火供養法」，及獻(給)非人(之施)食法，(以及)「迎喚、發遣、諸手印(與)咒法」等。

又復須知(所)「居住」之地，或(於)「山間、面水壇岸」，或(於)好花「園林」本，(於)「不枯乾」之處，或(於)一獨「大樹」下，或(於)「佛舍利塔」中，或(於)清淨「僧伽藍」內，皆悉得住。

若有「賊難、婬女、寡婦、旃陀羅(caṇḍāla 最下級之種族)、惡獸、毒蛇」之處，及(專門製)作皮(革)鞾靸(古同「靴」)家，(或者是)屠兒、魁膾(之)家，(或者是)養「駝、驢、猪、狗、雞、鷹」(等之)遊獵之家，亦不(得靠)近「塚間、醫師(會有一堆病人拜訪的問題產生)、外道」(之)家。

(以上)如是等處，誦持咒(語)者，悉不應住(於這些地方)。

復應須觀所住之處，水無「蟲蟻」，(亦無)飄落「屍糞穢」等物，(若有)青崖(青山崖壁)「惡氣」，亦不堪住，應須遠離。

方求「勝處」(殊勝處所)，(例如有)「沙石、流泉、澗﹙ㄐㄧㄢ﹚池滋茂」，方可停居，而作「誦持」(咒語之處)。

外(在的環境)既清淨，內(心亦)亦(要)「貞明」(堅貞清明)。(若有)思「貪欲」(之)意，深須捨離。於諸「瞋恚」(之境)，(應)翻習(翻轉而修習)「慈忍」(慈悲與忍辱)，一切煩惱，皆令降伏。

每日「三時」，(可)入於(佛)塔中，或(至)於「空野」(可)作法(修行)之處。(首先應)發露「懺悔」，於諸功德，發生「隨喜」，(必定要)迴向「無上正等菩提」，願「成佛」心，常不離(於)口。

(無論)前夜、(或)後夜，(皆應)精進「思惟」，(並)讀誦「大乘微妙經典」，(及)受持「呪壇」(諸)「法則」，令不「廢忘」。
(亦應)念「大怒金剛王」等(咒語而)誦呪，發大「歡躍」，(亦應)觀(想本)尊(的)形像，如對(於)目前。

心樂「修學」，至心「觀照」(所)誦呪(之)「文字」，令「心眼」(皆能)見「無常、苦、空」。(諸法皆)無有「堅實」，不隨「五欲」境界(而生執著)。

(應將)氣息「調柔」，(坐姿)勿令「傾側」，(謹慎)審作(修行之)「軌儀」。
若欲「行起」(暫時起立而行)，(必須)詳定(安詳如禪定式的)「舉足」。
(所有)誦呪「文句」，(其)「字音」(與)「體相」，(應)皆令「分明」(清楚)。

若正「誦呪」(之)時，(忽然想要)有聲ㄎ 欬ㄞ(咳嗽)者，(應)須忍(住)，到頭到半，或多或少(就是無論起頭要誦咒時，或咒已誦到一大半時，或已誦很多咒，或只誦少少的咒時，應該儘量要忍住不咳嗽的)。
若其(必須)聲ㄎ 欬ㄞ(咳嗽)，皆須從頭覆誦(指從新頭開始再一次的誦咒，也就是誦咒若誦到「某咒文」時發生了咳嗽，需等咳嗽後，這部份的咒文要再「重復誦」一遍才行)。

世尊！若呪師等，能依是(而如)法修行，不久即(可)得「大威靈驗」，所有一切「毘那夜迦」等，(皆)不能(對此誦真言者)作障，皆悉遠避。

若呪師等(眾)，(在)誦呪之時：

❶ (咒語聲相經常)「言音」不正。(屬於非常離譜型的發音，相差太遠的發音)

❷ (咒語的)「字體」遺漏。

❸ (經常發生) 口乾生澀。

❹ (或) 常足 (經常足以發生) 聲ㄒㄧ 欬ㄎㄞ (咳嗽的動作)，使其 (行法的過程) 中間，斷續 (其) 咒音。

❺ (或) 身不 (夠) 清潔。

當爾之時，即 (可能會) 被「毘那夜迦」(所) 得 (其) 便，(甚至) 諸天「善神」(將) 不為「衛護」(保衛護祐)，或復 (可能會) 遇 (上) 大「患疾、災難」，(令) 法不 (得) 成驗 (成就靈驗)。

如此 (若有)「非法」(不如法的情形)，其咒師等，不應 (再) 作 (法) 之。

唯 (改) 以「一心」(專注)，應 (於)「茅草」上，結「跏趺坐」，(然後)「至誠」誦咒，內懷「慈悲」(與)「志心」(誦咒)，不令「想念」(妄想雜念)。

我為一切眾生，(應) 作此法事 (之修)，(於)「一坐」(而專心) 誦 (咒而直) 至身不 (會發生)「疲困」，(或) 任起 (而)「行道」，(作種種) 供養、讀經 (與)「讚禮」世尊。

如上所説，(於) 一切時中，應皆悉如是。

爾時世尊讚言：善哉！善哉！汝執金剛 (菩薩)，能説如是，護持「讀誦咒者」，示其所要 (之) 微妙「咒律」(持咒律儀法要)。

時執金剛 (菩薩) 復作是言：我今欲説供 (養)「本咒神王」等法，其「持咒人」：

❶ 先須「依法」(而)「浴身」。

❷ 不得「散亂」，(應專注) 思念 (與觀想)「本咒神」等。

❸ 即五體投地 (作)「頂禮」。

❹ 發「大信心」。

❺ 我所求 (之) 法，皆承「大神威力」(之) 加被。

❻ 讀誦其咒，令心 (生) 起「想」(憶想或觀想)。

向「南」，結「金剛羂ㄐㄩㄢ 索印」或「佛頂印」，即 (用以)「大瞋怒心」，(然後) 以默誦「大金剛羂ㄐㄩㄢ 索咒」。

(底下出現的悉曇字與羅馬拼音都完全錄自 CBETA 藏經的內容，筆者認為某些悉曇字與羅馬拼音都有些異常，並非是完全正確的版本)

𑀰 oṃ・ᘓ va ᘓ jra・ᘓ pā ᘓ śe・ᘓ hrīḥ・

唵(一)　・**跋折羅**(二)・**跋**(引)**勢**(三)・**訶唎**(二合引)(四)

若結「佛頂印」，即誦此呪。

𑀰 oṃ・ᘓ ga ᘓ ga ᘓ nā・　ᘓ ma ᘓ ra・ᘓ hūṃ・

唵(一)・　**揭　揭　那**(引)(二)　　　**麼羅**(三)　　**斛**(長呼)(四)

向「南」想法事已。

次復想「西」，心念(而)結「金剛幡印」，以「瞋怒」(的心而)「默誦」呪，念言：
我今結「西方界」，呪曰：

𑀰 oṃ・　ᘓ ta ᘓ lūṃ・ᘓ gni・　ᘓ ra ᘓ ṭ・

唵(一)　・　　**多楞**・　　**央祇儞**(二合)・**羅吒**(半音呼)

次想「北方」，結「金剛摧碎印」，誦呪，准前(所)念。

𑀰 oṃ・ᘓ hrīṃ・　ᘓ va ᘓ jra・ᘓ kā ᘓ li ᘓ ma ᘓ ṭ・

唵(一)　　・**呵唎**(二合)　　**跋折囉**　　**迦**(引)**利麼吒**(半音呼)

次想「東方」，結「金剛峯印」，准前(所)誦(之)呪，念言：
結「東方界」，呪曰：

𑀰 oṃ・　ᘓ va ᘓ jra・ᘓ śi ᘓ kha・ᘓ ri ᘓ ru ᘓ ma ᘓ ṭ・

唵(一)　　・**跋折囉**(二合)　　**施佉**　　・**唎嚧麼吒**(半音呼)

作此法已，即成「四方界」，然須「起坐」(從坐而起)，思念「本呪」，(並)延請「呪神」，(須)手執「香爐」，燒香供養，想我今依呼住(於)「大威神德」，以身投地禮拜，思念「本呪」，取「淨水」灑散身上，(然後)安坐，手著(於)胸間，默誦(咒語)，掐珠。

(於)「未困」(指還沒有到達「困憊勞累」的階段)之間(就發生了)疲倦，(此時可)任(意而)起，(再)以取「香花」(來)供養(本尊咒神)。

(若)欲出門(外行)時，(應)一心「誦呪」，若(心)有「散亂」(之時)，其時一切(的)「毘那夜迦」鬼神等，(將會)作(惡)念(而)設計(此誦真言者)，令其呪師「心亂」(不已)，使法不(能)成(就)。

(此毘那夜迦)即以(變)化作「異色花」(或)「異香」，令其呪師(見之聞之)心動(而生)「愛樂」。(此時誦真言者)不應(對異色花與異香而生)歡愛(心)，(應)呵(斥)而(令毘那夜迦)捨(離而)去。

(誦真言者之)心(應)常誦念「本呪神」等，(於)「行、住、坐、臥」(皆)不得「廢忘」(廢弛遺忘)。

世尊！此(散亂心之)人(將)常被「毘那夜迦」(給)隨身(跟隨在身)，(且)覓便(尋覓方便下手)。(誦真言者)若不「依法」即作(將導致諸多)「障難」。

(若能)依法「順行」(順正道之行)，(則毘那夜迦)無能得「便」(來障礙你)。我等執金剛(菩薩)，(能)執持「神杵」，常為「衛護」(保衛護祐)，(令誦真言者)早成法驗。

(誦真言者如果是)「非法」(與)「不順」(正道之修)，我等(執金剛菩薩將)捨離(此人)，(因而此人將遭)諸魔「毘那夜迦」神等所(抓)持。

或(令)「風」入(其)身，(令誦真言者)多懷「瞋心」，起「慳、貪、癡」。若不(用正法去)治之，乃至(將遭)致死。

附：《陀羅尼集經》卷4〈佛說跋折囉功能法相品〉
若「坐禪人」不得「奢摩他」(śamatha 止;定)，一切「鬼神」來惱亂者。又「風入身」，令人「失志」。如前作壇，從旦起首(起頭首先)，一日「不食」，當作此印。
若行道時念觀世音菩薩名字，若坐作「印」，至心誦呪，不限「遍數」，滿一日者即得靈驗。

(誦真言者)若(於)後(而)生(懺)悔(心)，(且能)「依法」(與)「順行」(順正道之行)，亦能(發揮)降伏「諸魔」惡鬼「毘那夜迦」等(的能力)。

佛告：如是！如是！如汝所言，無有虛說，如此應「順」(順正道之行來修)呪法(而獲得)成就。

爾時觀<u>自在</u>菩薩，從座而起，作如是言：世尊！若復有人愛護「身命」，欲成_{(就}_{與)}證入「法驗」_(佛法靈驗)者，其呪師皆應_(具足底下10條的正道之行)：

❶斷除「諸惡事業」。

❷不觀「女色」_(其)「身首」相好，若見_(女色之)露形_(暴露其形體)，亦不「顧視」_(其)「先惡
　緣處」_(指之前會令吾人會生「惡緣」輪迴之處)，_(亦)不應「思念」_(這些露形與惡處)。

❸繫心_(於)「一緣」_(指一個正觀修道之緣)，常念「三寶」，_(具有)大威神力。

❹常住_(於)「實相」_(之真如法中)。

❺世間「有為」之法，皆是「無常、苦、空、無我」。

❻一心安住_(於修道)，_(並)誦「本呪」_(之)法則，不令「散亂」。

❼「正觀」質直_(堅質而正直)，勿攀_(緣於)「妄想」。

❽及轉讀「大乘甚深微妙經典」。

❾勤心供養「佛、法、眾僧」。

❿及造「俱胝」_(koṭi 億)「塔像」等形，令無_(虛度而)「空過」。

若能如是「順行」_(順正道之行)，此「善男子」不久即成「大驗」，無有_(任何)「鬼神」能作
其「障難」。

爾時大梵天王，承佛「威神」而白佛言：世尊！我常觀見_(眾生在)誦持_(咒語)法門_(而)
求成就者：_(底下會發生15種過失狀態)

①何為_(發生)氣力「衰弱」，_(而造成)多饒「眠睡」？

②不喫_(不愛喫飯)「飲食」，_(於是造成)身首「劣弱」_(乏劣衰弱)？

③懈怠_(而)「懶惰」？

④被「病」所「惱」？

⑤多生_(起)「瞋恚」？

⑥耽著_(於)「色欲」？

⑦於「自觀處」_(自我觀修之處)，_(竟)生「非法」_(之妄)想？

⑧「貪」_(而)無厭足？

⑨常懷「疑心」？

⑩已獲「微妙祕密之法」而不「順行」_(順正道之行)？_(竟心外求法的)廣求「餘呪」？

⑪互相談說_(世俗染法)，問答「是非」_(過失與罪惡)？

⑫復作是言：何人等輩，持呪_(能)得_(有靈)驗？

⑬何呪_(才)能_(快速)成_(就)？

⑭ 誰復(能讓我的)願(望)滿(足)？

⑮ (應在)何方？(應在)何地？誦持(咒語才能獲得)成驗(成就靈驗)？

世尊！何為(像)「如是之人」(經常發生)空度「時節」(時光節年)？

次復有人，(雖然發心)「苦求」學行如是等「咒法」，(但於)暫時「精進」，後(又)生「退心」，(然後)毀佛「淨戒」，(此淨戒本)為(眾)僧(所周)知(之)事。(所有的)「我見」(都在)思念「惡業」，(於)不應「行事」而(勉)強「自作」，(於)不應「食者」而復(又)食之。

「世尊」是(為)一切眾聖之「良緣」，(能)開「人天路」之導師，(能)示「正業」(之)因，令(眾生獲)得「妙果」，唯願(世尊)憐愍(並)饒益「人天」，為我說之(以上所發生的15種過失狀態)。

爾時世尊告梵天言：諦聽！諦聽！善思念之，大梵當知！若人欲求學「持咒」，(卻)未能「深心」，發「大菩提」，於「大乘」(法)中猶懷「疑惑」(之心)。

(雖有)受(持)咒(語)法本，(但因)不從「師」受，(於是導致咒語)文字句(義)雜亂。

(雖)常見聞(與)讀誦「微妙祕密(咒語)」者，而(仍)「無所知」。

(有)不依「時節」(而)誦咒作法，(或於)其「咒法、壇法」(之根)元(仍)未「明解」。

此人何等(如是呢)？(譬)喻(人)從「母胎」生(下之時)而無「兩目」，(只能)轉執(轉而執著)即「暗行」於「非法」，(於誦)咒中(諸多)「方法」，「一」(全部)不知解(指對誦咒的方法全部都不能知解)，以著「無明、顛倒」(之)我故，(竟)發「愚癡」(之)言，(竟)謂稱其(自己是)「智明」(的)，(自己是能)解諸法(的)。

大梵！若此(著於「無明顛倒」，謂自己是「智明」的)咒師，作此「咒法」(時)，(於)作是念時，有「毘那夜迦」名金剛奮迅，即(跟)隨(而入)此人(身並)為作「留難」(留礙阻難)，令(誦真言者)身不安，(及所修)咒法不成。

大梵！若其咒師(在)「洗浴身」時，不依「法則」，(也不)「結印」誦咒，不念「本(咒)神」，(也)不灑散「水」。

(此時將會)有「毘那夜迦」名同須，(此誦咒者)便即被(毘那夜迦所)損害。

若咒師但被「毘那夜迦」(所)障(而造成)損害者，(則會造成)氣力衰弱，(且)多饒「眠睡」。

(於)作法(時經常有妄)想(生)起「疑惑心」，(造成)「懈怠」不勤，(所以就被)「病苦」所惱，何以故？

但由呪師「不專心」故，(貪欲)多求(而)「無厭」，(亦)不(真實認真的)修行故。

大梵！若(有發生)如是(現象)者，(須)作何等法？應(如何)能除滅(之)？

誦持呪者，(對四)方(尋)求(能)「明解呪法」(之阿)闍梨，(然後為你)建立「壇法」，(你)須入其(壇法)中，(於)「四印法」中學受(其中)「一印」。

附：四印

Caturmudrā。四種曼荼羅，略稱「四曼」或「四印」。

(1)大印(mahā-mudrā)：又作「大智印」，係所畫「曼荼羅」諸尊之形像。

(2)三摩耶印(samaya-mudrā)：又作「三摩耶智印」，即以手結成「印契」，或所持之「標幟、刀劍、輪寶、金剛、蓮花」等，用以顯示「諸尊本誓」所「象徵之物」，或所畫之「曼荼羅」。

(3)法印(dharma-mudrā)：又作「法智印」，為諸尊之「種子」，及所持「種子」之「曼荼羅」，或亦指「經典」之「文義」。

(4)羯磨印(karma-mudrā)：又作「羯磨智印、羯磨曼荼羅」，此為諸佛菩薩等之「威儀」事業。

其「阿闍梨」與(你)「灌頂」已，然後(你)或(於)「經像」(之)前，以「烏麻」及「蘇」(混合)，誦呪「一百八遍」，用燒(於)「火中」，即(所有的)「毘那夜迦」皆悉「除散」。
大梵！(若能)入「壇」受法，(則能)有大勢力。

若(於)呪「所持」之法，猶未「具解」(完全理解)，(亦)無「菩提心」、(亦)不敬「福田」，(亦)不知「毘那夜迦」(者)，(然後竟)輒作「大法」(並)誦呪供養。

復有諸人，自未入「壇」，(亦)未供養「阿闍梨」、(亦)未受(持)「印法」，(但竟然大膽)轉更教(授)他(人)此「祕密法」，(且)作(底下)如是(之)言：

其呪有如是「神力」等，如是(這樣般的)鬼神當用(此這樣般的呪)法，(此呪能)縛治(鬼神)、(能)呼喚(鬼神)、(能)發遣(鬼神)，及教(導他人)造「壇」(及)諸地印(指三摩地印或諸悉地印)等(的使用)，(且)令其「禁問」(就是禁止他人問問題)。

汝若如是（隨意亂教授一通），（如此則將導致咒神的諸多「使者」）即笑即哭，（因爲）「咒神」復有如是「使者」。

大梵！此輩諸人，以「無知」故，（竟然）作其（傳授密法之僞）教師，（此無知人）雖（有）讀「文字」，（但仍）未解（其）「義理」（及）幽妙法門（的）軌儀，（還敢）發趣（的）教說「餘人」（亦）作此法。

（像）如是之人，復（即）有「毘那夜迦」，名曰利吒橫羅，（妄傳密咒的僞教師者將被此毘那夜迦）之所執持，（令行人）多生災難，心不暫定。

大梵！若有如是（被毘那夜迦所）「障難」（者），應復須入「蓮華法壇」會中，（再至）於「阿闍梨」（處）所，（求）受「灌頂法」。（若）能如是（行）者，（則）「毘那夜迦」方得（能）「除遣」。

大梵！（若）於我法中，復有「沙門」之輩，未知「咒法」微妙（之）軌範，於「尊師」所（之）清淨「尸羅」（處），（竟）心懷「輕慢」，（且）互相非斥。（甚至）在寺（中）求（最）尊（第一），自為「貢高」（我慢），或嫌（棄）佛教，誹謗「正法」。

大梵！當知如此人等，浪（語妄說）為「輕慢」我（之）「淨法」故，（此時）即有「毘那夜迦」名曰能障，（此人將被此毘那夜迦）之所執持，（令）廣造諸惡，而無「厭患」。

若欲遣除（此毘那夜迦），須造「俱胝」（koṭi 億）「塔像」，（並）於「尊師」（處而）「蹦跪」，（然後）重受「禁約」要期（在一定的「必要之期」內而重受「禁戒約法」），亦須入「蓮花壇」內（重）得「灌頂」，以其（被毘那夜迦）所執者，方可「除滅」，（如此）所求（之）學問（及）誦持（諸）法，（方得）易成就。

爾時堅牢地神，從「地」涌出，頂禮佛足，而白佛言：世尊！
①咒師云何「護淨」身心？
②云何「經行」？
③以何得知（何時）應「行」？（何時）「不行」？
④世尊！咒師以何「時節」須誦其咒？
⑤云何知「正誦咒」（之）時（節）？
唯願如來「慈悲」為說。

爾時佛告（堅牢）地神言：汝今善聽「咒師」應行（之）「法則」，若欲受持一切「咒法」：

❶要須心深「敬信」生「慇重」。
❷捨離「邪心」。
❸(捨離)「不善」之法。
❹乃至(應捨離)「掉笑」(掉弄嬉笑)。
❺(應)諦思(審諦正思)作念。

應行四種「淨行」，何等為四？
一、謂「身淨行」。(內淨)
二、「口淨行」。(內淨)
三、「意淨行」。(內淨)
四、「水食淨行」。(外淨)

「身、口、意」行是為「內淨」(之行)。

(所謂)「外淨」(之)行者，若呪師(於)「浴身」，(及)入「水」之時，(應)先著「浴衣」，(然後)思念此「呪」，(在)揩抂 (擦；抹)摩身體(之時)，(應誦)呪曰：

ॐ oṃ・ᔈ dhu ᔲ pi・ᔈ dhu ᔲ pi・ᔘ kā ᔳ ya ᔈ dhu ᔲ pi・
唵(一)・　度卑・　度卑(二)　・迦(引)耶度卑(三)・

ᔳ pra ᔘ jvā ᔲ li ᔱ ti・　ᔘ svā ᔘ hā・
鉢囉(二合)闍跋(二合)利儞・　莎訶(四)

然洗「身首」，以「甀抂 石」揩抂 (擦；抹)「腳足」，即取「土分」，作三分，以「左手」握取「一分」，誦此呪曰：

ॐ oṃ・ᔈ: bhuḥ・ᔘ jva ᔲ la・　ᔲ hūṃ・
唵・　部・　闍跋(二合)羅・　觧

(以)心誦呪，洗「下身分」(身體下半部)，次取「第二分」，(再)心誦呪，用「洗腳、洗手」淨已，次取「第三分」誦呪，用「洗頭」已。誦前呪(語)，(並)以水灑身上，更兩掌滿盛「淨水」，復誦前呪，表「本心」言。

是水奉「本呪神」，(應)著「新淨衣」，隨其力分，以取「香花」，供養諸佛如來一切賢聖，(並)發露「懺悔」，我今此身，奉施「三寶」。

依如上說，以「真信心」作法誦呪，端坐一心，至「不疲倦」。

若(發生)困(倦)之時，(可)任意(而)起，行道，乞求「食飲」，得食飲已，用誦此呪，呪食(對食物誦咒)，然後分喫，呪曰：

𑀦 na 𑀄ः maḥ・𑀲 sa 𑀭 rva・𑀩 bu 𑀤ддhā・𑀩 bo 𑀥 dhi 𑀲 sa 𑀢 tva・𑀦 nāṃ・
那麼・　　　　薩婆・　　　菩陀・　　　菩提　　　薩埵　　　南・

𑀑 oṃ・𑀯 va 𑀮 laṃ・𑀤 da 𑀤 de 𑀢 te 𑀚 jo 𑀫 mā 𑀋 ri 𑀦 ni・𑀲 svā 𑀳 hā・
唵・　　　婆覽　　　陀帝・　　底誓　　摩(引)利儞・　　　莎訶

誦呪三遍已，先捻少許，(供)獻「本呪神」，然(後其餘的再給)自(己)足食(足夠食用)，「洗鉢、淨口」已，准前「洗浴」，還入道場，供養、懺悔、讀誦經典，然坐誦呪，至「不疲困」(為止)，(若發生)身倦，(則)任(意而)起，行道，至暮(傍晚)亦然。

誦呪若(發生疲)困，(則可起身)行道，(然後)供養諸佛菩薩，禮拜、讚歎。

若(真)欲眠(睡)，(則以)右脇而臥，(並)觀身「無常、無我」，終是「苦、空」，(此身)「不淨」，皮骨(皆)假合(所聚而)成就，(並)誦念此呪，而入「睡眠」，呪曰：

𑀑 oṃ・𑀯 va 𑀚 jra・𑀰 śa 𑀦 ni・𑀳 hūṃ・
唵・　　　跋折羅(二合)　・睒儞・　　吽(長呼)

若(能)誦此呪，(則)一切「惡夢」皆悉消滅，(能得)「善神」衛護(保衛護祐)，早得「法驗」(修法效驗)如是淨行(之)「時節」軌儀。

爾時(堅牢)地神復白佛言：世尊！呪師誦持「法教」之時，(若有)「夢想」，云何得知「法驗」(修法效驗)「善惡」之事？

佛告(堅牢)地神言：若呪師等，愛樂「受持」(及)誦念「呪法」，日夜(皆)「精進」，無「懈退心」，其人若「眠寐」(睡眠夢寐)，其於夢中(底下有7種夢中善境)：

①若(夢)見「童男、童女」，(皆)「裝飾」嚴好(端嚴相好)。或(夢)見「父母、兄弟、姊妹」形容(形相容貌皆非常端嚴相好)。當知(此是)「呪神」(將)「迴視」(迴顧慰視)於我。

②若(夢)見前(面之)「男女」等，(手上)執持「香花、飲食、菓味」等物。當知(此是)「呪神」(將)「親附」(親近依附)於我。

③若(夢)見己身(穿著)莊飾「白淨」衣服，當作是念：(此是)「呪神」(將)「慈護」(慈悲護念)於我，(我應)即須勤加「精進」(修行誦呪)。

④若夢見前(面之)「男女」等，執持「高幢、幡蓋、瓔珞、頭冠、螺貝刀」等，當知(此)呪法(將)「成驗」(成就靈驗)在近。

⑤若(夢)見「沙門」、前(面之)「男女」等，供養「三寶」，奉施行「檀」(布施)。或(夢處在)在「花林、伽藍塔」中，當作是念：我今已蒙「呪神」(之)「攝受」(攝化護受)。

⑥若(夢)見「登山、昇高、樓閣、師子之座」，(身)欲踴(向)「虛空」，當作是念：我今(呪)法(靈)驗(已經)「極近」。

⑦若(夢)見(自己)坐在「山峯」，或(坐)在「師子座」上，(或夢見自己在)乘騎「師子、白象」等，頭(上)帶(著)「天冠」，處(於眾)中為(最)尊(貴)，諸人(皆對我)欽敬(欽佩尊敬)。

(若)見此(7種夢中善)相已，(此是)大法(即將成)驗。(堅牢)地神當知！(此)呪師等輩，(應)善知(此7種夢中善境之)「名相」如是。

若於夢(中)見(底下有12種夢中惡境)：
❶屠兒。
❷魁膾(劊子手)。
❸旃陀羅(caṇḍāla 最下級之種族)。
❹裸形外道尼犍子(Nirgrantha-putra 尼乾子)。
❺狂子被髮(披散頭髮，裝作瘋狂。成語叫「被髮佯狂」)。
❻己身「無衣」。
❼驚恐(的奔)走怖(逃)。
❽手執「不淨」(諸物)。
❾握持「熟肉、魚」等。
❿喫食「胡麻」滓。
⓫墮落「深坑」。
⓬(遭)象馬所(造)成(之)武(武傷)。

(以上有12種的夢中「惡境」)當知有「毘那夜迦」等，名金剛瞋怒，(將對誦真言者)作其「障難」。

若欲遣除，(則以)如上所說(之)「壇法、印」等，(修法)作之，復誦此呪「一百八遍」，即成「護身」，得除「障難」，自然見(善)夢(與)見「眾善相」，呪曰：

oṃ・ vajra・ da ra ha na・ ma tha
唵・　　　跋折羅(二合)　　　那羅訶那・　　　　麼他・

bha rja・ ra ṇa・ hūṃ・ pha ṭ・
　盤闍　　　　囉拏・　　斛・　　泮吒(半音)

復次(堅牢)地神，有「毘那夜迦」名<u>勤勇者頂</u>，若見「呪師」(之)意，(其)欲「精進」(而)成就「呪法」，遂被發生「進、退」之心，(而且已)延度(延宕越度許多的)時日，令(其)身「不安」。

(此呪師)意望(於)其「山」(之)某處作法(可能會比較)好？因此被(困)惱，即(心)懶(而)不(精)勤。(此呪師)復向餘人問：某「處所」(會比較好修行)？
他(人)或答言：彼是「好處」，少有難事。

(此呪師)更增「疑慮」，兩心(兩個心意)不定，(於是)退失(修行之)「本心」，(有)何(夢)相(可)知，有此障難？

若呪師等，雖(已)誦呪法，(於)「眠寐⻊」(睡眠夢寐)之中，於其夢中：

①若見「男子」等「身手」(皆被)「割損」。
②(夢見)談說「罪愆」之語。
③或(夢)見「塔廟、神」當「彫落」(彫亡衰落)毀壞。
④或(夢)見(有種種的)「嚴好」(端嚴善好)之者，而(已身卻)不得入。

當知即是被「毘那夜迦」作其「障難」，忽若見此諸(四種夢境之)「惡相」時，(此呪師將)「不意」(沒有積極的心意去)發退(遭發退散)，(因爲已被毘那夜迦給)縱逸(恣縱逸蕩誦呪者之)「身心」。

若欲「遣除」(毘那夜迦所生的障難)，(應)塗「壇」、供養，以「好香、花菓、(諸)味飲食」，安於「壇」內。

復取一新瓶，滿盛水，著於中心，用(之)前(的)「洗浴呪」，呪「香水瓶」，一千八遍。用此水「沐浴」身體，即(可)成「護身」，方能除散「毘那夜迦」等(障難)。

復次(堅牢)地神，有「毘那夜迦」，亦名金剛奮迅，(將)令其呪師(發生)「氣力」衰弱，(只要一)聞其(誦咒者之)呪聲，則(反令人)生「厭患、頭痛」。(此誦咒者將)恒懷「疑慮」，常隨「本性」(本來的習性)。

設有他(人規)勸(此咒師)，(此咒師)反(而生)起「瞋怒」，貢高「我慢」，縱逸(恣縱逸蕩)自在，(心中)不存「尊卑」，輕毀(輕賤毀謗)一切。

若知此「障難」之相(時)，當須受持「大金剛輪印」已，(然後)造「壇」應入(於壇)，復用「如來佛頂陀羅尼呪」，呪如下說。

呪「香水」，百八遍，用「沐浴」身，當得除滅「毘那夜迦」。
「如來佛頂呪」曰：

𑖣 na 𑖦𑖺 mo · 𑖤 bu 𑖟𑖿𑖠𑖯 ddhā 𑖧 ya · 𑖮𑖿𑖨𑖱𑖾 hrīḥ · 𑖄 u 𑖬𑖿𑖜𑖱 ṣṇī 𑖬 ṣa ·
那謨　　　菩陀(引)耶(一)·　　呵唎(二合引)·　烏沙尼(二合引)沙(二)

𑖠 dha 𑖨 ra · 𑖪 va 𑖕𑖿𑖨 jra · 𑖕𑖿𑖪 jva 𑖨𑖱 rī 𑖜𑖰 ni ·
馱羅(三)　　·跋折羅(二合)　闍跋(二合引)利儞(四)

𑖥 bha 𑖪 va 𑖧𑖯 yā 𑖨𑖿𑖎 rka · 𑖕𑖿𑖪 jva 𑖨𑖰 ri 𑖜𑖰 ni ·
婆跋耶(五引)羅迦(二合輕)　·　闍跋(二合引)利儞六(引)

𑖨𑖯 rā 𑖪𑖿𑖨 vra 𑖝 ta 𑖘𑖰 ṭi · 𑖭𑖿𑖣 spha 𑖨 ra 𑖮𑖯 hā 𑖨 ra ·
羅(長)拔羅(二合)哆知(七)·　娑怖(二合)囉呵囉(八)

𑖭𑖲 su 𑖮 ha 𑖨 ra 𑖮 ha 𑖨 ra · 𑖜𑖰 ni 𑖎𑖿𑖨𑖰 kri 𑖡𑖿𑖝 nta ·
僧呵囉呵囉(九)·　儞迦唎(二合)那哆(二合輕)

𑖦 ma 𑖠𑖽 dhaṃ · 𑖮𑖳𑖼 hūṃ · 𑖤𑖿𑖦 pha 𑖘 ṭ
末曇(十)　·斛·　泮

并誦「六字心呪」，曰：

𑀑 oṃ · 𑀭 raṃ ·　　𑀯 va 𑀦 nva ·　𑀲 svā 𑀴 ha ·

唵 ·　　囉菴(二合引)　　　·盤陀 ·　　　　莎訶

此呪「多誦」，最為第一，其「毘那夜迦」即當「遠離」。

復有「毘那夜迦」，名金剛栓(古同「梯」)，(將)令人失(去道)心，迷亂「本性」(本來清淨之心性)。或使人於(修)拔(疑作「金剛拔折羅」)等之中，應(正)念者，(反而)令生「異念」。
(於)曾(經)往(昔)所作(之諸)相(反而)現(在)於前，狀似(被)「鬼魅」之所執持，而無「識性」(心識之靈性)，(無論)誦呪多少(遍)，則(生)起「異想」(不同相異之妄想)。

當爾之時，(護法之)「呪神」(已)遠離，夢(中將)見(種種)「惡徵」。

若欲淨除如是「障難」者，須發「大願」，起「菩薩心」，誓弘「救物」，一日一夜，如法至心。
(於)「空腹」(時)持齋，并受「淨戒」，誦(之)前(的)「佛頂呪」，不限「遍數」，以「五色縷」結其「呪索」，更呪七遍，用繫(於)「左臂」。

若作此法，方能得除惡「毘那夜迦」等。
復次説「壇法」，呪師先須「懺悔」清淨，起「菩提心」，簡覓「好地」，一日一夜，「不食」持戒，以「五色」畫作其「壇」內，以「香汁」畫佛，結「跏趺坐」。
右邊畫觀音菩薩(應作「觀」音菩薩，下文有說)，(於)腰(及)髀(膝髀；膝蓋)，鞙(連級)著「虎皮」，右手執「寶仗」，左手執澡「鑵」(古通「罐」)。
左邊畫執金剛菩薩，兩手執「拂」，
次下畫「瞋怒」㷿焰藏，即是阿蜜栗多軍荼利。
是下畫三焰「戟叉」，次畫「斧、鉤、鎚(古通「錘」)、杵、棒、羂索、螺貝」等「諸地印」(指三摩地印或諸悉地印)具，周匝莊嚴。

於觀世音菩薩下，應畫訶利多菩薩摩訶薩、瞿唎跋拏跋跢儞、摩訶稅吠儞等。
各令成「髮」，天冠衣服，「軍持」(kuṇḍikā 君持；君遲；軍遲；軍挺；捃稚迦。瓶；澡瓶；水瓶。此乃梵天、千手觀音等所執持之物)花拂(裝飾。亦可作「放置」解，如《淮南子·齊俗訓》云：拂於四達之衢。)。

各一依「本法」，畫獨髻羅刹女形，口中牙齒，鉤出恐畏，以「人髑髏」作其「頭冠」，坐在石上，以「蛇」絞絡(交織綿絡)，有其「四手」。

右一手執「鉞_古斧」，次手執「金剛杵」，左一手持「新斬首」，「血泣」流汗。

次手執持一器，內盛滿「血」，狀為阿修羅_(之)「毘那夜迦」等。

次下畫<u>藍毘儞</u>神，身服新剝「象皮」。壇四角，各作一「金剛杵」。

壇「東門」，畫著大怖畏神，并畫一「杵」及<u>暮陀羅闍吒</u>。

南門畫「大金剛」，手執「鉞_古斧」，震吼_(之)「毘那夜迦」，此即是「金剛將神」。

西門畫「蓮華」，中臀陀唎那南杜底，手執「火炬」。

北門畫「摩訶跋折羅」施佉羅那喃那。

此云「大金剛峯侍者」，宜畫訖已，隨其力分，以辨_(古同「辦」)「諸具」_(之供養)，依此「奉行」。

果濱其餘著作一覽表

一、《大佛頂首楞嚴王神咒・分類整理》(國語)。1996 年 8 月。大乘精舍印經會發行。
書籍編號 C-202。字數：5243

二、《雞蛋葷素說》(同《修行先從不吃蛋做起》一書)。1998 年，與 2001 年 3 月。
大乘精舍印經會發行。➡ISBN：957-8389-12-4。字數：9892

三、《生死關全集》。1998 年。和裕出版社發行。➡ISBN：957-8921-51-9。字數：110877

四、《楞嚴經聖賢錄》(上冊)。2007 年 8 月。萬卷樓圖書股份有限公司發行。➡ISBN：
978-957-739-601-3。《楞嚴經聖賢錄》(下冊)。2012 年 8 月。萬卷樓圖書股份有
限公司發行。➡ISBN：978-957-739-765-2。字數：262685

五、《《楞嚴經》傳譯及其真偽辯證之研究》。2009 年 8 月。萬卷樓圖書股份有限公司
發行。➡ISBN：978-957-739-659-4。字數：352094

六、《果濱學術論文集(一)》。2010 年 9 月。萬卷樓圖書股份有限公司發行。➡ISBN：
978-957-739-688-4。字數：136280

七、《淨土聖賢錄・五編(合訂本)》。2011 年 7 月。萬卷樓圖書股份有限公司發行。
➡ISBN：978-957-739-714-0。字數：187172

八、《穢跡金剛法全集(增訂本)》。2012 年 8 月。萬卷樓圖書股份有限公司發行。➡ISBN：
978-957-739-766-9。字數：139706

九、《漢譯《法華經》三種譯本比對暨研究(全彩本)》。2013 年 9 月初版。萬卷樓圖
書股份有限公司發行。➡ISBN：978-957-739-816-1。字數：525234

十、《漢傳佛典「中陰身」之研究》。2014 年 2 月初版。萬卷樓圖書股份有限公司發行。
➡ISBN：978-957-739-851-2。字數：119078

十一、《《華嚴經》與哲學科學會通之研究》。2014 年 2 月初版。萬卷樓圖書股份有限
公司發行。➡ISBN：978-957-739-852-9。字數：151878

十二、《《楞嚴經》大勢至菩薩「念佛圓通章」釋疑之研究》。2014 年 2 月初版。萬卷
樓圖書股份有限公司發行。➡ISBN：978-957-739-857-4。字數：111287

十三、《唐密三大咒・梵語發音羅馬拼音課誦版》(附贈電腦教學 DVD)。2015 年 3
月。萬卷樓圖書股份有限公司發行。➡ISBN：978-957-739-925-0。【260 x 135
mm】規格(活頁裝) 字數：37423

十四、《袖珍型《房山石經》版梵音「楞嚴咒」暨《金剛經》課誦》。2015 年 4 月。萬
卷樓圖書股份有限公司發行。➡ISBN：978-957-739-934-2。【140 x 100 mm】
規格(活頁裝) 字數：17039

十五、《袖珍型《房山石經》版梵音「千句大悲咒」暨「大隨求咒」課誦》。2015 年 4 月。
萬卷樓圖書股份有限公司發行。➡ISBN：978-957-739-938-0。【140 x 100 mm】
規格(活頁裝) 字數：11635

十六、《《楞嚴經》原文暨白話語譯之研究(全彩版)》(不分售)。2016 年 6 月。萬卷樓圖書股份有限公司發行。➔ISBN：978-986-478-008-2。字數：620681

十七、《《楞嚴經》圖表暨註解之研究(全彩版)》(不分售)。2016 年 6 月。萬卷樓圖書股份有限公司發行。➔ISBN：978-986-478-009-9。字數：412988

十八、《《楞嚴經》白話語譯詳解(無經文版)-附:從《楞嚴經》中探討世界相續的科學觀》。2016 年 6 月。萬卷樓圖書股份有限公司發行。➔ISBN：978-986-478-007-5。字數：445135

十九、《《楞嚴經》五十陰魔原文暨白話語譯之研究-附:《楞嚴經》想陰十魔之研究》。2016 年 6 月。萬卷樓圖書股份有限公司發行。➔ISBN：978-986-478-010-5。字數：183377

二十、《《持世經》二種譯本比對暨研究(全彩版)》。2016 年 6 月。萬卷樓圖書股份有限公司發行。➔ISBN：978-986-478-006-8。字數：127438

二十一、《袖珍型《佛說無常經》課誦本暨「臨終開示」(全彩版)》。2017 年 8 月。萬卷樓圖書股份有限公司發行。➔ISBN：978-986-478-111-9。【140 x 100 mm】規格(活頁裝) 字數：16645

二十二、《漢譯《維摩詰經》四種譯本比對暨研究(全彩版)》。2018 年 1 月。萬卷樓圖書股份有限公司發行。➔ISBN：978-986-478-129-4。字數：553027

二十三、《敦博本與宗寶本《六祖壇經》比對暨研究(全彩版)》。2018 年 1 月。萬卷樓圖書股份有限公司發行。➔ISBN：978-986-478-130-0。字數：366536

二十四、《果濱學術論文集(二)》。2018 年 1 月。萬卷樓圖書股份有限公司發行。➔ISBN：978-986-478-131-7。字數：121231

二十五、《從佛典中探討超薦亡靈與魂魄之研究》。2018 年 1 月。萬卷樓圖書股份有限公司發行。➔ISBN：978-986-478-132-4。字數：161623

二十六、《欽因老和上年譜略傳》(結緣版，無販售)。2018 年 3 月。新北樹林區福慧寺發行。字數：9604

二十七、《《悲華經》兩種譯本比對暨研究(全彩版)》。2019 年 9 月。萬卷樓圖書股份有限公司發行。➔ISBN：978-986-478-310-6。字數：475493

二十八、《《悲華經》釋迦佛五百大願解析(全彩版)》。2019 年 9 月。萬卷樓圖書股份有限公司發行。➔ISBN：978-986-478-311-3。字數：83434

二十九、《《往生論註》與佛經論典之研究(全彩版)》。2019 年 9 月。萬卷樓圖書股份有限公司發行。➔ISBN：978-986-478-313-7。字數：300034

三十、《思益梵天所問經》三種譯本比對暨研究(全彩版)》。2020 年 2 月。萬卷樓圖書股份有限公司發行。➔ISBN：978-986-478-344-1。字數：368097

三十一、《蘇婆呼童子請問經》三種譯本比對暨研究(全彩版)》。2020 年 8 月。萬卷樓圖書股份有限公司發行。➔ISBN：978-986-478-376-2。字數：224297

*三十一本書，總字數為 6647153，即 664 萬 7153 字

✠大乘精舍印經會。地址：台北市漢口街一段 132 號 6 樓。電話：(02)23145010、23118580

✠和裕出版社。地址：台南市海佃路二段 636 巷 5 號。電話：(06)2454023

✠萬卷樓圖書股份有限公司。地址：臺北市羅斯福路二段 41 號 6 樓之 3。電話：(02)23216565・23952992

果濱佛學專長

一、佛典生命科學。二、佛典臨終與中陰學。三、梵咒修持學(含《蘇婆呼童子請問經》)。

四、《楞伽經》學。五、《維摩經》學。

六、般若學(《金剛經》+《大般若經》+《文殊師利所說般若波羅蜜經》)。七、十方淨土學。

八、佛典兩性哲學。九、佛典宇宙天文學。十、中觀學(中論二十七品)。

十一、唯識學(唯識三十頌+《成唯識論》)。十二、《楞嚴經》學。十三、唯識腦科學。

十四、敦博本《六祖壇經》學。十五、佛典與科學。十六、《法華經》學。

十七、佛典人文思想。十八、《華嚴經》科學。十九、唯識双密學(《解深密經+密嚴經》)。

二十、佛典數位教材電腦。二十一、中觀修持學(佛經的緣起論+《持世經》)。

二十二、《般舟三昧經》學。二十三、如來藏學(《如來藏經+勝鬘經》)。

二十四、《悲華經》學。二十五、佛典因果學。二十六、《往生論註》。

二十七、《無量壽經》學。二十八、《佛說觀無量壽佛經》。

二十九、《思益梵天所問經》學。三十、《涅槃經》學。三十一、三部《華嚴經》。

三十二、穢跡金剛法經論導讀。

國家圖書館出版品預行編目(CIP)資料

《蘇婆呼童子請問經》三種譯本比對暨研究(全彩版) / 果濱編撰. --
初版. - 臺北市：萬卷樓, 2020.08
　　面；　　公分
全彩版
ISBN 978-986-478-376-2 (精裝)
1.密教部

221.93　　　　　　　　　　　　　　　　　　　109013073

ISBN 978-986-478-376-2

《蘇婆呼童子請問經》三種譯本比對暨研究(全彩版)

2020 年 8 月初版　精裝(全彩版)　　定　價：新台幣 660 元

編　撰　者：果濱
發　行　人：林慶彰
出　版　者：萬卷樓圖書股份有限公司
編輯部地址：106 臺北市羅斯福路二段 41 號 9 樓之 4
電話：02-23216565
傳真：02-23218698
E-mail：wanjuan@seed.net.tw
萬卷樓網路書店：http://www.wanjuan.com.tw
發行所地址：106 臺北市羅斯福路二段 41 號 6 樓之 3
電話：02-23216565
傳真：02-23944113
劃撥帳號：15624015
承 印 廠 商 ：中茂分色製版印刷事業股份有限公司
◉版權所有　翻印必究◉
新聞局出版事業登記證局版臺業字第 5655 號
（如有缺頁、破損、倒裝，請寄回本公司更換，謝謝）